Das Buch

Seit über zweitausend Jahren ist der jugendliche Held und Weltbe-
herrscher Alexander der Große ein bevorzugter Gegenstand von
Erzählungen (»Alexander-Roman«), Berichten, Biographien sowie
wissenschaftlichen Monographien und Studien. Siegfried Lauffer
hat den zahllosen Veröffentlichungen zu diesem Thema ein mate-
rialreiches wissenschaftliches Hand- und Studienbuch hinzugefügt,
in dem alles, was man heute über Alexander sicher weiß, zu finden
ist, jeweils mit dem Quellennachweis. Da der Autor sehr anschau-
lich schreibt, kann man das Buch auch als Biographie lesen.
   Die zahlreichen und reichhaltigen Anmerkungen und die umfangreiche Alexander-Bibliographie im Anhang haben ihren eigenen Wert.

Der Autor

Siegfried Lauffer, geb. 1911 in Stuttgart, gest. 1986 in München,
lehrte seit 1946 in Tübingen und München; von 1963 bis 1979 war
er Ordinarius für Alte Geschichte an der Universität München.
Zahlreiche Veröffentlichungen, vor allem zur Sozial- und Wirtschaftsgeschichte der Antike, u.a.: ›Die Bergwerkssklaven von
Laureion‹, 2 Bde (1956/57); ›Diokletians Preisedikt‹ (1970); ›Kurze
Geschichte der antiken Welt‹ (1981); ›Griechenland. Lexikon der
historischen Stätten‹ (Hrsg., 1989).

H0176437

Siegfried Lauffer:
Alexander der Große

Deutscher
Taschenbuch
Verlag

Die Skizzen zu den Schlachten bei Issos (S. 77) und Gaugamela
(S. 95), sowie die Übersichtskarten des Alexanderreichs wurden
von Karl-Friedrich Schäfer nach Vorlagen des Autors neu gezeich-
net.

Originalausgabe
1. Auflage Januar 1978
2., durchgesehene Auflage Januar 1981: 11. bis 15. Tausend
3. Auflage Dezember 1993: 16. bis 22. Tausend
© Deutscher Taschenbuch Verlag GmbH & Co. KG,
München
Umschlaggestaltung: Celestino Piatti
Vorlage: Alexanderkopf aus Pergamon im Archäologischen
Museum Istanbul (Hirmer Fotoarchiv, München)
Gesamtherstellung: C. H. Beck'sche Buchdruckerei,
Nördlingen
Printed in Germany · ISBN 3-423-04298-2

Inhalt

Bei Binnenverweisen in den Fußnoten zeigt die Ziffer nach dem Komma eine Fußnote auf der genannten Seite an.

Die Geschichte Alexanders des Großen läßt sich nur verstehen und beurteilen, wenn auch die Zeitverhältnisse um die Mitte des 4. Jahrhunderts v. Chr. dabei berücksichtigt werden. Sie bilden die unmittelbare Voraussetzung für das Auftreten Alexanders. Es ist danach zu fragen, wie sie sich entwickelt hatten und welche geschichtliche Situation sich daraus ergab. Dabei handelt es sich nicht nur um Makedonien und Griechenland, sondern um die Alte Welt des Mittelmeers und des Orients im ganzen. Ihr Schauplatz, der durch Alexander zu einer umfassenden Einheit geworden ist, wie sie nie vorher bestand, war hauptsächlich der Bereich des Ostmittelmeerraums und Vorderasiens mit seinen Randgebieten. Die bedeutendste Großmacht war das Perserreich.

1. Das Perserreich

Viele Länder dieses alten Kulturraums waren schon seit dem 6. Jahrhundert v. Chr. im Persischen Reich vereinigt. Es gehörten dazu Kleinasien, Syrien, Ägypten, Mesopotamien, der Iran mit dem weiteren Osten bis zum Indus. Als Gründer des Reiches hat Kyros II. (pers. Kurusch, 559–529 v. Chr.) aus der persischen Dynastie der Achaimeniden zu gelten, der nacheinander die Meder, die Lyder und die Babylonier unterwarf. Seine Nachfolger erweiterten und festigten das Reich. Kambyses II. gewann Ägypten (525), Dareios I. (Darauawahusch, 522–486) zog nach Westen an die Donau und unterwarf im Osten das Indusgebiet. Er war zugleich der große Organisator des Achaimenidenreiches, der die einzelnen Verwaltungsgebiete, die Satrapien, durch die Einrichtung von 20 festen Steuerbezirken ergänzte. Sein Sohn Xerxes (486–465) versuchte, auch Griechenland der persischen Hoheit untertan zu machen, was schon Dareios geplant hatte, doch blieb er infolge der Abwehrsiege der Griechen bei Salamis (480) und bei Plataiai (479) darin erfolglos. Dagegen gelang es Artaxerxes II. (404–359), im sogenannten »Königsfrieden« (386) von den Staaten des griechischen Mutterlandes als Garant einer allgemeinen Friedensordnung (koiné eiréne) innerhalb des Griechentums anerkannt zu werden. Artaxerxes III. Ochos

(359–338), der Zeitgenosse Philipps, des Vaters Alexanders, erneuerte durch Niederwerfung mehrerer Aufstände in Kleinasien und Ägypten nochmals den Zusammenhalt des Persischen Reiches. Er war der letzte große Achaimenide.

Als Nachfolgestaat der altorientalischen Reiche hatte das Perserreich das geschichtliche und kulturelle Erbe vieler Völker in sich aufgenommen, der Meder und der Elamiter im Hochland von Iran, der Sumerer, der Assyrer und der Babylonier in Mesopotamien, der Hethiter und der Lyder in Kleinasien, des Pharaonenreiches in Ägypten. Da die nationalen Sitten, Sprachen und Religionen der Unterworfenen weithin fortlebten, war das Perserreich im Innern sehr uneinheitlich. Es lag den Persern fern, die verschiedenen Elemente einander anzugleichen und ihre Eigenart zu beseitigen. Als ursprünglich nomadisierendes asiatisches Reiter- und Steppenvolk indogermanischer Sprache haben die Perser von der überlegenen Kultur der altorientalischen Völker vieles übernommen, so die Keilschrift, die Reliefkunst, die monumentale Architektur. Die Achaimeniden, die sich zu dem ethischen Glauben Zarathustras an den Schöpfergott Ahuramazda bekannten, beherrschten von ihrem Stammland Persis mit den Residenzen Susa und Persepolis aus das riesige Reich, wobei sie sich auf die Gefolgschaftspflicht der Satrapen stützten.

Auch wirtschaftlich und gesellschaftlich war das Perserreich stark differenziert. Schon die natürlichen, geographischen Unterschiede der einzelnen Reichsteile trugen dazu bei. Im iranischen Hochland mit seinen Steppen, Wüsten und Gebirgen lebte eine Bevölkerung von Bauern, Hirten, Pferdezüchtern, Nomaden und einem grundbesitzenden Kriegeradel über weite Räume zerstreut, vor allem in den ostiranischen Satrapien Baktrien, Sogdien und Margiane. Dagegen hatten sich in den großen Stromgebieten und Ebenen des Westens, in Mesopotamien, Syrien und Ägypten, seit früher Zeit städtische Siedlungsformen ausgebildet. Hier gab es weit mehr Handel und Gewerbe, eine vielfältige berufliche Schichtung von Kaufleuten, Beamten und Priestern. Der Karawanenhandel in den Binnenländern, der Seehandel der phönikischen Küstenstädte ging über die Reichsgrenzen hinaus, im Osten bis Indien und China, im Süden nach Arabien und Afrika, im Norden zu den Ländern des Schwarzmeergebiets, im Westen in den Mittelmeerraum. Die Könige und die Satrapen förderten diese Entwicklung. Die königliche Goldmünze, der »Dareikos«, wie auch die Prägungen der Satrapen erleichterten den herkömmlichen naturalwirtschaftlichen Warentausch. Der Bau von »Königsstraßen«, so von der Residenz Susa bis nach Sardes in Kleinasien, diente nicht nur militärischen Zwecken, der Verwaltung und raschen Nachrichtenübermittlung, sondern auch dem Warenverkehr. Ältere, bewährte Organisationsformen wie die Bewirtschaftung der Tempelgüter und das Bankwesen in Babylonien oder die zentrale Königswirtschaft in Ägypten blieben erhalten. Die ständigen Abgaben, vor allem an Gold und Silber, die zum großen Teil in den Palästen der Residenzen gehortet wurden, verliehen den Perserkönigen den Ruf unvorstellbaren Reichtums.

Da sich die persischen »Großkönige« nach alter, vielleicht schon sumerischer Tradition als Herrscher über alle Himmelsrichtungen und Erdteile betrachteten, galten die dem Reich benachbarten Länder als bloße Randgebiete. Ihre Völker blieben sich selbst überlassen, auch wenn sie die persische Oberhoheit nicht ausdrücklich durch Tribute oder Geschenke anerkannten. Es waren im Norden die Skythen und anderen asiatischen Steppenvölker, im Osten die indischen Stämme jenseits des Indusgebiets, im Süden und Südwesten die Araber und die Libyer an der Wüstengrenze, im Westen die Karthager und vor allem die Griechen.

2. Die Griechen

Griechenland war in frühgeschichtlicher Zeit im wesentlichen eine westliche Randzone der altorientalischen Kulturen gewesen, deren Einfluß sich nach dem ägäischen Raum ebenso wie nach anderen Seiten ausgebreitet hatte. Dennoch erlangte das Griechentum schon vor der Gründung des Perserreiches eine bedeutende Selbständigkeit. Es war zu einem besonderen geschichtlichen Faktor der Alten Welt geworden. Zwei Gründe hauptsächlich ermöglichten diese Entwicklung. Zunächst war es von entscheidender Bedeutung, daß die orientalischen Reiche, auch das Perserreich, nie imstande gewesen waren, Griechenland zu unterwerfen und damit den Ägäisbereich auch politisch ihrer Herrschaft anzuschließen. Schon das minoische Kreta hatte sich in dieser Hinsicht unabhängig vom Osten gehalten. Die Feldzüge des Dareios und des Xerxes brachten den Griechen zwar Verluste und Zerstörungen, doch konnten diese bald wieder behoben werden. Es war der asiatischen Kontinentalmacht der Perser offenbar militärisch unmöglich, Außengebiete über See dauerhaft zu beherrschen. Nur die Ostgriechen in Kleinasien, die zum Teil schon den Lydern tributpflichtig gewesen waren, mußten die persische Herrschaft anerkennen.

Die zweite Voraussetzung, auf der die Selbständigkeit Griechenlands beruhte, waren die wiederholten Einwanderungen kriegerischer Stämme von Norden aus dem Donau- und Balkanraum in der Frühzeit, zuletzt der Dorier (um 1200), die die Eigenart des Griechentums noch weiter gesteigert haben. Sie bewirkten eine erhebliche Verstärkung der Bevölkerung, nicht nur in ihrer Abwehrkraft gegen fremde Angreifer, sondern zugleich in ihrem Drang nach außen, der sich besonders in der Kolonisation der westlichen Mittelmeerküsten und des Schwarzmeergebiets zeigte. Die hervorragendste Leistung der Griechen auf Grund dieser Voraussetzungen war jedoch die Ausbildung einer eigenständigen, neuen Kultur. Sie war durch die Einflüsse des Ostens angeregt, unterschied sich aber wesentlich von den altorientalischen Kulturen. Wir empfinden die griechische Kultur als die erste europäische Hochkultur. Für das Selbstbewußtsein der Griechen ist es bezeichnend, daß ihr Begriff der Barbaren, der ›unverständlich redenden‹ Nichtgriechen, im Laufe der Zeit die abwertende Bedeutung von Menschen und Völkern niedriger Kultur erhielt.

Die politische Entwicklung des Griechentums war im Gegensatz zum Orient nicht durch monarchische Großreiche bestimmt, sondern durch eine Vielzahl kleinerer, selbständiger Einheiten, in älterer Zeit hauptsächlich durch ländliche Adelsherrschaften und Stammesbünde, dann immer mehr durch Stadtstaaten (Poleis). Im 5. und 4. Jahrhundert v. Chr. war die Polis aristokratischer oder demokratischer Prägung die typische griechische Staatsform. Die Frage, warum es nicht zur Bildung eines umfassenden griechischen Territorialstaates kam, ist nicht leicht zu beantworten. Die gebirgige, zerklüftete Natur des Landes kann nicht der Hauptgrund gewesen sein, da andere Gebirgsländer wie Iran oder die Apenninenhalbinsel durchaus zur politischen Einigung gelangten. Wichtiger war die Tatsache, daß die Griechen, die in Sippenverbänden eingewandert und seßhaft geworden waren, auch weiterhin an diesen Gliederungen festhielten. Jede Polis, die einen geschlossenen Siedlungsverband darstellte, suchte auch ihre politische Selbstbestimmung zu wahren. Der Gedanke der Autonomie war bei den Griechen stärker und erfolgreicher als das Streben der größeren Poleis nach Hegemonie. Freiheit galt ihnen mehr als Einheit. In der gemeinsamen

Sprache und Kultur, in den panhellenischen Heiligtümern und Festspielen wie in Delphi und Olympia waren sich die Griechen jedoch ihrer Zusammengehörigkeit in einem weiteren, unpolitischen Sinne bewußt.

Es hat in der Zeit des klassischen Griechentums (5.–4. Jahrhundert v. Chr.) nicht an Versuchen gefehlt, durch Bündnispolitik oder Kriege eine größere politische Einheit durch hegemoniale Vorherrschaft einer Polis herzustellen, doch hatten diese Bestrebungen stets nur einen begrenzten und vorübergehenden Erfolg. Athen hatte nach seinen Leistungen bei der Abwehr der Perser und nach Gründung seines »Seebundes« (477 v. Chr.), der umfassendsten politischen Organisation des Griechentums mit zeitweilig mehr als 200 Mitgliedsstaaten, in der Zeit des Perikles die besten Aussichten, die griechische Welt unter seiner Führung zu vereinigen. Die athenische Demokratie scheiterte jedoch damit, als sie in dem fast dreißigjährigen Peloponnesischen Krieg (431–404) der Rivalität Spartas und seiner Verbündeten unterlag. Die darauf folgende spartanische Hegemonie unter Agesilaos gewann im Königsfrieden (386) die Unterstützung Persiens und schien dadurch auf lange Zeit gesichert, brach aber durch die unerwartete Niederlage der Spartaner gegen Theben in der Schlacht bei Leuktra (371) zusammen, als auch die Thebaner zur Anerkennung der Vormachtstellung Spartas gezwungen werden sollten. Die thebanische Hegemonie, die vor allem auf der Persönlichkeit des Epameinondas beruhte, dauerte kaum ein Jahrzehnt bis zu dessen Tode (362). Das Ergebnis war ein Gleichgewicht der Kräfte, die sich im Kampf um die Vorherrschaft aufgerieben hatten. Die Autonomie besonders auch der kleineren Polisstaaten schien nicht mehr in Frage gestellt zu sein.

Eine gewisse politische Erschöpfung des griechischen Mutterlandes im 4. Jahrhundert zeigte sich auch in den inneren Verhältnissen der Staaten. Obwohl der soziale Gegensatz zwischen den Besitzenden und den Besitzlosen, den »Reichen« und dem »Volk«, unvermindert fortdauerte und immer wieder zu Bürgerkrieg und Umsturz führte, verloren die Verfassungskämpfe der Aristokraten und der Demokraten doch weithin ihre frühere Schärfe und machten ausgeglicheneren, »gemischten« Verfassungen Platz. Der bürgerliche Mittelstand, der sich dabei durchsetzte, neigte zur Entpolitisierung, Privatisierung und Ökonomisierung des Lebens. Diese Tendenz ist für die spätklassische Polis des 4. Jahrhunderts charakteristisch und kündigt schon das Zeitalter des hellenistischen Bürgertums an. Die Bereitschaft zu finanziellen und militärischen Opfern für die Polis, vor allem für eine aktive Außenpolitik, nahm ab. Es ist dafür bezeichnend, daß die Deckung öffentlicher Ausgaben durch die üblichen Vermögensauflagen (Leiturgien) immer schwieriger wurde und daß die Bürgerheere mehr und mehr durch Söldnertruppen ersetzt wurden.

Das wirtschaftliche Gesamtbild läßt im Vergleich zum 5. Jahrhundert zwar eine Zunahme und Weiterbildung des Geldwesens, des Handelsverkehrs und der gewerblichen Betriebe, auch eine Verbesserung der landwirtschaftlichen Anbaumethoden erkennen, doch kann von einer eigentlichen Konjunktur oder einer allgemeinen Steigerung der Produktivität nicht die Rede sein. Zum Teil sind sogar Stagnation, Vermögensschrumpfung, Nahrungsmangel und andere krisenhafte Erscheinungen zu beobachten. Dabei mag die verbreitete Rentnermentalität, das Zehren von Grundrente, Kapitalrente oder Sklavenrente mitgewirkt haben, die dem Ideal des Polisbürgers entsprach, während die nichtbürgerlichen Stände, die Metoiken, Freigelassenen und Erwerbssklaven, im Geschäftsleben an Bedeutung gewannen.

Das geistige Leben der Griechen im 4. Jahrhundert läßt gerade in seiner spätklassischen Eigenart den Übergang von der Klassik zum Hellenismus erkennen. Platon und Aristoteles führten die griechische Philosophie auf den Höhepunkt, doch stellt ihre politische Theorie schon einen zusammenfassenden Abschluß des Polisdenkens dar. Andere Vertreter der Zeit, wie Xenophon und Isokrates, empfahlen die bürgerliche »Eintracht« oder schon die Monarchie zur Überwindung der Gegensätze und Schwierigkeiten. Nicht zufällig lebten die führenden Geister meist in Athen, das sich um so stärker zum kulturellen Mittelpunkt des Griechentums entwickelte, je mehr es seine politische Vormachtstellung verlor. Der attische Dialekt wurde zur Hochsprache der Literatur und damit zur griechischen Weltsprache. Theater, Kunst und Religion zeugten von der Verfeinerung der Sitte und des gesellschaftlichen Lebens.

Das Bewußtsein einer überlegenen Kultur, das sich daraus ergab, bestimmte das Verhältnis der Griechen zu den Völkern des Ostens in starkem Maße. Die »Barbaren« galten nicht nur politisch als unfrei, weil sie von despotischen Herrschern regiert wurden, sondern auch kulturell als unterlegen, weil sie keine gleichwertige Gesittung aufzuweisen schienen. In diesem Urteil glaubte man sich durch die zahlreichen Sklaven östlicher Herkunft bestätigt, Syrer, Kleinasiaten, Skythen und andere, die griechischen Herren dienten. Dennoch fehlte es nicht an Stimmen, die von dem schematischen Gegensatz Griechen und Barbaren abrückten und die fremden Völker positiver beurteilten. Xenophon stellte den persischen Reichsgründer Kyros als vorbildlichen Herrscher dar, und der Sophist Antiphon lehrte geradezu, daß von Natur alle Menschen gleich seien. Der diplomatische und wirtschaftliche Verkehr zwischen Griechenland und dem Orient, der nach den Perserkriegen unterbrochen worden war, wurde im 4. Jahrhundert wiederaufgenommen und trug ebenfalls dazu bei, alte Vorurteile abzubauen.

3. Der Westen

Mit den westlichen Mittelmeerländern standen sowohl der Orient wie das Griechentum seit der Frühzeit in Verbindung. Die Phöniker erreichten auf ihren Handelsfahrten Sizilien, Nordafrika, Spanien und errichteten an den Küsten dieser Länder zahlreiche Stützpunkte für ihren Warentausch zwischen dem Osten und dem Westen. Die phönikische Handelskolonie Karthago, die im 9. Jahrhundert v. Chr. von Tyros gegründet wurde und noch in der Alexanderzeit kultische Beziehungen zu ihrer Mutterstadt unterhielt, hatte sich zur führenden Großmacht des Westens entwickelt und galt als reichste Stadt der Welt. Durch eine starke Flotte, die jedes fremde Schiff versenkte, das ohne vertragliche Abmachung das karthagische Seegebiet befuhr, sicherte Karthago sein Handelsmonopol, vor allem gegen die Konkurrenz der Griechen.

Auch das Griechentum war besonders durch seine Besiedlung der Küsten Unteritaliens und Siziliens seit dem 8. Jahrhundert zu einem bedeutenden Faktor des Westens geworden. Der kulturelle Einfluß, der von einzelnen Griechenstädten wie Syrakus, Tarent, Neapel, Massalia (Marseille) ausging, kann nicht hoch genug eingeschätzt werden. Nur der Widerstand Karthagos, zeitweilig im Bund mit den Etruskern, verhinderte die weitere Ausbreitung der griechischen Kolonisation. Sizilien, das am meisten umkämpft war, blieb zwischen den Karthagern und den Griechen geteilt. Politisch waren die Städte der Westgriechen ebenso auf ihre Autonomie bedacht wie die Griechen des Mutterlandes, mit denen sie in regem Verkehr standen. Dionysios I. von Syrakus (405–367), der die Griechen Unteritaliens und Siziliens unter seiner Herrschaft zu einigen suchte, hatte damit keinen bleibenden Erfolg. Im Kampf gegen solche Hegemoniebestrebungen wie auch bei der Abwehr der Karthager und der italischen Stämme erhielten die Westgriechen immer wieder Hilfe vom Mutterland, besonders von Sparta und Korinth, wodurch das Bewußtsein der Zusammengehörigkeit verstärkt wurde.

In Italien war der Städtebund der Etrusker oder Tyrrhener, die den Nordwesten von der Po-Ebene bis zum Tiber beherrschten, dazu in älterer Zeit auch Latium und Kampanien, der bedeutendste Machtfaktor. Auch im Tyrrhenischen Meer behaupteten sich die Etrusker gegen die Karthager und die Griechen. Ihre Kultur, die orientalische Elemente enthält und auf frühe Einwanderung des Volkes aus Kleinasien hinweist, wurde stark von den Griechen beeinflußt, was auf engen Handelsbeziehungen beruhte. Die Etrusker ihrerseits, die vor allem in der Baukunst und im Metallgewerbe führend waren, vermittelten ihre Kultur an die benachbarten Völker, so an die Räter im Alpengebiet und an die Römer.

Rom, das im 6. Jahrhundert selbst unter etruskischer Herrschaft gestanden hatte, hatte nach vorübergehender Besetzung durch oberitalische Kelten (387) seine militärische Kraft verstärkt und den inneren Gegensatz zwischen den Ständen der Patrizier und der Plebejer weitgehend beigelegt, so daß die stammverwandten Latiner unterworfen und unter römischer Führung geeinigt werden konnten (340–338). Durch Verträge mit Karthago und mit Capua in Kampanien wahrte Rom seine auswärtigen Interessen, doch blieb sein Machtbereich regional beschränkt. Es war um die Mitte des 4. Jahrhunderts noch nicht vorauszusehen, daß die Römer wenige Generationen später ganz Italien beherrschen würden. Die meisten Volksstämme der sogenannten Italiker indogermanischer Sprache, die in der Frühzeit von Norden eingewandert waren und zu denen auch die Römer und Latiner gehörten, hielten an ihrer Unabhängigkeit und älteren Stammesverfassung fest, so die Samniten im mittleren Apennin, die Osker, Lukaner und Bruttier im Süden, die Umbrer und Pikener im Nordosten.

In prähistorischen Verhältnissen lebten auch die Völkergruppen der übrigen Länder des Westens, die Iberer in Spanien, die Kelten in Frankreich, Süddeutschland und auf den britischen Inseln, die Germanen im Bereich der Nord- und Ostsee. Es waren die nordwestlichen Randgebiete der Alten Welt, die durch Handelsbeziehungen mit den Griechen, Karthagern und Etruskern in Verbindung mit der Kultur des Mittelmeerraums standen.

4. Die Makedonen

Das Siedlungsgebiet des makedonischen Volkes, dem Alexander der Große entstammte, beschränkte sich in älterer Zeit auf die Ebene am Unterlauf des Axios (Wardar), der in den Golf von Thessalonike mündet, sowie auf die westlich und östlich davon gelegenen Gebirgsränder. Die altmakedonische Königsburg Aigai liegt etwa 60 km nordwestlich der Mündung des Axios. Die Nachbarvölker der Makedonen waren im Westen und Norden die Illyrier, im Osten die Thraker, im Süden die Griechen. Es scheint, daß die Makedonen in frühgeschichtlicher Zeit aus nordwestlicher Richtung eingewandert waren. Jedenfalls war die untere Axiosebene das letzte Gebiet, das sie besetzten.

Die Frage nach der »Nationalität« der Makedonen, speziell ihr Verhältnis zu den Griechen, war von jeher stark umstritten. Aus politischen Gründen beanspruchten schon im Altertum makedonische Herrscher, als Griechen anerkannt zu werden, während Demosthenes im Sinne seiner antimakedonischen Politik in Athen die Makedonen als Barbaren betrachtete. Auch die neueren Urteile über die »makedonische Frage« sind zum Teil durch politische und territoriale Interessen bestimmt. Die makedonische Sprache, von der nur wenige Wörter und Namen erhalten sind, war mit dem Griechischen eng verwandt, klang aber den Griechen des 4. Jahrhunderts als fremdes Idiom, nicht etwa als ein besonderer griechischer Dialekt.

Auch in gesellschaftlicher und kultureller Hinsicht unterschieden sich die Makedonen deutlich von den Griechen. Es war ein Volk von Hirten und Bauern mit einer adeligen Oberschicht, ohne städtische Kultur und autonome Polisverfassungen, wie sie für die Griechen charakteristisch waren. Das Balkanvolk der Makedonen war in seiner binnenländischen Isolierung gleichsam auf einer älteren, frühgeschichtlichen Stufe stehengeblieben, ohne die Entwicklung des Griechentums mit seinem mediterranen Kulturerbe und seinen Beziehungen zum Osten mitzumachen. Der Unterschied oder Gegensatz zwischen den Makedonen und den Griechen beruhte also weniger auf verschiedener Herkunft als auf einer andersartigen Geschichte. Er war das Ergebnis der historischen Entwicklung.

Seit dem 6. Jahrhundert machte sich jedoch ein zunehmender Einfluß des Griechentums auf die makedonische Oberschicht geltend, vor allem auf die Königsdynastie der Argeaden. Amyntas I. hatte Verbindung mit den Peisistratiden von Athen. Sein Nachfolger Alexander I. (um 495–450) mit dem späteren Beinamen Philhellen (»Griechenfreund«) suchte bewußt den Anschluß an die griechische Kultur. Er prägte Münzen nach griechischem Vorbild und wurde zu den Olympischen Spielen zugelassen, womit er sich als Hellene betrachten konnte. Durch Xerxes war er freilich bis zur Schlacht bei Plataiai (479) zur Anerkennung der persischen Oberhoheit und zur Heeresfolge für Persien gezwungen worden.

Bedeutender als seine Vorgänger war König Archelaos (413–399). Er setzte die von Alexander I. begonnene Heeresreform fort, indem er die Adelsreiterei der »Gefährten« (Hetairen) des Königs mit der Phalanx des Fußvolks, den jetzt sogenannten »Gefährten zu Fuß« (Pezhetairen), verband und damit die Grundlage der makedonischen Militärmacht legte. Durch eine Neuordnung der Verwaltung, Förderung des Städtewesens und durch Straßenbau festigte er die inneren Verhältnisse des Landes. Der Zugang zur See wurde durch Unterwerfung der griechischen Hafenstadt Pydna an der Westküste des Golfs von Thessalonike erreicht, und damit konnte auch in Thessalien politischer Einfluß gewonnen werden. In seiner Residenz Pella sammelte Archelaos einen Kreis griechischer Dichter und Künstler um sich, zu denen der Dramatiker Euripides und der Maler Zeuxis gehörten.

Die Machtstellung, die Makedonien durch Archelaos errungen hatte, konnte es unter seinen Nachfolgern in der ersten Hälfte des 4. Jahrhunderts nicht halten. Thronstreitigkeiten im Herrscherhaus, Unbotmäßigkeit des Adels, Einfälle der Illyrier und der Thraker in den Grenzgebieten brachten den Staat mehrmals an den Rand der Auflösung. Als König Perdikkas III. im Kampf gegen die Illyrier gefallen war (359), übernahm sein Bruder Philipp II. die Regentschaft für Amyntas IV., den unmündigen Sohn des Perdikkas. Es gelang Philipp, die Grenzen wiederherzustellen und im Osten die griechische Stadt Amphipolis am Unterlauf des Strymon (Struma) zu unterwerfen (357). Auf Grund dieser Erfolge ließ sich Philipp von der makedonischen Heeresversammlung, der von jeher bestimmte Souveränitätsrechte zustanden, bald darauf den Königstitel verleihen. Es war ein Staatsstreich in legaler Form, durch den die Vormundschaftsregierung Philipps beendet und er selbst als rechtmäßiger König anerkannt wurde.

Philipp II., von dem der zeitgenössische griechische Historiker Theopomp bewundernd meinte, Europa habe noch nie einen Mann von solcher Größe hervorgebracht, besaß in der Tat als Staatsmann und als Heerführer die Eigenschaften, die ihn befähigten, Makedonien zum Rang einer Großmacht zu erheben. Er war willensstark und zielklar, rastlos tätig und gebrauchte unbedenklich, aber klug berechnend alle Mittel der Diplomatie, der Kriegführung und der Bestechung, um durch Druck oder auch durch scheinbare Nachgiebigkeit seiner Politik zum Erfolg zu verhelfen und seine weitergehenden unausgesprochenen Ziele zu verwirklichen. In seiner Jugend hatte Philipp auf Grund der damaligen Beziehungen zwischen Makedonien und Boiotien einige Zeit im Hause des Epameinondas in Theben verbracht und dort nicht nur entscheidende militärische Anregungen erhalten, sondern auch die griechische Bildung seiner Zeit kennengelernt. Sein Auftreten und seine persönliche Lebensführung waren durch einen eigentümlichen Wechsel von gewinnender Höflichkeit und barbarischer Leidenschaftlichkeit gekennzeichnet.

Wenn man die Expansion des Makedonentums unter Philipp und seinem Sohn Alexander, durch die dieses Volk eine so hohe geschichtliche Bedeutung erlangte, unter größerer Perspektive betrachtet, so läßt sie sich den Völkerbewegungen anreihen, die seit früher Zeit immer wieder aus dem Balkanraum in die Kulturländer der Alten Welt vorgestoßen sind.

Die Jugendjahre Alexanders bis zum Regierungsantritt (336) waren für sein Wirken nicht bedeutungslos. Die Verhältnisse in der Familie, die Erzieher, die Eindrücke und Erlebnisse seiner frühen Jahre wurden in mancher Hinsicht für ihn bestimmend und machen Späteres erst verständlich. Seine Rolle und Tätigkeit als Thronfolger unter der beherrschenden Persönlichkeit seines Vaters Philipp lassen schon charakteristische Züge an ihm erkennen. Es sind zunächst die Ereignisse und die allgemeine Lage im Geburtsjahr Alexanders (356) zu betrachten, sodann die besonderen Umstände seiner Geburt und Abstammung, schließlich die Jahre der Kindheit (356–343) und der Prinzenzeit (342–336).

1. Allgemeine Lage 356 v. Chr.

Für Philipp II. von Makedonien brachte das Jahr 356 neue außenpolitische Erfolge. Sein bewährter Heerführer Parmenion schlug die Illyrier, Philipp selbst eroberte die griechische Stadt Poteidaia an der Westküste der Chalkidike und gewann damit einen weiteren Zugang zur See. Im Kampf gegen die Thraker gewann er das Pangaiongebirge mit seinen Goldbergwerken und die Stadt Krenides, die er in Philippoi umbenannte. Das Bestreben seiner Expansionspolitik war sichtlich darauf gerichtet, die Enge der Binnenlage seines Landes zu überwinden und eine stärkere Seegeltung in der Ägäis als Voraussetzung für die Erreichung künftiger Ziele zu erringen. Diesem Zweck diente auch der Bau einer makedonischen Flotte. Da Poteidaia Mitglied des Attischen Seebundes war, ergab sich hier aber unvermeidlich ein Konflikt mit Athen. Philipp hatte damit gerechnet und dennoch den Angriff auf Poteidaia gewagt, weil er die Schwäche Athens, das in einen schweren Bundesgenossenkrieg verwickelt war (357–355), richtig einschätzte. In der Tat konnte Athen den Verlust Poteidaias nicht verhindern, da es alle Kräfte zum Kampf gegen die abgefallenen Bundesgenossen einsetzen mußte.[1]

[1] *Parmenion:* Diod. 16, 22, 3. Plut. Alex. 3, 8. Iust. 12, 16, 6. H. Berve, Das Alexanderreich auf prosopographischer Grundlage II, München 1926, 298 ff. nr. 606.

Ein zweiter Konfliktherd, der im gleichen Jahr in Griechenland entstand, der Phokische Krieg oder Heilige Krieg um Delphi (356–346), wurde für die weitere Entwicklung noch wichtiger. Philipp beobachtete diese Ereignisse aufmerksam. Der Gegensatz der Phoker und der Thebaner in der Amphiktyonie, dem Schutzbund des delphischen Heiligtums, führte dazu, daß die Phoker, von Sparta gegen Theben unterstützt, Delphi besetzten und aus den Mitteln des Tempelschatzes ein Söldnerheer aufstellten, mit dem sie ganz Mittelgriechenland zu beherrschen drohten. Der Krieg zog weitere Kreise, doch schienen die beteiligten griechischen Staaten nicht zu bemerken, daß Philipp nur auf eine Gelegenheit wartete, um sich einzumischen und damit auch hier Einfluß zu gewinnen.

In Persien regierte Artaxerxes III. Ochos (359–338), der letzte bedeutende Achaimenide, dem es gelang, durch die Niederwerfung mehrerer Aufstände, vor allem in Ägypten, die Einheit des Perserreichs nochmals herzustellen. Er bediente sich dabei griechischer Söldnerverbände, deren Kampfwert und Überlegenheit gegenüber den einheimischen Truppen deutlich hervortraten. Auch jetzt (356) kam es wieder zu einer Erhebung gegen Artaxerxes unter dem Satrapen Artabazos in Kleinasien, der von Athen unterstützt wurde und sein ganzes Heer, was bezeichnend für diese Verhältnisse ist, dem athenischen Söldnerführer Chares unterstellte. Als sich Artaxerxes auch hier durchgesetzt hatte, floh Artabazos zu Philipp nach Makedonien. Die inneren Schwierigkeiten des Perserreichs konnten Philipp nicht verborgen bleiben.[2]

Nach der griechischen Überlieferung, die gerne Synchronismen konstatiert oder konstruiert, soll Philipp an einem einzigen Tage dieses Jahres drei glückliche Nachrichten zugleich erhalten

Poteidaia: Diod. 16, 8, 3–5. Plut. Alex. 3, 8. Demosth. 2, 7. 6, 20. 8, 65. 23, 107. A. Schaefer, Demosthenes u. seine Zeit II², Leipzig 1886, 25, 1. *Pangaion, Krenides, Philippoi:* Diod. 16, 8, 6. Arr. 7, 9, 3. Schaefer II² 25 f. K. J. Beloch, Griechische Geschichte III² 1, Berlin-Leipzig 1922, 232. *Makedonische Flotte:* Demosth. 4, 34. Iust. 8, 3, 13. Schaefer II² 28 ff.

[2] *Philipp und der Phokische Krieg:* Diod. 16, 23, 1–31, 5. Iust. 8, 1, 4–2, 12. Paus. 10, 1, 1–2, 7. Schaefer I² 487 ff. II² 281 ff. B. Niese, Geschichte der griechischen u. makedonischen Staaten seit der Schlacht bei Chaeronea I, Gotha 1893, 30 ff. Beloch III² 1, 246 ff. 2, 262 ff. H. Bengtson, Griechische Geschichte von den Anfängen bis in die römische Kaiserzeit, München⁵ 1977, 313 f. *Aufstände unter Artaxerxes III.:* Diod. 16, 40, 3–51, 3. Schaefer I² 482 ff. Beloch III² 1, 242 ff. *Artabazos und Chares:* Diod. 16, 22, 1–2. Demosth. 4, 24. Schaefer II² 54 f. Berve II 82 ff. nr. 152. 403 f. nr. 819. *Artabazos in Makedonien:* Diod. 16, 52, 3. Curt. 5, 9, 1. 6, 5, 2.

haben: daß sein Feldherr Parmenion die Illyrier schlug, daß sein Rennpferd bei den Olympischen Spielen siegte und daß ihm seine Gemahlin Olympias einen Sohn und Thronfolger geboren habe. Seinen Namen erhielt dieser wohl nach Philipps ältestem Bruder Alexander II.[3]

2. Geburt und Abstammung

Als Geburtstag Alexanders galt nach dem makedonischen Monatskalender der 6. Loios (Juli 356), ein Tag im Sommer während der Olympischen Spiele. Der Geburtsort war Pella, die Hauptstadt und Residenz Philipps, der sich jedoch damals im Feldlager bei Poteidaia befand. Alexanders Mutter Olympias war eine Tochter des Königs Neoptolemos von Epeiros aus der Dynastie der Aiakiden. Philipp hatte sie etwa zwei Jahre vorher bei einem Besuch des Kabirenheiligtums auf der Insel Samothrake kennengelernt und zur Gemahlin genommen, nachdem er schon früher mehrere Ehefrauen und Nebenfrauen gehabt hatte. Bei seiner Vermählung mit Olympias spielte wohl auch der Gedanke einer dynastischen Verbindung zwischen Makedonien und Epeiros eine Rolle.[4]

[3] *Synchronismus:* Plut. Alex. 3, 8–9; mor. 105a. Iust. 12, 16, 6. Schaefer II² 25, 2 (»nicht streng zu nehmen«). Beloch III² 1, 230, 3. Zu den widersprüchlichen Angaben über den Sieg in Olympia (Rennpferd oder Viergespann), die durch die olympischen Siegerlisten berichtigt werden, vgl. H. Bengtson, Die Olympischen Spiele in der Antike, Zürich-Stuttgart 1971, 80. *Alexander, Bruder Philipps:* Iust. 7, 4, 5, vgl. unten S. 23. Schaefer II² 10ff. Auch Olympias hatte einen (jüngeren) Bruder namens Alexander (Diod. 16, 72, 1. Iust. 8, 6, 5. 17. Berve II 19ff. nr. 38), den späteren König von Epeiros, der aber 356 erst etwa sechs Jahre alt war, also bei der Namengebung nicht in Betracht kam. Nach F. Schachermeyr, Alexander der Große, Wien 1973, 75, war Alexander I. von Makedonien (um 495–450) das Namensvorbild.

[4] Alexanders *Geburtsjahr* 356 ergibt sich aus der Angabe mehrerer Quellen (Plut. Alex. 11, 1. Iust. 11, 1, 9, vgl. Arr. 7, 28, 1), er sei beim Regierungsantritt (336) 20 Jahre alt gewesen. *Geburtstag:* Plut. Alex. 3, 5 (= 6. Hekatombaion nach attischem Kalender). Auch dazu wußte man einen Synchronismus, den Brand des Artemistempels in Ephesos (Brandstifter Herostratos), mit dem Witz, Artemis habe dieses Unglück nicht verhindern können, weil sie in der gleichen Nacht als Hebamme bei der Geburt Alexanders in Makedonien tätig war (Plut. Alex. 3, 6 nach Hegesias FGrH II 142 F 3. Cic. de nat. deor. 2, 69 nach Timaios FGrH III 566 F 150a; de divin. 1, 47. Strab. 14, 640. Solin. 40, 4). Dazu wurde noch erzählt (Plut. Alex. 3, 7), die »Magier« in Ephesos hätten prophezeit, daß dieser Tag großes Unglück über Asien bringen werde. Weitere angebliche »Vorzeichen« bei der Geburt Alexanders erwähnt Iust. 12, 16, 4–5 (Adler auf dem Palast von Pella). *Geburtsort:* Solin. 40, 4. *Philipp vor Poteidaia:* Plut. Alex. 3, 8. Zur späteren,

Olympias, eine der großen Frauen der Geschichte, war von leidenschaftlichem Charakter. Nicht zufällig traf sie Philipp beim Mysterienkult von Samothrake. Schon in Epeiros hatte sie an den dionysischen Orgien als Tänzerin und Mainade teilgenommen. Sie war von stärksten Gefühlen getrieben, selbstbewußt und stolz, für ihre Umgebung unberechenbar, religiös exaltiert, durch ihre Herrschsucht gefährlich, im Haß und in der Rache furchtbar. Dämonische, irrationale Züge dieser Art scheint sie auch ihrem Sohn Alexander vererbt zu haben. Dieser bewahrte zeitlebens, auch in fernen Ländern, eine bemerkenswert starke Bindung an seine Mutter, der er Briefe schrieb und die er in manchen persönlichen Fragen als seine einzige Vertraute ansah.[5] Alexanders eigentümlicher und seiner Umgebung oft unerklärlicher »Drang« (póthos), eine Sehnsucht oder Begierde nach der Ferne, ein Verlangen nach dem Äußersten, Exzentrischen und Abenteuerlichen, war vielleicht ebenfalls ein mütterliches Erbteil.[6]

romanhaften Ausschmückung der Geburtsgeschichte vgl. O. Feis, Die Geburt Alexanders des Großen, Arch. f. Gesch. d. Medizin u. d. Naturwiss. 11, 1919, 260 ff.

[5] *Herkunft der Olympias:* Diod. 19, 51, 1. Plut. Alex. 2, 1. Iust. 7, 6, 10. 17, 3, 14. Berve II 283 ff. nr. 581. *Samothrake:* Plut. a. O., vgl. Curt. 8, 1, 26. Die Frage der Legitimität der sieben namentlich bekannten Frauen Philipps (Phila, Philinna, Audata, Olympias, Meda, Nikesopolis, Kleopatra, nach Satyros FHG III 161 fr. 5 = Athen. 13, 557 d) ist umstritten, vgl. dazu Beloch III² 2, 68 ff. Berve I 7 f. E. Kornemann, Große Frauen des Altertums, Wiesbaden 1947, 87. W. W. Tarn, Alexander der Große, Darmstadt 1968, 542 f. Schachermeyr 73 f. *Olympias im dionysischen Kult:* Plut. Alex. 2, 9. Duris FGrH II 76 F 52 (= Athen. 13, 560 f, vgl. 14, 659 f.). Zur Charakterisierung der Olympias vgl. auch R. Schneider, Olympias, die Mutter Alexanders des Großen, Progr. Zwickau 1885. Kornemann a. O. 87 ff. Berve II 284. Schachermeyr 72 ff. R. L. Fox, Alexander der Große, Düsseldorf 1974, 53 ff. *Bindung Alexanders an Olympias:* unten S. 35. 89.

[6] *»Drang«* (póthos, πόθος, cupido): Arr. 1, 3, 5 (»póthos ergriff ihn«). Curt. 3, 1, 16 (cupido incessit animo), die weiteren Textstellen gesammelt bei H. Montgomery, Gedanke und Tat, Skrifter Svenska Instit. Athen 6, 1965, 191 ff. K. Kraft, Der ›rationale‹ Alexander, Kallmünz 1971, 81 ff., vgl. auch unten S. 46. Dieser Pothos-Begriff, der eine lebhafte Diskussion hervorgerufen hat, wird von manchen Beurteilern als authentisches Wort Alexanders verstanden, der damit seine intuitiven Entschlüsse begründet oder bezeichnet habe (V. Ehrenberg, Alexander und Ägypten, Leipzig 1926, 30 ff. = Polis und Imperium, Zürich 1965, 422 ff.; Alexander and the Greeks, Oxford 1938, 52 ff. = Polis und Imperium 458 ff. = G. T. Griffith (Hrg.), Alexander the Great, The Main Problems, Cambridge-New York 1966, 73 ff.; Polypragmosyne, A Study in Greek Politics, JHS 67, 1947, 62 ff. = Polis und Imperium 493 ff.; Schachermeyr 85. 655 ff.), was andere bestreiten (G. Méautis, Recherches sur l'époque d'Alexandre le Grand I, Le πόθος d'Alexandre le Grand, REA 44, 1942, 300 ff. H. U. Instinsky, Mensch und Gott in der Geschichte, in: Beiträge zur geistigen Überlieferung, Godesberg 1947, 184 ff.

Dagegen war Alexanders Verhältnis zu seinem Vater Philipp, mit dem er später sogar offen in Konflikt geriet, anscheinend von Anfang an weniger eng. Der übermächtige Eindruck des erfolgreichen Herrschers Philipp mußte dieses Verhältnis belasten, um so mehr, je deutlicher die außerordentlichen Fähigkeiten des Sohnes hervortraten. Seine hohe Intelligenz, die beispiellose Willenskraft, Zielstrebigkeit und Geschicklichkeit, mit jeder Lage fertigzuwerden, alle diese Eigenschaften verdankte Alexander wohl seinem Vater. Sie erschienen beim Sohn gleichsam in gesteigerter Form, ebenso wie gewisse »barbarische« Züge, Zornesausbrüche und Trunksucht. Philipp, der in diesem Wesen seines Sohnes wahrscheinlich mehr und mehr sich selbst erkannte, behandelte Alexander mit Strenge und Weitblick. Er sah in ihm den geborenen Nachfolger.

Philipp konnte dadurch zugleich hoffen, seiner eigenen Linie im Hause der Argeaden die Herrschaft zu erhalten. Auf seinen Vater Amyntas III. (393–370) waren zunächst dessen beide älteren Söhne gefolgt, Alexander II., der kinderlos starb, dann Perdikkas III., dessen Sohn das Nachfolgerecht verloren hatte, als Philipp, der jüngste der drei Brüder, den Königstitel annahm. Es schien außer Zweifel, daß der Sohn Philipps und der Olympias, Alexander III., unangefochten zur Thronfolge gelangen werde.

Doch das Verhältnis Philipps zu Olympias, die ihm noch eine Tochter Kleopatra gebar, kühlte sich ab. Wechselnde Liebesverhältnisse Philipps weckten die Eifersucht der Olympias. Sie selbst hielt an ihren mystischen Ansichten und Praktiken fest, die Philipp befremdeten. Schon vor der Geburt Alexanders, zu der später allerlei Wunderzeichen erzählt wurden, hatte sie Umgang mit einer Kultschlange, in der sie vielleicht eine inkarnierte Gottheit sah. Philipp wurde dadurch zu einer Anfrage beim Orakel in Delphi bewogen, das ihm empfohlen haben soll, den Zeus Am-

R. Andreotti, Die Weltmonarchie Alexanders des Großen in Überlieferung und geschichtlicher Wirklichkeit, Saeculum 8, 1957, 120 f. Kraft 81 ff.). Ob der Begriff von einem bestimmten Autor ausgegangen ist (Aristobul nach F. Wenger, Die Alexandergeschichte des Aristobul von Kassandreia, Diss. Würzburg 1914, 63 ff., Kleitarch nach R. Schubert, Beiträge zur Kritik der Alexanderhistoriker, Leipzig 1922, 6 f., Kallisthenes nach Wilcken, SB Berlin 1928, 580, 1), konnte bisher nicht erwiesen werden, vgl. dazu auch unten S. 46 (Ptolemaios). Nach G. Wirth, Alexander der Große, Reinbek 1973, 98 handelt es sich um eine »pseudopsychologische Hilfskonstruktion, um über Unkenntnis und Undeutbarkeit hinwegzuhelfen«. Einen Überblick der Spezialliteratur gibt J. Seibert, Alexander der Große, Darmstadt 1972, 183 ff.

mon zu verehren. Für Alexanders Glaubensvorstellungen und Selbstbewußtsein wurden diese Dinge bedeutungsvoll.[7]

3. Erziehungsjahre

In Alexanders Jugend bis zu seinem Regierungsantritt lassen sich deutlich zwei Phasen unterscheiden, die Jahre der Kindheit (356–343), in denen er vorwiegend unter dem Einfluß der Mutter Olympias und der ersten Erzieher stand, dann die Prinzenzeit, während der er von Philipp für seine Aufgaben als Thronfolger erzogen und vorbereitet wurde.

Das heranwachsende Kind wurde fast ausschließlich von der Mutter überwacht, weil Philipp die meiste Zeit auf seinen Feldzügen abwesend war. Olympias bestellte als Amme für ihren Sohn eine gewisse Lanike, die dem makedonischen Adel entstammte und bis zum sechsten Lebensjahr Alexanders im Palast zu Pella blieb. Ihr Bruder war Kleitos, der erste Jugendfreund, Gespiele und ständige Begleiter Alexanders, der später in der Schlacht am Granikos sein Lebensretter wurde.

Als Knabe von sechs Jahren erhielt Alexander, wie es in vornehmen makedonischen Familien üblich war, Erzieher mit griechischer Bildung (Pädagogen). Olympias unterstellte sie der Leitung eines ihrer Verwandten namens Leonidas, der den Zögling vor allem zu Abhärtung und einfacher Lebensweise erzogen haben soll. Lysimachos aus Akarnanien führte ihn in die homerischen Epen ein, nannte ihn einen jungen »Achilleus« und legte dadurch den Keim in ihn, sich mit dieser mythischen Gestalt zu identifizieren. Andere Lehrer unterrichteten ihn im Schreiben, in Musik und Geometrie. Der nachhaltige Eindruck, den Alexan-

---

[7] Zur Genealogie und Chronologie der makedonischen Dynastie der *Argeaden* vgl. Beloch III² 2, 49 ff. J. Kaerst, Geschichte des Hellenismus I³, Leipzig-Berlin 1927, 164 ff., vgl. unten S. 39. *Kleopatra:* Satyros FHG III 161 fr. 5 = Athen. 13, 557 d. Berve II 212 f. nr. 433. Sie wurde um 355 geboren, war also 1–2 Jahre jünger als Alexander. *Eifersucht der Olympias:* Plut. Alex. 9, 5; mor. 141 b–c. *Wunderzeichen:* oben S. 21, 4. Plut. Alex. 2, 3–5 (Träume Philipps und der Olympias vor der Geburt). *Kultschlange:* Plut. Alex. 2, 6. 9. 3, 2, ohne Grund bezweifelt von Tarn 659 (»unwahr«). 680. E. Braun, Eine Alexanderlegende, Österr. Jahresh. 39, 1952, 193 ff. A. Dascalakis, Alexander the Great and Hellenism, Thessalonike 1966, 16 ff. *Anfrage in Delphi:* Plut. Alex. 3, 1. Tarn 659 (»immerhin gab es gewisse Beziehungen zwischen Delphi und Ammon«), vgl. dazu A. Weigall, Alexander der Große, Leipzig 1941, 36 ff. Fox 283. Delphische Weihungen der Olympias aus späterer Zeit (331) sind inschriftlich bezeugt (Syll.³ 252, 5 ff.). *Alexanders Glauben:* unten S. 89.

der von diesen Erziehern empfing, ist für ihn bezeichnend. Zahlreiche spätere Anekdoten gehen darauf zurück. Den Lysimachos, seinen Lehrer »Phoinix«, nahm er auf den persischen Feldzug mit und umsorgte ihn, als er in Syrien aus Schwäche zurückblieb. An Leonidas, der ihn als Knaben einst wegen Verschwendung von Räucherwerk beim Opfern getadelt hatte, erinnerte er sich nach der Eroberung von Tyros und schickte ihm aus der Beute eine ganze Schiffsladung Weihrauch. Alexanders frühe Erziehungseindrücke blieben ihm zeitlebens in nachhaltiger Weise gegenwärtig.[8]

Der persönliche Einfluß der Mutter dauerte neben diesen Unterweisungen der Lehrer fort. Wie es scheint, stand er in einem gewissen Gegensatz dazu. Die Mutter steckte dem Sohn »Leckerbissen sowie andere überflüssige Dinge« zu und hielt ihn vor allem auch nachdrücklich zum Götterkult und Opferwesen an. Aufschlußreich ist das Bild, das der zehnjährige Alexander den athenischen Gesandten bot, die damals zu Verhandlungen an den Hof Philipps nach Pella gekommen waren (346). Bei einem Trinkgelage, so erzählte später Demosthenes, sei der Knabe mit einer Zither in der Hand aufgetreten und habe mit einem Gespielen eine Art Deklamation oder Duett vorgetragen, ein wahrer »Margites«, ein Dümmling und Mutterkind, von dem gewiß keine politische Gefahr drohen werde. Dieses Urteil des Demosthenes, das tendenziös gefärbt war und später kraß widerlegt wurde, muß doch äußerlich irgendwie begründet gewesen sein.[9]

Philipp setzte seine aggressive Außenpolitik in diesen Jahren mit weiteren Erfolgen fort. Er zerstörte Olynth (348) und brachte dadurch die Halbinsel Chalkidike in seine Gewalt. In Mittelgriechenland beendete er den Phokischen Krieg, indem er

[8] *Lanike:* Arr. 4, 9, 3. Curt. 8, 1, 21. Iust. 12, 6, 10. Iul. Val. 1, 7. Ailian. var. hist. 12, 26. Athen. 4, 129a. Berve II 231 nr. 462. *Kleitos,* mit dem Beinamen »der Schwarze«: Arr. 1, 15, 8. 4, 9, 3. Senec. de ira 3, 17, 1. Berve II 206 ff. nr. 427, vgl. unten S. 62. *Leonidas, Lysimachos und andere Pädagogen:* Plut. Alex. 5, 7–8. 22, 9–10. 24, 10–11; mor. 179e–f. Iul. Val. 1, 7. Berve II 235f. nr. 469. 241 nr. 481. 389 nr. 790 (Philiskos). Th. Birt, Alexander der Große und das Weltgriechentum, Leipzig³ 1928, 427f. E. I. Robson, Alexander the Great, London 1929, 57ff. *»Achilleus« und »Phoinix«:* Plut. Alex. 5, 8. *Weihrauch von Tyros:* Plut. Alex. 25, 6–7; mor. 179e–f. Plin. nat. hist. 12, 62, vgl. unten S. 83.

[9] *»Leckerbissen«:* Plut. Alex. 22, 10. *Opferwesen:* Athen. 14, 659f. Weigall 61 f. *Auftreten des Knaben:* Aischin. 1, 168, vgl. Plut. Perikl. 1, 6 (Tadel Philipps wegen Alexanders Vorliebe für das Zitherspiel). *»Margites«:* Aischin. 3, 160. Plut. Demosth. 23, 2. Marsyas FGrH II 135–136 F 3. Schaefer III² 91. Fox 78. Über den Typ des Margites vgl. A. Lesky, RE Suppl. 11, 1968, 831 (»volkstümliche Schwankfigur des Tölpels«).

die Phoker zur Auflösung ihres Söldnerheeres zwang, ihre Städte besetzte und sich zum Ratsmitglied der delphischen Amphiktyonie wählen ließ (346). Im gleichen Jahr hatte Philipp durch Verhandlungen mit den athenischen Gesandten Philokrates, Aischines und Demosthenes erreicht, daß Athen in einem Abkommen, dem »Frieden des Philokrates«, den Besitzstand Makedoniens anerkannte. Gegen die Thraker und die Illyrier wurden neue Siege errungen. In Epeiros brachte Philipp seinen Schwager Alexander, den Bruder der Olympias, auf den Thron, wodurch er seinen Einfluß im Westen verstärkte und zugleich die makedonische Vorherrschaft in Thessalien sicherte. Ein Nichtangriffspakt schließlich, den er mit dem Perserkönig Artaxerxes III. schloß (343), sollte seiner weiteren Ausdehnungspolitik in Thrakien und Griechenland die nötige Rückendeckung verschaffen.[10]

4. Prinzenzeit

Um diese Zeit, als Alexander dreizehn oder vierzehn Jahre alt war, begann Philipp, mehr als bisher für die Ausbildung und Vorbereitung des jungen Prinzen auf seine künftigen Aufgaben Sorge zu tragen. Er bestellte als Erzieher den großen Philosophen Aristoteles von Stageira, der freilich damals noch nicht die Berühmtheit seines Lehrers Platon erlangt hatte. Der Unterricht des Aristoteles bestimmte in den darauffolgenden zwei bis drei Jahren wesentlich die geistige Entwicklung Alexanders (342–340). Alexander selbst soll später geäußert haben, seinem Vater Philipp verdanke er, daß er lebe, aber seinem Lehrer Aristoteles, daß er recht zu leben verstehe. Die Wesenszüge, die Alexander von Philipp und von Olympias ererbt hatte, wurden durch einen dritten, bedeutsamen Faktor ergänzt, durch die

[10] *Olynth:* Demosth. 1–3. 9, 56. 19, 263. Diod. 16, 53, 2–3. Iust. 8, 3, 10–11. Schaefer II² 124 ff. 152 ff. *Ende des Phokischen Kriegs:* Demosth. 19, 53–85. Diod. 16, 59, 1–61, 3. Iust. 8, 4, 4–5. 6. Schaefer II² 281 ff. F. R. Wüst, Philipp II. von Makedonien und Griechenland, München 1938, 17 ff., vgl. oben S. 20. *Friede des Philokrates:* Demosth. 19. Aischin. 2. 3, 54. Diod. 16, 77, 2. Iust. 8, 4, 1–2. Schaefer II² 194 ff. A. Momigliano, Filippo il Macedone, Florenz 1934, 118 ff. F. Hampl, Die Staatsverträge des 4. Jahrhunderts v. Christi Geb., Leipzig 1938, 56 ff. 111 ff. Wüst a. O. 1 ff. Bengtson 317 f.; Die Staatsverträge des Altertums II, München-Berlin 1962, 312 ff. nr. 329. *Thraker und Illyrier:* Iust. 8, 3, 13–15. 5, 7–13. *Alexander von Epeiros:* Demosth. 7, 32. Diod. 16, 72, 1. Iust. 8, 6, 1. Schaefer II² 425 f. Berve II 19 ff. nr. 38. *Philipp und Artaxerxes:* Arr. 2, 14, 2. Wüst 89 ff.

Klarheit und Vielseitigkeit des Geistes, die Vorliebe für Bildung, Kultur und Forschung, die Aristoteles in Alexander weckte. Alexander muß auch für diese Interessen eine natürliche Veranlagung gehabt haben.[11]

Bei der Berufung des Aristoteles zum Prinzenerzieher ging Philipp wohl davon aus, daß Nikomachos, der Vater des Aristoteles, einst Leibarzt von Philipps Vater Amyntas III. am Hofe in Pella gewesen war. Die griechische Stadt Stageira, aus der die Familie stammte, gehörte seit der Unterwerfung der Chalkidike zu Makedonien, wodurch Aristoteles makedonischer Staatsangehöriger geworden war. Er soll Philipp auch bewogen haben, die im Krieg zerstörte Stadt wiederaufzubauen. Aristoteles war zwanzig Jahre lang an der »Akademie« in Athen als Schüler Platons bis zu dessen Tode geblieben (367–347). Als überzeugter Platoniker war er von der Idee der Erziehung durchdrungen. Wenn Platon gelehrt hatte, man solle dem mächtigsten Herrscher den besten Erzieher geben, ihn zum »Philosophenkönig« machen, also Macht und Geist vereinigen, um dadurch den Fortschritt zum wahren Staat zu ermöglichen, so hatte Aristoteles jetzt einen solchen Auftrag vor sich. Schon vor seiner Berufung durch Philipp war er zusammen mit anderen Platonikern bei dem Stadtfürsten Hermias im kleinasiatischen Assos als Lehrer und Berater tätig gewesen.[12]

[11] *Berufung des Aristoteles:* Plut. Alex. 7, 2. Iust. 12, 16, 8. Diog. Laert. 5, 2.4. Dion. Halik. ad. Amm. 5 p. 728. Dion Chrys. 49, 4. Gell. 9, 3, 4–6 (unechtes Einladungsschreiben Philipps). Berve II 70 ff. nr. 135. U. v. Wilamowitz-Moellendorff, Aristoteles und Athen, Berlin-Dublin-Zürich² 1966, 335 ff. W. Jaeger, Aristoteles, Grundlegung einer Geschichte seiner Entwicklung, Dublin-Zürich³ 1967, 120 ff. 339 ff. Weigall 71 ff. A. Pagliaro, Alessandro Magno, Turin 1960, 40 ff. A. Daskalakis, La jeunesse d'Alexandre et l'enseignement d'Aristote, Stud. Clasice 7, 1965, 169 ff.; Alexander the Great and Hellenism, Thessalonike 1966, 20 ff. Fox 66 ff. Daß Aristoteles hier bei Plut. und Iust. a. O. als »berühmtester aller Philosophen« bezeichnet wird, erklärt sich aus späterer Sicht. Während das Berufungsjahr (343/2) feststeht (Diog. Laert. 5, 10), ist die Dauer des Unterrichts unsicher. Nach Iust. a. O. waren es fünf Jahre, doch muß durch die Ernennung des Prinzen Alexander zum Statthalter oder Stellvertreter Philipps in Makedonien 340 (unten S. 30) der Unterricht abgebrochen oder unterbrochen worden sein (Berve II 71). Nach Dion. Halik. a. O. blieb Aristoteles acht Jahre als Lehrer bei Alexander, was wohl nur so zu verstehen ist, daß er bis zu seinem Weggang nach Athen 335 (Diog. Laert. 5, 10) persönlichen Umgang mit Alexander hatte. *Äußerung Alexanders:* Plut. Alex. 8, 4 (Übersetzung nach Bengtson 334). Gnomol. Vatic. 87. Bei Athen. 12, 53 f wird Alexander geradezu als »Aristoteliker« bezeichnet.

[12] *Nikomachos:* Diog. Laert. 5, 1. v. Wilamowitz-Moellendorff I 314 f. Berve II 70. *Wiederaufbau von Stageira:* Plut. Alex. 7, 3; mor. 1043 d. 1126 d. Diog. Laert. 5, 4. Dion Chrys. 47, 9–11 = Aristot. fr. 657 Rose (Briefe des Aristoteles darüber). Nach Plin. nat. hist. 7, 109 und Ailian. var. hist. 12, 54 wurde Stageira erst von

Der Unterricht, der in dem kleinen Ort Miëza in der Nähe von Pella stattfand, befaßte sich zunächst vor allem mit der griechischen Literatur und Dichtung. Homers Ilias, die Aristoteles neu redigierte, wurde Alexanders Lieblingsbuch, das er später auf seinen Feldzügen unter das Kopfkissen legte. Speziell die Gestalt des Achilleus, die ihm schon von den Elementarlehrern her vertraut war, wurde ihm immer mehr zum Vorbild, wie er überhaupt im Mythos eine Realität sah und daraus lebte. Auch Herakles, auf den sich die Dynastie der Argeaden zurückführte, spielte für Alexander eine ähnliche Rolle. Außer Homer waren es Pindar und die Tragiker, dazu die Werke der Historiker, die Aristoteles seinem Zögling nahebrachte. Alexander, der geborene Makedone, ist dadurch geistig zum Griechen geworden. Schon früh hatte er dadurch den Gegensatz der Hellenen und der Barbaren in sich vereinigt und in gewisser Weise auch überwunden.[13]

Ein zweites, wesentliches Unterrichtsgebiet waren die Lehren Platons, besonders der esoterische Platonismus, der in der Akademie nur mündlich tradiert wurde. Welchen Wert Alexander darauf legte, zum Kreis dieser »Eingeweihten« zu gehören, geht aus einem Brief hervor, den er später aus Asien an Aristoteles schickte, als dieser seine Schriften über erkenntnistheoretische und metaphysische Fragen veröffentlicht hatte. Er könne es nicht gutheißen, schrieb er darin, daß diese Lehren allgemein bekannt

Alexander wiederaufgebaut, der aber wohl nur zum Abschluß brachte, was Philipp begonnen hatte. Zum Verhältnis zwischen Aristoteles und Platon vgl. v. Wilamowitz-Moellendorff I 317 ff. Jaeger 9 ff. *Hermias:* Diog. Laert. 5, 3–9. v. Wilamowitz-Moellendorff I 334 f. II 403 ff. Jaeger a. O. Ob die engen politischen Beziehungen, die Philipp damals zu Hermias unterhielt (Schol. Demosth. 10, 32. Wüst 97 f.), bei der Berufung des Aristoteles von Assos nach Pella eine Rolle spielten (Schaefer II² 445. Jaeger 120 f. Berve II 70) oder nicht (Birt 428, 15. Schachermeyr 82, 60), ist umstritten, vgl. zu Hermias auch Beloch III² 1, 539, 1. Jaeger 105 ff.

[13] *Miëza:* Plut. Alex. 7, 4, bisher noch nicht lokalisiert. Man zeigte dort noch später im Nymphenhain »die Sitzbänke aus Stein und die schattigen Spazierwege« (Plut. a. O.), wo der Unterricht stattfand. *Ilias:* Plut. Alex. 8, 2 nach Onesikritos (FGrH II 134 F 38). Ein Exemplar der aristotelischen »Ausgabe« der Ilias nahm Alexander auf seinen Feldzug nach Persien mit und verwahrte es später in einem kostbaren, bei Issos erbeuteten Behälter aus dem Besitz des Dareios (Plut. a.O. 26, 1. Strab. 13, 594 »Ilias im Kästchen«). Alexanders Äußerung, die Ilias sei ein »Reisehandbuch der Kriegskunst« (Plut. Alex. 8, 2; mor. 327 f), kann daher authentisch sein. Über Alexanders Verhältnis zu *Achilleus und Herakles* vgl. oben S. 24, unten S. 80. U. Wilcken, Alexander der Große, Leipzig 1931, 49. Tarn 233 ff. 282 f. Zu den *Dichtern und Historikern* vgl. Berve II 70. Schachermeyr 84 ff.

würden, da man sich sonst nicht mehr »von den andern unterscheide«.[14]

Schließlich weckte Aristoteles, der Sohn eines Arztes, das Interesse Alexanders für Medizin und Naturwissenschaften. Im Feldlager pflegte Alexander seinen Freunden Arzneimittel und Diät zu verordnen. Die Erforschung der Fauna, Flora und Mineralien war ihm auf seinen Zügen so wichtig, daß er planmäßig Beobachtungen und Material sammeln und an Aristoteles schikken ließ, der mit seinem Schüler Theophrast dadurch die Wissenschaften der Zoologie, Botanik und Mineralogie begründen konnte. Doch vor allem die Geographie mußte für Alexander in fernen, fremden Ländern zu einem ständigen Problem werden. Das Weltbild, das Aristoteles gelehrt hatte, diente ihm dabei zur Orientierung. Er fand es weithin bestätigt, sah sich aber an entscheidenden Punkten zu unerwarteten Korrekturen gezwungen. Auch über seine geographischen Feststellungen und Entdeckungen, die amtlich dokumentiert wurden, hat Alexander während der Feldzüge mit seinem Lehrer Aristoteles korrespondiert.

Politische Unterweisungen dürften bei diesem umfassenden Erziehungsprogramm für einen Prinzen, der auf die Regierung vorbereitet werden sollte, nicht gefehlt haben. Auch für die Lehrtradition Platons war die politische Theorie von zentraler Bedeutung gewesen, wobei speziell das Verhältnis zwischen der griechischen Polis und der Monarchie zu klären war. Aristoteles hatte hier eine schwierige Aufgabe. Als Alexander später durch seine Eroberungen vor ganz neue Probleme gestellt war, konnte es nicht ausbleiben, daß er in einen zunehmenden Gegensatz zum griechischen Polisdenken und damit auch zur Staatslehre des Aristoteles geriet.[15]

[14] *Esoterischer Platonismus:* Plut. Alex. 7, 5–9. Gell. 20, 5, 1–6. Wilcken 50. Schachermeyr 84 f. *Brief an Aristoteles:* Plut. Alex. 7, 7. Gell. 20, 5, 8–12 (mit Antwortschreiben). Die Echtheit des Briefs wurde angezweifelt (J. Kaerst, Der Briefwechsel Alexanders des Großen, Philologus 51, 1892, 613 f. v. Wilamowitz-Moellendorff I 339, 39. Berve II 70 f.), doch ist zu bedenken, daß er aus der Briefsammlung des Andronikos von Rhodos, des späteren Schulhaupts der Aristoteliker, stammt (Gell. 20, 5, 10), der als »der hochverdiente Sammler, Ordner und Herausgeber der aristotelischen Schriften« anerkannt ist (K. Praechter, Die Philosophie des Altertums, Berlin[12] 1926, 556), vgl. dazu auch F. Susemihl, Geschichte der griechischen Literatur in der Alexandrinerzeit II, Leipzig 1892, 305, 337. 691. Birt 430, 37.

[15] Zur Frage der *politischen Einwirkung des Aristoteles* auf Alexander vgl. V. Ehrenberg, Aristotle and Alexander's Empire, in: Alexander and the Greeks, Oxford 1938, 62 ff. R. Andreotti, Per una critica dell' ideologia di Alessandro

Die Lehrjahre in Miëza wurden beendet, als Philipp, der während dieser Zeit den größten Teil Thrakiens unterworfen hatte, den damals sechzehnjährigen Alexander zu seinem Statthalter oder Stellvertreter in Makedonien ernannte (340). Philipp war sich des zunehmenden Risikos seiner Politik offenbar bewußt. Es ging ihm jetzt darum, die Meerengen in seine Gewalt zu bringen. Er hatte mit seiner Flotte im Hellespont (Dardanellen) operiert und an der Nordküste der Propontis (Marmara-Meer) die griechische Stadt Perinth belagert, die sich jedoch mit Hilfe der Perser und der Byzantier halten konnte. Philipp selbst wurde beim Sturm auf Perinth verwundet. Nun zog er vor Byzantion am Bosporos, was unmittelbar zur Kriegserklärung Athens führte (340), da für Athen die Getreidezufuhren aus dem Schwarzmeergebiet lebenswichtig waren. Philipp mußte sich zurückziehen.[16]

Die Athener, die nach dem Frieden des Philokrates auf Entspannung gehofft hatten, zögerten lange, bis sie sich zu diesem Schritt entschlossen. Die Meinungen waren geteilt. Während der Redner und Publizist Isokrates den Makedonenkönig bewunderte und ihn in seiner Flugschrift ›Philippos‹ geradezu aufforderte, die Griechen gemeinsam gegen Persien zu führen, trat auf der Gegenseite vor allem Demosthenes hervor, der in seinen ›Philippischen Reden‹ eine scharf antimakedonische Politik ver-

Magno, Historia 5, 1956, 258 ff. *Medizin:* Plut. Alex. 8, 1 (Alexanders »Liebe zur Heilkunde«). *Naturwissenschaften:* Plin. nat. hist. 8, 44 (Zoologie). H. Bretzl, Die botanischen Forschungen des Alexanderzuges, Leipzig 1903, vgl. unten S. 203. *Geographische Vorstellungen:* Plut. Alex. 5, 1, vgl. unten S. 203. H. Endres, Geographischer Horizont u. Politik bei Alexander d. Gr., Würzburg 1924, 3 ff. V. Burr, Das geographische Weltbild Alexanders des Großen, Würzb. Jahrbücher f. d. Altertumswiss. 2, 1947, 91 ff. H. Berve, Alexander der Große als Entdecker, in: Gestaltende Kräfte der Antike, München² 1966, 333 ff. Seibert 216 f. Schachermeyr 87 ff. *Korrespondenz mit Aristoteles:* Plin. a. O., vgl. auch S. 150, 13. *Politische Unterweisungen:* Plut. mor. 329 b = Aristot. fr. 658 Rose (»die Griechen führen, die Barbaren beherrschen«, aus einem späteren Sendschreiben), dazu Kaerst I³ 314. Tarn 12. E. Buchner, Zwei Gutachten für die Behandlung der Barbaren durch Alexander den Großen?, Hermes 82, 1954, 378 ff. Schachermeyr 479. 525; Alexander u. die unterworfenen Nationen, in: Entretiens Fond. Hardt 22, 1976, 49 ff. (Empfehlung des »Wohltuns«).

[16] *Alexander als Statthalter:* Plut. Alex. 9, 1 (»Herr in Makedonien über die Geschäfte und das Siegel«, nach Berve I 5, 4 möglicherweise die offizielle Bezeichnung der Statthalterschaft oder Verweserschaft). *Perinth und Byzantion:* Arr. 2, 14, 5. Diod. 16, 74, 2–76, 4. Demosth. 12, 16. 18, 87–89. Philochoros FGrH III 328 F 162. Paus. 1, 29, 10. Iust. 9, 1, 1–6. Polyain. 4, 2, 21. Schaefer II² 499 ff. Wüst 127 ff. *Krieg mit Athen:* Diod. 16, 77, 2–3. Aischin. 3, 55. Schaefer II² 504 f. Wüst 131 f.

trat. Jedes weitere Zugeständnis, erklärte Demosthenes, würde nur zur Vorherrschaft Philipps über Griechenland führen, womit Athen seine geschichtliche Rolle ausgespielt habe.[17]

Für Philipp, der nach seinen Rückschlägen im Gebiet der Meerengen nach anderen auswärtigen Ansatzpunkten suchte, war es wichtig, das Stammland Makedonien inzwischen in sicherer Hand zu wissen. Er hatte sich nicht darin getäuscht, daß der junge Alexander dieser Aufgabe gewachsen sein würde. Eine Probe seiner persönlichen Unerschrockenheit und Klugheit hatte der Prinz durch die später oft erzählte Episode von der Zähmung des thessalischen Hengstes Bukephalos gegeben, der dem König zum Kauf angeboten war, aber wegen seines störrischen Charakters zurückgegeben werden sollte. Dieses wohl berühmteste Pferd der Geschichte wurde Alexanders Leibroß auf seinen Feldzügen bis Indien.

Als Königsstatthalter empfing Alexander eine persische Gesandtschaft in Pella und führte mit Erfolg sein erstes selbständiges Unternehmen durch, indem er den aufständischen thrakischen Stamm der Maider niederwarf und in deren Gebiet den Stützpunkt Alexandropolis anlegte (340), die erste Stadt, die seinen Namen trug, wie um dieselbe Zeit auch Philipp durch die Gründung von Philippopolis (Plovdiv) seine Herrschaft in Thrakien sicherte.[18]

Die Zusammenarbeit von Vater und Sohn fand ihren Höhepunkt in den folgenden Jahren, als der Konflikt Philipps mit

---

[17] Zu *Isokrates* und seinem ›Philippos‹ (346), dessen Wirkung von älteren Beurteilern oft überschätzt wurde (Kaerst I³ 142 ff., vgl. auch die Literaturübersicht bei Bengtson 302. Seibert 259 f.), legt Wilcken 30 ff. einleuchtend dar, daß Philipp in dem panhellenischen Programm des Isokrates eine Naivität sah, die er jedoch nur geschickt umzuwandeln brauchte, um damit seine eigenen Ziele zu verfolgen, vgl. auch Schaefer II² 235 ff. J. P. V. D. Balsdon, The ›Divinity‹ of Alexander, Historia 1, 1950, 363 ff. = Griffith 179 ff. (kein Einfluß des ›Philippos‹ auf Alexander). Buchner, Hermes 82, 1954, 378 ff. Ph. Merlan, Isocrates, Aristotle and Alexander the Great, Historia 3, 1954/55, 60 ff. Schachermeyr, in Entretiens Fond. Hardt. 22, 52 f., von älterer Lit. noch B. I. Wheeler, Alexander the Great, New York-London 1900, 122 ff. B. v. Hagen, Isokrates u. Alexander, Philologus 68, 1908, 113 ff. Zu *Demosthenes* und seinen vier ›Philippischen Reden‹ (349–341) vgl. ebenfalls die Literaturübersicht und abgewogene Beurteilung bei Bengtson 302 f.

[18] *Bukephalos:* Plut. Alex. 6, 1–8 (Kauf von dem Thessaler Philoneikos). Diod. 17, 76, 6 (Geschenk des Demaratos von Korinth, vgl. unten S. 35). A. R. Anderson, Bucephalas and his Legend, AJPh 51, 1930, 1 ff. Fox 58 f. Den Namen des Pferdes erklärt Birt 432 als »Großkopf«. *Persische Gesandte:* Plut. mor. 342 b. Schaefer II² 445, 2. *Maider:* Plut. Alex. 9, 1. *Alexandropolis:* Plut. a. O. *Philippopolis:* Plin. nat. hist. 4, 41. Dexippos FGrH II 100 F 27, 1, vgl. oben S. 19 (Philippoi).

Athen zur Entscheidung kam. Den Anlaß bildeten neue Streitig-
keiten in der delphischen Amphiktyonie, in der es Philipp als
Ratsmitglied erreichte, daß er zum Militärführer (Hegemon)
dieses Bundes gewählt wurde. So konnte er die phokische Stadt
Elateia in der Kephisosebene besetzen (339), womit er unter
Umgehung des Thermopylenpasses die Schlüsselstellung zum
Aufmarsch gegen Theben und Athen beherrschte. Die Nachricht
von der Besetzung Elateias alarmierte die Athener. Ihr Bündnissystem zur Abwehr der Makedonen, das sie durch Initiative des
Demosthenes gegründet hatten, umfaßte schon zahlreiche Mit-
gliedstaaten in Westgriechenland, auf den ägäischen Inseln und
im Peloponnes. Jetzt schlug auch Theben ein Neutralitätsange-
bot Philipps aus und verbündete sich mit Athen.

In der Entscheidungsschlacht bei Chaironeia in Boiotien
(2. August 338), in der die Heere der Makedonen und der
verbündeten Griechen einander mit je etwa 30 000 Mann in der
Ebene des Kephisos gegenüberstanden, hatte Alexander die Aufgabe, den linken Angriffsflügel der Makedonen zu führen, während Philipp selbst auf der rechten Seite sich defensiv verhalten
wollte. Es war die Taktik des starken Flankenstoßes, die »Schiefe
Schlachtordnung«, die Philipp einst bei Epameinondas in Theben als erfolgreiche Neuerung gegenüber dem herkömmlichen
Frontalangriff kennengelernt hatte. In der Tat entschied der
junge Alexander, dessen unwiderstehlicher Elan hier zum ersten
Mal in Erscheinung tritt, die Schlacht zugunsten der Makedonen,
indem er mit seinen Reitern die »Heilige Schar« der Thebaner
nach hartem Widerstand niederkämpfte. Damit hatte Philipp die
Vorherrschaft über die Griechen gewonnen. Daß die Schlacht bei
Chaironeia geschichtlich noch viel mehr bedeutete, nämlich das
Ende des Zeitalters der klassischen griechischen Polis, konnte
damals noch niemand ahnen.[19]

[19] *Hegemon der Amphiktyonie:* Aischin. 3, 129. Demosth. 18, 143. 151. *Elateia:* Demosth. 18, 169–172 (Eindruck in Athen). Aischin. 3, 140. Diod. 16, 84,
1–5. Plut. Demosth. 18, 1. *Bündnissystem Athens:* Demosth. 18, 237–244. Aischin.
3, 95–98. Schaefer II² 484 ff. Wüst 92 ff. 118 ff. *Bündnis zwischen Athen und
Theben:* Demosth. 18, 239. Aischin. 3, 84. 106. 142–143. 237. 239. 256. Diod.
16, 84, 5. Iust. 9, 3, 5. Schaefer II² 548 ff. *Schlacht bei Chaironeia und Mitwirkung
Alexanders:* Diod. 16, 85, 2–86, 6. Plut. Alex. 9, 2. Iust. 9, 3, 9–11. Polyain. 4, 2, 2,
7. Frontin. 2, 1, 9. Paus. 9, 10, 1. Dion Chrys. 2, 2 (entscheidender Anteil am Sieg).
J. Kromayer-G. Veith, Antike Schlachtfelder I, Berlin 1903, 127 ff.; Schlachten-
Atlas zur antiken Kriegsgeschichte, Leipzig 1922, Griech. Abt. Blatt 5, 10. Wilcken 36 f. Momigliano, Filippo 158 f. Nach Plut. Alex. 9, 3 zeigte man dort noch
zu seiner Zeit die »sogenannte Alexandereiche«, bei der angeblich das Zelt Alexanders gestanden hatte.

Die Behandlung der besiegten Griechen durch Philipp war wider Erwarten schonend oder schien es wenigstens zu sein. Zwar erhielt Theben eine makedonische Besatzung, doch vermied es Philipp, die Athener, die jetzt mit einem Angriff auf ihre Stadt rechneten und auf Betreiben des Demosthenes und des Hypereides zu äußersten Verteidigungsmaßnahmen griffen, ihre Niederlage überhaupt spüren zu lassen. Er machte ihnen ein überaus günstiges Friedens- und Bündnisangebot, das einen allgemeinen Stimmungsumschwung in Athen bewirkte und auf Vorschlag des Demades und des Phokion sofort angenommen wurde. Philipp verzichtete auch darauf, zum Vertragsschluß selbst in Athen zu erscheinen. Er entsandte dazu Alexander in Begleitung seines Feldherrn Antipater.

Es war das einzige Mal im Leben Alexanders, der damals achtzehn Jahre alt war, daß er nach Athen kam (Sommer 338). Er erhielt das athenische Bürgerrecht und andere Ehrungen. In seiner persönlichen Achtung vor der Geschichte und Kultur Athens konnte er angesichts der perikleischen Akropolisbauten nur bestärkt werden. Mehrmals gab er bei späteren Gelegenheiten zu erkennen, welchen Wert er darauf legte, auch von den Athenern als Bewunderer ihrer Vergangenheit anerkannt zu werden. Ihre zwiespältige und schwankende politische Haltung konnte ihm freilich nicht entgehen.[20]

Für Philipp hing der Erfolg seiner weiteren Pläne hauptsächlich davon ab, ob es ihm gelang, Athen, das bisher der Mittelpunkt der antimakedonischen Bewegung in Griechenland war, entschieden auf seine Seite zu bringen. Darin sah er den Zweck seiner versöhnlichen Politik. Noch im gleichen Jahr der Schlacht bei Chaironeia lud er alle griechischen Staaten zu einem Kongreß nach Korinth ein, wo ein allgemeiner Friede und ein gemeinsamer Bund der Griechen mit dem König der Makedonen beschlossen wurde (Herbst 338). Dieser »Korinthische Bund«, von dem sich nur Sparta fernhielt, wurde so gebildet, daß die Abgesandten der griechischen Staaten zu einem repräsentativen Bun-

[20] *Besatzung in Theben:* Diod. 16, 87, 3. Paus. 9, 1, 8. *Verhalten und Behandlung Athens:* Demosth. 18, 248. Lykurg. 16, 37–45. Polyb. 5, 10, 1–5. Iust. 9, 4, 1–4. Schaefer III² 18 ff. Wüst 166 ff. *Demades und Phokion:* Diod. 16, 87, 1–3. Plut. Phok. 16, 4–7. Berve II 131 ff. nr. 252. 402 f. nr. 816. *Alexander und Antipater in Athen:* Iust. 9, 4, 5. Schol. Ael. Arist. Panath. p. 178, 16, vgl. Gnomol. Vatic. 73. Schaefer III² 26 f. Berve II 46 ff. nr. 94. Dascalakis, Alexander the Great and Hellenism 40 ff. *Bürgerrecht Alexanders:* Schol. Ael. Arist. a. O. U. Köhler, Aus der Finanzverwaltung Lykurgs, Hermes 5, 1871, 223 ff. Schaefer III² 31 f., vgl. unten S. 50.

desrat (Synedrion) zusammentraten, während Philipp, ähnlich wie in der delphischen Amphiktyonie, die Stellung eines bevollmächtigten Bundesführers (Hegemon) erhielt. Es war kein Zweifel, daß dieser föderative Verband in Wirklichkeit die Vorherrschaft Philipps über Griechenland legitimierte und damit seine Hegemonie im machtpolitischen Sinne festigte. Philipp hatte mit diplomatischem Geschick sein Ziel erreicht, die Griechen unter seiner Führung zu einigen, ohne daß es weitere Kämpfe gab. Wenn er allerdings gehofft hatte, die Griechen auch innerlich zu überzeugen und für sich zu gewinnen, so täuschte er sich.

Schon bei der nächsten Bundestagung in Korinth (Frühjahr 337) verkündete Philipp sein Vorhaben, Persien anzugreifen, um das Unrecht zu vergelten, das Xerxes einst den Griechen zugefügt hatte. Der Bundesrat stimmte dem Plan zu, obwohl die Begründung sichtlich nur propagandistische Bedeutung hatte und in Wirklichkeit einen neuen makedonischen Eroberungskrieg rechtfertigen sollte. Bei den Griechen konnte ein solcher Angriff auf Persien, zu dem sie keine Veranlassung hatten, nicht populär werden, zumal die Zeit des Xerxes schon fast anderthalb Jahrhunderte zurücklag. Sie leisteten daher nur gezwungenermaßen, mit kleinen Kontingenten, Heeresfolge für den »Rachekrieg«. Dennoch schien die Gelegenheit für Philipp günstig, da das Perserreich nach dem Tode seines tatkräftigen Herrschers Artaxerxes III. Ochos (338) durch Thronwirren geschwächt war. Eine starke makedonische Heeresgruppe unter dem Befehl des Parmenion und des Attalos wurde von Philipp über den Hellespont nach Kleinasien vorausgeschickt (Frühjahr 336).[21]

Doch ein unheilvoller Konflikt in der Königsfamilie veränderte die Lage. Philipp war nach seiner Rückkehr aus Griechenland eine neue Ehe mit der jungen Kleopatra, der Nichte des Attalos,

---

[21] *Korinthischer Bund:* IG II/III^2 236 = Syll.^{3} 260. Demosth. 18, 201. Diod. 16, 89, 1–3. Plut. mor. 240a. Iust. 9, 5, 1–7. Polyb. 9, 33, 7. Schaefer III^2 49 ff. Niese I 37 ff. Kaerst I^3 270 ff. Wilcken 38 ff. H. H. Schmitt, Die Staatsverträge des Altertums III, München 1969, 3 ff. nr. 403. *Beschluß des Perserkriegs:* Diod. 16, 89, 2–3. Chron. Oxyrh. FGrH II 255, 5. Schaefer III^2 56 ff. *Kontingente:* Diod. 16, 89, 3. Iust. 9, 5, 4–7 (200 000 Mann zu Fuß und 15 000 Reiter als Sollstärke). Zur tatsächlichen Stärke des späteren griechischen Bundesaufgebots (7 000 Mann zu Fuß und 1 800 Reiter) vgl. unten S. 52. *Thronwirren in Persien:* Diod. 17, 5, 3–6, 2. Iust. 10, 3, 3–5. *Vorhut unter Parmenion und Attalos:* Diod. 16, 91, 1. Iust. 9, 5, 8. Curt. 7, 1, 3. Berve II 94 nr. 182. Nach Ed. Meyer, Alexander der Große und die absolute Monarchie, in: Kleine Schriften I^2, Halle 1924, 275 f., bestand Philipps Kriegsziel nur darin, die Bedrohung seines Reiches durch Persien zu verhindern und die Griechenstädte zu befreien, aber keine weiteren Eroberungen zu machen, ähnlich Ch. A. Robinson Jr., Alexander the Great, New York 1963, 18.

eingegangen (337), ohne jedoch Olympias als rechtmäßige Gattin zu verstoßen. Alexander, der während der Abwesenheit Philipps selbständig und mit Erfolg die Illyrier bekämpft hatte, nahm an der Hochzeitsfeier teil. Dabei kam es durch eine herausfordernde Äußerung des Attalos zum offenen Streit. Mit Anspielung darauf, daß Kleopatra aus altem makedonischem Adel stammte, während Olympias eine Epeirotin, also eine Ausländerin war, brachte er den Wunsch zum Ausdruck, Philipp möge jetzt endlich einen echtbürtigen Nachkommen erhalten. Alexander, als Thronfolger Philipps dadurch plötzlich in Frage gestellt, verließ nach einer wilden Schreckensszene, mit der das Bankett endete, den Hof und flüchtete mit seiner Mutter Olympias nach Epeiros.[22]

Erst ein halbes Jahr später (336), nachdem sich Alexander auch in Illyrien aufgehalten hatte, kam durch Vermittlung des Demaratos von Korinth, der wohl Philipp auf den ungünstigen Eindruck seines Familienstreits bei den Griechen hinwies, ein Ausgleich zustande. Alexander kehrte nach Pella zurück, nachdem ihm Philipp bestimmte Zusicherungen über die Thronfolge gemacht hatte. Dagegen blieb Olympias haßerfüllt in Epeiros, wo sie ihren Bruder, den epeirotischen König Alexander, zum Kampf gegen Philipp zu bewegen suchte. Mit ihrem Sohn blieb sie in geheimer Verbindung.

In dem Verhältnis zwischen Philipp und dem Prinzen Alexander konnte das alte Einvernehmen nach diesen Ereignissen nicht

[22] *Hochzeitsfeier Philipps mit Kleopatra:* Satyros FHG III 161 fr. 5 = Athen. 13, 557d. Plut. Alex. 9, 6–10. Iust. 9, 5, 9. 7, 3–4. Berve II 213f. nr. 434. *Alexanders Zug gegen die Illyrier:* Curt. 8, 1, 25. Schaefer III² 63. *Flucht nach Epeiros:* Satyros a. O. = Athen. 13, 557e. Plut. Alex. 9, 11. Iust. 9, 7, 5. Die Stellung der Olympias nach der Eheschließung Philipps mit Kleopatra läßt sich ebenso wie der Rang früherer Frauen Philipps (oben S. 21) nicht eindeutig bestimmen. Alexanders Teilnahme an der Hochzeitsfeier wäre jedenfalls nicht verständlich, wenn Olympias ihre rechtmäßige Stellung eingebüßt hätte. Andererseits geht aus der für Alexander beleidigenden Äußerung des Attalos hervor, daß für ihn jetzt Kleopatra die rechtmäßige Gemahlin Philipps war. Möglicherweise ist mit einer Art legitimer Polygamie im stark patriarchalisch bestimmten makedonischen Königsrecht zu rechnen. Der Bericht des Satyros a. O. über die Ehen Philipps, der »immer im Kriege heiratete« (Athen. 13, 557b), zeigt, daß Philipp jeweils eine Frau aus dem betreffenden Land oder Volk nahm, um es politisch an sich zu binden. So hatte er Frauen aus Illyrien, Thessalien, Thrakien geheiratet und so auch die Epeirotin Olympias, die also – wegen ihres Sohnes Alexander bisweilen übersehen wird – keine Sonderstellung einnahm. Da nun Kleopatra gebürtige Makedonin war und zudem dem vornehmsten Adel entstammte (Berve II 213), ist die Erwartung des Attalos, Philipp möge endlich einen »echtbürtigen Nachfolger« (Plut. Alex. 9, 7) bekommen, begreiflich.

mehr völlig hergestellt werden. Der Einfluß des Attalos und seiner Anhänger am Hofe ließ die Nachfolgefrage nicht zur Ruhe kommen. Alexander blieb mißtrauisch, was durch eine eigenartige Episode beleuchtet wird. Philipp hatte mit dem Fürsten und Satrapen Pixodaros von Karien in Südwestkleinasien Verhandlungen geführt, um engere Beziehungen herzustellen, die seinen Plänen gegen den Perserkönig förderlich waren und zugleich dem Streben des Pixodaros nach größerer Selbständigkeit gegenüber dem persischen Königshof entsprachen. Als Philipp dabei seinen Sohn Philippos Arrhidaios, der einer früheren Ehe entstammte und bisher von der Erbfolge ausgeschlossen war, dem karischen Fürsten als Schwiegersohn anbot, suchte Alexander, der davon erfuhr, dem Plan dadurch zuvorzukommen, daß er sich bei Pixodaros selbst um dessen Tochter bewarb, womit er eine Legitimierung des Arrhidaios verhindern konnte. Die beiden Projekte machten sich gegenseitig zunichte.[23]

Philipp war jedoch bestrebt, vor dem Beginn seines Perserfeldzugs den Frieden im Hause wiederherzustellen. Um Olympias auszusöhnen, bot er daher ihrem Bruder, dem König Alexander von Epeiros, die Hand seiner Tochter Kleopatra an, der Schwester des Prinzen Alexander. Der Vorschlag wurde angenommen und die Vermählung in Makedonien vorbereitet. Da um dieselbe Zeit Philipps junge Gattin Kleopatra nicht einen Sohn, sondern eine Tochter gebar, war auch von dieser Seite zunächst keine Wiederaufnahme oder Verschärfung des Konflikts zu befürchten.[24]

Doch die Hochzeit des Königs von Epeiros, die in der alten makedonischen Residenz Aigai gefeiert wurde (Sommer 336),

---

[23] *Alexander in Illyrien:* Plut. Alex. 9, 12. Iust. 9, 7, 5. Athen. 13, 557 e. *Demaratos:* Plut. Alex. 9, 12–14; mor. 70 b–c. 179 c, vgl. oben S. 31, 18. *Rückkehr Alexanders:* Plut. Alex. 9, 14. Iust. 9, 7, 6. *Olympias in Epeiros:* Iust. 9, 7, 7. Berve I 6. II 284. *Karische Erbfolgeprojekte:* Plut. Alex. 10, 1–4. Schaefer III² 62 f. Berve II 320 f. nr. 640. Pagliaro 43 f. *Philippos Arrhidaios* (Berve II 385 f. nr. 781), Alexanders wenig älterer Stiefbruder, war der Sohn der Philinna aus Thessalien. »Er war von gefälliger und edler Art, wurde aber dann durch Gift, das ihm Olympias beigebracht haben soll, geschädigt und geistig gestört« (Plut. Alex. 77, 7 f.), was Berve II 385 für möglich hält, vgl. auch Iust. 13, 2, 8. 14, 5, 2. Die Neueren bezeichnen Arrhidaios auch als schwachsinnig (Bengtson 370. Fox 42) oder epileptisch (Wilcken 247. Schachermeyr 568). Über seine spätere Rolle als Nachfolger Alexanders vgl. unten S. 190.
[24] *Vermählung Alexanders von Epeiros mit Alexanders Schwester:* Diod. 16, 91, 4. Iust. 9, 6, 1. *Tochter Philipps von der Kleopatra:* Satyros FHG III 161 fr. 5 = Athen. 13, 557 e. Diod. 17, 2, 3. Berve II 160 nr. 326. Sie erhielt von Philipp den Namen Europa (Satyros a. O.). Über ihr späteres Schicksal vgl. unten S. 39.

sollte zum Anlaß eines furchtbaren Ereignisses werden. Philipp wurde ermordet. Der Täter, ein Leibgardist namens Pausanias, hatte private Motive, da er von Attalos beleidigt worden war und von Philipp keine Genugtuung erhalten hatte. Aber es hieß, er sei von Olympias angestiftet worden. Ihr Verhalten nach der Tat läßt auch erkennen, daß sie jedenfalls mit dem Mord einverstanden war. Sie erschien erst jetzt in Aigai und scheute sich nicht, dem Mörder, der auf der Flucht ergriffen und niedergemacht worden war, einen Grabhügel zu errichten und ihm öffentlich ein Totenopfer darzubringen. Alexander ließ sich als König der Makedonen begrüßen.[25]

[25] *Ermordung Philipps:* Diod. 16, 92, 1–94, 4. Plut. Alex. 10, 5. Iust. 9, 6, 1–8. Aristot. Pol. 5, 1311 b 1–3. Berve II 308 f. nr. 614. *Verhalten der Olympias:* Iust. 9, 7, 9–11. *Begrüßung Alexanders als König:* Curt. 7, 1, 6. Iust. 11, 2, 2, vgl. Arr. 1, 25, 1–2 und unten S. 39, 2. Die Mitschuld der Olympias und eine Mitwisserschaft Alexanders an der Ermordung Philipps lassen sich weder beweisen noch widerlegen. Der Verdacht, der wohl bald nach der Tat aufkam, wird von Plut. Alex. 10, 5 und Iust. 9, 7, 1. 8 erwähnt, von Diod. und Aristot. a. O. übergangen. Die gegen Olympias sprechenden Indizien (angebliche Fluchthilfe für den Mörder, seine Bekränzung und Abnahme vom Kreuz, Bestattung und Anordnung eines Totenkults, nach Iust. 9, 7, 9–11) könnten durch ihre bloße Genugtuung über Philipps Tod motiviert sein. Ihr weiteres Verhalten bei der Regierungsübernahme Alexanders (unten S. 39) zeigt freilich, daß sie zu jedem Racheakt fähig war. Die Neueren urteilen verschieden. Während die einen von der Schuld der Olympias und Alexanders überzeugt sind (B. G. Niebuhr, Vorträge über alte Geschichte II, Berlin 1848, 374, Olympias »die eigentliche Anstifterin des Mordes«, Alexander »ohne Zweifel durch und durch Mitschuldiger«. U. Köhler, Über das Verhältnis Alexanders des Großen zu seinem Vater Philipp, SB Berlin 1892, 497 ff. C. B. Welles, Die Hellenistische Welt, in: Propyläen-Weltgeschichte III, Berlin-Frankfurt 1962, 405. E. Badian, The Death of Philip II, Phoenix 17, 1963, 244 ff. J. R. Hamilton, Alexander's Early Life, Greece and Rome 12, 1965, 121. R. D. Milns, Alexander the Great, London 1968, 30 f.), die anderen von ihrer Unschuld (Schaefer III² 69. H. Willrich, Wer ließ König Philipp von Makedonien ermorden?, Hermes 34, 1899, 174 ff. Wilcken 53. Kornemann, Große Frauen 94. Pagliaro 52 f. Kraft 11 ff., unentschieden A. R. Burn, Alexander the Great and the Hellenistic World, New York² 1966, 52. J. W. Snyder, Alexander the Great, New York 1966, 31 f.), hält eine dritte Gruppe von Beurteilern eine Schuld oder Mitschuld jedenfalls der Olympias für möglich oder sogar wahrscheinlich (Beloch III² 1, 607, 1. F. Geyer, Alexander der Große und die Diadochen, Leipzig 1925, 26. Berve II 285. 308 f. Bengtson 328. Tarn 5. Schachermeyr 105 ff. Fox 26. 694). Wenn Alexander nichts mit der Sache zu tun hatte, muß sein Gespräch mit Pausanias vor der Tat, wobei er die ›Medea‹ des Euripides zitiert haben soll (Plut. Alex. 10, 6), eine spätere Erfindung sein.

Nach seinem Regierungsantritt gelang es Alexander in verhältnismäßig kurzer Zeit (Herbst 336 – Frühjahr 334), seine Stellung
zu festigen, die makedonische Vorherrschaft auf dem Balkan und
in Griechenland weiter auszudehnen und den Feldzug gegen
Persien, den sein Vater Philipp geplant hatte, vorzubereiten. Als
er seine Thronfolgerschaft in Makedonien gesichert hatte, erneuerte er den Korinthischen Bund mit den Griechen (336), zog
gegen die Thraker bis zur Donau sowie gegen die Illyrier im
Westen und unterwarf das aufständische Theben in Griechenland (335). Nach diesen Feldzügen wurde gegen Persien gerüstet
(335/34).

1. Sicherung der Thronfolge

Alexander stand nach der Ermordung Philipps, des Schöpfers
der makedonischen Macht, vor der doppelten Aufgabe, seine
eigene Stellung als Nachfolger Philipps zu sichern und zugleich
den Bestand Makedoniens und seiner Vormachtstellung, die jetzt
äußerst gefährdet war, zu erhalten. Wie rasch er diese Ziele
erreichte, zeigt den damals Zwanzigjährigen schon im vollen
Besitz der Eigenschaften und Fähigkeiten, die er bei allen seinen
späteren Unternehmungen an den Tag legte.
   Die Sicherung seiner Stellung als König der Makedonen war
für Alexander am dringlichsten. Die erforderliche Anerkennung
durch die Volks- und Heeresversammlung gewann er durch
kluge, entgegenkommende Maßnahmen. Er ließ Philipp mit allen Ehren bestatten, versprach, in seinem Sinne zu regieren, und
verkündete Steuerfreiheit für alle Makedonen. Damit besaß
Alexander rechtlich und stimmungsmäßig die Grundlage für sein
Vorgehen gegen die möglichen Rivalen und Prätendenten, die er
mit schonungsloser Brutalität beseitigte.[1]

---

[1] *Sicherung der Stellung:* Diod. 17, 2, 2 (»nur der Name des Königs hat sich
geändert«). Iust. 11, 2, 7–10. Zur Funktion der *makedonischen Heeresversammlung* vgl. Berve I 208 ff. Bengtson 308. F. Granier, Die makedonische Heeresversammlung (= Münchener Beiträge z. Papyrusforsch. u. antiken Rechtsgeschichte
13), München 1931. Ch. A. Robinson Jr., Alexander's Brutality, AJA 56, 1952,

Zu den ersten Opfern gehörte Amyntas IV. Er war einst von Philipp, seinem Vormundschaftsregenten, der königlichen Rechte, die ihm als Sohn Perdikkas' III. zustanden, beraubt, aber am Leben gelassen worden. Jetzt konnte er seinen legitimen Anspruch auf den Thron geltend machen und wurde dabei auch von einem Teil des makedonischen Adels unterstützt. Alexander ließ ihn unter dem Vorwand oder mit der Begründung, einen Anschlag von ihm befürchten zu müssen, hinrichten. Ebenso wurde Karanos, ein Stiefbruder Alexanders aus einer früheren Ehe Philipps, getötet. Zwei Fürstensöhne aus dem Stamm der Lynkesten verfielen dem Todesurteil, weil sie angeblich an der Ermordung Philipps beteiligt waren.[2]

Doch der gefährlichste Widersacher Alexanders war wohl Attalos, der Oheim der Kleopatra, der letzten Gemahlin Philipps. Er hatte Alexander seinerzeit durch seine beleidigende Äußerung zur Thronfolgerfrage herausgefordert und war darauf von Philipp mit den ersten Truppen nach Kleinasien vorausgeschickt worden. Seine Beliebtheit beim Heer ließ ein förmliches Gerichtsverfahren nicht ratsam erscheinen, auch gab er sich loyal, indem er ein Schreiben des Demosthenes aus Athen, das er erhalten hatte, an Alexander übersandte. Doch dieser blieb mißtrauisch und darauf bedacht, Attalos aus dem Wege zu räumen. Er schickte einen Meuchelmörder nach Kleinasien und ließ ihn ohne weiteres umbringen, ebenso seine Verwandten. Eine Anzahl vornehmer Makedonen entzog sich der Verfolgung durch Emigration nach Persien.

Nicht einmal Philipps Witwe Kleopatra und ihr Kind Europa überlebten diese Schreckenszeit. Sie fielen der Rache der Olympias zum Opfer, die in Abwesenheit Alexanders zuerst das Kind »auf dem Schoße der Mutter« ermorden ließ, dann Kleopatra zum Selbstmord zwang. Olympias ahnte dabei nicht, daß ihr und

169f. A. Schenk Graf v. Stauffenberg, Macht u. Recht in d. Geschichte am Beispiel Alexanders d. Großen, in: Macht u. Geist, München 1972, 147 (»politische Mordtaten«). Nach J. R. Ellis, The Security of the Macedonian Throne under Philip II, in: Laourdas-Makaronas, Ancient Macedonia, Thessaloniki 1970, 68ff. blieb Alexanders Stellung bis 335 bedroht.

[2] *Amyntas IV.:* Curt. 6, 9, 17. 10, 24. Iust. 12, 6, 14. Arr. FGrH II 156 F 9, 22. Plut. mor. 327c. Berve II 30f. nr. 61. Fox 44f., vgl. oben S. 16. *Karanos:* Iust. 11, 2, 3. Berve II 199f. nr. 411. Nach Tarn II 541ff. wäre Karanos nur eine erfundene Gestalt, was von Schachermeyr 102, 84 und Fox 693 mit Recht abgelehnt wird. *Lynkesten:* Arr. 1, 25, 1. Diod. 17, 2, 1 (Arrhabaios und Heromenes). Berve II 80 nr. 144. 169 nr. 355. Ihr Bruder Alexander (Berve II 17ff. nr. 37) wurde vorläufig verschont, weil er als erster den Königsgruß entboten hatte, vgl. oben S. 37, unten S. 119.

ihrer Familie später das gleiche erbarmungslose Schicksal bereitet werden sollte.[3]

Zur Beurteilung der Mordserie, bei der nur der kränkliche Philippos Arrhidaios verschont wurde, mag man auf den barbarischen Charakter des makedonischen Herrschertums hinweisen. Doch hatte es eine solche Ausrottungspolitik beim Regierungswechsel der früheren Argeaden nicht gegeben. Es war das persönliche, über Leichen gehende Sicherheitsbedürfnis Alexanders, das sich hier, unterstützt von den Haßgefühlen der Olympias, zum ersten Mal äußerte und später in ähnlichen Situationen wiederholte. Es rächte sich selbst, indem die Nachfolger Alexanders später ebenfalls danach handelten und sein eigenes Haus ausrotteten.

2. Erneuerung des Korinthischen Bundes

Wie Alexander selbst die allgemeine Lage nach seinem Regierungsantritt und nach der Sicherung seiner persönlichen Stellung ansah, geht daraus hervor, daß er sich nun zuerst Griechenland zuwandte. Es war das erste auswärtige Unternehmen, das er als anerkannter König der Makedonen durchführte. Das Verhältnis zu den Griechen und die Fortdauer ihrer vertraglichen Bindung an Makedonien, die Philipp im Korinthischen Bund begründet hatte, schien ihm besonders wichtig und vordringlich. Alexanders Zug nach Griechenland zur Erneuerung des Korinthischen Bundes (336) gehört also in den Rahmen der umfassenden Sicherheitspolitik seiner ersten Regierungsjahre.

Die Stimmung in Griechenland war durch die Nachricht von Philipps Tod im antimakedonischen Sinne beeinflußt worden. Demosthenes brachte in Athen den Göttern Dankopfer dar, die Stunde der Abrechnung und Befreiung schien gekommen. Für einen erneuten militärischen Zusammenstoß war Athen infolge der Finanzpolitik des Lykurgos besser gerüstet als vor der Schlacht bei Chaironeia. Im Peloponnes bildete sich eine Unab-

---

[3] *Attalos:* Diod. 17, 2, 4–6. 5, 1–2. Curt. 7, 1, 3. 8, 7, 5. Iust. 11, 5, 1. Schaefer III² 99 ff. Fox 46 f., vgl. oben S. 34. *Schreiben des Demosthenes:* Diod. 17, 5, 1. Plut. Demosth. 23, 2. *Makedonische Emigranten* (Offiziere Amyntas und Neoptolemos): Arr. 1, 17, 9. 20, 10. Diod. 17, 25, 5. 48, 2. Curt. 3, 11, 18. Plut. Alex. 20, 1–4. Berve II 28 f. nr. 58. 273 nr. 547. Schaefer III² 101. *Kleopatra und Europa:* Iust. 9, 7, 12. Paus. 8, 7, 7. Plut. Alex. 10, 5 (»Alexander zeigte Unwillen darüber«), vgl. oben S. 3.

hängigkeitsbewegung, in Theben wurde der Widerstand beschlossen, in Ambrakia schon eine makedonische Besatzung vertrieben.

Doch Alexander kam allen Plänen seiner Gegner durch schnelles, entschlossenes Handeln zuvor. Mit einem starken Heer erschien er unter Umgehung des besetzten Tempepasses in Thessalien und ließ sich von der thessalischen Bundesversammlung zu ihrem Archon (Bundesführer) wählen, nachdem er seine mythische Verwandtschaft als Aiakide mit den Thessalern betont und der thessalischen Landschaft Phthiotis, der Heimat des Achilleus, Steuerfreiheit verliehen hatte. Auf Grund der Heeresfolge, zu der sich die Versammlung verpflichtete, gewann Alexander die vorzügliche thessalische Reiterei für seine Feldzüge.[4]

Von Thessalien gelangte Alexander zum Thermopylenpaß, wo er sich auf einer Tagung des Rats der delphischen Amphiktyonen die schon an Philipp verliehene Führungsstellung in der Amphiktyonie bestätigen ließ, um sodann rasch vor Theben zu rücken. Er bezog ein befestigtes Lager vor der Stadt und nahm damit eine drohende Haltung ein, durch die sich nicht nur die Thebaner, sondern zugleich auch die Athener vom Widerstand abschrecken ließen. In Athen waren in Erwartung eines Kampfes zusätzliche Befestigungen errichtet worden, auch war das Landvolk in die Stadt evakuiert und ein vorsorgliches Gesetz zum Schutz der demokratischen Verfassung gegen Tyrannen und Aristokraten beschlossen worden. Doch jetzt schien es besser, eine Gesandtschaft unter Demades in Alexanders Lager zu schicken und um Frieden zu bitten. Alexander, der den Athenern stets zugetan war, stellte sich zunächst vorwurfsvoll, erneuerte darauf jedoch bereitwillig den schon von Philipp gewährten Friedensvertrag. Die Ehrenbeschlüsse, die er dafür von den erleichterten Athenern erhielt, überboten noch die früheren Ehrungen für Philipp.[5]

So stand der Erneuerung des Korinthischen Bundes, den Phil-

[4] *Demosthenes und Lykurgos:* Plut. Demosth. 22, 1. Diod. 16, 88, 1. Berve II 136 ff. nr. 263. 238 f. nr. 477. Schaefer III² 81 ff. 301 f. *Peloponnes, Theben, Ambrakia:* Diod. 17, 3, 3–5. Schaefer III² 91 f. *Tempepaß:* Polyain. 4, 3, 23 (»Alexandertreppe« aus Felsstufen am Ossagebirge), vgl. Polyb. 18, 27, 1–2. *Thessalien:* Diod. 17, 4, 1. Iust. 11, 3, 1–2. *Phthiotis:* Philostr. Her. 19, 15.
[5] *Amphiktyonie:* Diod. 17, 4, 2–3. *Lager vor Theben:* Diod. 17, 4, 4–5. *Maßnahmen in Athen:* Diod. 17, 4, 6. B. D. Meritt, Greek Inscriptions, Hesperia 21, 1952, 355 ff. (Tyrannengesetz des Eukrates). *Gesandtschaft unter Demades:* Aischin. 3, 161. Diod. 17, 4, 6. 9. Iust. 11, 3, 5. Schaefer III² 96 f., vgl. oben S. 33. *Ehrungen:* Arr. 1, 1, 3.

ipp mit den Griechen geschlossen hatte, nichts mehr im Wege. Für Alexander war dieser Akt wohl der Hauptzweck seines Zuges nach Griechenland gewesen. Er rückte von Theben, ohne Athen zu berühren, nach Korinth, wohin er den Bundesrat sowie besondere Bevollmächtigte der Mitgliedsstaaten einberufen hatte. Ob es nach dem Thronwechsel in Makedonien rechtlich überhaupt notwendig war, den Bundesvertrag förmlich zu erneuern, konnte von makedonischer Seite bezweifelt werden. Da aber die Griechen der Auffassung sein konnten, der Bund sei seinerzeit nur mit Philipp persönlich beschworen worden und daher mit dessen Tode beendet, ließ Alexander die früheren Vereinbarungen ausdrücklich für sich bestätigen, vor allem seine Stellung als Bundesfeldherr mit unbeschränkten Vollmachten (strategós autokrátor) für den geplanten Perserkrieg. Dafür wurde den Bundesmitgliedern die Verfassungsautonomie zugesichert. Nur die Spartaner hielten sich wiederum allen Abmachungen fern, was Alexander zwar hinnahm, aber bei späterer Gelegenheit öffentlich anprangerte. Der gemeinsame »Rachekrieg« gegen Persien war für ihn, der viel stärker als Philipp im Bewußtsein der geschichtlichen Vergangenheit der Griechen lebte, nicht bloß eine makedonische Propagandaparole.[6]

Daß Alexander in Korinth den kynischen Philosophen Diogenes aufsuchte, wie eine verbreitete Anekdote berichtet, ist nicht unglaubhaft.[7] Auch besteht kein Grund, seinen Besuch des

[6] *Erneuerung des Korinthischen Bundes:* Arr. 1, 1, 1–2. Diod. 17, 4, 9. Plut. Alex. 14, 1. Iust. 11, 2, 5. Schaefer III² 97. Bei der strittigen Fragestellung, ob es sich dabei um eine förmliche Erneuerung handelte (Berve I 231. Tarn 6 f.) oder nicht (Wilcken 58.307; Alexander der Große und der Korinthische Bund, SB Berlin 1922, 99 ff. Bengtson 335), wird übersehen, daß es vor allem auf die Bestätigung der Stellung Alexanders ankam, vgl. auch Bengtson 335; Die Strategie in der hellenistischen Zeit I², München 1964, 3 ff. *Sparta:* Arr. 1, 1, 2, vgl. unten S. 63. Den Anschluß Spartas gewaltsam zu erzwingen, hätte dem Charakter des Korinthischen Bundes widersprochen, der offiziell auf freiwilligem Beitritt beruhte.

[7] *Diogenes:* Arr. 7, 2, 1. Plut. Alex. 14, 1–5; mor. 331 e. 605 e. 782 a. Diog. Laert. 6, 32, 38. Cic. Tusc. 5, 92. Dion Chrys. 4, 14. Apul. Apol. 22. Gnomol. Vatic. 91. 96 f. 104. Berve II 417 f. nr. 22. Demnach begab sich Alexander, als er bemerkte, daß ihm Diogenes im Gegensatz zu anderen »Politikern und Philosophen« (Plut. Alex. 14, 1) keine Aufwartung machte, selber mit seinem Gefolge zu Diogenes und fragte ihn, ob er einen Wunsch habe. »Geht mir ein wenig aus der Sonne!«, soll Diogenes erwidert haben (Plut. Alex. 14, 4. Arr. a. O., bei Dion a. O. in glaubhafterer Fassung). Während die Begleiter beim Weggehen darüber lachten, habe Alexander gesagt: »Wenn ich nicht Alexander wäre, möchte ich Diogenes sein« (Plut. Alex. 14, 5). Soweit diese Szene als Konfrontation des Weltherrschers und des Weltweisen aufgefaßt und dargestellt wurde, weist sie erst in spätere, hellenistische Zeit (Berve II 418), als Alexander und Diogenes zu prototypischen

Apollonorakels in Delphi auf dem Rückweg nach Makedonien zu bezweifeln. Es gibt kaum eine Orakelstätte, die Alexander auch auf seinen späteren Zügen nicht besucht hätte, um eine Weisung oder Andeutung über sich selbst zu erhalten. In Delphi erbat er sich, ohne die reguläre Besuchszeit abzuwarten, einen Orakelspruch über den Erfolg seines bevorstehenden Perserfeldzuges. Als ihn die Priesterin vergeblich hinzuhalten suchte und ihn schließlich »unwiderstehlich« nannte, erkannte er in dieser Äußerung das gewünschte Orakel. Spontan stiftete er, wie es scheint, 150 philippische Goldstücke, die er gerade bei sich hatte, für den Bau des neuen Apollontempels. Als er wieder in der makedonischen Residenz Pella eintraf (Spätherbst 336), konnte er überzeugt sein, in Griechenland alle notwendigen Voraussetzungen für den Perserzug geschaffen zu haben.[8]

3. Balkanzug und Niederwerfung Thebens

Nach der Rückkehr aus Griechenland begann Alexander sogleich mit der Vorbereitung des Perserzuges, woraus hervorgeht, daß dieser für das darauffolgende Frühjahr (335) geplant war, nachdem ja schon auf Befehl Philipps ein halbes Jahr vorher eine makedonische Vorhut den Hellespont überschritten hatte. Doch bald erwies es sich als notwendig, das Unternehmen zu verschieben, da während des Winters (336/35) Nachrichten eingingen, daß es bei den thrakischen Triballern und den Illyriern zu Unruhen gekommen sei. Alexander, der vorgefaßte Pläne zurückstellen konnte, wenn es ihm notwendig erschien, auf eine neue

Vertretern dieser Rollen geworden waren. Besonders der popularphilosophische Anspruch auf Gleichwertigkeit oder gar Überlegenheit gegenüber dem Vertreter der Macht kommt darin zum Ausdruck. Die Begegnung selbst braucht darum aber nicht als reine Erfindung (Ed. Schwartz, Charakterköpfe aus der Antike, Leipzig [2]1943, 118 f.) angesehen zu werden, vgl. dazu auch Birt 68 f. 434, 71. Diogenes war damals schon berühmt, und Alexander, der stets Interesse an der griechischen Philosophie hatte und speziell die Kyniker in seinem späteren Hoflager begünstigte (Berve I 66 ff.), war gerade in Korinth, wo die Bundesverhandlungen zu gutem Abschluß gebracht werden mußten, um Konzilianz und um einen positiven Eindruck in der Öffentlichkeit bemüht.

[8] *Orakelbesuch in Delphi:* Diod. 17, 93, 4. Plut. Alex. 14, 6–7, vgl. Iust. 12, 2, 3. Nach Tarn 657 ff., der auch die spätere Entwicklung der Bezeichnung »Unwiderstehlicher« oder »Unbesiegbarer« verfolgt, ist der Besuch Alexanders in Delphi als historisch anzusehen (gegen Wilcken, Alexanders Zug in die Oase Siwa, SB Berlin 1928, 590, 3), so auch nach Weigall 141 ff. Fox 92. *Stiftung:* Syll.[3] 251 p. 436. Tarn 659.

Situation zu reagieren, entschloß sich daher, zuerst die thrakisch-illyrischen Grenzgebiete im Norden zu befrieden, bevor er gegen Persien zog. Die Sicherheit, die für ihn Vorrang hatte, mußte auch nach dieser Richtung gewährleistet sein, wenn er für weitere Unternehmungen den Rücken frei haben wollte.

Es ist verständlich, daß die Balkanstämme ebenso wie die Griechen nach Philipps Tod die Gelegenheit für gekommen hielten, die Vormachtstellung der Makedonen zu brechen. Sie waren aber weder zu einem gemeinsamen noch zu einem raschen Vorgehen fähig. Alexander, der diese Schwäche der Gegner erkannte, kam ihnen durch unerwartetes Eingreifen zuvor. Sein Balkanfeldzug hatte wie vorher der Zug nach Griechenland präventiven Charakter. Der aufkommende Widerstand sollte im Keim erstickt werden.

Von Amphipolis an der Mündung des Strymon, wo er sein Heer gesammelt hatte, marschierte Alexander nach Nordosten (Frühjahr 335), überschritt den thrakischen Grenzfluß Nestos, dann den Hebros (Maritza) bei Philippopolis und gelangte nach zehn Tagen an das Haimosgebirge (Balkan), wo er den Schipka-Paß von den Thrakern besetzt und durch eine Wagenburg verstärkt fand. Die Erstürmung der Paßhöhen, die erste Alexanderschlacht, gelang durch einen überraschenden, von Alexander selbst geführten linken Seitenangriff. Damit war der Weg in das Gebiet der Triballer zwischen dem Balkangebirge und der Donau frei. Am Flusse Lyginos, wo eine zweite Schlacht stattfand, wurde das Heer des Triballerfürsten Syrmos geschlagen.[9]

[9] *Vorbereitung des Perserzugs:* Arr. 1, 1, 3 (eine Angabe, die meist übersehen wird). Zur *Vorhut* vgl. oben S. 34. *Nachrichten über Unruhen:* Arr. 1, 1, 4. *Vormarsch zum Haimos:* Arr. 1, 1, 4–7, dessen fortlaufende Darstellung der Alexandergeschichte hier mit diesen Ereignissen beginnt. Als tägliche Marschleistung von Amphipolis zum Haimos ergeben sich mindestens 30 km. *Erstürmung des Schipkapasses:* Arr. 1, 1, 8–13 nach der Schlachtbeschreibung des Mitkämpfers Ptolemaios, der gleich darauf namentlich zitiert wird (Arr. 1, 2, 7 = FGrH II 138 F 1). Die Thraker ließen ihre Wagen bergabwärts gegen die Makedonen rollen, die teils auswichen, teils Schilddächer bildeten. Den darauf folgenden Ansturm der Thraker ließ Alexander durch rechts vorgezogene Bogenschützen und durch die Phalanx in der Mitte aufhalten, bis er selbst mit der Garde zu Fuß (Agema), den Hypaspisten und den Agrianen von links aus der Abwehr den entscheidenden Gegenangriff führte. Reiterei konnte in dem abschüssigen Gelände nicht eingesetzt werden. Zu den einzelnen Waffengattungen vgl. unten S. 51. Nach Yorck v. Wartenburg, Kurze Übersicht der Feldzüge Alexanders des Großen, Berlin 1897, 5 und Schachermeyr 111, 96 war der Balkanübergang nur am Schipkapaß möglich, nicht an anderen Stellen, wie bisweilen vermutet wurde, vgl. auch Schaefer III² 106, 2. Wheeler 149ff. R. de Bovis, Alexandre le Grand sur le Danube, Reims 1908. V. Parvan, La pénétration hellénique et hellénistique dans la vallée du

Kurz darauf war der Istros, die untere Donau, erreicht. Ein kleines Geschwader von Kriegsschiffen aus Byzantion stand hier zur Unterstützung bereit, das vom Bosporos an der Schwarzmeerküste entlang durch die Donaumündung eingefahren war. Alexander hatte die Entsendung der Schiffe wohl schon vor Beginn des Feldzuges veranlaßt, die Erreichung der Donau also von vornherein in Aussicht genommen. Der Balkanfeldzug oder Donaufeldzug war das erste jener kombinierten Land- und Seeunternehmen, wie er sie später in Asien mehrmals in größerem Maße durchführte. Der Versuch, die Donauinsel Peuke (»Fichteninsel«) zu besetzen, auf die sich die geflüchteten Triballer und andere Thraker zurückgezogen hatten, mißlang, da die Schiffe, die mit makedonischen Truppen bemannt waren, gegen die starke Abwehr der Verteidiger und die reißende Strömung an der Steilküste der Insel nicht aufkamen. Dagegen gelang an einer anderen Stelle des Flusses die nächtliche Überfahrt mit mehr als 5000 Mann an das Nordufer, das von den thrakischen Geten besetzt war. Sie wurden geschlagen und zogen sich in die Steppe zurück. Nach Dankopfern für Zeus, Herakles und den Flußgott Istros erreichte Alexander wieder sein Lager auf dem südlichen Ufer der Donau, wo mit den Unterhändlern des Syrmos und anderer thrakischer Stämme sowie mit keltischen Abgesandten Freundschafts- und Bundesverträge geschlossen wurden.[10]

Danube, Bull. sect. hist. Acad. Rouen 10, 1923, 23 ff. Beloch III² 2, 352 ff. N. Neubert, Alexanders des Großen Balkanzug, Petermanns Geogr. Mitteil. 80, 1934, 281 ff. E. Oberhummer, Alexanders des Großen Balkanzug, Petermanns Geogr. Mitteil. 81, 1935, 19. Seibert 78. *Schlacht am Lyginos:* Arr. 1, 2, 3–7 (nach Ptolemaios). Plut. Alex. 11, 5. N. Vulić, Alexanders Zug gegen die Triballer, Klio 9, 1909, 490 f. W. O. Jacobs, Militärisch-philologische Untersuchungen zum Feldzug Alexanders des Großen gegen die Triballer, Diss. Münster 1920. E. Polaschek, RE 6 A (1937) 2392 ff. Alexander stieß zunächst zur Donau vor, wohin Syrmos (Berve II 336 nr. 730) geflüchtet sein sollte, bemerkte aber dann, daß die Triballer in seinem Rücken eine Stellung bezogen hatten. Er kehrte daher um, lockte sie durch Leichtbewaffnete heraus und griff sie frontal an, wobei Philotas (Berve II 393 ff. nr. 802), der Sohn Parmenions, mit einem Teil der Reiterei den linken Flügel befehligte, während Alexander selbst diesmal vom Zentrum aus mit Reitern und tiefgestaffelter Phalanx angriff. Nach Front. 2, 9, 3 ließ sich Alexander von den besiegten Thrakern Geiseln geben, die er später auch mit nach Asien nahm.

[10] *Kriegsschiffe von Byzantion:* Arr. 1, 3, 3. Ob ihre Entsendung erzwungen, freiwillig oder vertraglich vereinbart war, bleibt unklar. Zu ähnlichen späteren Unternehmen vgl. unten S. 85. 159. *Peuke:* Arr. 1, 2, 2. 3, 3–4. Die Insel ist noch nicht überzeugend lokalisiert (Seibert 78). *Donauübergang:* Arr. 1, 3, 5–4, 1 (mit Schiffen, Floßsäcken, Einbäumen der Donaufischer). v. Wartenburg, Übersicht 6 ff. Fox 108. *Geten:* Arr. 1, 4, 1–5. Alexander griff mit der Reiterei auf dem rechten Flügel an, während die Phalanx von Nikanor (Berve II 275 nr. 554), dem zweiten

Die Erreichung und Überschreitung der Donau hatte für Alexander größere Bedeutung als der Abschluß dieser Verträge. Die Donau bildete nicht nur die natürliche Nordgrenze für die Ausdehnung des makedonischen Machtbereichs, sondern im Denken der Zeit zugleich den Nordrand der Kulturwelt gegenüber der endlosen Steppe. Alexander hatte wie Herakles, dem er hier an der Grenze opferte, gleichsam das Ende der Welt erreicht, so daß auf die Eroberung des nördlichen Niemandslandes ohne weiteres verzichtet und die Rückkehr angetreten werden konnte. Seine eigentümliche Art von »Sehnsucht« (póthos) soll Alexanders Motiv für die Überschreitung der Donau gewesen sein. Ähnlich verhielt er sich später, als er in Asien an anderen Punkten die Welt- und Kulturgrenze erreicht zu haben glaubte.[11]

Für den Rückmarsch von der Donau wählte Alexander nicht den gleichen Weg, den er gekommen war. Er zog in südwestlicher Richtung, um durch das Gebiet der Agrianen und der Paionen, die dadurch in Abhängigkeit gehalten werden konnten, nach Makedonien zu gelangen. Da erhielt er die Nachricht, mehrere illyrische Fürsten und Stämme hätten sich erhoben und seien schon im Vorrücken begriffen, so der Fürst Kleitos, der sich mit den Taulantiern unter Glaukias verbündet habe, und die Autarier. Alexander erkannte die Gefährlichkeit dieser feindlichen Koalition und beauftragte sogleich Langaros, den Fürsten der Agrianen, der ihm Gefolgschaft leistete, die Autarier in ihrem Stammesgebiet anzugreifen. Er selbst führte sein Heer mit äußer-

---

Sohn Parmenions, befehligt wurde. *Opfer und Verträge:* Arr. 1, 4, 5–6. *Kelten:* Arr. 1, 4, 6–8. Sie kamen demnach von Westen, waren »hochgewachsen und stolz«. Alexander »nannte sie Freunde und Bundesgenossen, sagte aber nach ihrem Weggang unter der Hand, sie seien Prahler«. Ihre Vorstellung, »nichts anderes zu fürchten, als daß einmal der Himmel über ihnen zusammenbreche«, findet sich nach Tarn 8 ähnlich noch in einer späteren Schwurformel irischer Kelten.

[11] *»Sehnsucht« Alexanders:* Arr. 1, 3, 5. Es wird hier deutlich, daß der Pothos-Begriff (oben S. 22) jedenfalls nicht von Arrian, sondern von dessen Quelle stammt, also von Ptolemaios, dem Arrian hier folgt. Für Arrian, den hohen römischen Offizier und Verwaltungsbeamten des 2. Jahrh. n. Chr., konnte ein Zug zur Donau nicht einer unbegreiflichen »Sehnsucht« oder einem »Fernweh« entspringen, dagegen mußte für Alexanders Offizier Ptolemaios, der nur effektive militärische Aktionen im Auge hatte, eine Grenzmarkierung jenseits der Donau als irrationales Verlangen erscheinen, vgl. zu späteren Grenzpunkten unten S. 127. 153. Zum *Pothos*-Begriff hier und allgemein vgl. Kraft 81 ff., der sich mit Recht dagegen wendet, diesen Begriff auf Alexander selbst zurückzuführen und darin den Ausdruck seines Weltherrschaftsstrebens zu sehen, wie besonders V. Ehrenberg, Alexander and the Greeks, Oxford 1938, 52 ff. = Griffith 74 ff. annehmen wollte.

ster Schnelligkeit durch Paionien an die illyrische Grenze, wo Kleitos schon die makedonische Grenzfestung Pelion südlich des Lychnitis-Sees (Ochrida-See) erobert hatte und die Ankunft des Glaukias erwartete.

Es gelang Alexander, Pelion noch vor dem Eintreffen des Glaukias zu erreichen. Er begann, es zu belagern, mußte aber nach kurzer Zeit davon abstehen, da er von Glaukias und den Taulantiern im Rücken bedroht wurde. Das makedonische Heer war in dem bewaldeten Berggelände eingeschlossen. Doch Alexander erkämpfte sich den Durchbruch, indem er mit der tiefgestaffelten Phalanx des Fußvolks auf dem linken Flügel einen Angriffskeil bildete und überraschend eine Anhöhe besetzte, so daß er von hier aus das nächste Flußufer erreichen konnte. Während die Illyrier nun vor Pelion lagerten, griff sie Alexander nach einer weiteren Umgruppierung seines Heeres dort ebenso unerwartet an, schlug sie und warf sie in ihr Stammesgebiet zurück. Die Schlacht bei Pelion (Spätsommer 335) ist die erste der großen Schlachten, die die taktischen Fähigkeiten Alexanders in einer schwierigen, ungünstigen Situation schon deutlich erkennen läßt.[12]

Noch ein zweites Mal war Alexander gezwungen, vor der Rückkehr nach Pella die Marschrichtung zu ändern, da wiederum Unruhen gemeldet wurden, aus Theben in Griechenland. Nachdem Alexander im Vorjahr das Bundesverhältnis mit den Griechen erneuert hatte, konnte er hoffen, von dieser Seite gesichert zu sein. Doch darin täuschte er sich. Auf das Gerücht, er sei in Illyrien gefallen, schlossen die Thebaner die makedonische Besatzung ein, die nach der Schlacht bei Chaironeia in ihre Burg, die Kadmeia, gelegt worden war. Aus Athen wurden Waffen geliefert, die Demosthenes mit persischem Gelde beschafft hatte. Überall in Griechenland warben Abgesandte des Perserkönigs zum gemeinsamen Vorgehen gegen die Makedonen. Ein Heer der Peloponnesier setzte sich zum Isthmos in Bewegung, um den Thebanern beizustehen, die nicht gewillt waren, »ihre Knechtschaft länger zu ertragen«.[13]

---

[12] *Erhebung der Illyrier unter Kleitos und Glaukias, Zug nach Pelion:* Arr. 1, 5, 1–12. Berve II 111 f. nr. 227. 205 f. nr. 426. *Agrianen unter Langaros:* Arr. 1, 5, 2–5. Berve II 230 nr. 460. *Schlacht bei Pelion:* Arr. 1, 6, 1–11 (nach Ptolemaios). Die genaue Lokalisierung von Pelion ist noch nicht gelungen, vgl. dazu Schaefer III² 109, 3.
[13] *Unruhen in Theben und Athen:* Arr. 1, 7, 1–3. 10. Diod. 17, 8, 3–7. Plut. Demosth. 23, 1. Aischin. 3, 239–240. Ailian. var. hist. 12, 57. Iust. 11, 2, 7–9.

Diese Vorgänge, die sich rasch ausweiten konnten, wurden von Alexander so ernst genommen, daß er unverzüglich eingriff. Er zog das Tal des Haliakmon aufwärts, durch Thessalien und die Thermopylen, so daß er kaum zwei Wochen später mit seinem Heer bei Onchestos in Boiotien am Rand des Kopaissees stand, wo er Theben vor sich sah. Darauf lagerte er einige Tage vor der Stadt und machte das Angebot, Theben zu schonen, wenn der Widerstand aufgegeben und die Anstifter der Erhebung ausgeliefert würden. Es war aufrichtig gemeint, da Alexander den Kampf mit Griechen gerne vermieden hätte. Doch die Thebaner waren zum Äußersten entschlossen. Im Vertrauen auf ihre Stärke und ruhmvolle Vergangenheit sahen sie sich als Vorkämpfer Griechenlands und waren es jetzt auch. Aber sie blieben allein, da alle anderen Griechen nach dem raschen Erscheinen Alexanders es vorzogen, die weiteren Ereignisse abzuwarten. So besetzten die Thebaner ihre Mauern, ließen ihre Sklaven frei und verkündeten durch Heroldsruf, »wer zusammen mit dem Perserkönig und mit den Thebanern die Griechen befreien und Griechenlands Tyrannen stürzen wolle, solle jetzt zu ihnen kommen«. Es war die Untergangsfanfare der unabhängigen griechischen Polis.

Alexander gab den Befehl zum Angriff. Eine makedonische Abteilung unter Perdikkas drang in die Befestigungslinien vor, wurde aber zurückgeschlagen. Die Thebaner drängten nach, so daß auch im Vorfeld der Stadt gekämpft wurde. Jetzt konnte Alexander, der wohl auf diese Lage gewartet hatte, mit einer bereitgehaltenen Reservetruppe den Einbruch durch ein geöffnetes Stadttor erzwingen. Der Ausgang des Kampfes in der Stadt konnte bei der zahlenmäßigen Überlegenheit der Makedonen, die sich mit der Burgbesatzung vereinigten, nicht zweifelhaft sein. Nachdem mehr als 6 000 Verteidiger gefallen waren, war der Widerstand gebrochen, die Stadt erobert.[14]

Schaefer III² 114 ff. *Persische Abgesandte:* Arr. 2, 14, 5–6. *Peloponnesier:* Arr. 1, 10, 1–2. Diod. 17, 8, 6. *»Knechtschaft« der Thebaner:* Deinarch 1, 19. 27 (Wortlaut eines thebanischen Volksbeschlusses), vgl. dazu aus makedonischer Sicht Arr. 1, 7, 2 (»Freiheit, ein altes, schönklingendes Wort«).

[14] *Rasches Eingreifen Alexanders:* Diod. 17, 8, 2. Iust. 11, 2, 10 (»mit solcher Schnelligkeit, daß sie kaum ihren Augen trauten«). Schol. Hom. Il. 2, 435 (»Antwort Alexanders auf die Frage, wodurch er über Griechenland Herr geworden sei: indem ich nichts aufschob«). Dieses Wort (medén anaballómenos, μηδὲν ἀναβαλλόμενος) galt später als eine der Erfolgsmaximen Alexanders, vgl. Diod. 17, 16, 2. Gnomol. Vatic. 74. *Anmarschweg und Verhandlungsbereitschaft:* Arr. 1, 7, 4–11. Iust. 11, 3, 6. *Heroldsruf der Thebaner:* Diod. 17, 9, 5. Plut. Alex. 11, 8. *Kampf um*

Den Feldzug gegen Theben konnte Alexander als Maßnahme gegen ein abgefallenes Mitglied des Korinthischen Bundes betrachten, wobei er als Hegemon des Bundes handelte. Er ließ daher nach der Einnahme der Stadt die Vertreter der Bundesgenossen, deren Kontingente zu seinem Heer gestoßen waren und mitgekämpft hatten, zu einer außerordentlichen Bundesversammlung berufen, um ihnen die Entscheidung über das weitere Schicksal Thebens zu überlassen. Es waren großenteils solche, die in früherer Zeit von Theben vieles erlitten hatten, die Plataier, Orchomenier, Phoker und andere. Ihr Rachebeschluß lautete, »die Stadt zu zerstören, ihr Land aufzuteilen und die Überlebenden als Sklaven zu verkaufen«. Alexander billigte dieses Urteil, das er also selbst nicht zu verantworten brauchte. Es entsprach seiner eigenen Absicht, durch ein abschreckendes Strafgericht die Griechen vor weiteren Erhebungen zu warnen. Die Mauern und Häuser Thebens wurden niedergerissen, mehr als 30 000 Personen versklavt, das Haus und die Nachkommen des Dichters Pindar sowie die Kultstätten und Priester jedoch verschont. Auf der Kadmeia verblieb eine makedonische Besatzung.[15]

Der Untergang Thebens (Herbst 335) hatte zur Folge, daß jeder Widerstand gegen Alexander in Griechenland erlosch. Die Athener, die vorher beschlossen hatten, den Thebanern Hilfe zu leisten, beeilten sich nun, während sie thebanische Flüchtlinge

Theben: Arr. 1, 8, 1–8 (promakedonisch, nach Ptolemaios, der dabei zitiert wird; daher auch die ungünstige Darstellung des Perdikkas, der später sein Gegner war). Diod. 17, 11, 1–13, 6 (prothebanisch). Plut. Alex. 11, 9–10. Die Widersprüche der beiden Standpunkte klärt zum großen Teil Schachermeyr 116 f., vgl. auch F. Schober, RE 5 A (1934) 1481 ff.

[15] *»Abfall« der Thebaner:* Arr. 1, 9, 6. Für Alexander hatte der Feldzug den offiziellen Charakter einer Exekutionsmaßnahme des Korinthischen Bundes (Wilcken 64). *Beschluß der Bundesversammlung:* Arr. 1, 9, 9 (Auszug im Wortlaut). Diod. 17, 14, 1–4. Plut. Alex. 11, 11. Iust. 11, 3, 8–4, 6 (vergebliche Fürsprache des Thebaners Kleadas. Berve II 204 nr. 421). Es wurde auch beschlossen, die von den Thebanern früher zerstörten Städte Orchomenos und Plataiai wiederaufzubauen und neu zu befestigen (Arr. 1, 9, 10). *Zerstörung Thebens und Versklavung der Gefangenen:* Diod. 17, 14, 4. Plut. Alex. 11, 12. Iust. 11, 4, 7-8. Athen. 4, 148 d = Kleitarch FGrH II 137 F 1. Der Verkauf der 30 000 Versklavten soll 440 Talente erbracht haben (Diod. a. O.), was einen glaubhaften Durchschnittspreis von ca. 90 Drachmen pro Person (einschließlich der Kinder) ergibt. *Schonung des Pindarhauses:* Arr. 1, 9, 10 (wegen »Alexanders Achtung vor dem Dichter«). Plut. Alex. 11, 12, vgl. auch Athen. 1, 19 c. In der prothebanischen Darstellung Diodors fehlt dieser Zug. H. U. Instinsky, Alexander, Pindar, Euripides, Historia 10, 1961, 248 ff. (Schonung wegen Gedicht Pindars auf König Alexander I. von Makedonien). *Besatzung:* Arr. 1, 9, 9. Die Zahl der Gefallenen soll 6 000 Thebaner und mehr als 500 Makedonen betragen haben (Diod. 17, 14, 1. Plut. Alex. 11, 12).

aufnahmen, zugleich Gesandte mit Glückwünschen an Alexander zu schicken, die von ihm freilich ignoriert wurden. Von seiner Forderung, daß Demosthenes und andere antimakedonische Politiker an ihn ausgeliefert werden sollten, nahm er Abstand, als eine zweite athenische Gesandtschaft, die von Phokion und Demades geführt wurde, zusicherte, die Schuldigen würden in Athen vor Gericht gestellt werden. Alexander ließ damit sein Verhältnis zu Athen auf sich beruhen. Als er mit dem Heer nach Makedonien zurückkehrte und den Griechen den Rücken wandte, hatte er sein Ziel, die Befriedung Griechenlands, sicher erreicht. Doch die Neigung der Griechen, als Verbündete unter seiner Führung an dem angekündigten Perserfeldzug teilzunehmen, war durch alle diese Ereignisse ohne Zweifel noch geringer geworden.[16]

4. Vorbereitung des Feldzugs gegen Persien

Im Hinblick auf Persien mußte diese Entwicklung der Dinge für Alexander bewirken, daß ihm der geplante Feldzug immer dringlicher erschien. Bei den Abfallbestrebungen in Griechenland war der persische Einfluß deutlich zutage getreten. Dazu kam, daß die von Philipp nach Kleinasien entsandten makedonischen Truppen unter Parmenion und Attalos nach anfänglichen Erfolgen von den Persern unter Führung des Griechen Memnon von Rhodos bei Magnesia am Maiander geschlagen und zum Rück-

---

[16] *Ende des Widerstands:* Arr. 1, 10, 1–2. Schaefer III² 132 ff. *Verhalten der Athener:* Arr. 1, 10, 2–3. Plut. Alex. 13, 1; Demosth. 23, 3. Aischin. 3, 159. Paus. 9, 7, 1. Iust. 11, 4, 9. *Auslieferungsverlangen:* Arr. 1, 10, 4–6. Diod. 17, 15, 1–5. Plut. Alex. 13, 1–2; Demosth. 23, 4–6; Phok. 17, 2–6. Schol. Aischin. 3, 159. Iust. 11, 4, 10–12. Schaefer III² 137 ff. Die Athener beschränkten sich darauf, den früheren Strategen Charidemos zu verbannen, worauf dieser als Berater zum Perserkönig ging (Arr. 1, 10, 4. Iust. 11, 4, 11–12. Berve II 406 f. nr. 823). Wegen des persischen Geldes, das Demosthenes zum Ankauf von Waffen verwendet hatte (oben S. 47), sollte der Areiopag ermitteln, doch geschah nichts (Deinarch. 1, 10–11). Alexanders Verhältnis zu den Athenern mußte zwiespältig bleiben, da er sie einerseits auf Grund ihrer Vergangenheit respektierte, andererseits von ihnen immer wieder enttäuscht wurde. Ihr erstes Schreiben, das er nach der Einnahme Thebens erhielt, »warf er auf den Boden, indem er den Überbringern den Rücken kehrte« (Plut. Phok. 17, 5). Später äußerte er, die Athener müßten, falls ihm etwas zustoßen sollte, die Führung Griechenlands übernehmen (Plut. Alex. 13, 2; Phok. 17, 8). Nach Duris FGrH II 76 F 51 = Plut. Phok. 17, 10 gehörte der Athener Phokion zu den wenigen persönlichen Freunden Alexanders. Über das Verhältnis Alexanders zu Athen vgl. auch A. Dascalakis, Alexander the Great and Hellenism, 40 ff.

zug gezwungen worden waren. Nur Abydos und Rhoiteion am Hellespont konnten gehalten werden. Parmenion wurde von Alexander nach Makedonien zurückberufen.

In Persien war Artaxerxes III. Ochos durch den mächtigen Hofbeamten und Eunuchen Bagoas ermordet worden (338), der auch Arses, den Sohn des Artaxerxes, bald darauf beseitigte und dafür Dareios III. Kodomannos, einen Großneffen des Artaxerxes, der ihm willfährig erschien, auf den Thron erhob (336). Doch Dareios entledigte sich des Bagoas, als dieser bald darauf auch ihm nachstellte. Dareios III. (336–330) war Satrap von Armenien gewesen, hatte sich durch Tapferkeit ausgezeichnet und verstand es, in taktischen Fragen geschickt vorzugehen. Er war es, der Alexanders Gegner werden sollte, dem er an persönlichen Qualitäten allerdings keineswegs ebenbürtig war. Der persischen Politik gegenüber Griechenland gab Dareios eine neue Wendung, indem er auf eine Zusammenarbeit der Perser und der Griechen, die so lange verfeindet gewesen waren, gegen die Makedonen als gemeinsame Feinde hinwirkte. Daß einer seiner fähigsten Heerführer Memnon ein Grieche war, ist für diese neue Konstellation bezeichnend. Auch zahlreiche griechische Söldner und Emigranten standen in persischen Diensten. Andere Griechen standen aber auch im Lager Alexanders.[17]

Das Heer, das Alexander für den Feldzug gegen Persien zusammenstellte (Winter 335/34), bestand etwa je zur Hälfte aus Makedonen und aus Bundesgenossen, Söldnern und Hilfstruppen. Die Gesamtstärke betrug rund 30000 Mann zu Fuß und 5000 Reiter. Alexander selbst oder Parmenion als sein Stellvertreter führte den Oberbefehl. Den Kern des Heeres bildeten die Makedonen, die großenteils schon unter Philipp gekämpft und sich in den ersten Feldzügen Alexanders bewährt hatten. Das makedonische Fußvolk, die 12000 Mann starke Phalanx, setzte sich aus 9000 Pezhetairen (»Gefährten zu Fuß«) und 3000 Hypaspisten (»Schildtruppen«) zusammen, deren Untergliederungen, die Taxen, je 1500 Mann stark waren. Die Phalangiten waren mit Helm, Lederpanzer, Beinschienen, Rundschild, Schwert und

[17] *Rückzug in Kleinasien:* Arr. 1, 17, 11. Diod. 17, 7, 2–3. 8–10. Polyain. 5, 44, 4–5. Berve II 250ff. nr. 497 (Memnon). *Rückberufung Parmenions:* Arr. 1, 11, 6. Diod. 17, 16, 1, dazu Schaefer III² 114, 2. W. Judeich, Kleinasiatische Studien, Marburg 1892, 305f. *Thronwechsel in Persien:* Arr. 2, 14, 5. Diod. 17, 5, 3–6, 3. Iust. 10, 3, 2–7, vgl. oben S. 34. Berve II 116ff. nr. 244 (Dareios III.). *Verhältnis des Dareios zu den Griechen:* Arr. 2, 14, 5–6. Aischin. 3, 156. 239–240. Plut. Demosth. 20, 3; mor. 327d. Schaefer III² 114f.

Lanze bewaffnet, mit dem Unterschied, daß die schweren Pezhetairen die etwa vier Meter lange Sarisse, eine Art Pike, führten,
während die leichteren Hypaspisten eine kurze Lanze trugen.
Die beiden Truppengattungen wurden daher auch taktisch verschieden eingesetzt, die schwerbewaffneten Pezhetairen zur Abwehr oder bei langsamem, geschlossenem Vorrücken, die Hypaspisten dagegen zum Sturmangriff und schnellem Vorgehen.
Das Fußvolk wurde auf Grund allgemeiner Wehrpflicht aus der
freien Bauernschaft Makedoniens ausgehoben und blieb auch in
den Einheiten der Taxen landschaftlich gegliedert.[18]

Die schwere makedonische Reiterei, die Hetairen (»Gefährten
des Königs«), wurde aus dem Adel und den größeren Grundbe-
sitzern gebildet, die dem König persönliche Gefolgschaft zu
leisten hatten. Die Hetairenreiter, die von Philotas, dem Sohn
Parmenions, angeführt wurden, waren Alexanders wirksamste,
meist schlachtentscheidende Waffe. Für den Perserzug wurden
1800 Reiter ausgesucht, davon 1200 Hetairen und 600 leichte
Reiter, gegliedert in zwölf Ilen zu je 150 Mann. Ihre Bewaffnung
bestand wohl aus Helm, Panzer, Lanze, Kurzschwert und kleinem Schild.

Die griechischen Bundesgenossen stellten 7000 Mann schweres Fußvolk, Hopliten. Dazu kamen 1800 Reiter, unter denen das
starke Kontingent von 1200 Thessalern besonders hervorragte.

[18] *Heeresstärke:* Arr. 1, 11, 3. Diod. 17, 17, 3–4. Iust. 11, 6, 2–6. Polyb. 12, 18,
2 (nach Kallisthenes FGrH II 124 F 35). Plut. mor. 327 d–e (nach Ptolem. FGrH II
138 F 4. Aristobul FGrH II 139 F 4. Anaximenes FGrH II 72 F 29). Front. 4, 2, 4.
Da über Alexanders Heerwesen in keiner Quelle eingehend und umfassend berichtet wird, bleiben zahlreiche Einzelfragen über Stärke, Gliederung, Bewaffnung usw. strittig. Vgl. dazu und zum Folgenden J. G. Droysen, Alexanders des
Großen Armee, Hermes 12, 1877, 226 ff. = Kleine Schriften zur Alten Geschichte
II, Leipzig 1894, 208 ff. Niese I 42. 60, 2. H. Delbrück, Geschichte der Kriegskunst I³, Berlin 1920, 167 ff. Beloch III² 1, 621 f. 2, 322 ff. (auch über die späteren
Veränderungen). Berve I 103 ff. Kromayer-Veith, Heerwesen 95 ff. H. W. Parke,
Greek Mercenary Soldiers, Oxford 1933, 186 ff. G. T. Griffith, The Mercenaries of
the Hellenistic World, Cambridge 1935, 15 ff. U. Kahrstedt, Das athenische Kontingent zum Alexanderzuge, Hermes 71, 1936, 120 ff. M. Launey, Recherches sur
les armées hellénistiques I, Paris 1949, 354 ff. (Bewaffnung). F. Carrata Thomes, Il
problema degli eteri nella monarchia di Alessandro Magno, Pubblic. Fac. Lett.
e Filos. Univ. Torino 7, 4, 1955. G. T. Griffith, Makedonika, Notes on the
Macedonians of Philip and Alexander, Proceed. Cambr. Philol. Soc. 4, 1967, 3 ff.
F. Hampl, Alexander der Große, Göttingen ²1965, 16 f. Tarn 12 ff. 356 ff. Milns
45 ff. Seibert 211 ff. (mit weiterer Lit.). Schachermeyr 135 ff. Fox 94 ff. 700 f.
H. Lumpkin, The Weapons and Armour of the Macedonian Phalanx, Journ.
Arms and Armour Soc. 8, 1975, 193 ff. R. M. Milns, The Army of Alexander the
Great, in: Entretiens Fond. Hardt 22, 1976, 87 ff. Die griechischen Bundestruppen
wurden von Alexander besoldet (Arr. 3, 19, 5. Diod. 17, 74, 3. Schaefer III² 154).

Außerdem wurden 5000 griechische Söldner angeworben, bestehend aus Schwer- und Leichtbewaffneten, Hopliten und Peltasten, auch Reitern. Zu dieser Heeresgruppe gehörten auch die bewährten kretischen Bogenschützen. Von den unterworfenen Volksstämmen des Balkangebiets wurden 7000 Mann gestellt, Thraker und Illyrier, sowie 1000 leichtbewaffnete Agrianen. Dazu stellten die Griechen noch eine Bundesflotte von 160 Kriegsschiffen, Trieren.

Beim Heer, zu dem ein umfangreicher Troß gehörte, so daß das Ganze dem Zug einer Volkswanderung glich, befand sich auch der König selbst als Oberbefehlshaber mit seinem Hof und Gefolge. Das Feldlager wurde staatsrechtlich dadurch zum Sitz der Regierung. Dazu gehörten die Beamten der Kanzlei, die Bearbeiter der offiziellen Ephemeriden (»Tagesberichte«) und der Hypomnemata (»Planungsentwürfe«). Weitere Stäbe bildeten die Vermessungsabteilung der Bematisten (»Schrittzähler«), der Ingenieure und Techniker.[19]

Persönlich war Alexander von den Leibwächtern, den Somatophylakes, sowie vom Kreis seiner Freunde, Berater und Gefährten (Hetairen) umgeben. Zur Hof- und Tischgesellschaft gehörten außerdem Literaten, Philosophen, Geschichtsschreiber wie Kallisthenes, ein Verwandter des Aristoteles, dazu Schauspieler, Musiker, Pagen, bildende Künstler wie zeitweilig der

[19] Zum Vergleich einer *Volkswanderung* vgl. Berve I 169 (»ein wanderndes Volk«) und oben S. 17 (frühe Völkerbewegungen). *Hoflager, Kanzlei, Troß:* Berve I 25 ff. 42 ff. 169 ff. Der Vorsteher der Kanzlei war Eumenes von Kardia (Arr. 5, 24, 6. 7, 4, 6. Ps.Kallisth. 2, 33, 14. Berve II 156 ff. nr. 317), der einzige Grieche in der nächsten Umgebung Alexanders, der ein höheres Amt hatte. *»Ephemeriden«:* Arr. 7, 25, 1. 26, 1–2. Plut. Alex. 23, 4. 76, 1. 77, 1; mor. 623 e. Athen. 10, 434 b. FGrH II 117 (Sammlung der Fragmente). U. Wilcken, Ὑπομνηματισμοί, Philologus 53, 1894, 80 ff. J. Kaerst, Ptolemaios und die Ephemeriden Alexanders des Großen, Philologus 56, 1897, 334 ff. H. Endres, Die offiziellen Grundlagen der Alexanderüberlieferung und das Werk des Ptolemaios, Diss. Würzburg 1913, 10 ff. Birt 462. Berve I 50 f. Ch. A. Robinson Jr., The Ephemerides of Alexander's Expedition, Providence 1932. E. Badian, Alexander the Great, 1948–1967, Class. World 65, 1971, 37 ff. Seibert 5 f. Schachermeyr 156. 558, 673. Die Ephemeriden, deren Existenz auch bestritten wurde (L. Pearson, The Diary and the Letters of Alexander the Great, Historia 3, 1954/55, 429 ff. = Griffith 1 ff. A. E. Samuel, Alexander's Royal Journals, Historia 14, 1965, 1 ff.), wurden von Eumenes geführt (Athen. a. O.). Zu den Hypomnemata oder »letzten Plänen« Alexanders vgl. unten S. 192. *Bematisten:* Athen. 10, 442 b. Plin. nat. hist. 6, 61. 7, 11 (Baiton, Diognetos). Paus. 6, 16, 5. Syll.[3] 303, 3 (Philonides). FGrH II 119–123. Berve I 51 f. II 99 f. nr. 198. 143 nr. 271. 392 nr. 800. H. Bengtson, Aus der Lebensgeschichte eines griechischen Distanzläufers, Symbolae Osloenses 32, 1956, 35 ff. (Bematist Philonides). Fox 134. Zu den technischen *Stäben* vgl. Berve I 155 ff.

Maler Apelles und der Bildhauer Lysippos, ferner Ärzte, Priester und Wahrsager.

Die sorgfältigen, umfassenden Vorbereitungen und Rüstungen für den Feldzug lassen erkennen, daß Alexander mit einer längeren Dauer des Vorhabens und auch mit Überwindung größerer Schwierigkeiten rechnete. Der bereitgestellte Proviant reichte zwar nur für einen Monat, doch wurde dabei angenommen, daß Lebensmittel und sonstiges Verpflegungsmaterial aus den besetzten Gebieten beschafft werden könne, wie es im Kriege üblich war. Ebenso wurde wohl in finanzieller Hinsicht gerechnet. Wenn in der Kriegskasse bei Beginn des Feldzugs nur 70 Talente mitgeführt wurden, so muß erwartet worden sein, daß rasch Beute gemacht werde. Die Finanzlage Makedoniens war schlecht. Alexander hatte bei seinem Regierungsantritt einen Barbestand von 60 Talenten in der Staatskasse und eine Verschuldung von 500 Talenten vorgefunden. Für die Finanzierung der ersten Feldzüge und der Rüstungen zum Perserzug hatte er eine Anleihe von angeblich 800 Talenten aufgenommen, so daß er jetzt beim Aufbruch nach Kleinasien jedenfalls eine erhebliche Schuldenlast zurückließ. Der Eroberungskrieg mußte zugleich zu einem Raubkrieg werden.[20]

Auch die Verhältnisse in Makedonien wurden für eine längere Zeit der Abwesenheit des Königs geregelt. Antipater, der wegen seiner Zuverlässigkeit ebenso wie Parmenion schon Philipps besonderes Vertrauen besessen hatte und Alexanders Statthalter in Makedonien während der Feldzüge zum Balkan und nach Griechenland gewesen war, erhielt diese Stellung mit weitgehenden Vollmachten unter dem Titel »Stratege von Europa« auch für die Zeit des Perserzuges. An Streitkräften wurden 12 000 Mann Fußvolk und 1500 Reiter unter seinem Befehl in Makedonien zurückgelassen, etwa die Hälfte des ganzen makedonischen Aufgebots, kaum weniger als die Kerntruppen, die Alexander selbst nach Persien mitnahm. Die Stärke des in Makedonien verbliebenen Heeresteils erklärt sich daraus, daß Alexander gegenüber den Griechen, Thrakern und Illyriern wohl immer noch mißtrauisch

[20] *Leibgarde, Hetairen, Hofgesellschaft:* Berve I 25 ff. 30 ff. 65 ff. Tarn 14. *Kallisthenes, Apelles, Lysippos:* Berve II 53 ff. nr. 99. 191 ff. nr. 408. 241 ff. nr. 482. A. B. Bosworth, Aristotle and Callisthenes, Historia 19, 1970, 407 ff. *Ärzte, Priester und Wahrsager:* Berve I 79 f. 85 ff. *Proviant:* Plut. Alex. 15, 1 (nach Duris FGrH II 76 F 40). *Kriegskasse:* Plut. a. O. (nach Aristobul FGrH II 139 F 4). *Finanzlage:* Arr. 7, 9, 6 (Kassenbestand, Verschuldung, Anleihe). Curt. 10, 2, 24. Berve I 302 ff. Tarn 17 (»Alexander ... war bankrott«). Seibert 215.

war und daher Antipater in den Stand setzen wollte, Erhebungen mit Erfolg niederzuwerfen. Auch die Mitnahme größerer Truppenverbände dieser Völker nach Persien hatte wahrscheinlich den Nebenzweck, einheimische Aufstände zu erschweren. Den Nachschub für Alexanders Heer zu besorgen, gehörte ebenfalls zu Antipaters Aufgaben.[21]

Die Frage nach der konkreten militärischen und politischen Zielsetzung des Feldzugs läßt sich nicht sicher beantworten. Die Größe des Heeres, die alle früheren Heeresstärken bei den Makedonen und den Griechen übertraf, läßt auf weitgesteckte Ziele schließen, doch ist dieses Heer im Hinblick auf die später erreichten Erfolge und Ergebnisse des Perserzugs als relativ klein zu bezeichnen. Es ist anzunehmen, daß Alexander überhaupt kein festumrissenes Ziel oder ein von vornherein bestimmter, zu erreichender Zielpunkt vorschwebte, sondern daß er sein Vorgehen und seine weiteren Pläne nach der Entwicklung der Dinge richtete. Daß der schon von Philipp beabsichtigte und vorbereitete Feldzug ohne weitere Verzögerung durchgeführt werde, stand jedoch für Alexander fest. Den Rat Antipaters und Parmenions, er solle dieses Unternehmen erst dann durchführen, wenn er sich vermählt habe und einen Erben und Nachfolger im Lande zurücklasse, lehnte er ab. Als Mindestprogramm des Feldzugs schon für Philipp und erst recht für Alexander kann die Eroberung Westkleinasiens mit der Befreiung der Griechenstädte von der Perserherrschaft und ihrer Einbeziehung in den makedonischen Machtbereich angenommen werden. Alexanders Vorstellungen gingen aber gewiß darüber hinaus. In seiner doppelten Rechtsstellung als König der Makedonen und als Hegemon des Korinthischen Bundes führte er nicht nur einen makedonischen Eroberungskrieg, sondern zugleich den Rachefeldzug der Griechen für den Xerxeskrieg. Dabei konnte er sich nicht auf das Ziel beschränken, die ostgriechischen Städte zu befreien, sondern

[21] *Antipater* (Antipatros): Arr. 1, 11, 3. Berve II 46ff. nr. 94. D. K. Kanatsulis, Antipatros als Feldherr und Staatsmann in der Zeit Philipps u. Alexanders des Großen, Hellenica 16, 1958/59, 14ff. Er hatte sich unter Philipp bewährt und gehörte zu den engsten Freunden Alexanders, vgl. Plut. Phok. 17, 10 (besondere Anrede in Briefen). Berve II 46ff. nr. 94. Der Titel »Stratege von Europa« (Diod. 18, 12, 1, ähnlich Diod. 17, 118, 1. Schol. Lukian. nav. 33) umfaßte die Befugnisse eines »Statthalters« (H. Bengtson, Die Strategie in der hellenistischen Zeit I², München 1964, 15), vgl. Iust. 11, 7, 1 (praepositus Macedoniae). Er bezeichnet nicht einen »Reichsverweser« (Berve I 224. II 46), den es nicht geben konnte, solange Alexander lebte und de iure auch über das Stammland Makedonien gebot. *Streitkräfte Antipaters:* Diod. 17, 17, 5.

mußte Persien zu weiterer Genugtuung zwingen. Die Bedeutung dieses besonderen Kriegsziels bestand für Alexander als Bundesführer zunächst darin, daß die makedonische Eroberungspolitik damit bemäntelt werden konnte und daß die Griechen dadurch vielleicht für die Teilnahme am Krieg zu erwärmen sein würden, was freilich kaum der Fall war. Doch erschöpfte sich das Vorhaben nicht in solchen Erwägungen. Man muß annehmen, daß Alexander, der sich stets auch von mythischen und historischen Motiven bestimmen ließ, den Rachegedanken persönlich ernstnahm und zu verwirklichen suchte, mehr als irgendein Grieche.[22]

Eine förmliche Kriegserklärung scheint Alexander an den Perserkönig nicht mehr gerichtet zu haben. Sie war offenbar schon von Philipp ergangen, bevor Parmenion und Attalos zum Angriff nach Kleinasien entsandt wurden. Philipp konnte sich dabei auf den Kriegsbeschluß des Korinthischen Bundes stützen und ließ dabei wohl auch andere Gründe oder Scheingründe vorbringen. Nach Alexanders Auffassung hatten sich diese Gründe durch die Einmischung Persiens in Griechenland seit dem Tod Philipps noch vermehrt.[23]

[22] In der Frage nach den *Zielen des Feldzugs* ist Zurückhaltung geboten, vgl. dazu Niese I 58 f. Wilcken 69 (»wir ahnen nicht, wieweit … seine Eroberungspläne gingen«). Weigall 161 ff. P. Cloché, Alexandre le Grand, Paris 1954, 13. Tarn 11 (»sicherlich … nicht die feste Absicht, das ganze Persische Reich zu erobern«, so Ed. Meyer, Kl. Schr. I² 279 annahm). Schachermeyr 146 (»legte sich … für die Zukunft keineswegs fest«). Tarn. a. O. verweist dabei auf die Anekdote, wonach Aristoteles seine Schüler einmal fragte, wie sie unter bestimmten Umständen handeln würden. Alexander habe geantwortet, er könne es nicht sagen, bevor diese Umstände nicht eingetreten seien (Ps. Kallisth. 1, 16, 3–4). *Rat Parmenions und Antipaters:* Diod. 17, 16, 2. Es liegt darin kein Widerspruch (so Berve II 299, 1) zu der Angabe bei Plut. Alex. 49, 13, wonach Parmenion zugeraten habe, den Perserzug zu unternehmen. Er empfahl nur eine vorherige Sicherung der Thronfolge. *Mythische und historische Motive:* oben S. 28 (Herakles, Achilleus). Ob Alexander in dem Bewußtsein, geschichtlicher Vorkämpfer der Griechen gegen die Barbaren zu sein, wesentlich vom ›Philippos‹ des Isokrates beeinflußt wurde, ist umstritten, vgl. oben S. 30. Seibert 259 f. Das »panhellenische Programm« des Feldzugs betont Kaerst I³ 326, anders Fox 135 (»von allen Unwahrheiten die schlimmste«). Über das spätere Verhältnis Alexanders zu den Griechen vgl. Schachermeyr, Alexander u. d. unterworf. Nationen, in: Entr. Fond. Hardt 22, 1976, 72 ff.

[23] Eine *Kriegserklärung* muß schon 337 auf Grund des Beschlusses des Korinthischen Bundes (oben S. 34) an Persien ergangen sein (Beloch III² 1, 602). Alexanders Kriegsgründe werden in dem Schreiben an Dareios nach der Schlacht bei Issos aufgezählt (Arr. 2, 14, 4–6, vgl. unten S. 81): Frühere Angriffe der Perser auf Makedonien und Griechenland, Unterstützung Perinths (oben S. 30), Schuld an Philipps Ermordung, Usurpation des persischen Thrones durch Dareios, Aufwiegelung der Griechen gegen Makedonien.

Mit dem Beginn des Frühjahrs (334) gab Alexander den Befehl zum Aufbruch. Das Heer marschierte von seinem Sammelplatz bei Pella in östlicher Richtung über Amphipolis, Abdera, Maroneia an der Küste entlang und erreichte drei Wochen später Sestos auf der Halbinsel Chersones (Gallipoli), wo auch die Flotte eintraf. Die Überfahrt über den Hellespont (Dardanellen) wurde vorbereitet. Alexander, damals 21 Jahre alt, war im Begriff, ein Unternehmen zu eröffnen, das größte weltgeschichtliche Bedeutung erlangte. Seine Heimat sollte er nie wiedersehen.[24]

[24] *Aufbruch von Pella:* Arr. 1, 11, 3–5. Nach Plut. Alex. 3, 3 und Iul. Valer. 1, 47 wurde Alexander von seiner Mutter Olympias bis zum Hellespont begleitet, was man bezweifelt hat (Berve II 285), doch beruft sich Plutarch dabei auf Eratosthenes (FGrH II 241 F 28), der in solchen Dingen kritisch war, vgl. Arr. 5, 3, 1. 4. Strab. 15, 687ff. Jacoby, FGrH II, Komm. 714.

Der Feldzug Alexanders gegen Persien, der durch die erreichten Erfolge immer weitere Ausmaße gewann, führte in seinem ersten größeren Abschnitt zur Eroberung der Länder des östlichen Mittelmeerraums. Dabei wurden nach dem Sieg am Granikos zuerst die Ostgriechen von der persischen Herrschaft befreit (334), darauf die übrigen Satrapien Kleinasiens durchzogen und unterworfen (334/33). In der Schlacht bei Issos (Herbst 333) schlug Alexander den Perserkönig selbst, so daß er auch Syrien und Phönikien besetzen konnte (333/32), wo nur Tyros harten Widerstand leistete. Der Zug nach Ägypten mit der Gründung von Alexandreia und dem Besuch des Ammon-Orakels in der Oase Siwah schloß diese Eroberung ab (332/31).

1. Befreiung der Ostgriechen

»Als Alexander Asien erblickte, wurde er von einer unglaublichen Begeisterung ergriffen.« Mit diesen Worten leitet ein antiker Autor seine Darstellung der Ereignisse ein und weist damit auf einen Wesenszug Alexanders hin, der gerade beim Beginn des Feldzugs in Kleinasien deutlich hervortritt. Mehrere emotionale und symbolische Akte kennzeichnen dabei Alexanders Verhalten. Während sich das Heer einschiffte, um den Hellespont von Sestos nach dem gegenüberliegenden Abydos zu überqueren, wo sich noch ein makedonischer Stützpunkt von dem früheren Zug Parmenions befand, brachte Alexander in der Mitte der Meerenge dem Poseidon ein Stieropfer und ein Trankopfer aus goldener Schale dar. Vom Schiff aus warf er seinen Speer in den asiatischen Boden. Damit war der Besitzanspruch auf das »speergewonnene« Land zum Ausdruck gebracht. Als erster sprang er dann an Land.[1] Es folgten weitere Opfer und die Errichtung von Altären

---

[1] *»Als Alexander Asien erblickte ...«:* Iust. 11, 5, 4 (conspecta Asia incredibili ardore mentis accensus). Wenn Justin »ausschließlich Populär-Historie« bietet (Tarn 342), könnte auch dieser Satz rhetorische Erfindung sein, doch kann ihn Justin (Pompeius Trogus) auch einer guten Quelle entnommen haben, vgl. über Justin auch Bengtson 369 (»enthält ... gutes Material«). *Überschreitung der Dardanellen, Poseidonopfer:* Arr. 1, 11, 6, vgl. oben S. 45, unten S. 158. *Speerwurf:* Diod. 17, 17, 2. Iust. 11, 5, 10, fehlt bei Arrian, der auch die andern Details nur als

für Zeus, Athena, Herakles zum Dank für die glückliche Landung. Die erste Unternehmung war ein Besuch Ilions, der Stätte des alten Troja. Hier bekränzte Alexander das Grabmal des Achilleus, brachte im Tempel der Athena seine Rüstung als Weihgeschenk dar und nahm dafür alte, geweihte Waffen mit, die angeblich aus dem Trojanischen Krieg stammten. Sie sollten ihm vor dem Beginn einer Schlacht vorangetragen werden, darunter auch ein heiliger Schild, der ihm in der Tat später einmal das Leben rettete. Die Stadt Ilion wurde für frei erklärt, der persische Tribut für erledigt.[2]

Alle diese Handlungen am Anfang des Feldzugs sind für Alexanders Denken auch deshalb aufschlußreich, weil sie zugleich programmatischen Charakter hatten. Der Speerwurf auf persischen Boden kündigte weitere Eroberungen an, die Freiheitserklärung für Ilion war der Auftakt für die Befreiung aller Griechen von der Perserherrschaft. Alexanders Interesse für Achilleus und das alte Troja läßt sein Verhältnis zum Mythos erkennen, das solchen Überlieferungen vollen, verbindlichen Wirklichkeitswert zuerkannte. Ebenso wurden die kultischen Akte der Opfer und Weihungen von Alexander ernstgenommen und niemals unterlassen, wenn sie erforderlich schienen. Doch wandte er sich dabei auch rasch wieder den realen Aufgaben zu, die vor ihm lagen. Nach der Rückkehr von Troja wurde sogleich

»angeblich« erwähnt (Arr. 1, 11, 6–8), vielleicht deshalb, weil sein Gewährsmann Ptolemaios nichts darüber berichtete, da er anscheinend nicht dabei war, auch den Besuch in Ilion nicht mitmachte, sondern beim Heer verblieb. Zur rechtssymbolischen Bedeutung des Speerwurfs und zum Begriff des »speergewonnenen Landes« (doríktetos ge, δορύκτητος γῆ) vgl. W. Schmitthenner, Über eine Formveränderung der Monarchie seit Alexander d. Gr., Saeculum 19, 1968, 31 ff. Seibert 81 f. Schachermeyr 164. *Sprung ans Land:* Arr. 1, 11, 7 (»in voller Rüstung«). Diod. 17, 17, 2. Iust. 11, 5, 10. Das Vorbild dafür war der homerische Protesilaos (Hom. Il.2, 702), an dessen Grab bei Elaius auf der Chersones Alexander vor der Überfahrt geopfert hatte (Arr. 1, 11, 5). Nach H. U. Instinsky, Alexander der Große am Hellespont, Godesberg 1949, wären diese Akte Alexanders nicht durch homerische Vorbilder, sondern als Reaktion auf die Überschreitung des Hellespont durch Xerxes zu erklären.

[2] *Landungsopfer:* Arr. 1, 11, 7. Plut. Alex. 15, 7. *Besuch Ilions:* Arr. 1, 11, 7–8. Diod. 17, 17, 3. Plut. Alex. 15, 7–9. Iust. 11, 5, 12. Strab. 13, 593 (Freiheitserklärung erst nach der Schlacht am Granikos). Gnomol. Vatic. 78. G. Radet, Alexandre le Grand, Paris² 1950, 30 ff., 427; Alexandre à Troie, REA 27, 1925, 11 ff. = Notes critiques sur l'histoire d'Alexandre I, Bordeaux-Paris 1925, 1 ff.; Alexandre à Troie, Étude complémentaire, REA 35, 1933, 257 ff. (zwei Besuche in Ilion). Dascalakis, Alexander the Great and Hellenism, 173 ff. Fox 147 (der Besuch ist aufschlußreich für Alexanders Leitvorstellungen). *Weihung der eigenen Rüstung als »Gegengabe«:* Arr. 1, 11, 7. *Schild als späterer Lebensretter:* Arr. 6, 10, 2, unten S. 156.

eine Musterung des Heeres abgehalten, das inzwischen ein Lager bezogen hatte.

Man hat zu fragen, warum die Perser den Übergang Alexanders über den Hellespont nicht zu verhindern suchten. Sie wurden davon nicht überrascht, da ihnen die makedonischen Rüstungen für den Feldzug seit langem bekannt sein mußten. Wahrscheinlich waren die Perser nicht imstande und hatten auch nicht die Absicht, die Landung zu verhindern. Es war im Perserreich herkömmlich und entsprach seiner inneren Struktur, daß Grenzüberfälle von den Satrapen der betroffenen Gebiete abgewehrt wurden, ohne daß der König selbst mit seinem Heer einzugreifen brauchte. Die Abwehrtaktik der Satrapen, die den Feind zunächst eindringen ließen, um ihn dann mit überlegenen Kräften zurückzuschlagen, war stets erfolgreich gewesen, so auch beim Einfall der Makedonen unter Parmenion. Gegenüber Alexander verhielt sich die persische Zentralregierung im Grunde nicht anders. Dareios III. hatte zwar erkannt, daß ein neuer, stärkerer Angriff bevorstand, doch überließ er traditionsgemäß die Führung des Abwehrkriegs den Satrapen Kleinasiens. Sie sollten von Memnon unterstützt werden, der wohl die besondere Aufgabe hatte, die griechischen Küstenstädte zu decken. Wenn Dareios zudem eine starke Flottenrüstung befohlen hatte, so hielt er eine solche zusätzliche Maßnahme in diesem Fall für notwendig. Daß sie nicht ausreichend oder rechtzeitig wirksam wurde, lag wohl zum Teil an der Schwerfälligkeit und Weiträumigkeit der persischen Verhältnisse. Man kann Dareios nicht vorwerfen, daß er sich angesichts der Invasion untätig verhalten habe, doch konnte er die außergewöhnliche Bedeutung und Gefährlichkeit seines Gegners unmöglich im voraus erkennen.[3]

Die Satrapen des hellespontischen Phrygien, von Lydien, Großphrygien, Kappadokien, Kilikien sowie Memnon hatten ihre Truppen bei Zeleia südlich der Propontis zusammengezogen. Im Kriegsrat schlug Memnon vor, eine Feldschlacht zu vermeiden, alle Saaten und Vorräte im Lande zu vernichten, um den Feind durch Mangel an Lebensmitteln und Futter zum

---

[3] *Musterung:* Diod. 17, 17, 3. *Lager:* Arr. 1, 12, 6 (bei Arisbe). *Stellung und Aufgabe Memnons:* Arr. 1, 17, 8. Diod. 16, 52, 2. Polyain. 4, 3, 15. Berve II 251, vgl. oben S. 50. *Persische Flottenrüstung:* Diod. 17, 7, 2. *Positives Urteil über das Verhalten des Dareios:* Iust. 11, 6, 8–9 (»rühmlicher, den Krieg zurückzuschlagen, als ihn nicht hereinzulassen«). G. Wirth, Dareios und Alexander, Chiron 1, 1971, 144. Schachermeyr 134, 117. Nach Diod. 17, 18, 2 kamen die Satrapen am Hellespont zu spät, was wohl nur ein Urteil aus späterer Sicht darstellt.

Rückzug zu zwingen, zugleich aber mit der Flotte den Krieg nach Griechenland hinüberzutragen und die Griechen zum Abfall von Makedonien zu bringen. Die Satrapen verwarfen diesen Plan, der ihren Vorstellungen zu fremd war und der wohl auch nicht in allen Punkten durchführbar war. Sie beschlossen, an der rechten Uferböschung des Flusses Granikos (Bigha Tschai), der westlich von Zeleia nach Norden ins Marmara-Meer fließt, Stellung zu beziehen und dort den Feind zu erwarten.

Alexander hatte diese Lage erkundet und rückte auf der Straße südlich des Hellesponts und der Propontis nach Osten vor. Er war zum sofortigen Angriff auf die Stellung der Satrapen entschlossen und lehnte daher auch den Rat Parmenions ab, am Granikos zu lagern, um die Perser, wenn sie die überlegene makedonische Phalanx erblickten, von selbst zum Abzug zu veranlassen. Die Satrapen hatten ihre starke Reiterei am Steilufer des Flusses aufgestellt, dahinter die griechischen Soldtruppen und das übrige Fußvolk. Sie suchten den Vorteil des Geländes auszunützen, um den Flußübergang zu sperren. Ihre Reiterei vermochte sich hier freilich nicht zu entfalten. Auch konnten die griechischen Hopliten in ihrer rückwärtigen Stellung nicht entscheidend eingesetzt werden. Alexander, der den Granikos als einen »Bach« bezeichnete, der leicht zu überschreiten sei, übernahm die Führung seines rechten Flügels mit der Hetairenreiterei, stellte die Phalanx in der Mitte auf und übergab Parmenion den linken Flügel mit den thessalischen Reitern. Es schien, daß Alexander einen Flügelangriff führen werde, wie er schon in der Schlacht bei Chaironeia diese Taktik der »Schiefen Schlachtordnung« des Epameinondas, damals auf dem linken Flügel, angewandt hatte.[4]

Doch Alexander täuschte die Perser. Er ließ auf dem äußersten rechten Flügel, wo sein Vorstoß erwartet wurde, nur einen Scheinangriff ausführen. Erst als die persischen Reiter hier zum Gegenangriff vorgingen, richtete er unerwartet weiter links den Hauptstoß gegen sie. In dem erbitterten Reiterkampf im Fluß-

---

[4] *Kriegsrat der Satrapen:* Arr. 1, 12, 8–10. Diod. 17, 18, 2–4. Gegen Memnons Vorschlag, der von den Neueren meist sehr günstig beurteilt wird (Beloch III² 1, 623f. Wilcken 76 »genialer Plan«), erhebt Schachermeyr 169 mit Recht kritische Einwendungen. *Vormarsch zum Granikos:* Arr. 1, 12, 6. 13, 1. A. Janke, Auf Alexanders des Großen Pfaden, Berlin 1904, 124ff. W. Judeich, Die Schlacht am Granikos, Klio 8, 1908, 372ff. (S. 378). Schachermeyr 166, 166. *Rat Parmenions:* Arr. 1, 13, 2–7. *Aufstellung der Perser:* Arr. 1, 14, 4. Wilcken 76. Tarn 19. Seibert 85. Schachermeyr 170. *Granikos ein »Bach«:* Arr. 1, 13, 6. *Aufstellung der Makedonen:* Arr. 1, 14, 1–3.

lauf und an der Uferböschung kam Alexander, der durch zwei weiße Federn am Helmbusch weithin kenntlich war, in größte Lebensgefahr. Im Nahkampf hatte Spithridates, der Satrap von Lydien, mit dem Krummschwert von hinten gegen Alexander ausgeholt, als Kleitos im letzten Augenblick den Schlag abwehrte. Der Ehrgeiz der Satrapen, den König selbst zu treffen, war in dieser Reiterschlacht ebenso groß wie der unbedenkliche persönliche Einsatz Alexanders. Schließlich setzten sich die Makedonen durch. Auch die Phalanx des Fußvolks und der linke Flügel gingen aus der Defensive vor. Die Griechen auf persischer Seite wurden, bevor sie eingreifen konnten, umfaßt und zum großen Teil aufgerieben. Die Schlacht am Granikos wurde zu einem schwer errungenen, aber vollständigen Sieg Alexanders (Mai 334).[5]

Die Folgen der Schlacht waren von weitreichender Bedeutung. Es hatte sich erwiesen, daß auch die zahlenmäßig überlegene persische Reiterei dem Elan Alexanders und seiner Makedonen nicht gewachsen war. Nachdem das Hauptaufgebot der kleinasiatischen Satrapen geschlagen war, mußte jetzt der Perserkönig selbst ein Heer sammeln, um dem Angriff Alexanders entgegenzutreten. In Kleinasien war keine zweite Verteidigungslinie vorbereitet worden, so daß Alexander zunächst auch keinen stärkeren Widerstand der Perser mehr zu erwarten brauchte. Er konnte beim weiteren Vorrücken sogleich mit der politischen und verwaltungsmäßigen Neuordnung des gewonnenen Landes beginnen. Dabei spielte das Verhältnis zu den Griechen eine besondere Rolle.

---

[5] *Verlauf der Schlacht* nach Arr. 1, 14, 5–16, 6, der einem Augenzeugen und Mitkämpfer folgt, wohl Ptolemaios, vgl. Arr. 1, 14, 5 (»eine Zeitlang standen beide Heere am Rand des Flusses, bange vor dem Bevorstehenden, ruhig da, und tiefe Stille herrschte auf beiden Seiten«). Die zweite, ebenfalls ausführliche Beschreibung der Schlacht bei Diod. 17, 19–21, der K. Lehmann, Die Schlacht am Granikos, Klio 11, 1911, 230 ff. und Beloch III² 1, 624. 625, 1 folgen, weicht darin von Arrian ab, daß Alexander am linken Ufer gelagert und bei Tagesanbruch den Fluß ungehindert überschritten habe. Demnach wäre nicht um den Flußübergang, sondern auf dem rechten Ufer gekämpft worden, nachdem Alexander sein Heer dort »in Schlachtordnung aufgestellt« hatte (Diod. 17, 19, 3). Der Version Arrians folgen Delbrück I³ 181 ff. J. Keil, Der Kampf um den Granikosübergang und das strategische Problem der Issosschlacht, Mitteil. d. Vereins Klass. Philol. Wien 1, 1924, 13 ff. Wilcken 76 ff. J. F. C. Fuller, Alexander als Feldherr, Stuttgart 1961, 125 ff. Schachermeyr 170 ff. Zur Topographie des Schlachtfelds vgl. Janke 136 ff. Judeich, Klio 8, 1908, 372 ff. Granikos, in: J. Kromayer–G. Veith, Antike Schlachtfelder IV, Berlin 1924–31, 347 ff.; Schlachten-Atlas, Griech. Abt. Blatt 6, 1–2. Seibert 83 f. N. Th. Nikolitsis, The Battle of the Granicus, Stockholm 1974.

Nach der Schlacht sandte Alexander 300 erbeutete persische Rüstungen nach Athen mit der Weihinschrift für Athena: »Alexander, Sohn Philipps, und die Griechen, mit Ausnahme der Lakedaimonier, von den Barbaren, die Asien bewohnen«. Damit wies Alexander, ohne seinen Titel zu erwähnen, die von ihm respektierten Athener auf die gemeinsame Bundesaufgabe und auf den ersten Erfolg über die »Barbaren« hin. Sparta wurde bloßgestellt, weil es dem Korinthischen Bund von Anfang an ferngeblieben war. Die am Granikos gefangengenommenen griechischen Söldner von der persischen Seite ließ Alexander zur Zwangsarbeit in die makedonischen Bergwerke schicken, da sie dem Bund zuwidergehandelt hätten. Die griechischen Bundestruppen auf der eigenen Seite hatte er im Kampf vorsorglich nicht eingesetzt.[6]

Die Residenz der hellespontischen Satrapie, Daskyleion an der Küste der Propontis, ergab sich dem dorthin entsandten Parmenion ohne Widerstand. Zur Verwaltung der Satrapie wurde von Alexander der Makedone Kalas eingesetzt, ein früherer Mitkämpfer Parmenions in Kleinasien. Er führte den Satrapentitel seines persischen Vorgängers weiter. Alexander ließ damit zum Ausdruck bringen, daß er sich in dem eroberten Gebiet als Nachfolger des Perserkönigs betrachte, der nun die Satrapen einsetze, ohne im übrigen viel zu verändern. Auch die untertänige Bevölkerung hatte weiterhin die gleichen Steuern zu entrichten. Alexander selbst zog nach der Schlacht am Granikos südwärts nach Sardes, der alten Hauptstadt des Lyderreiches und Residenz der lydischen Satrapie. Auch hier wurde unter dem Eindruck seines Sieges die Stadt mit der als uneinnehmbar geltenden Burg, die einst weder von den aufständischen Joniern noch von Agesilaos erobert werden konnte, kampflos übergeben. Alexander setzte die altlydische Stadtverfassung, die von den Persern beseitigt worden war, wieder in Kraft und trat damit für die Lyder ebenso wie für die Griechen von Ilion als Befreier von der persischen Herrschaft auf. Auf der Burg, die er selbst bestieg, gab er die Erbauung eines Zeustempels in Auftrag, womit

[6] *Erbeutete Rüstungen:* Arr. 1, 16, 7. Plut. Alex. 16, 17–18. Eine Anzahl der Schilde wurde von den Athenern anscheinend am Gebälk (Epistyl) der Giebelseiten des Parthenon auf der Akropolis aufgehängt, wo die Einsatzlöcher noch heute sichtbar sind, vgl. W. Judeich, Topographie von Athen, München² 1931, 87f. 254. H. Gebauer, Alexanderbildnis und Alexandertypus, AM 63/64, 1938/39, 65f. *Zwangsarbeit der Söldner:* Arr. 1, 16, 6. Schaefer III² 160. Nach Plut. Alex. 16, 19 ließ Alexander an seine Mutter Olympias nach Makedonien Purpurgewänder und anderes aus der Beute schicken.

ein erstes Zeichen für die Ausbreitung griechischer Kultur durch den Feldzug in Persien gesetzt war. Den persischen Kommandanten von Sardes, Mithrenes, nahm Alexander in sein Gefolge auf und kündigte auch damit schon sein Bestreben an, hervorragende, ihm ergebene Perser ehrenvoll zu behandeln und in seinen Dienst zu nehmen.

Von Sardes zog Alexander nicht auf der persischen Königsstraße nach Osten, sondern wandte sich zuerst nach Südwesten, um die Griechenstädte an der Küste zu befreien, wie er es als Feldherr des Korinthischen Bundes als seine Aufgabe ansah. Auch mußte verhindert werden, daß diese Hafenplätze weiterhin der persischen Flotte als Stützpunkte dienten. Es kamen Nachrichten, daß Memnon, der in der Schlacht am Granikos entkommen war, in diesem Gebiet zum Widerstand rüste. In Ephesos wurde Alexander als Befreier begrüßt, nachdem die persische Besatzung geflohen war. Die Oligarchie, auf die sich die Perser gestützt hatten, wurde beseitigt und die frühere demokratische Verfassung wiederhergestellt. Eine allgemeine Erhebung des Volkes gegen die Besitzenden mit weiteren Racheakten wurde jedoch von Alexander in Ephesos unterdrückt. Es lag ihm nur daran, daß in den Städten die Lehensherren (»Tyrannen«) und Parteigänger der Perser gestürzt wurden. Die sozialen und nationalen Gegensätze sollten aber nicht weiter verschärft werden. Die als frei erklärten Ephesier hatten anstelle der persischen Untertanensteuer künftig »Beiträge« zu entrichten, die zum Wiederaufbau des im Geburtsjahr Alexanders abgebrannten Artemistempels verwendet werden sollten. Auch in den anderen jonischen und aiolischen Städten, zu denen eine Heeresabteilung unter Alkimachos entsandt wurde, ließ Alexander entsprechende Verfassungsänderungen und Regelungen durchführen.[7]

Man hat versucht, das neue Rechtsverhältnis Alexanders zu den »befreiten« Griechenstädten Kleinasiens genauer zu bestim-

---

[7] *Daskyleion:* Arr. 1, 17, 2. *Satrap Kalas:* Arr. 1, 17, 1. 8. Berve II 188 nr. 397. *Sardes:* Arr. 1, 17, 3–8. Diod. 17, 21, 7. Plut. Alex. 17, 1. Durch ein Gewitter sah sich Alexander in dem Plan bestätigt, einen Zeustempel in Sardes zu erbauen (Arr. a. O., dazu Tarn 136. Schachermeyr 185; irrig meint Fox 165, er habe sich dadurch vom Plan abbringen lassen). *Mithrenes:* Arr. 1, 17, 3 f. Diod. a. O. Berve II 262 nr. 524. *Ephesos:* Arr. 1, 17, 9–12. 18, 2. Strab. 14, 640 f. Anth. Pal. 6, 97 (Weihung einer Lanze Alexanders an Artemis, dazu Ch. Picard, La lance d'Alexandre, Rev. Arch. 9, 1937, 85 f.). Schaefer III² 160 f. *Andere Griechenstädte, Alkimachos:* Arr. 1, 18, 1 f. Plin. nat. hist. 31, 14. Berve II 34 nr. 47. H. Gallet de Santerre, Alexandre le Grand et Kymé d'Éolide, BCH 71/72, 1947/48, 302 ff. Bei Erythrai und Klazomenai gab Alexander Kanal- und Dammbauten in Auftrag (Plin. nat. hist. 5, 116 f.

men. Die Vertreibung der Perser, die Wiederherstellung der Verfassungsautonomie, die Aufhebung oder Umwandlung der Steuern bedeuteten tatsächlich eine Befreiung, doch ist zugleich klar, daß die Städte nicht außerhalb des Hoheitsgebiets oder Herrschaftsbereichs Alexanders stehen konnten. Durch ihre Freiheitsprivilegien, die ihnen von Alexander förmlich verliehen wurden, waren sie zwar besser gestellt als andere eroberte Gebiete, doch hatten sie den Anordnungen Alexanders ebenso Folge zu leisten wie diese. Eine endgültige rechtliche Regelung des Verhältnisses, von der auch die Quellen nichts berichten, hat sich Alexander wohl für später vorbehalten, da ja zunächst die Kriegsbedürfnisse maßgebend sein mußten. Ein Anschluß der Städte an den Korinthischen Bund hätte der Situation wohl nicht mehr entsprochen.[8]

In Milet kam es zum ersten Mal nach der Schlacht am Granikos wieder zum Kampf. Der persische Kommandant verweigerte die Übergabe, da die seit langem erwartete, starke Flotte der Perser, die aus 400 phönikischen und anderen Schiffen bestand, gerade

Paus. 2, 1, 5. Syll.[3] 1014, 112). Auch Magnesia am Maiander und Tralleis unterwarfen sich (Arr. 1, 18, 1), vgl. im ganzen G. Scholz, Die militärischen und politischen Folgen der Schlacht am Granikos, Klio 15, 1917, 199ff. A. Baumbach, Kleinasien unter Alexander dem Großen, Diss. Jena 1911.

[8] Die Frage der *Behandlung der Ostgriechen* hat zu einer umfangreichen Kontroverse geführt, die durch die These hervorgerufen wurde, die kleinasiatischen Griechenstädte seien dem Korinthischen Bund angeschlossen worden (Ed. Meyer, Kl. Schr. I² 276, 1. Ad. Wilhelm, Attische Urkunden I, SB Wien 1911, 6, 19f. Wilcken, SB Berlin 1922, 105ff. Kaerst I³ 344f. Berve I 249ff. E. Badian, Alexander the Great and the Greeks of Asia, in: Ancient Society and Institutions, Studies pres. to V. Ehrenberg, Oxford 1966, 37ff.), wofür die Quellen jedoch keine überzeugenden Hinweise oder Indizien liefern. Ablehnend äußerten sich daher Niese I 163. Radet 46. F. Miltner, Die staatsrechtliche Entwicklung des Alexanderreiches, Klio 26, 1933, 43ff. E. Bickermann, Alexandre le Grand et les villes d'Asie, REG 47, 1934, 346ff. V. Ehrenberg, Alexander and the Greeks, Oxford 1938, 1ff. (Verleihung von Privilegien). Th. Lenschau, Alexander der Große und Chios, Klio 33, 1940, 201ff. A. B. Ranowitsch, Alexander der Große und die griechischen Städte in Kleinasien, in: Aufsätze zur Alten Geschichte, Berlin 1961, 75ff. Tarn 34ff. 493ff. Bengtson 339f.; Die Strategie in der hellenistischen Zeit I², München 1964, 34f. Milns 59. G. Wirth, Die συντάξεις von Kleinasien 334 v. Chr., Chiron 2, 1972, 91ff. Schachermeyr 178; Alexander u.d. unterworf. Nationen, in: Entretiens Fond. Hardt 22, 55. Auch die vorgebrachten Ersatzhypothesen (Zweiteilung des Korinthischen Bundes nach Badian, Gründung oder Neugründung von Städtebünden wie des Jonischen Bundes nach Kaerst, »reichsunmittelbare« Stellung der Städte nach Lenschau) sind unnötig und unbefriedigend, vgl. auch G. Tibiletti, Alessandro e la liberazione delle città d'Asia Minore, Athenaeum 32, 1954, 3ff. Seibert 85ff. (mit weiterer Lit.). Fox 705 bezeichnet die Frage, wohl mit Recht, als ein »modernes Rätsel«; schon Schaefer III² 160ff. nahm keine Notiz davon.

herannahte. Doch sie kam zu spät, um Milet zu schützen. Alexanders Bundesflotte war schon vorher bei der vorgelagerten Insel Lade vor Anker gegangen und hatte dadurch die Stadt von der Seeseite abgeriegelt. Die Perserflotte fuhr zum Kap Mykale weiter, wagte aber trotz ihrer Überlegenheit keinen Angriff, auch dann nicht, als Alexander die Stadt von der Landseite einschloß. Mit Belagerungsmaschinen, wie sie schon Philipp vor Perinth verwendet hatte, wurden die Mauern sturmreif gemacht und die Stadt nach kurzer Zeit erobert. Sie erlitt aber nicht das Schicksal Thebens, sondern erhielt von Alexander die gleichen Freiheitsrechte wie die anderen jonischen Städte, obwohl die Bürgerschaft bis zuletzt versucht hatte, einen Neutralitätskurs zwischen den Persern und den Makedonen zu steuern. Auch mit den griechischen Söldnern, die sich ergeben hatten, verfuhr Alexander anders als am Granikos, indem er sie nicht mehr als Verräter behandelte, sondern in sein Heer übernahm. Der Bundesgedanke trat für ihn gegenüber den weiteren Aufgaben und ihren Anforderungen zurück.

Mit der Einnahme Milets (Spätsommer 334) war der erste Teil des asiatischen Feldzugs, die Befreiung der Ostgriechen, beendet. Daß Milet, die alte jonische Metropole, dabei Widerstand geleistet hatte, war wohl unerwartet und mochte Alexander zu denken geben, doch wurde damit nur bestätigt, wie zwiespältig das Bundesverhältnis der Makedonen und der Griechen im Grunde schon immer gewesen war. Solche Erwägungen scheinen auch bei dem Entschluß Alexanders mitgespielt zu haben, die Bundesflotte aufzulösen. Sie hatte sich bei der Belagerung Milets als nützlich erwiesen, war aber in einer offenen Seeschlacht der persischen Flotte nicht gewachsen und vielleicht auch nicht voll zuverlässig. Dazu kam, daß für ihre Unterhaltskosten ein unverhältnismäßig großer Teil der Beutemittel aufgewendet werden mußte. So entließ Alexander die Flotte und behielt nur die 20 athenischen Schiffe mit ihren Mannschaften als Geiseln. Er setzte dabei zu Recht voraus, daß es der persischen Flotte nicht gelingen werde, den Nachschub der Makedonen über den Hellespont zu unterbinden oder in Griechenland eine allgemeine Erhebung herbeizuführen. Wenn beim weiteren Vormarsch auch die anderen Hafenplätze besetzt werden konnten, so mußte die persische Flotte ihre Operationsbasis und damit auch ihre Wirksamkeit von selbst verlieren.[9]

[9] *Milet und die Flottenoperationen:* Arr. 1, 18, 3–19, 11. Diod. 17, 22, 1–5. Plut.

2. Unterwerfung Kleinasiens

Nach der Befreiung und Befriedung des jonischen Küstengebiets sah Alexander sein nächstes Ziel darin, bis zu dem erwarteten Zusammenstoß mit dem Perserkönig die wichtigsten Punkte und Gebiete Kleinasiens der persischen Herrschaft zu entreißen. Daß er Kleinasien zum größten Teil ohne feindlichen Widerstand durchziehen könne und daß ihm auch Dareios hier noch nicht entgegentreten werde, war nicht vorauszusehen. Nur Halikarnaß, die stark befestigte Hauptstadt der Satrapie Karien an der Küste südlich von Milet, mußte in schwerem Kampf erobert werden. Alle gegnerischen Kräfte, griechische Söldner und die persische Flotte, dazu athenische und makedonische Emigranten hatten sich hier unter Führung Memnons, dem Dareios inzwischen den unbeschränkten Oberbefehl im Westen übertragen hatte, sowie des Orontopates, des Satrapen von Karien, gesammelt. Erst nach langwieriger Belagerung, bei der zuerst der Mauergraben ausgefüllt werden mußte, bevor die Angriffstürme und Wurfgeschütze in Stellung gebracht werden konnten, wurden die Verteidiger, deren Ausfälle auch für die Makedonen verlustreich waren, überwältigt (Herbst 334). Memnon entkam mit der Flotte nach der Insel Kos. Orontopates hielt sich auf der Salmakis, der Hafenburg von Halikarnaß, wo er von einer makedonischen Abteilung, die Alexander nach seinem Abmarsch zurückließ, eingeschlossen wurde. Erst ein Jahr später wurde die Burg eingenommen.[10]

Bei der Neuordnung Kariens konnte Alexander an seine früheren Beziehungen zu der einheimischen, karischen Dynastie der Hekatomniden anknüpfen. Schon vor der Belagerung von Halikarnaß bat ihn die karische Fürstin Ada, die Tochter des Heka-

Alex. 17, 2; mor. 180a. Schaefer III² 162 ff. Kromayer-Veith, Schlachten-Atlas, Griech. Abt. Blatt 6, 3. *Übernahme der Söldner:* Arr. 1, 19, 6. *Auflösung der Bundesflotte:* Arr. 1, 20, 1. Diod. 17, 22, 5. Berve I 159 f. Fox 173 (»großes Risiko«). Zur Topographie der weiteren *Marschstrecke* vgl. Freya Stark, Alexander's Minor Campaigns in Turkey, Geogr. Journ. 122, 1956, 294 ff., Alexander's March from Miletus to Phrygia, JHS 78, 1958, 102 ff.; Auf den Spuren Alexanders, Stuttgart 1962.
[10] *Belagerung und Einnahme von Halikarnaß:* Arr. 1, 20, 2–23, 6 (mit exakten militärischen Details nach Ptolemaios). Diod. 17, 23, 4–27, 6. Plut. Alex. 17, 2. Schaefer III² 166 ff. Kromayer-Veith, Schlachten-Atlas, Griech. Abt. Blatt 6, 4. Tarn 264 ff. 477 f. Fuller 175 ff. Stark, JHS 78, 1958, 104 ff. Fox 177 ff. *Memnon auf Kos:* Diod. 17, 27, 5. *Orontopates auf der Salmakis:* Arr. 2, 5, 7. Curt. 3, 7, 4. Berve II 295 f. nr. 594.

tomnos und Schwester des Mausolos, die von ihrem Bruder Pixodaros vertrieben worden war, um Hilfe. Bei Pixodaros, der inzwischen verstorben war, hatte sich Alexander einst, noch zu Lebzeiten Philipps, um die Hand seiner Tochter beworben, der jüngeren Ada, die dann aber Orontopates erhielt. Nun wurde Ada, die Schwester des Pixodaros, von Alexander wieder als Fürstin und Satrapin des Landes eingesetzt, was wohl auch gewissen mutterrechtlichen Anschauungen der Karer entsprach. Indem Ada zugleich Alexander als Sohn adoptierte, wurde dieser mit der Dynastie verbunden, so daß ihn die karische Bevölkerung nicht mehr als Fremdherrscher ansah. Auch gegenüber anderen Völkern suchte Alexander seine Stellung später in ähnlicher Weise zu legitimieren. Es ist wahrscheinlich, daß Alexander in diesem Bestreben, von den Karern anerkannt zu werden, auch die Vollendung des Mausoleums veranlaßte, des monumentalen Grabbaus des Mausolos in Halikarnaß, woran namhafte griechische Künstler mitwirkten.[11]

Der Weitermarsch von Karien mußte für Alexander zum Winterfeldzug werden. Daß er sich davor nicht scheute, ist für sein rastloses, auf Zeitgewinn bedachtes Vorgehen und sein rationelles, in solchen Dingen unkonventionelles Denken bezeichnend, wie schon Philipp im Gegensatz zu den Griechen Winterkriege geführt hatte. Nach einem Marschplan, der für mehrere Monate entworfen war, teilte Alexander jetzt das Heer. Er selbst wandte sich mit den Kerntruppen den Küstengebieten Südkleinasiens zu, um die Hafenplätze zu besetzen und dadurch der persischen Flotte die dortigen Stützpunkte zu entziehen. Außerdem sollten die Gebirgsstämme des Hinterlandes unterworfen werden, was gerade im Winter, wenn sie in ihren Tälern hausten, leichter möglich war. Parmenion wurde mit den Bundestruppen, Gerätschaften und dem Troß in die Etappe nach Sardes zurückgeschickt, wo sein Bruder Asandros als Satrap von Lydien eingesetzt worden war. Er sollte von Sardes nach Osten gegen Phrygien vorrücken, um sich dann nach weiterer Anweisung wieder mit der Heeresgruppe Alexanders zu vereinigen. Makedonische

[11] *Ada, Pixodaros, Orontopates:* Arr. 1, 23, 7–8. Plut. mor. 180a. Diod. 16, 69, 2. 74, 2. 17, 24, 2. Strab. 14, 656f. Berve II 11f. nr. 20. 295f. nr. 594. 320f. nr. 640, vgl. oben S. 36. Zum Mutterrecht vgl. Schachermeyr 183. *Wiedereinsetzung der Ada und Adoption Alexanders:* Arr. 1, 23, 8. Diod. 17, 24, 2. Plut. Alex. 22, 7. Strab. 14, 657, vgl. unten S. 206. H. Berve, Die Verschmelzungspolitik Alexanders des Großen, Klio 31, 1938, 136f. = Griffith 104f. *Vollendung des Mausoleums durch Alexander:* E. Buschor, Maussollos und Alexander, München 1950. G. Lippold, Die griechische Plastik (= Hdb. d. Archäol. 3), München 1950, 255ff.

Soldaten, die vor dem Beginn des Feldzugs geheiratet hatten, erhielten Urlaub in die Heimat zu ihren Frauen, eine Neuerung, die Alexanders Beliebtheit beim Heer steigerte. Als Anführer dieses Zuges erhielt Koinos den Auftrag, bei der Rückkehr Truppennachschub aus Makedonien mitzubringen. Sein Bruder Kleandros wurde in den Peloponnes entsandt, um dort Söldner anzuwerben. Alle diese Züge, die später in Gordion wieder zusammentrafen, wurden mit bemerkenswerter Genauigkeit und Zuverlässigkeit durchgeführt.[12]

Alexander erreichte über Telmessos an der karischen Grenze die Küstensatrapie Lykien, wo sich Xanthos, Patara und die Griechenstadt Phaselis ergaben. Die schwierige Passage an der lykischen Ostküste, wo es ebensowenig feindlichen Widerstand gab, wurde dadurch überwunden, daß ein Teil des Heeres über die beschwerliche »Klimax« zog, eine Bergstrecke mit Felstreppen, die vorher von einer bergbautechnischen Truppe von Thrakern instandgesetzt wurde, während Alexander selbst mit seiner Heeresabteilung unmittelbar an der Küste entlangzog. Da diese Strecke nur bei Nordwind passierbar war, sonst aber gewöhnlich unter Wasser stand, erschien es wie ein göttliches Zeichen, als der Wind beim Eintreffen Alexanders gerade umschlug und von Norden kam, so daß ein Hindurchkommen möglich war. In der späteren Überlieferung wurde dieses »Meereswunder«, das Zurückweichen des Meeres vor Alexander, besonders hervorgehoben und ausgeschmückt.[13]

Der Vormarsch wurde nach Pamphylien fortgesetzt, wo sich Perge, das griechische Aspendos am Eurymedon und die Hafen-

[12] *Winterfeldzug Alexanders:* Arr. 1, 24, 3–5 (»obwohl es schon Winter war«, a.O. 1, 24, 5). *Parmenion in Sardes:* Arr. 1, 24, 3 (nur mit einer Hipparchie der Reiter, nach Berve II 300 mit der ganzen Hetairenreiterei). *Asandros:* Arr. 1, 17, 7. Berve II 87 nr. 165. *Urlaub der Neuvermählten, Koinos und Kleandros:* Arr. 1, 24, 1–2. Berve II 204 nr. 422. 215 ff. nr. 439.
[13] *Telmessos, Xanthos, Phaselis:* Arr. 1, 24, 3–6. *Klimax* (»Treppe, Steige«), »*Meereswunder*«: Arr. 1, 26, 1–2. Plut. Alex. 17, 6–8. Strab. 14, 666 f. E. Mederer, Die Alexanderlegenden bei den ältesten Alexanderhistorikern, Würzb. Studien z. Altertumswiss. 8, 1936, 1 ff. F. Taeger, Alexander der Große und die Anfänge des hellenistischen Herrscherkultes, HZ 172, 1951, 236 ff. Tarn 710 f. Stark, JHS 78, 1958, 115 ff.; Auf den Spuren Alexanders 83 ff. Schachermeyr 184 ff. Wie früh sich die Wundergeschichte verbreitete, zeigt ihre Erwähnung in einer Komödie Menanders fr. 751 Körte = Plut. Alex. 17, 7, der es als »alexanderhaft« (Alexandródes, Ἀλεξανδρῶδες) bezeichnet, wenn einem Menschen alles so »automatisch« wie das Zurückweichen des Meeres nach Wunsch gehe. In den Briefen Alexanders fand Plut. a. O. 17, 8 den Zug durch die Klimax, aber kein Wunder erwähnt.

stadt Side unterwarfen. Die ganze pamphylische Küste war damit gewonnen, so daß sich Alexander nach dem Rückweg über Perge den Stämmen der Pisider im nördlichen Bergland zuwenden konnte. Sie waren von den Persern nie völlig unterworfen worden und sperrten auch jetzt die Gebirgspässe. Das stark befestigte Termessos konnte nicht bezwungen werden, da keine Belagerungsmaschinen zur Verfügung standen. Doch wurde Sagalassos erobert, nachdem die Pisider in der Nähe der Stadt geschlagen waren. Da in dieser Schlacht bei Sagalassos die Reiterei wegen der Unebenheit des Geländes nicht eingesetzt werden konnte, bildete Alexander hier abweichend von seiner sonstigen Taktik eine Angriffsformation aus dem Fußvolk der Hypaspisten, die er auf dem rechten Flügel selbst befehligte. Andere pisidische Plätze wurden darauf ebenfalls im Sturm genommen oder zur Übergabe gebracht. Der Zweck des Winterfeldzugs war damit erreicht. Lykien und Pamphylien, wozu auch das Gebiet der Pisider gehörte, wurden von Alexander zu einer Satrapie vereinigt, die er seinem Freunde Nearchos von Amphipolis als Satrapen unterstellte, einem aus Kreta stammenden Griechen.

Beim Weitermarsch nach Norden war bald darauf Phrygien mit seiner Residenz Kelainai erreicht. Die Besatzung der als uneinnehmbar geltenden Burg, deren Belagerung längere Zeit beansprucht hätte, konnte vertraglich zur Übergabe bewogen werden, als sie nach einer ausbedungenen Wartefrist keine Aussicht auf Entsatz mehr hatte. Alexander ernannte Antigonos, den Befehlshaber der Bundesgenossen, der schon unter Philipp gekämpft hatte, zum Satrapen von Phrygien. Parmenion wurde benachrichtigt, er solle sich mit seinem Heeresteil in Gordion einfinden. Dorthin waren auch die Urlauber aus Makedonien bestellt, mit denen zugleich als Heeresnachschub 3000 Phalangiten und 650 Reiter aus Makedonien, Thessalien und Elis kamen. Als Alexander selbst, der auf der letzten Strecke die persische Königsstraße benützen konnte, in Gordion eintraf, konnte er die verschiedenen Marschgruppen wieder vereinigen, wie es von ihm vorgesehen war (Frühjahr 333). Wegen seiner zentralen Lage war Gordion der dafür am besten geeignete Platz. Von hier aus konnte auch dem Perserkönig, falls er mit seinem Heer heranrückte, am besten entgegengetreten werden.[14]

[14] *Besetzung Pamphyliens:* Arr. 1, 26, 1–28, 1. Plut. Alex. 18, 1. *Schlacht bei Salagassos:* Arr. 1, 28, 2–8. *Nearchos:* Arr. 3, 6, 6. Iust. 13, 4, 15. Berve II 269 ff. nr. 544. *Kelainai:* Arr. 1, 29, 1–2. Curt. 3, 1, 1–8 (Beginn des erhaltenen Textes des Curtius). *Antigonos:* Arr. 1, 29, 3. Berve II 42 ff. nr. 87. *Eintreffen Parmenions, der*

In Gordion, der alten Hauptstadt der Phryger, befand sich im Burgtempel der alte Königswagen, den Gordios, der Gründer der phrygischen Dynastie, geweiht hatte. Die Deichsel und das Joch des Wagens waren durch einen kunstvoll verknüpften Bastknoten verbunden. Ein Orakelspruch besagte, daß dem die Herrschaft über »Asien« zufallen werde, der den Knoten löse. Daß Alexander den Spruch kannte oder davon hörte und daß er den Wagen zu sehen wünschte, ist glaubhaft. Er war der Mantik stets ergeben und neigte dazu, Weissagungen und Wunderzeichen auf sich selbst zu beziehen. Ob er den »Gordischen Knoten« durch einen Schwerthieb löste oder wohl eher dadurch, daß er den Deichselpflock entfernte, wie die beiden überlieferten Versionen lauten, sei dahingestellt. Jedenfalls war er überzeugt, das Orakel erfüllt zu haben.[15]

In Gordion hatte Alexander mehrere Entscheidungen über die weitere Kriegführung zu treffen. Es wurde gemeldet, daß Memnon im Westen den Seekrieg eröffnet habe und mit der persischen Flotte erfolgreich in der Ägäis operiere (Frühjahr 333). Er hatte Chios eingenommen, auf Lesbos mehrere Städte durch Verträge auf seine Seite gebracht und belagerte jetzt Mytilene. Auch aus Griechenland hatte Memnon schon Zusagen erhalten, daß er beim Erscheinen der persischen Flotte mit Unterstützung und Anschluß rechnen könne. Daß Athen und Sparta sogar Gesandte an Dareios zur Aufnahme von Verhandlungen geschickt hatten, war Alexander damals noch nicht bekannt. Aus dem Osten traf jedoch die Nachricht ein, daß Dareios ein gewaltiges Heer gesammelt habe und nun heranrücke.

Urlauber und des Nachschubs in Gordion: Arr. 1, 29, 3–5. Über die Grabungen in Gordion berichtet R. S. Young, Gordion, AJA 58, 1954, 150 f. 59, 1955, 1 ff. 60, 1956, 249 ff. 61, 1957, 319 ff. 62, 1958, 139 ff. 64, 1960, 227 ff.

[15] *Gordischer Knoten:* Arr. 2, 3, 1–8. Curt. 3, 1, 14–18. Plut. Alex. 18, 1–4. Iust. 11, 7, 3–16. Mederer 9 ff. *Pothos:* Arr. 2, 3, 1, vgl. oben S. 22, dazu Kraft 84 ff. Die neueren Urteile über die beiden Versionen sind geteilt, vgl. die Übersicht bei Seibert 92 ff. Nach Tarn 24 f. 545 ff. und L. Schmidt, Der gordische Knoten u. seine Lösung, Antaios 1, 1959, 305 ff. wäre die Version Aristobuls FGrH II 139 F 7 = Arr. 2, 3, 7 = Plut. Alex. 18, 4 (Entfernen des Pflocks) vorzuziehen, da ein Schwerthieb im Tempel nicht zu Alexanders Achtung vor den Göttern passe, vgl. aber oben S. 59. (Ilion) und Fox 195. Iust. 11, 7, 4 gibt an, Alexander sei hauptsächlich wegen des Knotens und des Orakelspruchs nach Gordion gekommen. Daß er das Orakel ernst nahm, betont Weigall 205. Mit der Herrschaft über »Asien« war wohl ursprünglich Kleinasien gemeint, keinesfalls die Oikumene, wie Mederer 10.14 meint, vgl. auch Pagliaro 141. Nach E. A. Fredricksmeyer, Alexander, Midas and the Oracle at Gordium, Class. Phil. 56, 1961, 160 ff. hatte den Wagen nicht Gordios, sondern Midas geweiht.

In dieser Situation zwischen zwei Gegnern faßte Alexander den Entschluß, den Hauptgegner im Osten, Dareios, zuerst anzugreifen und ihn so rasch wie möglich, vielleicht durch Überraschung, zum Entscheidungskampf zu zwingen. Eine Art leidenschaftlicher Ungeduld, auf den Perserkönig selbst zu treffen, wirkte dabei mit. Demgegenüber schien die Sorge um die Ereignisse im Westen zweitrangig, obwohl diese eine schwere Bedrohung im Rücken bedeuteten. Es konnte die Gefahr entstehen, daß das ganze Heer von seiner Basis in Makedonien abgeschnitten würde. Als Alexander nach der Einnahme Milets seine Flotte auflöste, hatte er mit dieser Möglichkeit nicht gerechnet. Jetzt sah er sich gezwungen, aus Beutemitteln mehr als 1000 Talente aufzuwenden, um eine neue makedonisch-griechische Flotte aufzustellen. Sie sollte unter Führung des Hegelochos die Inseln zurückerobern und den Hellespont überwachen.[16]

Ohne weiteren Verzug brach Alexander mit dem Heer von Gordion nach Osten auf und erreichte auf der Königsstraße bald Ankyra (Ankara). Eine Abordnung aus Paphlagonien, der nördlich benachbarten, bis zur Schwarzmeerküste reichenden Gebirgslandschaft, erschien und bot die Unterwerfung an, wenn ihr Gebiet nicht betreten werde. Alexander, der jetzt nur vorwärts strebte, willigte ohne weiteres ein, teilte Paphlagonien der hellespontischen Satrapie zu und wandte sich darauf, ohne den Halys zu überschreiten, nach Süden, indem er die Königsstraße verließ. Es ging ihm darum, möglichst schnell die Kilikische Pforte im Taurosgebirge zu erreichen. Er wußte, daß es keinen Zugang nach Syrien gab, wenn dieser Engpaß gesperrt war. Zwischen dem Halys und der Salzwüste, dann weiter über Tyana wurde das südliche Kappadokien durchzogen und einem Einheimischen namens Sabiktas als Satrapen unterstellt, während Nordkappadokien unter dem persischen Satrapen Ariarathes unbeachtet und daher von Alexander unabhängig blieb.[17]

Beim Anstieg durch die Vorberge des Tauros drängte Alexander auf beschleunigtes Marschtempo. Als die Hochebene der

---

[16] *Offensive und Erfolge Memnons in der Ägäis:* Arr. 2, 1, 1–2. Diod. 17, 29, 1–4. Schaefer III² 170 ff. J. Kaerst, Forschungen zur Geschichte Alexanders des Großen, Stuttgart 1887, 4 ff. *Griechische Gesandte bei Dareios:* Arr. 2, 15, 2–4. Curt. 3, 13, 15. *Rüstungen des Dareios:* Diod. 17, 31, 1–2. Iust. 11, 8, 1. *Situation und Entschluß Alexanders:* Curt. 3, 1, 21. Diod. 17, 31, 3–4. *Flotte unter Hegelochos:* Arr. 2, 2, 3. Curt. 3, 1, 19–20. Berve II 164 f. nr. 341.

[17] *Ankyra, Paphlagonien:* Arr. 2, 4, 1. Curt. 3, 1, 22–24. Plut. Alex. 18, 5. Die hellespontische Satrapie unterstand Kalas, vgl. oben S. 63. *Kappadokien, Sabiktas, Ariarathes:* Arr. 2, 4, 2. Curt. 3, 4, 1 (Abistamenes statt Ariarathes). Berve II 59 f.

Paßhöhe erreicht war (1200 m), der »Lagerplatz des Kyros«, ließ er die Schwerbewaffneten unter Parmenions Befehl dort zurück und ging bei Anbruch der Nacht mit den Hypaspisten und leichten Truppen gegen den Engpaß vor, der aus einer langgezogenen Schlucht zwischen Steilwänden an der Südseite des Gebirges besteht. Der nächtliche Überfall auf die Verteidiger des Passes gelang. Sie bemerkten zwar das Herannahen der Feinde, ergriffen aber nach kurzem Widerstand die Flucht, angeblich deshalb, weil sie Alexander selbst unter den Angreifenden erblickten. Es hätten Steinblöcke genügt, ihn zu vernichten, wenn man sie von oben herabgewälzt hätte, soll er nachträglich geäußert haben, als der Paßweg, auf dem kaum vier Bewaffnete nebeneinander Platz hatten, durchzogen war. Das Heer gelangte ohne Schwierigkeit nach Süden in die Küstenebene Kilikiens hinab.

Die Frage, warum die einzigartige Verteidigungsmöglichkeit an der Kilikischen Pforte von den Persern nicht ernstlich wahrgenommen wurde, ist wohl ähnlich wie die unterlassene Abwehr am Hellespont zu beurteilen. Die herkömmliche Art der persischen Kriegführung suchte die Entscheidung im Reiterkampf der Steppe oder in offener Feldschlacht, ohne den Vorteil einer starken Abwehrstellung im Gebirge zu erkennen. Die persische Wachtruppe am Paß war verhältnismäßig schwach. Arsames, der Satrap Kilikiens, der schon am Granikos mitgekämpft hatte, befand sich in seiner Residenz Tarsos, als Alexander den Paß besetzte. Auf die Nachricht floh er zu Dareios, der seinerseits ebenfalls keine besonderen Weisungen für die Verteidigung der Kilikischen Pforte gegeben hatte.[18]

Alexander sprengte mit den Reitern nach Tarsos, um Plünderungen durch die abziehenden Perser zu verhindern. Als er erhitzt in dem eiskalten Kydnos gebadet hatte, erkrankte er lebensgefährlich, erholte sich aber langsam wieder, was dem Heiltrank seines griechischen Arztes Philippos von Akarnanien zugeschrieben wurde. Da inzwischen Dareios immer näher heranzu-

---

nr. 113. 348 nr. 690. Um Ariarathes zu unterwerfen, hätte Alexander den Halys überschreiten müssen, was er vielleicht im Gedanken an das Orakel des Kroisos scheute.

[18] *Anmarsch und Besetzung des Passes:* Arr. 2, 4, 3–4. Curt. 3, 4, 1–13 (genauer Bericht eines Augenzeugen). Iust. 11, 8, 1. *Äußerung Alexanders:* Curt. 3, 4, 11. Zur Topographie der *Kilikischen Pforte* vgl. Schachermeyr 200 ff. 663 ff. Taf. 6–8. Die Abwehrtaktik der Perser erklärt zutreffend Schachermeyr 201, vgl. auch oben S. 60. *Arsames:* Arr. 2, 4, 5–6. Curt. 3, 4, 3–5. Berve II 81 f. nr. 149.

rücken schien, schickte er, um nicht von diesem überrascht zu werden, vom Krankenlager einen Teil des Heeres unter Parmenion nach Osten zur Sicherung der syrischen Gebirgspässe voraus. Sobald er wiederhergestellt war, unterwarf er das kilikische Hinterland und besetzte die Küstenstädte Soloi und Mallos, womit alle Häfen an der Südküste Kleinasiens in seiner Hand waren. Die persische Flotte hatte hier keine Versorgungsmöglichkeit mehr.[19]

Vom Westen lauteten die Nachrichten für Alexander günstig. Memnon, der dort sein gefährlichster Gegner war, war während der Belagerung von Mytilene erkrankt und gestorben. Sein Nachfolger, der Perser Pharnabazos, konnte zwar die Stadt einnehmen und dazu noch die Insel Tenedos auf seine Seite bringen, doch griff die neue makedonische Flotte schon ein und errang in einem Seegefecht bei der Insel Siphnos einen ersten Erfolg. Auch Orontopates, der sich noch in Halikarnaß gehalten hatte, war schließlich von dort vertrieben worden. Von Osten erhielt Alexander in Mallos die Nachricht, daß Dareios schon im kilikisch-syrischen Grenzgebiet stehe. Er brach sofort dorthin auf (Herbst 333).[20]

3. Syrien und Phönikien

Der Golf von Issos, der den nordöstlichen Winkel des Mittelmeeres zwischen Kleinasien und Syrien bildet, wird an seinem

---

[19] *Tarsos:* Arr. 2, 4, 4–6. Curt. 3, 4, 14–15. *Bad im Kydnos, Erkrankung, Arzt Philippos:* Arr. 2, 4, 7–11. Curt. 3, 5, 1–6, 20. Plut. Alex. 19, 1–10. Diod. 17, 31, 4–6. Iust. 11, 8, 3–9. Berve II 388 f. nr. 788. Nach Aristobul FGrH II 139 F 8 = Arr. 2, 4, 7 war Alexanders Krankheit durch allgemeine Erschöpfung verursacht. In verschiedenen Versionen wird erzählt (Arr. 2, 4, 9–10. Curt. 3, 6, 5–13. Plut. Alex. 19, 5–8. Iust. 11, 8, 5–9), daß Alexander durch einen Brief Parmenions vor dem Arzt gewarnt wurde, der von Dareios bestochen sei und ihn vergiften wolle. Alexander habe den Arzt das Schreiben lesen lassen, ihn dabei beobachtet und dann seine Arznei getrunken. Birt 443, der die Episode auf Kallisthenes zurückführt, sieht sie ebenso wie Tarn 26 f. und Fox 209 f. als glaubwürdig an, während Berve II 388 darin eine romanhafte Erfindung sieht. Nach einer Version bei Seneca, de ira 2, 23, 2 kam der Brief von Alexanders Mutter Olympias. *Vorausabteilung unter Parmenion:* Arr. 2, 5, 1, dazu Schachermeyr 203, 220. Curt. 3, 7, 6. Diod. 17, 32, 2. *Unterwerfung Kilikiens:* Arr. 2, 5, 2–9. Curt. 3, 7, 2–5.

[20] *Tod Memnons und Seekrieg in der Ägäis:* Arr. 2, 1, 3–2, 5. Diod. 17, 29, 4. Schaefer III² 176 ff. Berve II 379 f. nr. 766. Beloch III² 1, 630 f. Für Mytilene wurde der Königsfriede von 386 (oben S. 7) wieder in Kraft gesetzt (Arr. 2, 1, 4). *Orontopates:* Arr. 2, 5, 7, vgl. oben S. 67.

Ostrand durch das Amanosgebirge begrenzt. Zwei Pässe, der nördliche Löwenpaß und der südliche Bailanpaß, führen über dieses Gebirge und verbinden damit Kilikien und Syrien. Parmenion, den Alexander von Tarsos vorausgeschickt hatte, durchzog mit seiner Heeresgruppe die schmale Küstenebene am Ostrand des Golfes, wo die Städte Issos und Myriandros lagen, in südlicher Richtung und besetzte den Bailanpaß. Er war damit dem Perserheer des Dareios zuvorgekommen, das vom Euphrat heranzog und nun in der syrischen Ebene östlich des Amanos bei Sochoi lagerte. Dareios erfuhr bald, daß Alexander selbst, von dessen Erkrankung er gehört hatte, sich noch in Kilikien befand. Er mußte sich also entscheiden, ob er Alexander bei Sochoi erwarten oder ihm entgegenziehen solle. Der makedonische Emigrant Amyntas in seinem Gefolge riet, die Schlacht in der Ebene von Sochoi zu schlagen, wo sich das zahlenmäßig überlegene Perserheer entfalten könne und wohin Alexander in jedem Falle kommen werde. Dagegen rieten persische Höflinge, über das Gebirge dem Feind entgegenzuziehen, der anscheinend aus Furcht nicht weiter vorzurücken wage. Wenn Alexander nicht bald erscheine, könne das Heer bei Sochoi den Winter über nicht verpflegt werden, sondern müsse zum Euphrat zurückgehen. Dareios entschloß sich daher, über den Löwenpaß, der nicht besetzt war, nach Kilikien zu ziehen, um dort auf den Feind zu treffen.[21]

Inzwischen war jedoch Alexander von Kilikien aufgebrochen und auf dem gleichen Weg wie Parmenion über Issos nach Süden gelangt, wo sich die beiden Heeresgruppen vereinigten. Hier erfuhr Alexander zu seiner Überraschung, daß Dareios sein Lager bei Sochoi aufgegeben hatte und unter Umgehung des Bailanpasses nach Norden gezogen war. Doch auch Dareios, der inzwischen über den Löwenpaß an die Küste bei Issos gelangt war, stellte fest, vielleicht ebenso überrascht, daß Alexander hier schon durchgezogen war. Ob diese Marschbewegungen der beiden Gegner auf Mißverständnissen infolge des Fehlens einer raschen und zuverlässigen Fernaufklärung beruhten oder ob Dareios dabei die strategische Absicht verfolgte, den Gegner von

---

[21] Zur Topographie von *Issos* und Umgebung vgl. Seibert 98 ff. mit kritischem Überblick der Spezialliteratur. Grundlegend bleibt A. Janke, Auf Alexanders des Großen Pfaden, Berlin 1904, 5 ff.; Die Schlacht bei Issos, Klio 10, 1910, 137 ff. Schachermeyr Taf. 10–11. *Vormarsch Parmenions:* Arr. 2, 5, 1. Curt. 3, 7, 6–7. Diod. 17, 32, 2. *Kriegsrat und Entscheidung des Dareios:* Arr. 2, 6, 1–7. Curt. 3, 8, 2–12. Diod. 17, 32, 2–3. Plut. Alex. 20, 1–3. Berve II 28 f. nr. 58.

seiner Operationsbasis abzuschneiden und im Rücken anzugreifen, läßt sich nicht sicher entscheiden. Tatsächlich war damit für Alexander der Rückweg verlegt. Dareios benützte sogleich den Vorteil dieser Lage, indem er sein Heer bei Issos am Flusse Pinaros mit Front nach Südosten zur Schlacht aufstellte. Aber auch Alexander, der sich durch Entsendung eines Schnellruderers in die Küstengewässer von dieser Situation überzeugt hatte, konnte daraus einen Vorteil für sich erkennen, da er nicht zu befürchten brauchte, in der schmalen Küstenebene von dem Perserheer umfaßt zu werden. Er befahl daher eine Kehrtwendung, rückte von Süden vorsichtig gegen Issos heran und stellte sein Heer aus dem Marsch in Schlachtordnung auf. So wurde die Schlacht bei Issos mit verkehrten Fronten geschlagen (November 333).[22]

Auf persischer Seite war die starke Reiterei unter Nabarzanes, dem fähigsten Würdenträger des Dareios, auf dem rechten Flügel in der Nähe der Küste aufgestellt, wo das flache Gelände an der Mündung des Pinaros für einen Reiterkampf günstig war. In der Mitte standen die schwerbewaffneten griechischen Söldner, links die Kardaken, das iranische Fußvolk. Die linke Bergflanke war außerdem durch Leichtbewaffnete in vorgezogener Stellung besetzt. Die Masse des asiatischen Fußvolks stand tiefgestaffelt hinter der Front. Dareios selbst, der von seiner berittenen Garde umgeben war, hielt sich nach persischer Sitte auf seinem Wagen hinter der Mitte der Front. Sein Plan sah vor, durch den Angriff der Reiterei auf der rechten Seite die Entscheidung herbeizuführen.

Die Makedonen waren so aufmarschiert, daß ihr rechter Flügel am Fuß der Berge von der Hetairenreiterei eingenommen wurde,

---

[22] *Bewegungen der beiden Gegner:* Arr. 2, 6, 2. 7, 2. Curt. 3, 7, 5. 7. 8, 13. 15. Diod. 17, 32, 3–4. Plut. Alex. 20, 4. Nach Arr. 2, 7, 1 war Dareios »unbemerkt« in den Rücken Alexanders gelangt, nach Curt. 3, 8, 13 und Plut. Alex. 20, 5 waren die Gegner »zufällig« bzw. »sich verfehlend« aneinander vorbeigezogen. Beloch III[2] 2, 362 ff., W. Judeich, Issos, in: Kromayer-Veith, Antike Schlachtfelder IV 359 f. und Weigall 212 sehen darin ein geschicktes Umgehungsmanöver des Dareios, das in den Quellen zugunsten Alexanders verfälscht worden wäre, vgl. dagegen auch Keil, Mitteil. d. Vereins Klass. Philologen in Wien 1, 1924, 15 ff. Wilcken 90 ff. (»eines der interessantesten und spannendsten Kapitel der gesamten Kriegsgeschichte«). F. Miltner, Alexanders Strategie bei Issos, Öst. Jahresh. 28, 1933, 69 ff. Milns 74 ff. Schachermeyr 205 f. Fox 211 ff. *Pinaros:* Arr. 2, 7, 1. 8, 5. Curt. 3, 8, 16. Plut. Alex. 20, 6, vgl. Seibert 98 ff. und Fox 219 ff. 708 f. zu der umstrittenen Frage der Identifizierung mit dem Deli Tschai oder dem weiter südlich fließenden Pajas. *Schnellruderer:* Arr. 2, 7, 2. Curt. 3, 8, 17. *Kehrtwendung Alexanders:* Arr. 2, 8, 1. Plut. Alex. 20, 5.

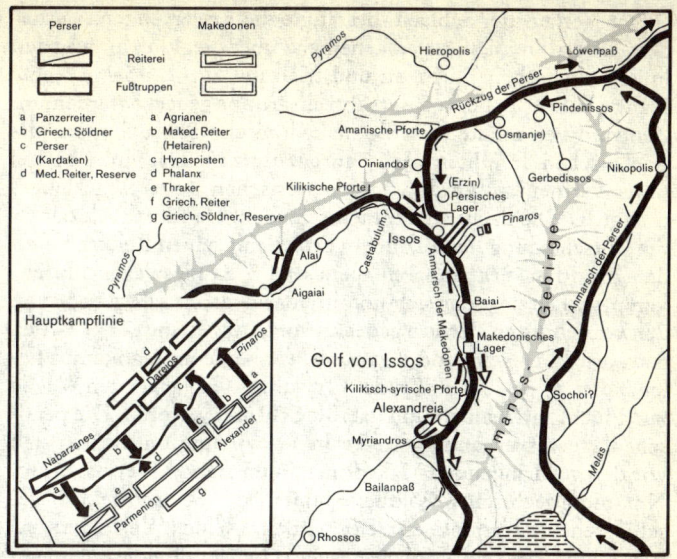

Die Schlacht bei Issos, November 333 v. Chr.

die Mitte von der Phalanx des Fußvolks, der linke Flügel an der Küste von den peloponnesischen Reitern unter Parmenion. Als Alexander jedoch die Aufstellung der Perser sah, nahm er noch eine Umgruppierung vor. Er teilte die thessalische Reiterei, die rechts stand, dem linken Flügel Parmenions zu, um ihn gegen den zu erwartenden persischen Reiterangriff widerstandsfähiger zu machen. Außerdem stellte er den feindlichen Umfassungstruppen, die seinen rechten Flügel am Berghang bedrohten, Hetairenreiter und leichtbewaffnete Agrianen zur Abwehr entgegen. Seine eigene Angriffsformation, die Reiterei des rechten Flügels, wurde zwar durch den Abzug der Thessaler und der Abwehrgruppe geschwächt, doch schien diese Maßnahme notwendig, um den Erfolg des Angriffs, der allerdings rasch errungen werden mußte, sicherzustellen.[23]

---

[23] *Aufstellung der Perser:* Arr. 2, 8, 5–11. Curt. 3, 9, 1–6. Die Angaben der Quellen über die zahlenmäßige Stärke der Perser (600000 Mann nach Arr. 2, 8, 8. Plut. Alex. 18, 6; ca. 500000 nach Diod. 17, 31, 2. 33, 4. Iust. 11, 9, 1) sind maßlos übertrieben. Beloch III² 2, 361 schätzt die persische Heeresstärke auf höchstens ca. 100000 Mann, Delbrück I³ 207 auf nur ca. 30000, ebenso Tarn 28f. 314, der dazu bemerkt, daß die Perser wohl kaum stärker waren als die Makedonen, vgl. unten S. 95, 4. Aus Curt. 3, 3, 28. 7, 9. 10, 2, worauf sich Tarn a. O. stützen möchte, geht

Der Verlauf der Schlacht bestätigte die Erwartungen Alexanders. Er griff mit äußerster Vehemenz über den Fluß hinweg den linken persischen Flügel an und trieb ihn zurück. Seine rechte Flanke konnte dabei von der Abwehrgruppe gedeckt werden. Im Zentrum vermochte sich die makedonische Phalanx gegen die griechischen Hopliten nicht durchzusetzen. Der linke Flügel unter Parmenion wurde von der persischen Reiterei zurückgedrängt. Die Schlacht stand unentschieden. Da führte Alexander die Entscheidung herbei, indem er sich mit seinen Reitern bis zu dem weithin erkennbaren persischen Königswagen durchkämpfte. Dareios, der sich unmittelbar bedroht sah, wurde von den vornehmsten Persern gedeckt, von Atizyes und Sabakes, den Satrapen Phrygiens und Ägyptens, die beide im Nahkampf fielen, zuletzt von seinem Bruder Oxyathres. Da ließ er den Wagen zur Flucht umwenden und gab die Schlacht verloren. Die persischen Heeresverbände gerieten in Verwirrung und lösten sich vor den vordringenden Makedonen unter starken Verlusten auf. Nur die griechischen Söldner räumten das Schlachtfeld in geschlossener Ordnung. Dareios entkam seinen Verfolgern zu Pferd über das Gebirge, dagegen geriet bei der Plünderung seines Lagers die ganze Königsfamilie, die nach persischer Sitte den Feldzug begleitete, in Gefangenschaft, nämlich Sisygambis, die Mutter des Dareios, Stateira, seine Schwestergemahlin, sowie seine Kinder. Alexander begab sich in Begleitung seines Freundes Hephaistion in ihr Zelt und sicherte allen eine ehrenvolle Behandlung zu.[24]

Die Gründe für den Sieg Alexanders bei Issos sind deutlich zu erkennen. Auf persischer Seite waren zwar die griechischen Hopliten, die der makedonischen Phalanx im ganzen ebenbürtig

---

dies allerdings nicht hervor. Über die Treue der griechischen Söldner zu Dareios vgl. Schaefer III[2] 187ff. *Aufmarsch und Aufstellung der Makedonen:* Arr. 2, 8, 1–4. 9, 1–10, 1. Curt. 3, 9, 7–12. Diod. 17, 33, 1–2. Polyb. 12, 17–22. Ihre Heeresstärke betrug nach Schätzung Belochs III[2], 357 ca. 25000–30000 Mann.

[24] *Schlachtverlauf:* Arr. 2, 10, 1–11, 8. Curt. 3, 10, 1–11, 20. Diod. 17, 33, 3–35, 2. Plut. Alex. 20, 7–13. Iust. 11, 9, 9–11. J. G. Droysen, Geschichte Alexanders des Großen, Gotha[2] 1877, 1, 251ff. Beloch III[2] 2, 361ff. Berve II 91 nr. 179. 291f. nr. 586. Delbrück I[3] 194ff. Kromayer-Veith, Schlachten-Atlas, Griech. Abt. Blatt 6, 5–8. Wilcken 94ff. Mederer 15ff. Hampl 23ff. Snyder 65ff. Schachermeyr 208ff. *Gefangennahme der persischen Königsfamilie:* Arr. 2, 11, 9. Curt. 3, 11, 21–12, 26. Diod. 17, 35, 3–38, 7. Plut. Alex. 21, 1–11. Iust. 11, 9, 12–16. Berve II 356f. nr. 711. 362f. nr. 721. *Besuch mit Hephaistion bei Sisygambis:* Arr. 2, 12, 6–8. Curt. 3, 12, 15–17. Diod. 17, 37, 4–6. Berve II 169ff. nr. 357. Das Detail, daß sich Sisygambis zuerst vor Hephaistion niederwarf, weil er größer war und sie ihn daher irrtümlich für Alexander hielt, erscheint glaubwürdig.

waren, besser eingesetzt worden als in der Schlacht am Granikos, doch war die persische Führung taktisch wiederum nicht genügend vorbereitet. Die Aufstellung des persischen Heeres wurde von Dareios kaum mehr verändert, nachdem sich die gegnerische Schlachtreihe formiert hatte, während Alexander sein Heer an mehreren Punkten umgruppierte, um die Absichten des Gegners erfolgreich zu parieren. Und wenn es letztlich darauf ankam, welcher der beiden Reiterangriffe, der persische auf dem einen oder der makedonische auf dem anderen Flügel, sich rascher und vollständiger durchsetzen werde und damit die Schlacht entscheide, so ist auch darin das unterschiedliche Verhalten der beiden Könige bezeichnend. Dareios, der während der Schlacht anscheinend wenig aktiv war, geriet nicht zufällig in die kritische Situation, nur durch die Flucht sein Leben retten zu können. Alexander dagegen, der »ebenso die Aufgaben des Feldherrn wie die des Soldaten erfüllte«, suchte bei seinem ungestümen Angriff wohl von Anfang an den Zweikampf mit dem Gegner.[25] Eine solche Szene ist auch auf dem Mosaik der Alexanderschlacht aus Pompeji dargestellt.[26] Die Schlacht, in der die beiden Heere im

[25] *Umgruppierung der Makedonen:* Arr. 2, 9, 1–4. Curt. 3, 11, 2–3. *Verhalten des Dareios:* Arr. 2, 11, 4. Curt. 3, 11, 11. Diod. 17, 34, 6–7. Curtius und Diodor bieten hier eine detailliertere, wohl bessere Version als Arrian. Es geht daraus hervor, daß sich Dareios erst dann zur Flucht wandte, als er beim Nahkampf in höchster Gefahr war. Dem ungünstigen Urteil Arrians folgen jedoch Bengtson 341 f. (»verlor ... die Nerven«), Schachermeyr 210 (»fast ... Feigheit«). Einhellig ist bezeugt, daß sich die persischen Verbände erst infolge der Flucht des Dareios aufzulösen begannen (Arr. 2, 11, 2. Curt. 3, 11, 12. Diod. 17, 34, 7. Iust. 11, 9, 9). Delbrück 195 ff. erklärt den Ausgang der Schlacht daraus, daß sich die Makedonen offensiv, die Perser defensiv verhalten hätten, was aber nicht zutrifft, vgl. Arr. 2, 11, 2 (»starker Angriff« der persischen Reiterei). Auch kann der Fluß kein »schweres Fronthindernis« (Delbrück 195) gebildet haben. *Verhalten Alexanders* (»ebenso die Aufgaben ...«): Curt. 3, 11, 7 (non ducis magis quam militis munia exsequebatur). *Absicht des Zweikampfs:* Curt. 3, 11, 8. Diod. 17, 33, 5. Plut. Alex. 20, 8, aber nicht bei Arrian.

[26] Das berühmte *Mosaikbild,* das 5,82 m x 3,18 m groß ist und aus etwa anderthalb Millionen Steinchen besteht, wurde 1831 in der Casa del Fauno in Pompeji gefunden (Nat. Mus. Neapel). Es muß nach einer Gemäldevorlage gearbeitet sein, vielleicht des Malers Philoxenos von Eretria, der im Auftrag des Diadochen Kassander eine Alexanderschlacht malte (Plin. nat. hist. 35, 110). Auf dem Bild sprengt Alexander mit der Lanze im Kampfgewühl gegen Dareios heran, der sich auf dem Königswagen zur Flucht wendet. Die Details der Tracht und Bewaffnung bei Makedonen und Persern sind als wirklichkeitsgetreu anzusehen. Dagegen ist die Deutung des Bildes auf die Schlacht bei Issos nicht ganz sicher. Auch in der Schlacht bei Gaugamela drang Alexander bis in die Nähe des Dareios vor (Plut. Alex. 33, 4–6, vgl. unten S. 97). Daß Alexander auf dem Bild ohne Helm kämpft, könnte auf die Schlacht am Granikos deuten, in der ihm ein Stück des Helms vom Kopf geschlagen worden sein soll (Arr. 1, 15, 8. Plut. Alex. 16, 10).

ganzen vielleicht gleichwertig waren, wurde vor allem durch die bessere Führung für die Makedonen entschieden.

Die Folgen der Schlacht bei Issos waren noch bedeutender als die der Schlacht am Granikos. Der Sieg über den Perserkönig selbst mußte im Osten wie im Westen als Bestätigung der bisherigen Eroberungen Alexanders angesehen werden. Auch das Orakel von Gordion mit seiner Verheißung der Herrschaft über Asien hatte sich offenkundig erfüllt. Es ist anzunehmen, daß Alexander, ohne die nächsten Vorhaben zu ändern, seine weiteren Pläne damals entschlossen nach Osten erweiterte. In den westlichen Satrapien des Perserreichs und den Randländern des Mittelmeers, die noch vor ihm lagen, in Syrien, Phönikien und Ägypten, war kein entscheidender Widerstand mehr zu erwarten. Auch die persische Flotte in der Ägäis löste sich unter dem Eindruck der Schlacht von Issos auf. Ihre Geschwader fuhren in die kyprischen und phönikischen Häfen zurück. In Griechenland, wo Demosthenes erklärt hatte, das Heer Alexanders werde von den persischen Reitermassen »zerstampft« werden, war an keinen Abfall vom Bundesvertrag mit Makedonien mehr zu denken. Die Mitgliedsstaaten des Korinthischen Bundes beschlossen, einen goldenen Ehrenkranz an Alexander zu schicken.

Zur Beute nach der Schlacht bei Issos gehörte vor allem auch das Standlager des Dareios bei Damaskos, das Alexander durch Parmenion besetzen ließ. Da sich hier der ganze persische Kriegsschatz befand, allein 2600 Talente Münzgeld, gab es für Alexander fortan keine finanziellen Schwierigkeiten mehr. Die Pracht der erbeuteten Reichtümer bis zu den goldenen Pferdekandaren erschien den Makedonen, die hier »zum ersten Male persische Lebensart kennenlernten«, unvorstellbar. Die zu Dareios gekommenen Gesandten aus Athen und Sparta sowie zwei Thebaner, die unter den Gefangenen waren, wurden von Alexander großmütig behandelt. Barsine, die Witwe Memnons, die als Geisel im Gefolge des Dareios lebte und hier gleichfalls in Alexanders Hand fiel, gewann seine Liebe und gebar ihm später einen Sohn, den er Herakles nannte.[27]

Vielleicht sind solche Einzelzüge auf dem Bild zusammengetragen. Literatur: F. Winter, Das Alexander-Mosaik aus Pompeji, Straßburg 1909 (grundlegend). G. Körte, Das Alexander-Mosaik aus Pompeji, Röm. Mitteil. 22, 1907, 1 ff. H. Fuhrmann, Philoxenos von Eretria, Göttingen 1931, 101 ff. Mederer 35 f. Launey, Recherches I 359 (Gaugamela). B. Andreae, Das Alexandermosaik, Bremen 1959. A. Rumpf, Zum Alexander-Mosaik, AM 77, 1962, 229 ff. Schachermeyr 209, 230.
[27] *Selbstauflösung der persischen Flotte:* Arr. 2, 13, 5–6. 20, 1–3. Curt. 4, 1,

Dareios erreichte mit 4000 Mann den Euphrat, von wo er alsbald ein Schreiben an Alexander überbringen ließ, in dem er den Abschluß eines Freundschaftsvertrags vorschlug und um Freilassung seiner Familie bat. Alexander antwortete ihm, er solle kommen und ihn als »König von Asien« anerkennen, dann werde seine Bitte erfüllt, andernfalls solle er sich aufs neue zum Kampf stellen. Damit hatte Alexander weitere Verhandlungen abgelehnt.[28]

Inzwischen hatte Alexander die Satrapie Kilikien einem seiner Leibwächter, Balakros, übertragen und sich nach Süden gewandt, um die Küstenstädte der Phöniker zu unterwerfen, die den Hauptteil der persischen Flotte gestellt hatten. Dieses Ziel schien Alexander vordringlicher als die Verfolgung des Dareios nach Osten, der dadurch freilich Zeit für neue Rüstungen gewann. Die phönikischen Städte Arados, Marathos, Byblos, Si-

---

36–37. Beloch III² 1, 634 ff. Persische Heeresverbände, die bei Issos entkamen und Lydien zurückzugewinnen suchten, wurden von Antigonos, dem Satrapen Phrygiens, geschlagen (Curt. 4, 1, 34–35. A. R. Burn, Notes on Alexander's Campaigns, JHS 72, 1952, 81 ff.). *Demosthenes:* Aischin. 3, 164, vgl. Arr. 2, 6, 5. *Ehrenkranz des Korinthischen Bundes:* Curt. 4, 5, 11. Diod. 17, 48, 4. *Erbeutung des Lagers bei Damaskos durch Parmenion:* Arr. 2, 11, 9–10. 15, 1. Curt. 3, 12, 27–13, 17. Plut. Alex. 24, 1–3 (»persische Lebensart«). Iust. 11, 10, 4. Polyain. 4, 5, 1. Athen. 13, 607 f–608 a (mit Auszug aus dem authentischen Beutebericht Parmenions: »329 königliche Buhldirnen und Musikantinnen, 46 Kranzflechter, 277 Köche, 29 Köche für Pfannengerichte, 13 Köche für Milchprodukte, 17 Getränkemischer, 70 Weinseiher, 40 Salbenbereiter«). Berve II 301. *Griechische Gesandte:* Arr. 2, 15, 2–5. *Barsine und Herakles:* Curt. 3, 13, 14. 10, 6, 11. Plut. Alex. 21, 7–9; Eumen. 1, 7. Diod. 20, 20, 1–3. Iust. 11, 10, 2. 15, 2, 3. Paus. 9, 7, 2. Berve II 102 ff. nr. 206. 168 nr. 353. Weigall 224. 227 f. Nach Tarn 649 ist Barsine »eine erfundene Figur«. Seinen Argumenten (Tarn 644 ff.; Heracles Son of Barsine, JHS 41, 1921, 18 ff.) widersprachen Berve II 103 f. Schachermeyr 211 f.; Alexander in Babylon, SB Wien 268, 1968, 22, 32 a, wohl mit Recht.

[28] *Dareios am Euphrat:* Arr. 2, 13, 1. Curt. 4, 1, 1–3. Diod. 17, 39, 1. *Schreiben des Dareios:* Arr. 2, 14, 1–3. Curt. 4, 1, 7–10. *Antwortschreiben Alexanders:* Arr. 2, 14, 4–9. Curt. 4, 1, 10–14. Kaerst, Forschungen 7 ff. Beloch III² 1, 637, 1. Ed. Meyer, Kl. Schr. I² 283, 1 (»vollkommen authentisch«). G. Radet, Les négociations entre Darius et Alexandre après la bataille d'Issus, in: Notes critiques (1925) 25 ff.; Alexandre en Syrie, Les offres de paix que lui fit Darius, in: Mélanges Dussaud I (Paris 1939) 235 ff.; G. T. Griffith, The Letter of Darius at Arrian 2.14, Proceed. Cambr. Philol. Soc. 14, 1968, 33 ff. Milns 88 (»provocative and insulting«). Bengtson 342. G. Wirth, Dareios und Alexander, Chiron 1, 1971, 145. v. Stauffenberg, Macht u. Geist 150. Schachermeyr 222 ff. Seibert 102. E. Mikrojannakis, The Diplomatic Contacts between Alexander III and Darius III, in: Laourdas-Makaronas, Ancient Macedonia, Thessaloniki 1970, 103 ff., vgl. auch unten S. 83. Alexanders Antwort wird von Tarn 11. 40 als »politisches Manifest« verstanden.

don ergaben sich kampflos, auch die Stadtfürsten von Kypros (Cypern) meldeten ihre Unterwerfung.[29]

Die bedeutendste Stadt der Phöniker, die starke Inselfestung Tyros, erklärte sich jedoch als neutral. Es wurde Alexander verweigert, die Stadt zu betreten. Da er aber Tyros nicht unbezwungen im Rücken lassen wollte, begann er mit der Belagerung, die erst nach sieben Monaten mit der Einnahme der Stadt endete (Januar bis August 332). Sie stellt eine der größten militärischen Leistungen Alexanders und eines der schwierigsten Unternehmen dieser Art in der Geschichte dar. Ein Damm aus Steinen und Pfählen von Zedernholz, der vom Festland gegen die 800 Meter entfernte Inselstadt vorgetrieben wurde, konnte von den Tyriern durch Brandschiffe und Taucher zerstört werden, während Alexander mit einer kleineren Heeresgruppe die Araber im Libanon und Antilibanon bekämpfte. Doch auch ein zweiter, stärkerer Damm, auf dem 50 Meter hohe, die Stadtmauer überragende Holztürme mit Fahrgestellen errichtet wurden, kam nur auf Schußweite an die Stadtmauer heran. Nun ging Alexander nach Sidon zurück und stellte aus den zurückgekehrten phönikischen, kyprischen und anderen Schiffen der aufgelösten Perserflotte eine eigene Flotte zusammen, um die Tyrier zur See zu schlagen. Da sie jedoch einer Seeschlacht auswichen und ihre beiden Häfen sperrten, führte auch dieses Vorhaben zu keiner Entscheidung.

Schließlich wandte Alexander eine dritte, neuartige Taktik an, indem er die technischen Mittel einer Belagerung zu Lande mit dem Einsatz von Schiffen verband. Er ließ dicht vor der Stadtmauer breite Frachtschiffe verankern und darauf Türme mit Schleudergeschützen, Sturmböcken und Fallbrücken errichten, um Breschen in die Mauer zu schlagen. Die Tyrier, die die

[29] *Balakros:* Arr. 2, 12, 2. Diod. 18, 22, 1. Berve II 100f. nr. 200. *Unterwerfung Phönikiens und Cyperns:* Arr. 2, 13, 7–8. 15, 6. 15–16. Curt. 4, 1, 5–26. 2, 1. Plut. Alex. 24, 4. Diod. 17, 40, 2. 46, 6–47, 6. Iust. 11, 10, 6–9. Seibert 107 ff. (mit weiterer Lit.). Die Episode der Einsetzung des armen, aber rechtschaffenen Abdalonymos zum Stadtfürsten von Sidon durch Hephaistion mit Zustimmung Alexanders (Curt. Diod. Iust. a.O., bei Diodor irrig nach Tyros verlegt. Berve II 3 nr. 1) ist popularphilosophisch (wohl kynisch) ausgeschmückt, braucht im Kern jedoch nicht bezweifelt zu werden (Berve a. O. Schachermeyr 214, 234). Aus Sidon stammt der sog. »Alexandersarkophag« (Mus. Istanbul) eines Stadtfürsten, vielleicht des Abdalonymos, mit Reliefdarstellungen einer Alexanderschlacht (wohl Issos) und Löwenjagd, vgl. dazu F. Winter, Der Alexandersarkophag aus Sidon, Straßburg 1912. K. Schefold, Der Alexandersarkophag, Berlin 1968. V. v. Graeve, Der Alexandersarkophag u. seine Werkstatt, Berlin 1970. Berve II 3. Schachermeyr 209, 230. 214, 234.

drohende Gefahr erkannten, unternahmen einen Ausfall mit ihrer Flotte, wobei sie das kyprische Geschwader vernichteten, darauf aber von Alexander zurückgeschlagen wurden. Jetzt gelang es auch den Belagerern an der Südseite der Stadt, die Mauer von den Schiffstürmen aus zu erschüttern und sturmreif zu machen. Die Hypaspisten drangen als erste in die Stadt ein, die im erbitterten Straßenkampf erobert wurde. Zu den Racheakten, die darauf folgten, gehörte die Kreuzigung der gefangenen jungen Männer und die Versklavung der übrigen Bevölkerung. Derselbe Zug äußerster Härte und Grausamkeit im Vorgehen Alexanders, wie er schon nach seinem Regierungsantritt und bei der Zerstörung Thebens hervorgetreten war, zeigte sich auch hier nach der Einnahme von Tyros. Nur der Stadtkönig Azemilkos und die zufällig anwesenden karthagischen Gesandten wurden begnadigt. Diese hatten ihr Opfer für den Stadtgott Melkart überbracht, was seit der Gründung Karthagos durch die Tyrier jährlich geschah. Auch Alexander brachte dem Melkart, der von den Griechen dem Herakles gleichgesetzt wurde, jetzt das Opfer dar, das ihm die Tyrier verweigert hatten. Die Stadt erhielt eine makedonische Besatzung.[30]

Während der Belagerung von Tyros war ein zweites Schreiben des Dareios an Alexander eingetroffen, das neue, weitergehende Verhandlungsvorschläge enthielt. Dareios bot darin die Abtretung aller Länder westlich des Euphrat an, die Anerkennung Alexanders als eines gleichrangigen Großkönigs, seine Vermählung mit der Tochter des Dareios, dazu ein Lösegeld von 10000

[30] *Belagerung von Tyros:* Arr. 2, 15, 6–24, 6. Curt. 4, 2, 2–4, 21, dazu W. Rutz, Zur Erzählungskunst des Q. Curtius Rufus, Die Belagerung von Tyrus, Hermes 93, 1965, 370 ff. Plut. Alex. 24, 5–25, 3. Diod. 17, 40, 2–46, 6. Iust. 11, 10, 10–14 dazu Schaefer III² 179 (Tyros als persische Flottenbasis). Ailian. fr. 59. Yorck v. Wartenburg, Übersicht 28 ff. Tarn 43 (»Alexanders größte Waffentat«). Kromayer-Veith, Heerwesen 218; Schlachten-Atlas, Griech. Abt. Blatt 6, 5–8. Wilcken 94 ff. Berve, Klio 31, 1938, 239 f. = Griffith 107 f. Weigall 233 ff. O. Eißfeldt, Tyros, RE 7 A 1893 ff. Robinson 60. Fox 235 ff. Die sehr eingehenden, auch technisch sachkundigen Darstellungen der Belagerung bei Arr. Curt. Diod. a. O. müssen auf Berichten von Augenzeugen beruhen, vor allem wohl Aristobul und Ptolemaios. *Alexander im Libanon:* Arr. 2, 20, 4–5. Plut. Alex. 24, 10. *Azemilkos:* Arr. 2, 15, 7. 24, 5. Berve II 13 nr. 25. *Karthager:* Arr. 2, 24, 5. Curt. 4, 2, 10–11. 4, 18. Diod. 17,40,3. 41, 1. 46,4. Iust. 11, 10, 12. 14. Nach Diod. und Iust. a. O. war der Widerstand der Tyrier auch darauf gegründet, daß sie von ihrer mächtigen Tochterstadt Karthago, wohin ein Teil der nicht waffenfähigen Bevölkerung in Sicherheit gebracht wurde, Hilfe erwarteten. Alexanders Kriegsdrohung an die karthagischen Gesandten (Curt. 4, 4, 18) und sein letzter Feldzugsplan gegen Karthago (unten S. 193) erscheinen unter dieser Voraussetzung glaubhaft, vgl. auch Front. 1, 2, 3 (karthagischer Kundschafter bei Alexander).

Talenten für die Freilassung der Königsfamilie. Bei der Beratung über das Angebot äußerte Parmenion, er würde, wenn er Alexander wäre, die Vorschläge annehmen, um damit dem Krieg und seinen Gefahren ein Ende zu setzen. Alexander soll darauf erwidert haben, auch er würde, wenn er Parmenion wäre, das Angebot annehmen, da er aber Alexander sei, lehne er es ab. Dareios erhielt den Bescheid, Alexander könne sich, was er wolle, selber nehmen. Wenn Dareios von seiner Großmut etwas erbitte, so solle er persönlich vor Alexander erscheinen.

Diese Entscheidung Alexanders bedeutete die Fortsetzung des Krieges und des Eroberungszuges. Alexander brachte damit zum Ausdruck, daß ihm eine Teilung des Perserreiches und die Gleichstellung mit Dareios nicht mehr genüge, sondern daß er die Herrschaft über das ganze Perserreich als Nachfolger des Dareios beanspruche. Dieses politische Ziel seines Feldzugs wurde von Alexander somit spätestens nach der Einnahme von Tyros, wahrscheinlich aber schon früher, nach dem Sieg bei Issos oder schon vorher, in Aussicht genommen. Es ging weit über die Vorstellungen Parmenions hinaus, der noch in der Tradition Philipps stand und sich auf ein großmakedonisches Reich im Ostmittelmeerraum beschränkt hätte. Für Alexander war die Eroberung der Ostmittelmeerländer zu einem bloßen Teil seiner Pläne geworden. Zum ersten Mal zeigt sich hier ein Gegensatz Alexanders zu dem nationalmakedonischen Denken, wie es durch Parmenion vertreten wurde.

Die Frage ist berechtigt, ob die Beschränkung auf die natürlichen Grenzen des Mittelmeerraums nicht ein realistischeres Ziel war als Alexanders weitgespannter Eroberungsgedanke. Die geschichtliche Rolle der Euphratgrenze als dauerhafter Ostgrenze des mittelmeerischen Bereichs sowohl in politischer wie in kultureller Hinsicht ist in späterer, römischer Zeit deutlich zutage getreten. Es ließe sich denken, daß ein makedonisches Reich, das sich auf diesen Raum beschränkt hätte und innerlich gefestigt werden konnte, von größerer Dauer gewesen wäre als die hellenistische Staatenwelt, die aus dem Alexanderreich hervorging. Jedenfalls schuf Alexander kein solches Ostmittelmeerreich, sondern schickte sich an, das Herrschaftsgefüge des ganzen Perserreiches zu stürzen und dadurch im gesamten Orient eine Änderung der Verhältnisse herbeizuführen. Darin liegt die große geschichtliche Bedeutung seiner Entscheidung im Lager von Tyros.[31]

[31] *Schreiben des Dareios, Beratung und Antwort:* Arr. 2, 25, 1–3. Curt. 4, 5, 1–9.

Von Tyros zog Alexander mit dem Heer auf der alten Küstenstraße nach Süden, während die Flotte unter Hephaistion an der Küste entlangfuhr und den Zug begleitete. Ob Alexander nach Jerusalem kam, ist zweifelhaft, da die Juden ohne weiteres ihre Unterwerfung erklärten. Dagegen leistete die vor der Grenze nach Ägypten gelegene Festung Gaza unter ihrem persischen Befehlshaber Batis so starken Widerstand, daß sich Alexander auch hier zur Belagerung gezwungen sah und für diesen Zweck das technische Gerät aus Tyros herbeischaffen lassen mußte. Erst nach zwei Monaten wurde die Stadt, deren Besatzung vor allem aus arabischen Nabatäern bestand, eingenommen (November 332). Alexander, der während der Belagerung verwundet worden war, ließ Batis auf grausame Weise töten und die Bewohner versklaven. Wie Tyros verlor auch Gaza die Autonomie, die den anderen syrischen und phönikischen Städten belassen wurde. Am Ende der kampfreichen Strecke, die von Issos über Tyros nach Gaza geführt hatte, konnte Alexander in Ägypten einziehen.[32]

4. Zug nach Ägypten

Alexanders Zug nach Ägypten hatte verschiedene Motive. Im Vordergrund stand der strategische Zweck, die Eroberung der Ostmittelmeerländer und damit aller westlichen Satrapien des

Plut. Alex. 29, 7–9; mor. 180b. Diod. 17, 54, 1–6. Iul. Val. 2, 29. Val. Max. 6, 4 ext. 3. Beloch IV² 2, 97 (Rat Parmenions unhistorisch). Seibert 102. Nach Schachermeyr 228, 250 gehen die Berichte über diesen Briefwechsel auf Kallisthenes zurück. Die geschichtliche Bedeutung der Entscheidung Alexanders betont Wilcken 102 (»Schicksalsstunde für die antike Welt«), vgl. auch Kaerst I³ 376 ff. Wirth, Chiron 1, 1971, 145 f. Schachermeyr 227 ff.
[32] *Zug von Tyros nach Ägypten:* Arr. 2, 25, 4. 3, 1, 1. Curt. 4, 5, 10. 7, 1–2. Diod. 17, 49, 1. *Flotte unter Hephaistion:* Arr. 3, 1, 1. Curt. 4, 5, 10. Ob Alexander nach *Jerusalem* kam, wie Ioseph. ant. 11, 317–345 und die talmudischen Schriften angeben, ist umstritten. Droysen I² 1, 298 f. (auch Radet 130 ff.) hielt es für möglich, während andere (Niese I 83, 3. F. Pfister, Eine jüdische Gründungsgeschichte Alexandrias, mit einem Anhang über Alexanders Besuch in Jerusalem, SB Heidelberg 1914, Nr. 11. Tarn 44. Bengtson 343) darin nur eine jüdische Legende sehen, vgl. auch Seibert 103 ff. *Belagerung von Gaza:* Arr. 2, 26, 1–27, 7. Curt. 4, 5, 10. 6, 7–30. Plut. Alex. 25, 4–5. Diod. 17, 48, 7. F. M. Abel, Le siège de Gaza, Rev. Bibl. 44, 1935, 42 ff. Fox 253. *Batis:* Arr. 2, 25, 4. Curt. 4, 6, 7. 25–29 (Betis). Hegesias FGrH 142 F 5 (Baitis). Ioseph. ant. 11, 320. Berve II 104 f. nr. 209. Batis wurde an einen Wagen gefesselt und zu Tode geschleift, was in einigen Quellen noch vergröbert wurde (Heges. a. O.), von den Neueren jedoch meist entweder für unwahr gehalten (Niese I 82, 5. Ed. Meyer, Kl. Schr. I² 268, 1. Tarn 549 ff.) oder

Perserreiches abzuschließen. Erst wenn es auch in Ägypten mit seinen reichen Hilfsquellen keine feindliche Flottenbasis oder sonstigen Widerstand mehr geben konnte, war Alexander im Rücken so gesichert, daß er seine Pläne im Osten, über deren Erfolg ja noch keine Gewißheit bestand, verfolgen konnte. Daß Dareios dadurch mehr Zeit für neue Rüstungen gewann, mußte demgegenüber von zweitrangiger Bedeutung sein. Auch war nicht zu befürchten, daß Dareios in so kurzer Zeit ein Heer sammeln konnte, um durch einen neuen Vorstoß nach Syrien Alexander in Ägypten von seinen rückwärtigen Verbindungen abzuschneiden. Vorsorglich hatte Alexander dennoch einen Teil seines Heeres bei Damaskos zurückgelassen.[33]

Dazu kamen andere, persönliche Motive. Ägypten galt den Griechen seit Herodot als eine Art Wunderland, über dessen großartige Bauten und eigenartige Sitten viel erzählt wurde. Eine genauere Kenntnis des Landes war aber nicht mehr zu gewinnen gewesen, seitdem Ägypten persisch geworden war und es keinen freien Verkehr mehr dorthin gab. Es war Alexanders Absicht, hier ebenso wie in den schon durchzogenen Ländern als Befreier von der persischen Herrschaft aufzutreten. Dazu lockte es ihn, die fremdartige Welt Ägyptens kennenzulernen. Sein geographisches Interesse, das ihn immer wieder zum Entdecker machte, tritt dabei erstmals hervor. Wahrscheinlich war auch der Besuch des Ammonorakels in der Oase Siwah von vornherein beabsichtigt.

Schon beim Eintreffen vor der ägyptischen Grenzfestung Pelusion wurde Alexander von der Bevölkerung als Befreier emp-

bemäntelt (Schachermeyr 220, 242) wird. Curt. 4, 6, 29 bemerkt zu dem Racheakt, den auch Fox 254 ohne Beschönigung für glaubhaft hält, daß hier erstmals Alexanders »Zorn in Raserei umschlug« (ira vertit in rabiem), vgl. Robinson 62 (»Alexander was not always the master of his temper«).

[33] Über die *Motive des Ägyptenzuges* wird verschieden geurteilt, vgl. Yorck v. Wartenburg, Übersicht 31 f.; Weltgeschichte in Umrissen, Berlin[24] 1921, 115 (kein militärisches Motiv, nur unnötige und gefährliche Abschweifung, die Dareios Gelegenheit geboten habe, Alexander den Rückweg abzuschneiden, was von Kraft 69 ff. mit Recht zurückgewiesen wird, da Dareios in der kurzen Zeit kein Heer aufbieten konnte und im übrigen makedonische Sicherungstruppen in Syrien zurückgeblieben waren). V. Ehrenberg, Alexander und Ägypten, Beihefte z. Alten Orient 7, 1926, 15 ff. = Polis und Imperium, Zürich 1965, 402 ff. (Abrundung des Herrschaftsgebiets). Bengtson 343 (Sicherung der Operationsbasis). Schachermeyr 233 ff. (Verhinderung eines unabhängigen ägyptischen Pharaonenreiches), dazu auch Schaefer III[2] 156. Hampl 31. Seibert 109 ff. In den Quellen findet sich wenig darüber. Nach Arr. 3, 1, 1 soll Ägypten »von vornherein« das Ziel Alexanders gewesen sein.

fangen. Die Perser hatten in Ägypten als Fremdherrscher gegolten, gegen die immer wieder erfolglose Aufstände unternommen wurden. Die Erinnerung an die letzte Erhebung, die erst zehn Jahre vorher von Artaxerxes III. Ochos niedergeschlagen worden war, war noch lebendig. Alexander zog durch die Wüste über Heliopolis sogleich zur Hauptstadt Memphis, wohin auch die Flotte durch das Nildelta fuhr. Hier übergab der Satrap Mazakes, der an die Stelle des bei Issos gefallenen Sabakes getreten war, die Regierungsgewalt im Lande förmlich an Alexander.

Seine Haltung gegenüber den Ägyptern gab Alexander vor allem dadurch zu erkennen, daß er ihre einheimische Tradition und Religion respektierte. Er opferte dem heiligen Apisstier, in bewußtem Gegensatz zu Kambyses, dem persischen Eroberer Ägyptens, der den Apis seiner Zeit getötet hatte. Daher betrachtete sich Alexander in Ägypten auch nicht als Nachfolger der Achaimeniden, sondern der alten Pharaonen, in deren Art und Tracht er sich darstellen ließ, nachdem er in Memphis zum Pharao gekrönt worden war. Noch deutlicher als schon in Karien tritt in Ägypten das Bestreben Alexanders hervor, an die einheimischen, nationalen Dynastien anzuknüpfen, um sich dadurch vor der Bevölkerung zu legitimieren. Zugleich vertrat er auch hier die griechische Kultur, indem er in Memphis athletische und musische Spiele abhielt.[34]

Von Memphis fuhr Alexander mit seiner Leibgarde und leichten Truppen auf dem westlichen Nilarm an die Küste bei Kanopos und zu dem Lagunensee Mareotis (Mariut). Hier gründete er auf der langgestreckten Landzunge zwischen Küste und Lagune, einem Kalksteinriff, dem die Insel Pharos vorgelagert war, die Hafenstadt Alexandreia (Anfang 331), die heute noch seinen Namen trägt. Sie entwickelte sich zu einem der größten Handelsplätze des Mittelmeers und zum kulturellen Mittelpunkt der hellenistischen, »alexandrinischen« Welt. Der Bauplan, den Alexander selbst in den Umrissen entwarf, wurde von dem Architekten Deinokrates von Rhodos im hippodamischen Stil

[34] *Pelusion, Memphis:* Arr. 3, 1, 1–3. Curt. 4, 7, 2–4 (Alexander zu Schiff, nicht mit dem Heer). *Erhebung unter Artaxerxes III.:* oben S. 8. *Mazakes, Sabakes:* Arr. 2, 11, 8. 3, 1, 2. Curt. 3, 11, 10. 4, 1, 28. 7, 4. Diod. 17, 34, 5. Berve II 245 f. nr. 485. 348 nr. 689. *Opfer für den Apisstier:* Arr. 3, 1, 4. *Alexander als Pharao:* Ps. Kallisth. 1, 34, 2. Wilcken 104. Weigall 261 f. Tarn 44. Bengtson 343. *Spiele in Memphis:* Arr. a. O. Ob Alexander eine Expedition zur Erforschung der Nilquellen entsandte (J. Partsch, Des Aristoteles Buch ›Über das Steigen des Nil‹, Abhandl. Sächs. Akad. d. Wiss. Phil.–hist. Kl. 27, 1909, 583 f.), ist fraglich, vgl. Schachermeyr 235, 256.

mit rechtwinkligen Straßenzügen ausgeführt. Die Lage der Stadt am Westrand des Nildeltas hatte den Vorteil, daß ihre beiden Seehäfen und die Lagune wegen der Weststromung an der Küste nicht versanden konnten. Welche besonderen Ziele Alexander mit der Gründung verfolgte, die wohl seine geschichtlich bedeutendste Tat in Ägypten war, läßt sich nur vermuten. Vielleicht sollte der neue Handelshafen die Nachfolge von Tyros antreten, jedenfalls aber dem Seeverkehr mit Makedonien und Griechenland dienen. Das Aussehen und die Verfassung der Stadt hatten griechischen Charakter, doch ordnete Alexander an, daß auch ein ägyptischer Isistempel errichtet werde. Wenn er der Stadt seinen eigenen Namen gab, so setzte er damit die Tradition Philipps fort, der ebenfalls schon Gründungen nach sich benannt hatte.[35]

Von der Küste des Nildeltas brach Alexander mit kleinem Gefolge zu seinem vielbeachteten Zug zur Oase Siwah auf, wo sich das Orakelheiligtum des Gottes Ammon befand. Es war wieder eines jener Unternehmen, zu denen ihn ein irrationales »Verlangen«, zugleich aber auch ein »unüberwindlicher Starrsinn« zu treiben schien. Es ist anzunehmen, daß dabei persönliche Gründe eine Rolle spielten. Vielleicht gehörte die Absicht, das Ammonorakel zu besuchen, schon zu den Motiven für Alexanders Zug nach Ägypten. Auf der Küstenstrecke zur Kyrenaika, die schon zum ägyptischen Reich der Pharaonen gehört hatte, gelangte die Kolonne nach Westen bis Paraitonion (Marsa Matruk), wo Gesandte der Kyrenaier Geschenke zum Zeichen der Unterwerfung überbrachten. Von hier aus wurde nach weiteren 300 Kilometern durch die wasserlose libysche Wüste in südwest-

---

[35] *Gründung von Alexandreia* (an der Stelle des Dorfes Rhakotis): Arr. 3, 1, 5–2, 2. Curt. 4, 8, 1–3. 6. Plut. Alex. 26, 3–10. Diod. 17, 52, 1–7. Iust. 11, 11, 13. Ps. Kallisth. 1, 32, 5–33, 13. W. Schubart, Ägypten von Alexander dem Großen bis auf Mohammed, Berlin 1922, 1 ff. E. Breccia, Alexandrea ad Aegyptum, Bergamo 1922. A. v. Gerkan, Griechische Städteanlagen, Berlin-Leipzig 1924, 67 ff. Wilcken 108 ff. E. M. Forster, Alexandria, A History and a Guide, New York 1961. C. B. Welles, The Discovery of Sarapis and the Foundation of Alexandria, Historia 11, 1962, 271 ff. (Gründungsdatum 25. Tybi = 7. April 331). E. Badian, Ancient Alexandria, in: Studies in Greek and Roman History, Oxford 1964, 179 ff. Bengtson 343 f. P. M. Fraser, Ptolemaic Alexandria I, Oxford 1972, 3 ff. (Gründung und Topographie). Seibert 112 f. Schachermeyr 239 ff. Im Gegensatz zu Arrian geben die anderen Quellen an, die Gründung sei erst nach Alexanders Rückkehr von der Ammonsoase (unten S. 90) erfolgt, was von den Neueren nur Welles a. O. für richtig hält. *Deinokrates:* Vitruv. 2, 1 p. 31, 4. Val. Max. 1, 4 ext. 1. Plin. nat. hist. 5, 62. Iul. Valer. 1, 25. Ps. Kallisth. 1, 31, 6. Berve II 130 nr. 249. Pagliaro 178. *Isistempel:* Arr. 3, 1, 5. *Tradition Philipps:* oben S. 31.

licher Richtung unter abenteuerlichen Schwierigkeiten die Oase Siwah erreicht.

Bei seiner Ankunft im Heiligtum wurde Alexander in Gegenwart seiner Begleiter vom ältesten Priester als Sohn des Ammon begrüßt, wie es ihm als neuem Pharao zukam. Von den Orakelfragen, die er darauf allein im Innern des Tempels stellte, erfuhr niemand etwas. Sie bezogen sich wohl vor allem auf die Zukunft und seine weiteren Pläne. Alexander erklärte nur, er freue sich über den Bescheid, den er bekommen habe. Seiner Mutter Olympias soll er geschrieben haben, er habe geheime Auskünfte erhalten, die er ihr unter vier Augen nach seiner Rückkehr mitteilen werde. Dabei könnte es sich nur um die Frage seiner göttlichen Herkunft handeln. Es kann als wahrscheinlich gelten, daß Alexander jedenfalls seit seinem Besuch des Ammonorakels den Glauben an seine Abkunft von Zeus-Ammon in sich trug, was er jedoch nur selten zu erkennen gab, so durch Anrufung Ammons in entscheidenden Situationen und durch den Wunsch, in der Oase Siwah einst beigesetzt zu werden.[36]

[36] *Zug zum Ammonorakel:* Arr. 3, 3, 1–4, 5. Curt. 4, 7, 5–32. Plut. Alex. 26, 11–27, 9. Diod. 17, 49, 2–51, 4. Iust. 11, 11, 2–12. Ps. Kallisth. 1, 30, 2–31, 1. Nach Milns 105 legte Alexander die Strecke von Alexandreia bis zur Oase Siwah in etwa 20 Tagen zurück. *»Verlangen«* (póthos): Arr. 3, 3, 1. vgl. oben S. 22. *»Starrsinn«:* Plut. 26, 14. *Gesandte der Kyrenaier:* Curt. 4, 7, 9. Diod. 17, 49, 2. Fox 269f. *Begrüßung als Sohn Ammons:* Curt. 4, 7, 25. Plut. Alex. 27, 5; mor. 180d. Diod. 17, 51, 1. Iust. 11, 11, 7. Schol. Lukian. dial. mort. 12, 1. *Alexanders Äußerung über den Bescheid:* Arr. 3, 4, 5. *Brief an Olympias:* Plut. Alex. 27, 8, vgl. Iust. 11, 11, 2–8. Tarn 672, 5 (gegen J. Kaerst, Zum Briefwechsel Alexanders des Großen, Philologus 56, 1897, 406ff., der die Echtheit des Briefes ohne ausreichende Gründe bezweifelte). Pearson, The Diary and Letters of Alexander the Great, Historia 3, 1955, 447 = Griffith 19 (»plausible enough«). *Anrufungen Ammons:* unten S. 96. 164, vgl. Dion Chrys. 64, 20 (»ertrug es nicht, Sohn Philipps genannt zu werden«). *Beisetzungswunsch:* Curt. 10, 5, 4. Iust. 12, 15, 7, vgl. unten S. 189. Angebliche Orakelfragen über die Weltherrschaft sowie über die Bestrafung der Mörder Philipps erwähnen Curt. 4, 7, 26–28. Plut. Alex. 27, 6. Diod. 17, 51, 2–3. Iust. 11, 11, 3–12. Demgegenüber verdient der knappe Bericht Arrians, der sogar die Begrüßung als Ammonssohn übergeht, den Vorzug. Von der umfangreichen Literatur zum Besuch des Ammonorakels, in der zum Teil auch weitgehende politische Absichten Alexanders oder andere Motive angenommen werden, sind hervorzuheben: G. Steindorff, Durch die Libysche Wüste zur Ammonsoase, Bielefeld-Leipzig 1904. Beloch III² 1, 641, 1. Ed. Meyer, Kl. Schr. I² 284ff. G. Radet, Le pèlerinage au sanctuaire d'Ammon, REA 28, 1926, 213ff.; La consultation de l'oracle d'Ammon par Alexandre, in: Mélanges Bidez II, 1934, 779ff. Kaerst I³ 384ff. Birt 141ff. Wilcken 111ff.; Alexanders Zug in die Oase Siwa, SB Berlin, 1928, 576ff.; Alexanders Zug zum Ammon, Ein Epilog, SB Berlin 1930, 159ff.; Zur Entstehung des hellenistischen Königskultes, SB Berlin 1938, 298ff. G. Pasquali, Alessandro all'oasi di Ammone e Callistene, Rivist. Filol. 7, 1929, 513ff.; Ancora Alessandro all'oasi di Ammone e Callistene, Rivist. Filol. 8, 1930,

Die Rückkehr von der Oase erfolgte auf dem südlichen Karawanenweg nach Memphis, wo Alexander die notwendigen Maßnahmen zur Verwaltung Ägyptens traf. Das Land wurde nicht
einem Satrapen unterstellt, sondern die Zivilverwaltung von
Ober- und Unterägypten je einem Ägypter mit einheimischer
Beamtenschaft übergeben, denen zwei makedonische Militärbefehlshaber mit dem Strategentitel zur Seite standen. Die Städte
Memphis und Pelusion erhielten Besatzungen. Die Leitung des
Finanz- und Steuerwesens wurde dem Griechen Kleomenes von
Naukratis anvertraut, der auch mit der Bauleitung von Alexandreia beauftragt wurde. An der Küste des Nildeltas war inzwischen auch Hegelochos mit seiner Flotte aus der Ägäis gelandet,
nachdem er die dortigen Inseln zurückgewonnen hatte.[37]

So war am Ende dieses Winters (332/31) die Besetzung Ägyptens und damit die Eroberung des Ostmittelmeerraums durch
Alexander abgeschlossen. In drei Jahren seit dem Beginn des
Feldzugs waren Erfolge erreicht worden, die Philipps frühere
Pläne und wohl auch Alexanders anfängliche Erwartungen übertrafen. Doch gerade daraus hatten sich für Alexander neue, weitere Ziele ergeben. Der Zug nach Ägypten, der wie eine Unterbrechung des Vordringens nach Osten und der Verfolgung des
Dareios erscheint, fügte sich dabei notwendig ein. Die Regelung
der inneren Verhältnisse in den eroberten Gebieten mit ihrer
unterschiedlichen Rechtsstellung und Verwaltung hatte zum Teil
wohl nur vorläufigen Charakter. Das werdende Alexanderreich
war noch kein fertiges Gebilde. Deutlich tritt jedoch das zunehmende Bestreben hervor, zuletzt in Ägypten, die einheimischen

342 ff. H. Lamer, Alexanders Zug in die Oase Siwa, Klio 24, 1931, 63 ff. C. F.
Lehmann-Haupt, Zu Alexanders Zug in die Oase Siwa, Klio 24, 1931, 169 ff.
R. Vallois, L'oracle libyen et Alexandre, REG 44, 1931, 121 ff. Berve I 94 ff.;
Gnomon 5, 1929, 370 ff.; Klio 31, 1938, 141 ff. = Griffith 109 ff. Tarn 670 ff.
Mederer 37 ff. F. Oertel, Zur Ammonssohnschaft Alexanders, Rhein. Mus. 89,
1940, 66 ff. Weigall 271 ff. A. Gitti, Alessandro Magno all'oasi di Siwah, Bari 1951.
Cloché 39 ff. F. Taeger, Charisma I, Stuttgart 1957, 191 ff. C. J. Classen, The
Libyan God Ammon in Greece before 331 B. C., Historia 8, 1959, 349 ff. F. Altheim-Ruth Stiehl, Geschichte Mittelasiens im Altertum, Berlin 1970, 222 ff. Kraft
43 ff. 92 ff. Seibert 116 ff. Wirth 25.126 Schachermeyr 242 ff. Fox 263 ff. 711 ff.
[37] *Rückweg von der Ammonsoase:* Arr. 3, 4, 5 (nach Ptolemaios, während nach
Aristobul der Hin- und Rückweg der gleiche gewesen sei). Curt. 4, 8, 1 (Version
Aristobuls). *Verwaltung und Besatzungen:* Arr. 3, 5, 1–7. Curt. 4, 8, 4–5. Diod. 17,
52, 7. Berve I 259 f. Ehrenberg, Alexander u. Ägypten 42 ff. *Kleomenes:* Arr. 3, 5, 4.
Curt. 4, 8, 5. Berve II 210 ff. nr. 431. B. A. v. Groningen, De Cleomene Naucratita,
Mnemosyne 53, 1925, 101 ff. Seibert 125 f. Schachermeyr, Alex. u. d. unterworf.
Nationen 59. *Flotte des Hegelochos:* Arr. 3, 2, 3–7. Curt. 4, 8, 12–16, vgl. oben
S. 72. Schaefer III² 173 f. 182 ff.

Kräfte stärker heranzuziehen und ihre einheimischen Traditionen zu berücksichtigen. Die Stellung Alexanders selbst, der jetzt auch Pharao war, wurde dadurch immer vielseitiger. Je weiter sich Alexander von Makedonien entfernte, umso mehr mußten die neuen Verhältnisse auf ihn einwirken. Nach seinem Aufenthalt in Ägypten, der nur wenige Monate gedauert hatte, brach er ohne weiteren Verzug von dort auf (Frühjahr 331).

Von Ägypten wandte sich Alexander über Syrien nach Osten, um das Zentrum des Perserreiches anzugreifen. In der entscheidenden Schlacht bei Gaugamela am Tigris (1. Oktober 331) schlug er Dareios, so daß er ganz Mesopotamien besetzen und in Babylon, der alten Metropole des Orients, einziehen konnte (November 331). Von hier aus gewann er die persische Hauptresidenz Susa mit den Königsschätzen (Dezember 331). Nach Überwindung des Widerstands in der Persis konnten auch Persepolis und Pasargadai sowie Ekbatana und Medien besetzt werden (Frühjahr 330).

1. Entscheidungsschlacht am Tigris

Von Ägypten zog Alexander auf dem gleichen Wege, wie er gekommen war, wieder nach Tyros, wo auch die Flotte eintraf (Frühjahr 331). Hier wurde vor dem Vormarsch nach Osten nochmals Aufenthalt genommen. Nach der Darbringung eines Weihgeschenks für Herakles fanden athletische und musische Agone statt, bei denen vor allem die kyprischen Stadtfürsten und athenische Schauspieler mitwirkten. Alexander beachtete ihr Auftreten mit lebhaftem Interesse. Durch den besonderen Glanz dieser Festspiele sollte zum Ausdruck gebracht werden, daß ein bedeutendes Ziel des Feldzugs erreicht war und daß nun ein neues Vorhaben begann.

Auch die Besetzung mehrerer hoher Verwaltungsstellen und andere Fragen wurden von Tyros aus geregelt. Ähnlich wie in Ägypten übertrug Alexander die Leitung des Finanz- und Steuerwesens auch für Kleinasien westlich des Tauros einem besonderen Beamten, dem Makedonen Philoxenos, der in Sardes residierte und den Satrapen dieses Gebiets in seinen Befugnissen übergeordnet war. Die gleiche Stellung erhielt der Makedone Koiranos für Kilikien, Syrien und Phönikien. Harpalos, ein Jugendfreund Alexanders, der schon früher die Kriegskasse verwaltet hatte, dann aus ungeklärten Gründen nach Griechenland entwichen war und jetzt zurückkehrte, wurde aufs neue zum Schatzmeister berufen. Die Flotte unter dem Befehl des Amphoteros erhielt den Auftrag, die Küsten des Peloponnes gegen die Spartaner zu sichern, die unter König Agis den Abfall von Makedonien betrieben. Die Athener hatten ihr Staatsschiff Paralos nach Tyros entsandt und baten wiederholt um Freilassung ihrer Gefangenen vom Granikos, was ihnen gewährt wurde. Aus Kleinasien waren günstige Nachrichten eingetroffen. Dort hatte Antigonos, der Satrap Phrygiens, die aus der Schlacht bei Issos über den Tauros entkommenen persischen Heerführer mit ihren Verbänden mehrmals geschlagen und auch Lykaonien, das Gebiet zwischen Phrygien und Kappadokien, unterworfen, so daß die Königsstraße, die Hauptstrecke für die Verbindung mit Makedonien, gesichert war. Antigonos, der diese Nachschublinie weiterhin offen hielt, erwies sich damit als einer der bedeutendsten Heerführer Alexanders in der Etappe.[1]

Als Alexander von Tyros zum Vormarsch an den Euphrat aufbrach (Mai 331), verließ er die phönikische Küstenstraße und wandte sich landeinwärts, um über die Hochebene zwischen dem Libanon und dem Antilibanon durch Syrien nach Norden und dann nach Osten zu gelangen. Der Zug war durch verschiedene Anordnungen Alexanders vorbereitet worden. Der für dieses Gebiet eingesetzte Satrap Arimmas hatte den Auftrag erhalten, an der Durchzugsstrecke ausreichende Lebensmittelvorräte bereitzustellen. Da er sich dabei als unfähig erwies, so daß Schwierigkeiten beim Marsch entstanden, wurde er von Alexander seiner Stellung enthoben, der erste Fall dieser Art. Parmenion, der in Damaskos die Aufsicht über Koilesyrien (Nordsyrien) führte, war beauftragt worden, bei Thapsakos, wo sich seit alter Zeit eine Übergangsstelle über den Euphrat befand, zwei Brücken zu schlagen. Sie blieben aber unfertig, da Mazaios, der persische Satrap Mesopotamiens, das Ostufer des Euphrat in dieser Gegend besetzt hielt. Als er vom Herannahen Alexanders hörte, räumte er jedoch seine Stellung und zog sich nach Osten zurück, wonach der Brückenbau vollendet wurde. Alexander konnte nach seiner Ankunft in Thapsakos den Euphrat ungehindert überschreiten (Juli 331).[2]

[1] *Aufenthalt in Tyros:* Arr. 3, 6, 1–3. Diod. 17, 52, 7. Plut. Alex. 29, 1–6. *Philoxenos, Koiranos:* Arr. 3, 6, 4. Berve II 219 nr. 441. 389f. nr. 793. *Harpalos:* Arr. 3, 6, 4–7. Berve II 75ff. nr. 143. Schaefer III² 304ff. *Amphoteros:* Arr. 3, 6, 3. Curt. 4, 8, 15. Berve II 32f. nr. 68. *Agis und die Spartaner:* Aischin. 3, 165. Deinarch. 1, 34. Iust. 12, 1, 6–7. Berve II 8f. nr. 15. Schaefer III² 201f., vgl. unten S. 100. *Athenische Gefangene:* Arr. 3, 6, 2. Curt. 4, 8, 12. *Antigonos:* Curt. 4, 1, 35. 5, 13. Berve II 42ff. nr. 87. Tarn 321ff.

[2] *Zug zum Euphrat:* Arr. 3, 6, 4. Curt. 4, 9, 12. Schachermeyr 265ff. *Arimmas:* Arr. 3, 6, 8. Berve II 60 nr. 114. Altheim, Weltgeschichte Asiens I 122f. *Parmenion*

Dareios hatte seit seiner Niederlage bei Issos und der Ablehnung seines Angebots an Alexander genügend Zeit gehabt, ein neues starkes Heer aus den östlichen Satrapien zusammenzustellen, das bei Babylon gesammelt wurde. Sein strategischer Plan ging darauf aus, anders als bei Issos die zahlenmäßige Überlegenheit der Perser dadurch zur Geltung zu bringen, daß Alexander in der weiten Ebene des Tigris zur Schlacht gezwungen werden sollte. Deshalb hatte Mazaios bei Thapsakos nur die Aufgabe, die Annäherung des Feindes zu beobachten, nicht aber seinen Übergang über den Euphrat zu verhindern. Dareios selbst zog mit dem Heer von Babylon nach Norden und schlug bei Arbela (Erbil) östlich des oberen Tigris ein Lager. Von hier aus konnte er in der Ebene zwischen Tigris und Zab, die ihm als Schlachtfeld geeignet erschien, das Heer aufstellen.

Alexander, der das Vorhaben des Dareios noch nicht kannte und daher als Ziel des weiteren Vormarschs nur Babylon, das Zentrum Mesopotamiens, ins Auge faßte, wandte sich dennoch von Thapsakos nicht den Euphrat abwärts in gerader Richtung dorthin, sondern bog nach Nordosten aus, um auf der Karawanenstraße über Harran und Nisibis die 500 Kilometer breite nordmesopotamische Steppe zu überqueren. Auf dieser Strecke am Randgebirge Armeniens war die Verpflegung des Heeres leichter und die Hitze des Sommers beim Marsch erträglicher. Ohne Widerstand wurde der reißende Tigris in einer Furt durchschritten, kurz vor einer Mondfinsternis (20. September 331), die Alexander dazu veranlaßte, Opfer für den Mond, die Sonne und die Erde darzubringen. Von dem maßgebenden Seher und Zeichendeuter Aristander von Telmessos wurde sie als gutes Vorzeichen für den Ausgang einer bevorstehenden Schlacht gedeutet. Nun wurde auch gemeldet, daß das persische Heer wenige Tagemärsche weiter südlich, in der Ebene bei Gaugamela an der Königsstraße, zum Kampf bereitstehe. Alexander, der sich über die entscheidende Bedeutung des Kampfes klar war, ließ sogleich ein befestigtes Lager schlagen.[3]

Das Schlachtfeld bei Gaugamela (Tell Gomel), 35 Kilometer

und die Euphratbrücken: Arr. 3, 7, 1. Curt. 4, 1, 4. 9, 12, dazu Tarn 48. *Mazaios, Überschreitung des Euphrat:* Arr. 3, 7, 1–2. Curt. 4, 9, 7–8. 12. Diod. 17, 55, 1. Berve II 243 ff. nr. 484.

[3] *Heer des Dareios bei Babylon:* Curt. 4, 9, 1–6. Diod. 17, 53, 1–3. *Lager bei Arbela:* Arr. 3, 8, 7. Curt. 4, 9, 9–10. Diod. 17, 53, 4. *Marsch Alexanders durch Nordmesopotamien, Überschreitung des Tigris:* Arr. 3, 7, 3–5. Curt. 4, 9, 13–25. Diod. 17, 55, 3–5. Schachermeyr 265 ff. Fox 302 f. *Mondfinsternis:* Arr. 3, 7, 6. Curt. 4, 10, 2–7. Plut. Alex. 31, 8. Beloch III^2 2, 315 ff. *Aristander:* Arr. Plut. a.O.

nordöstlich der Ruinenstätte von Ninive (Mosul), war von Dareios noch besonders geebnet worden, damit der Angriff seiner Reiter und Streitwagen nicht behindert werde. Die Front des persischen Heeres wurde von der Reiterei gebildet. Auf dem linken Flügel, der von Bessos befehligt wurde, dem Satrapen von Baktrien und Sogdiane, einem Verwandten des Königs, standen die Baktrer, Sogder und gepanzerten Saken, in der Mitte die Perser, rechts unter dem Befehl des Mazaios die Meder, Armenier, Kappadoker, Parther und andere. Dareios selbst hielt sich wie bei Issos hinter dem Zentrum, umgeben von seiner Garde der persischen Speerträger und von griechischen Söldnern. Das übrige Fußvolk, nach Völkerschaften geordnet, bildete das Hintertreffen, zu dem auch indische Kriegselefanten gehörten.[4]

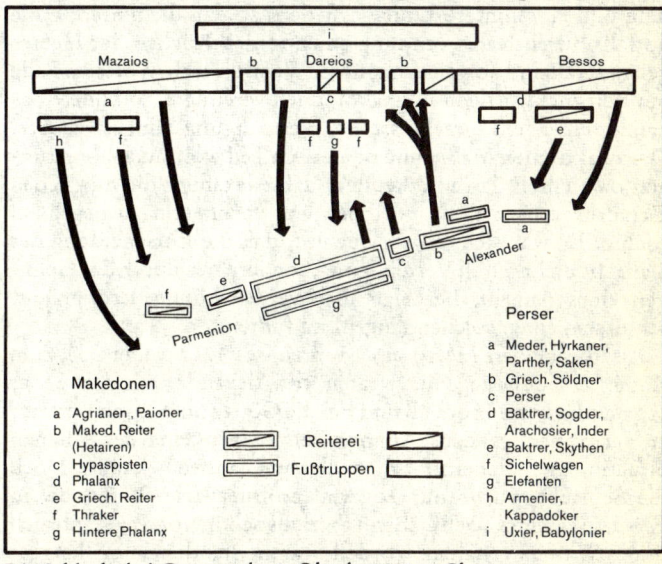

Die Schlacht bei Gaugamela, 1. Oktober 331 v. Chr.

Berve II 62f. nr. 117. Ch. A. Robinson Jr., The Seer Aristander, A J Ph 50, 1929, 195ff. *Lager:* Arr. 3, 9, 1. Curt. 4, 12, 2. Diod. 17, 55, 6.
[4] *Schlachtfeld von Gaugamela:* Arr. 3, 8, 6–7. Streck, Gaugamela, RE 7, 1912, 861ff. A. Stein, Notes on Alexander's Crossing on the Tigris and the Battle of Gaugamela, Geogr. Journ. 100, 1942, 155ff. E. W. Marsden, The Campaign of Gaugamela, Liverpool 1964, 18ff. Seibert 129f. Schachermeyr 270, 311. *Aufstellung der Perser:* Arr. 3, 8, 3–6. 11, 3–7 (nach dem schriftlichen Plan der persischen Schlachtordnung, der nach Aristobul FGrH II 139 F 17 später erbeutet wurde, vgl. Jacoby, FGrH II C p. 513 zur Echtheit des Dokuments). Curt. 4, 12, 5–13. Tarn 427ff. Die Stärke des Perserheeres, die in den Quellen meist übertrieben wird

In der Schlachtreihe der Makedonen bildete die Phalanx der Sarissenträger, wie immer, die Mitte. Die Hetairenreiter unter Kleitos und Philotas standen auf dem rechten Flügel, den Alexander selbst führte. Zwischen dieser Reiterei und der Phalanx des schweren Fußvolks waren die beweglicheren Hypaspisten eingeordnet. Den linken Flügel mit den thessalischen und anderen griechischen Reitern befehligte Parmenion. Da die makedonische Linie bei weitem nicht die Ausdehnung des persischen Heeres erreichte und daher auf beiden Seiten umfaßt werden konnte, stellte Alexander hinter den Flügeln tiefgestaffelte Abteilungen von leichtbewaffneten Reitern und Fußtruppen auf, die je nach Erfordernis der Lage vorwärts oder rückwärts einschwenken konnten. Außerdem wurde die Phalanx in eine vordere und eine hintere Linie gegliedert, so daß die hintere Linie notfalls durch Kehrtwendung einen in den Rücken des Heeres gelangten Feind abwehren konnte. Wenn sie sich in diesem Falle mit den rückwärtigen Flügelkolonnen vereinigte, so bildete das ganze Heer ein geschlossenes, verteidigungsfähiges Karree. Diese taktischen Maßnahmen, die zum Teil wohl auch Neuerungen darstellten, lassen erkennen, daß Alexander die möglichen Gefahren ernst nahm und ihnen von vornherein zu begegnen suchte. Er war sich jedoch bewußt, daß die Entscheidung der Schlacht nicht durch Verteidigung, sondern nur durch das Gelingen eines Angriffs herbeigeführt werden könne. Er war entschlossen, einen solchen Angriff zu führen.

Als die beiden Heere am Morgen des 1. Oktober 331 zum Kampf einander gegenübertraten, ritt Alexander mit dem Seher Aristander seine Front ab und rief die Götter um Sieg an, so wahr er der Sohn des Zeus Ammon sei. Es war eine der seltenen Situationen, in denen er sich zu diesem Glauben bekannte. Doch die Schlacht wurde nur zögernd eröffnet. Die Perser, die in Erwartung eines nächtlichen Überfalls schon vor Tagesanbruch unter Waffen gehalten worden waren, standen in so langgestreckten Linien, daß der heranrückende rechte Flügel der Makedonen sich dem persischen Zentrum mit den Sichelwagen gegenübersah. Es scheint, daß Alexander dadurch veranlaßt wurde, nicht sofort anzugreifen, sondern durch eine improvisierte Bewegung einen günstigeren Angriffspunkt zu finden. Er verlän-

(1 000 000 Mann Fußvolk, 40 000 Reiter nach Arr. 3, 8, 6, ähnlich Plut. Alex. 31, 1; mor. 180 c, 200 000 bzw. 45 000 nach Curt. 4, 12, 13), schätzt Schachermeyr 269 auf 200 000 Mann Fußvolk und 45 000 Reiter (nach Curt. a. O), vgl. auch Beloch III² 1, 643, 1.

gerte und verdünnte seinen rechten Flügel, indem er mit der Reiterei langsam bis an den Rand des geebneten Schlachtfelds schwenkte. Dareios, der diese Bewegung verfolgte und einen Seitenangriff der Makedonen befürchtete, reagierte darauf so, daß er seine Reiterei auf dieser Seite ebenfalls abschwenken ließ und zur Umfassung des Gegners ansetzte. Während Alexander diesen persischen Reiterangriff durch seine Flankendeckung abfangen ließ, stieß er selbst mit seiner eigenen Reiterei in Keilformation plötzlich gegen eine Lücke vor, die in der Front der Perser infolge der Umgruppierung der Reiter entstanden war. Möglicherweise hatte Alexander bei seinem Ausweichmanöver einen solchen Vorstoß schon beabsichtigt und dabei das Risiko der Schwächung der eigenen Linie sowie der Umfassung auf sich genommen.

Alexander richtete seinen Angriffskeil wie bei Issos auf das gegnerische Zentrum, wo der Königswagen des Dareios stand. Da die Perser inzwischen auf breiter Front vorgingen und ebenfalls in die Frontlücken des Gegners eindrangen, kam jetzt alles darauf an, wo sich zuerst eine entscheidende Wendung ergab. Es war wiederum bei Dareios selbst, der angesichts der sich herankämpfenden Reiter Alexanders die Flucht ergriff und die Schlacht verloren gab, bevor sie verloren war. Zu gleicher Zeit hatte sich nämlich der rechte Flügel der Perser durchgesetzt und bereits das makedonische Lager hinter dem Schlachtfeld erreicht, das geplündert wurde. Man hat mit Recht bemerkt, daß Dareios, wenn er mit seiner Reiterei vorgegangen wäre und die schon aufgesplitterten Verbände der Makedonen bekämpft hätte, die Schlacht gewinnen mußte. Alexander, den bei der Verfolgung des Dareios eine Meldung Parmenions mit der Bitte um sofortige Hilfe erreichte, kehrte um und stellte nach hartem Kampf die Lage wieder her, worauf sich das führungslos gewordene persische Heer auflöste. Die Makedonen hatten damit auf der ganzen Linie gesiegt.[5]

[5] *Aufstellung der Makedonen:* Arr. 3, 11, 8–12, 5. Curt. 4, 13, 26–35. Diod. 17, 57, 1–6. Front. 2, 3, 19. A. v. Domaszewski, Die Phalangen Alexanders u. Caesars Legionen, Heidelberg 1926, 68 ff. Die makedonische Heeresstärke betrug 40000 Mann Fußvolk und 7000 Reiter nach Arr. 3, 12, 5, was Tarn 50 als glaubhaft ansieht, vgl. auch Beloch III² 2, 333 ff. *Schlachtverlauf:* Arr. 3, 14, 1–15, 6. Curt. 4, 15, 1–16, 7. Plut. Alex. 33, 2–11. Diod. 17, 58, 1–61, 3. Iust. 11, 14, 1–2. W. Rüstow-H. Köchly, Geschichte des griechischen Kriegswesens von den ältesten Zeiten bis auf Pyrrhos, Aarau 1852, 282 ff. Delbrück 207 ff. F. Hackmann, Die Schlacht bei Gaugamela, Diss. Halle 1902. Beloch III² 1, 643 ff. W. Judeich, Gaugamela, in: J. Kromayer-G. Veith, Antike Schlachtfelder IV, 372 ff.; Schlach-

Alexander schätzte die Bedeutung des Sieges von Gaugamela so hoch ein, daß er sich nach der Schlacht vom Heer als »König von Asien« ausrufen ließ. Dieser Titel, mit dem ganz Asien im Sinne des Perserreichs gemeint war, enthielt den Anspruch auf die Rechtsnachfolge des Dareios. Alexander betrachtete sich von nun an als rechtmäßigen Beherrscher des Perserreiches. Daß es ihm wiederum nicht gelungen war, der Person des flüchtigen Dareios habhaft zu werden, beeinträchtigte freilich diesen Anspruch. Alexander war sich dessen bewußt, da er Parmenion den Vorwurf machte, er habe ihn durch seinen Hilferuf während der Schlacht, wodurch er die Verfolgung des Dareios abbrechen mußte, um den eigentlichen Siegespreis gebracht, die Gefangennahme des Dareios. Dieser war mit mehreren intakten Truppenverbänden, seiner Garde, der Reiterei des Bessos und griechischen Söldnern, über Arbela und das kurdische Gebirge ostwärts nach Medien entkommen. Er erreichte die medische Residenz Ekbatana und wurde im iranischen Hochland weiterhin als rechtmäßiger König anerkannt. Aus seiner Sicht kam der Schlacht bei Gaugamela noch keine entscheidende Bedeutung zu, obwohl er den Westen des Reiches verloren geben mußte.[6]

2. Einzug in Babylon

Ähnlich wie nach der Schlacht bei Issos ließ sich Alexander auch jetzt nicht zu einer weiteren Verfolgung des Dareios hinreißen.

ten-Atlas, Griech. Abt. Blatt 7, 3–5. Mederer 24 ff. Glotz-Cohen 98 ff. G. T. Griffith, Alexander's Generalship at Gaugamela, JHS 67, 1947, 77 ff. A. R. Burn 109 ff.; Notes on Alexander's Campaigns, 332–330, JHS 72, 1952, 81 ff.; The Generalship of Alexander, Greece and Rome 12, 1965, 150 ff. Tarn 425 ff. Marsden 40 ff. Schachermeyr 271 ff. Fox 313 ff., vgl. auch B. I. Wheeler 380. Milns 110 ff. A. M. Devine, Grand Tactics at Gaugamela, Phoenix 29, 1975, 374 ff. (»everything he did was carefully planned in advance«, 383). Angaben über Verlustzahlen der Makedonen finden sich bei Arr. 3, 15, 2. 6. Curt. 4, 16, 26 (300 Mann). Diod. 17, 63, 3 (500), vgl. dazu Schachermeyr 275, 321 a. Die Verluste der Perser beziffert Curt. 4, 16, 26 auf 40 000 Mann.

[6] *»König von Asien«* (basileus tes Asias): Plut. Alex. 34, 1, vgl. Iust. 11, 14, 6. Ob eine Ausrufung dieses Titels als staatsrechtlicher Akt durch die makedonische Heeresversammlung erfolgte (Wilcken 127; SB Berlin 1922, 16, 110 ff. Lehmann-Haupt, Klio 24, 1931, 181 ff. Granier 31 f. Pagliaro 187 ff. 197 f. Schachermeyr 277 ff. Wirth 29) oder nicht (H. Berve, Die Verschmelzungspolitik Alexanders des Großen, Klio 31, 1938, 145. Bengtson 346), ist umstritten, vgl. auch F. Altheim-R. Stiehl, Geschichte Mittelasiens im Altertum, Berlin 1970, 195 ff. (keine Annahme des Titels). *Vorwurf Alexanders an Parmenion:* Curt. 4, 15, 6–8. 16, 3. Plut. Alex. 32, 7–8. 33, 9–11, dazu Hamilton, Comm. Diod. 17, 60, 7. Polyain. 4, 3, 6.

Sein nächstes Ziel war die Besetzung Mesopotamiens, von wo ihm der Zugang nach Susa möglich war, der Hauptresidenz der Perserkönige. Für den Kampf um die Rechtmäßigkeit der Herrschaft war der Besitz dieser Gebiete unerläßlich. Alexander brach daher ohne Zögern von dem seuchengefährdeten Gaugamela und Arbela auf. Er zog nach Süden durch die Tigrisebene und gelangte ohne Widerstand in die Nähe Babylons am Euphrat, wohin Mazaios, der Satrap Mesopotamiens, nach der Schlacht bei Gaugamela geflohen war. Das makedonische Heer wurde vor der Stadt kampfbereit formiert, doch erwies sich diese Vorsichtsmaßnahme als unnötig, da Mazaios und die babylonischen Würdenträger sogleich Alexander entgegenkamen, um ihn anzuerkennen und ihm die Stadt zu übergeben.

Der Einzug Alexanders in Babylon, der Metropole des Orients, war ein triumphales Ereignis (November 331). Durch das Ischtartor ging der Zug über die Prozessionsstraße zur Königsburg, in Weihrauchwolken, unter dem Gesang der Chaldäer und dem Jubel der Massen, vorbei an den »hängenden Gärten« und dem »Turm zu Babel«. Es war wohl einer der größten Eindrücke in Alexanders Leben. Babylon hat ihn zum Herrscher des Orients gemacht. Hier drängte sich ihm zugleich der altbabylonische Gedanke der »Herrschaft über die vier Weltteile« auf, der Weltherrschaft. Er opferte nach einheimischer Königssitte dem höchsten Gott Babylons, Marduk, womit er die Tradition des babylonischen Königtums erneuerte. Den Perser Mazaios beließ er in seiner Stellung als Satrapen mit dem Recht der eigenen Münzprägung, doch wurde ihm eine makedonische Besatzungstruppe beigegeben. Auch die Steuerverwaltung wurde einem Makedonen unterstellt. Über einen Monat hielt sich Alexander in Babylon auf, wobei er sein Heer, wie berichtet wird, mehr als in jeder anderen Stadt der »Sittenverderbnis« aussetzte.[7]

Berve II 303. *Flucht des Dareios:* Arr. 3, 15, 5. 16, 1–2. Curt. 4, 16, 8–9. Diod. 17, 64, 1.

[7] *Zug durch Mesopotamien:* Arr. 3, 16, 3. Curt. 5, 1, 11–16. *Mazaios, Übergabe Babylons:* Arr. 3, 16, 4. Curt. 5, 1, 17–18. Plut. Alex. 35, 1. Diod. 17, 64, 3. Berve II 243 ff. nr. 484. *Einzug und Aufenthalt in Babylon:* Arr. 3, 16, 3. Curt. 5, 1, 19–42 (nach Schachermeyr 280, 325 »ein Meisterstück kleitarchischer Darstellungskunst, zweifellos aus Soldatenerinnerungen«). Diod. 17, 64, 4. Snyder 120 ff. Seibert 131 f. F. Schachermeyr, Alexander in Babylon und die Reichsordnung nach seinem Tode, SB Wien 268, 1970, 49 ff. Fox 329 ff., vgl. über Babylon auch R. Koldewey, Das wiedererstehende Babylon, Leipzig⁴ 1925. F. Wetzel-E. Schmidt-A. Mallwitz, Das Babylon der Spätzeit, Berlin 1957. E. Unger, Babylon, Berlin-Leipzig 1931. Nach Curt. 5, 1, 36 hielt sich Alexander in Babylon »länger als anderswo« auf, nämlich 34 Tage (Curt. 5, 1, 39. Iust. 11, 14, 8, »mehr als 30 Tage« nach Diod.

Durch die Besitznahme Babylons konnte die Eroberung Mesopotamiens als abgeschlossen gelten, da sich im südlichen Babylonien bis zum Mündungsgebiet des Euphrat und des Tigris kein Widerstand mehr erhob. So wandte sich Alexander beim Aufbruch von Babylon, das ihm später zum Schicksal werden sollte, sogleich nach Osten und durchquerte die Ebene zwischen den beiden Strömen sowie die reiche Landschaft Sittakene östlich des Tigris, um das Bergland von Elam zu erreichen, wo die Residenz Susa lag. Die hohe Marschgeschwindigkeit von täglich 25 bis 30 Kilometern und die Abhaltung militärischer Übungen nach Art agonaler Wettbewerbe bei einem Aufenthalt in Sittakene lassen erkennen, daß Alexander das Heer aufs neue zu disziplinieren suchte. Auch organisatorische Veränderungen wurden durchgeführt, indem beim Fußvolk die Stärke der Chiliarchie erhöht, bei den Reitern die Ile in zwei selbständige Abteilungen gegliedert und bei der Auswahl der Anführer das landsmannschaftliche Prinzip aufgegeben und durch Auslese nach der Bewährung ersetzt wurde. Den Anlaß dazu bildete wohl das Eintreffen größerer Nachschubverbände, die von Amyntas aus Makedonien und Griechenland herangeführt worden waren.[8]

Um diese Zeit erhielt Alexander auch die Nachricht von der Erhebung Spartas und seiner Niederwerfung durch Antipater. Die Spartaner, die dem Korinthischen Bund nie beigetreten waren, hatten sich seit langem der Hegemonie der Makedonen in Griechenland widersetzt. König Agis III. von Sparta gewann griechische Söldner, die bei Issos auf persischer Seite gekämpft hatten, für sich, übernahm die Reste der persischen Flotte aus der Ägäis und brachte zahlreiche Städte auf Kreta auf seine Seite. Im Peloponnes schlug er eine makedonische Truppe unter Korrhagos, worauf sich auch Elis, Achaia und Teile Arkadiens den Spartanern anschlossen, während sich Athen auf Anraten des Demosthenes zurückhaltend verhielt. Als Agis jedoch Megalopolis in Arkadien zu belagern begann, rückte Antipater mit einem überlegenen Heer aus Makedonien heran. Die Spartaner

17, 64, 4). *Babylonischer Weltherrschaftsgedanke:* Wilcken 129f. Schachermeyr 282. *Opfer für Marduk:* Arr. 3, 16, 5 (Belos). *Verwaltung und Besatzung:* Arr. 3, 16, 4. Curt. 5, 1, 43–45. Diod. 17, 64, 5. *»Sittenverderbnis«:* Curt. 5, 1, 36.

    [8] *Sittakene:* Curt. 5, 2, 1–7. Diod. 17, 65, 2–4. *Heeresreformen:* Arr. 3, 16, 11. Curt. 5, 2, 3. Wilcken 132. G. Wirth, Alexander zwischen Gaugamela und Persepolis, Historia 20, 1971, 625ff. Schachermeyr 284f. *Nachschubverbände unter Amyntas:* Arr. 3, 16, 10. Curt. 5, 1, 40–42. Diod. 17, 65, 1. Berve II 26ff. nr. 57. R. D. Milns, Alexander's Seventh Phalanx Battalion, Greek, Roman and Byz. Stud. 7, 1966, 159ff. (Aufstellung einer 7. Taxis zu den bestehenden 6 Taxeis).

wurden in der Schlacht bei Megalopolis, in der Agis fiel, geschlagen (Herbst 331) und darauf wohl zum Beitritt in den Korinthischen Bund gezwungen. Alexander, der auf weitere Maßnahmen gegen Sparta verzichtete, bezeichnete diese Ereignisse, die ihm berichtet wurden, als »Mäusekrieg«. Die Äußerung läßt erkennen, wie weit er mit der zunehmenden räumlichen Entfernung auch innerlich Abstand von den Verhältnissen in Griechenland genommen hatte.[9]

3. Gewinnung der persischen Hauptresidenz Susa

Schon nach der Schlacht bei Gaugamela hatte Alexander eine Vorausabteilung unter Philoxenos nach Susa entsandt, um die Übergabe der Stadt und ihrer Schätze zu sichern. Sie erfolgte ohne Schwierigkeit. Der Satrap Abulites schickte seinen Sohn Oxathres dem herannahenden Alexander entgegen, um ihm seine Ergebenheit zu erklären. Susa, die alte Hauptstadt von Elam, war der eigentliche persische Regierungssitz. Zahlreiche griechische Gesandtschaften waren in der Vergangenheit dorthin gereist, um mit den Perserkönigen zu verhandeln. Mit der Besetzung von Susa gewann Alexander das politische Zentrum des Perserreiches (Dezember 331). Um die Bedeutung dieses Erfolges hervorzuheben, nahm er demonstrativ auf dem Thron der Achaimeniden Platz, ließ Opfer darbringen und agonale Spiele durchführen. Doch auch den Gedanken des griechisch-makedonischen Bundesfeldzugs betonte er nochmals. Die Bronzestatuen der athenischen Tyrannenmörder Harmodios und Aristogeiton, die Xer-

[9] *Erhebung Spartas unter Agis III.:* Von Arrian nicht erwähnt. Curt. 4, 1, 38–40. 6, 1–21. 8, 15. Diod. 17, 48, 1–2. 62, 6–63, 4. Iust. 12, 1, 4–11. Aischin. 3, 165. Deinarch. 1, 34. Schaefer III[2] 201 ff. 212 ff. Beloch III[2] 1, 645 ff. Berve II 8 f. nr. 15. Tarn 55 f. E. Badian, Agis III., Hermes 95, 1967, 170 ff. Wirth, Historia 20, 1971, 617 ff., vgl. auch oben S. 93. *Korrhagos:* Aischin. 3, 165. Berve II 219 f. nr. 444. *Haltung Athens:* Aischin. 3, 166–167. Deinarch. 1, 34–36. Ps. Demosth. 17. Diod. 17, 62, 7. Plut. Demosth. 24, 1. Schaefer III[2] 201 ff. Berve II 137. *Schlacht bei Megalopolis:* Curt. 6, 1, 1–16. Diod. 17, 63, 1–4. 73, 5. Iust. 12, 1, 9–11. *Tod des Agis im Kampf:* Curt. 6, 1, 3–5. 13–15. Diod. 17, 63, 4. Plut. Agis 3, 3. Iust. 12, 1, 10–11. *Datierung:* Niese I 497 ff. Beloch III[2] 2, 317 f. Die Verluste betrugen nach Curt. 6, 1, 16 bei den Spartanern 5300 Mann, bei den Makedonen 1000. Die Festsetzung der Friedensbedingungen überließ Antipater dem Korinthischen Bund, worauf sie dieser auf Alexander abschob, der sich mit der Stellung von 50 spartanischen Geiseln begnügte (Curt. 6, 1, 17–20. Diod. 17, 73, 5–6. Aischin. 3, 133). *Bundesbeitritt Spartas:* Berve I 245. Tarn 56. *»Mäusekrieg«:* Plut. Agesil. 15, 6 (myomachia).

xes einst aus Athen entführt hatte und nach Susa verbringen ließ, wurden hier vorgefunden. Alexander ließ sie in der Folgezeit nach Athen zurückschicken, wo sie aufs neue Aufstellung fanden. Für die Verwaltung der Satrapie Susiane wurde der Perser Abulites in seiner Stellung bestätigt und ihm ein makedonischer Stratege beigegeben.[10]

Die materielle Hauptbeute Alexanders in Susa war der große persische Königsschatz, der dort lagerte und dem Eroberer unversehrt zufiel. Er bestand aus 50000 Talenten Barrensilber, 9000 Goldmünzen (Dareiken), 500 Talenten Purpur und anderen riesigen Schätzen. Die persisch-orientalische Königssitte, solche Reichtümer zu thesaurieren und nur nach Bedarf davon auszugeben oder Münzgeld zu prägen, war Alexander fremd und wurde von ihm nicht beibehalten. Er suchte das Edelmetall sogleich nutzbar zu machen. So erhielt der Makedone Menes, der zum Finanzverwalter für Kilikien, Phönikien und Syrien ernannt wurde, einen Betrag von 3000 Talenten mit der Weisung, einen Teil davon an Antipater für seinen Kampf in Griechenland überbringen zu lassen.[11]

4. Persepolis, Pasargadai, Ekbatana

Nach dem verhältnismäßig kurzen Aufenthalt in Susa brach Alexander mit dem Heer von dort auf (wohl Ende 331), doch nicht nach Norden, um sich gegen Dareios in Medien zu wenden, sondern zuerst nach Südosten, um die Persis, das Stammland der

[10] *Philoxenos, Abulites, Oxathres:* Arr. 3, 16, 6. Curt. 5, 2, 8–10. Diod. 17, 65, 5. Berve II 5 nr. 5. 291 nr. 585. 391 nr. 795. *Besetzung von Susa:* Arr. 3, 16, 7 (»20 Tage nach dem Abmarsch aus Babylon«). Curt. 5, 2, 11. Plut. Alex. 36, 1. Diod. 17, 65, 5. Plut. Alex. 37, 7. 56, 1; Agesil. 15, 4; mor. 329 d. *Alexander auf dem Achaimenidenthron:* Curt. 5, 2, 13–15. Diod. 17, 66, 3–7 (in beiden Quellen mit dem wohl glaubhaften Detail, daß dabei wegen der geringen Körpergröße Alexanders ein niederer Speisetisch als Schemel untergeschoben werden mußte). Plut. a. O. H. W. Ritter, Diadem u. Königsherrschaft, München 1965, 49 f. Schachermeyr 284 (»symbolischer Akt«). *Opfer und Spiele:* Arr. 3, 16, 9. *Statuen der Tyrannenmörder:* Arr. 3, 16, 7–8. Val. Max. 2, 10 ext. 1 (Rücksendung durch Seleukos), vgl. Gell. 7, 17, 2. W. Judeich, Topographie von Athen (= Hdb. d. Altertumswiss. 3, 2, 2), München 1931, 88 (Rücksendung erst 324 v. Chr.). 340 ff., vgl. unten S. 181. *Verwaltung:* Arr. 3, 16, 9. Curt. 5, 2, 16–17.

[11] *Schatzbeute in Susa:* Arr. 3, 16, 7. Curt. 5, 2, 11–12. Plut. Alex. 36, 1. Diod. 17, 66, 1–2. Iust. 11, 14, 9. Dabei ist teils von 50000 Talenten (Arr. Curt.), teils von 40000 Talenten (Plut. Diod. Iust.) die Rede, was vielleicht auf Umrechnung von der leichteren attischen auf die schwerere persische Gewichtseinheit beruht, vgl. auch Wilcken 132. *Menes:* Arr. 3, 16, 10. Berve II 257 nr. 507.

Perser, anzugreifen und die dortigen Königsstädte zu besetzen. Nachdem Dareios zweimal nach verlorener Schlacht entkommen war, konnte ihn Alexander bis auf weiteres ignorieren, auch wenn damit zu rechnen war, daß Dareios nochmals zum Widerstand rüsten würde. Wichtiger mußte es für Alexander sein, das persische Kernland in Besitz zu nehmen, um damit den Anspruch auf die Nachfolge der Perserkönige zu bekräftigen. Dabei war die Residenz Persepolis, mehr als 500 Kilometer von Susa entfernt, sein nächstes Ziel. Die Ebene südöstlich von Susa wurde nach Überschreitung des Pasitigris kampflos durchzogen.

Doch nun begann der Anstieg in das Hochland der Persis (Januar 330), wo Alexander sofort auf hartnäckigen Widerstand stieß. Die Uxier, ein kriegerisches Bergvolk, das dem Fürsten Madates, einem Verwandten des Dareios, unterstand, aber von den Persern nie völlig unterworfen werden konnte, so daß diese sich jeden Durchzug durch das Gebiet der Uxier erkaufen mußten, forderten auch von den Makedonen einen Durchgangszoll. Dazu war Alexander nicht bereit. Er bildete mehrere selbständig vorgehende Heeresgruppen, so unter Krateros und Tauron, die die festen Plätze und Stellungen der Uxier auf Nebenwegen umgingen und von hinten bedrohten. Dadurch gelang es Alexander, der bei Nacht vorrückte und dann überraschend angriff, die Uxier zum Rückzug und zur Unterwerfung zu zwingen. Sie wurden zu Naturallieferungen verpflichtet, konnten aber im übrigen unbehelligt in ihren Wohnsitzen verbleiben. Alexander entsprach damit, wie es scheint, einem Wunsche der Sisygambis, der Mutter des Dareios, die als Gefangene von Issos dem Zuge gefolgt war und mit den anderen Angehörigen der persischen Königsfamilie in Susa zurückgelassen worden war.

Die größte Schwierigkeit beim Zugang nach der Landschaft Persis stand noch bevor. Als Alexander beim weiteren Vorrükken hörte, daß der Hauptpaß im Gebirge, die Persischen oder Susischen Tore, von Ariobarzanes, dem Satrapen der Persis, mit starken Kräften verteidigt werde, entschloß er sich, mit den beweglichen Truppen rasch durch das Gebirge zu ziehen und den Paß anzugreifen, während die anderen Verbände und der Troß unter Parmenion auf der Fahrstraße nachkommen sollten. Aber der Sturm auf die Stellung des Ariobarzanes mißlang. Unter schweren Verlusten mußte der Rückzug aus dem Engpaß angetreten werden. Es war das erste Mal, daß Alexander besiegt zu sein schien. Doch er gab sich nicht geschlagen. Mit ausgesuchten Truppen umging er unter Führung eines Einheimischen auf

Bergpfaden die feindliche Stellung und griff sie unerwartet aus der Flanke an, während Krateros, der mit dem übrigen Teil des Heeres das Lager vor dem Paß gehalten hatte, erneut zum Sturm ansetzte. Dieser Doppelangriff zwang Ariobarzanes, den Paß zu räumen und damit Alexander den Weg nach Persepolis freizugeben. Ariobarzanes entkam mit seinen Reitern nach Medien zu Dareios.[12]

Diese Erstürmung der Persischen Tore (Januar 330) gehört zu den großen militärischen Leistungen Alexanders. Wenn er gehofft hatte, ähnlich wie bei der Kilikischen Pforte sich beim ersten Angriff durchzusetzen, so kam er hier erst durch den erlittenen Rückschlag zum Erfolg. Das gefährliche Umgehungsmanöver, bei dem er sich der Führung eines Unbekannten anvertraute, konnte nur gelingen, weil der Gegner trotz aller Umsicht damit nicht gerechnet hatte. Alexander muß diese Aufgabe für schwieriger gehalten haben als den Kampf um die Bergstellungen der Uxier, da er dort seine Unterführer zur Umgehung vorausgeschickt hatte, während er hier an den Persischen Toren dieses riskante Unternehmen selbst durchführte.

Nach der Überschreitung des Araxes auf einer Pionierbrücke wurde rasch Persepolis (Parsa) erreicht, das von dem persischen Befehlshaber Tiridates kampflos übergeben wurde. Die Stadt und Burg mit den Palästen des Dareios I. und des Xerxes stellte gegenüber Susa, dem Regierungs- und Verwaltungszentrum, die repräsentative und traditionelle Königsstadt des Perserreiches dar. Der Reichtum und die Pracht der Palastburg, deren Ruinen noch heute die großartigsten Baudenkmäler des alten Orients sind, waren unübertroffen. Alexander, der sich der Bedeutung des Platzes bewußt war, gab die Stadt den Soldaten zur Plünderung frei. Er brachte dadurch zum Ausdruck, daß mit der Besetzung von Persepolis ein Hauptziel des Feldzugs erreicht war. Das Heer sollte jetzt seine verdiente reiche Beute als Lohn für alle Anstrengungen und Entbehrungen erhalten. Die Herrschaft der Achaimeniden sollte beendet sein.[13]

[12] *Unterwerfung der Uxier:* Arr. 3, 17, 1–6. Curt. 5, 3, 1–15. Diod. 17, 67, 1–5. *Madates:* Curt. 5, 3, 4. 12–15. Diod. 17, 67, 4. Berve II 243 nr. 483. *Durchgangszoll:* Arr. 3, 17, 1. *Krateros, Tauron:* Arr. 3, 17, 4–5. Curt. 5, 3, 5–6. 10. Diod. 17, 67, 4–5. Berve II 220ff. nr. 446. 371f. nr. 741. *Sisygambis:* Arr. 3, 17, 6 (nach Ptolemaios). Curt. 5, 3, 12–14. Diod. 17, 67, 1, vgl. oben S. 78. *Troß unter Parmenion:* Arr. 3, 18, 1. Curt. 5, 3, 16. *Erstürmung der Persischen Tore:* Arr. 3, 18, 2–9. Curt. 5, 3, 17–5, 2. Plut. Alex. 37, 1–3. Diod. 17, 68, 1–7. Fox 340ff. *Ariobarzanes:* Arr. 3, 18, 2. 7. 9. Curt. 5, 3, 17. 4, 33–34. Diod. 17, 68, 1. Berve II 60f. nr. 115.

[13] *Überschreitung des Araxes, rasche Besetzung von Persepolis:* Arr. 3, 18, 10.

So geschah es, daß Alexander während einer Siegesfeier den Befehl gab, Brandfackeln in die Königsbauten zu werfen, die darauf zum großen Teil in Flammen aufgingen. Es war keine bloße Affekthandlung, sondern ein gewolltes, sichtbares Zeichen dafür, daß die Macht der Perser gestürzt sei. Besonders der griechischen Welt gegenüber wurde damit sichtbar bewiesen, daß die Rache für Xerxes, der die Akropolisbauten in Athen durch Brand zerstört hatte, vollzogen sei. Alexander hatte also die Aufgabe erfüllt, die er als Hegemon des Korinthischen Bundes übernommen hatte.[14]

Curt. 5, 5, 3–4 (»keine Fähigkeit des Königs möchte ich mehr rühmen als seine Schnelligkeit«). Diod. 17, 69, 1–2. Iust. 11, 14, 10. Strab. 15, 729. *Tiridates:* Curt. 5, 5, 2. Diod. 17, 69, 1. Berve II 374f. nr. 754f. nr. 754. *Bedeutung und Bauten von Persepolis* (»Stadt der Perser«, pers. Parsa): Curt. 5, 7, 8 (regia totius Orientis). Diod. 17, 71, 3–8. Strab. 15, 729. F. Stolze-F. C. Andreas, Persepolis, Berlin 1882. F. Sarre, Die Kunst des alten Persien, Berlin 1923, 8 ff. P. J. Junge, Dareios I., König der Perser, Leipzig 1944, 69 ff. 123. 176 f. A. T. Olmstead, A History of the Persian Empire, Chicago 1948, 519 ff. E. F. Schmidt, Persepolis I–II, Chicago 1953–57. W. Eilers, Die Ausgrabungen in Persepolis, Ztschr. f. Assyriol. 19, 1959, 248 ff. Seibert 134 f. *Plünderung:* Curt. 5, 6, 4–8. Diod. 17, 70, 1–6. Radet 176 f. Fox 345 f.

[14] *Brand von Persepolis:* Arr. 3, 18, 11–12. Curt. 5, 7, 3–7. Kleitarch FGrH II 137 F 11 = Athen. 13, 576 d–e. Plut. Alex. 38, 1–7. Diod. 17, 72, 1–7. Ps. Kallisth. 2, 17, 11. Strab. 15, 729–730. Die Quellen bieten zwei Versionen, wonach der Brand von Alexander entweder von vornherein beabsichtigt war (Arr. a. O.) oder nur im Affekt auf Veranlassung der Hetäre Thais aus Athen (Berve II 175 nr. 359) bei einem Gelage befohlen worden sei (Curt. Kleit. Plut. Diod. a. O.). Die neueren folgen teils der ersten Version (Droysen I² 1, 361 f. Niese I 98. Beloch III² 1, 650. Kaerst I³ 403. Birt 452. Wilcken 134. Altheim, Weltgesch. Asiens I 179 ff. Cloché 54 ff. Hampl 39. Tarn 57. 227 ff. 636. Bengtson 346 f. F. Altheim-R. Stiehl, Geschichte Mittelasiens 199 ff. Wirth, Chiron 1, 1971, 149. E. N. Borza, Fire from Heaven: Alexander at Persepolis, Class. Philol. 67, 1972, 233 ff.), teils der zweiten (Berve II 175. G. Radet, La prise de Persépolis, REA 29, 1927, 5 ff. Mederer 69 ff. M. Wheeler, Flammen über Persepolis, Berlin-Frankfurt 1969, 17 ff. Fox 348 ff. 718), vgl. auch Robson 123 (»there was something of high policy in this«). R. Andreotti, Il problema politico di Alessandro Magno, Parma 1933, 111 ff. Pagliaro 201 ff. (planmäßige Vorbereitung). Robinson 84. Snyder 129 f. Milns 138 (improvisiert). Green 181 (»Brandstiftertat«). Seibert 132 ff. Da das Mobiliar aus den Palästen ausgeräumt worden war, wie die Ausgrabungen ergaben (Schmidt II 5), kann die Brandlegung nicht improvisiert gewesen sein, wozu auch die vorherige Warnung Parmenions (unten S. 106) nicht paßt. Andererseits braucht die Mitwirkung der Thais bei der Ausführung der Tat keine legendäre Erfindung (Birt a. O. Wilcken a. O. Tarn 57. 229) zu sein. Sie war die Geliebte des Ptolemaios (Plut. Alex. 38, 2. Athen. 13, 576 e), der ihre Rolle bei der Brandlegung deshalb vielleicht verschwieg (Berve II 175), so daß auch Arrian sie nicht erwähnt, vgl. Wirth, Chiron 1, 1971, 149, 68 (»... brauchen Ursache und Anlaß einander nicht auszuschließen«). Weigall 311 f. Schachermeyr 290 (»nüchtern geplant, dann aber als ... Festlichkeit ausgeführt«). *Rache für Xerxes:* Arr. 3, 18, 12. Curt. 5, 7, 4. Plut. Alex. 38, 4. Diod. 17, 72, 6. Strab. 15, 730, vgl. oben S. 34. Im Rachegedanken mag

Die Einsicht, daß dieser Racheakt auch schädliche Wirkungen haben mußte und im Grunde überholt war, da er der Rolle Alexanders als Nachfolgers der Achaimeniden nicht angemessen war, konnte nicht lange ausbleiben. Alexander soll die Tat bald bereut und den Befehl zum Löschen gegeben haben, nachdem Parmenion schon vorher darauf hingewiesen hatte, daß Alexander seinen eigenen Besitz zerstöre und bei den Völkern Asiens kein Verständnis finden werde, wenn er den Königspalast zerstöre. Tatsächlich haben es Alexander und seine Nachfolger später nicht vermocht, der Welt des Orients wieder eine neue Hauptstadt oder einen maßgebenden Mittelpunkt zu geben, wie es Persepolis gewesen war.

Die Beute an Edelmetall soll alles Frühere übertroffen haben, da aus den königlichen Schatzkammern hier angeblich 120 000 Talente zum Vorschein kamen. Es wurden Kamele und andere Lasttiere herbeigeschafft, um diese Reichtümer teils nach Susa zu transportieren, teils zur Verwendung für die Kriegskasse mitzuführen. Auf keinem anderen Gebiet zeigte sich der Gegensatz zwischen dem orientalischen und dem europäischen Denken wohl deutlicher als darin, daß Alexander die gehorteten Schätze der Perserkönige nutzbar machte und als Münzgeld dem wirtschaftlichen Leben zuführte. Wenn darin ein Fortschritt in der Entwicklung der Verhältnisse gesehen werden konnte, so mag er manchen Zerstörungsakt aufgewogen haben.[15]

Alexander dadurch bestärkt worden sein, daß ihm auf dem Weg nach Persepolis ein Zug griechischer Gefangener der Perser begegnete, die zum Teil verstümmelt waren, so daß er »Tränen vergoß« (Curt. 5, 5, 5–8. Diod. 17, 69, 3–9. Iust. 11, 14, 11–12), vgl. Berve II 156 nr. 316 (Euktemon). 175 f. nr. 360 (Theaitetos). Tarn 57 nimmt an, daß der Brand von Persepolis die Rache für die Zerstörung des großen Tempels in Babylon durch Xerxes war, wofür sich aber in den Quellen kein Hinweis findet. Nach Curt. 5, 6, 12–7, 7. Plut. Alex. 38, 1 fand der Brand übrigens erst nach Alexanders Rückkehr von dem Feldzug in der Persis (unten S. 107) bzw. unmittelbar vor dem Ende des ganzen Aufenthalts in Persepolis statt, vgl. dazu Mederer 79. Nach persischer (zarathustrischer) Überlieferung zog sich Alexander die Feindschaft der Priesterschaft zu, weil er in Persepolis auch »die heiligen Bücher verbrannte, die auf 1200 Kuhhäuten geschrieben waren«, wie es in einem Text des 9. Jahrh. über das Awesta heißt (L. H. Mills, Zarathustra and the Greeks, Leipzig 1903–04, 35. C. P. Tiele, Geschichte der Religion im Altertum bis auf Alexander den Großen II, Gotha 1903, 405 f. Altheim, Alexander in Asien 87).

[15] *Reue und Befehl zum Löschen:* Curt. 5, 7, 10–11. Plut. Alex. 38, 7. Diod. 17, 72, 4. Ps. Kallisth. 2, 17, 11. Nach Arr. 6, 30, 1 bereute Alexander den Brand erst bei seiner späteren Rückkehr nach Persepolis, vgl. unten S. 166. Arrian selbst beurteilt den Racheakt des Brandes als »unsinnig« (3, 18, 12). *Parmenion:* Arr. 3, 8, 11. *Schatzbeute:* Arr. 3, 18, 10. Curt. 5, 6, 2–3. 9. Plut. Alex. 37, 4. Diod. 17, 70, 2. 71. 1. Iust. 11, 14, 10. Strab. 15, 728–729. Die Versuche, den Betrag von 120 000

Das Heer erhielt in Persepolis vier Monate Ruhezeit, während Alexander selbst mit einer kleinen Truppe das gebirgige Persis, die Stammlandschaft der Perser, unterwarf. Zum ersten Mal wurde bei diesem beschwerlichen Winterfeldzug über schneebedeckte Berge und durch unwegsame, öde Gegenden unter den Soldaten das Verlangen nach Umkehr laut, das Alexander jedoch durch sein persönliches Beispiel überwand. Die Verwaltung der Persis erhielt ein Einheimischer, auch in der östlich angrenzenden Satrapie Karmanien wurde wie in Persepolis der bisherige persische Befehlshaber bestätigt. Nur die Burg von Persepolis bekam eine makedonische Besatzung.[16]

Gleichfalls von Persepolis aus, vielleicht während des Feldzugs in Persis, zog Alexander nach Pasargadai, der alten Residenz des persischen Reichsgründers Kyros, wo sich auch dessen Grabmal befand. Nach der Übergabe der Stadt, in der wiederum ein Königsschatz von 6000 Talenten erbeutet wurde, erhielt Aristobulos, der zum technischen Stab Alexanders gehörte, den Auftrag, das Kyrosgrab auszuschmücken. Alexanders Achtung vor Kyros mag auf dessen geschichtlicher Leistung beruht haben, doch auch auf Werken der griechischen Literatur wie Xenophons Kyrupädie, die Alexander kannte.[17]

Talenten ohne weiteres in heutigem Geldwert auszudrücken (Wilcken 135. Tarn 57), sind wertlos, da historische Umrechnungen dieser Art nur mit Berücksichtigung verschiedener Faktoren durchzuführen sind. *Transport und Verwendung:* Curt. 5, 6, 9–10. Plut. Alex. 37, 4. Diod. 17, 71, 2. M. Rostovtzeff, Gesellschafts- u. Wirtschaftsgeschichte der hellenistischen Welt I, Darmstadt 1955, 100 f.

[16] *Ruhezeit:* Plut. Alex. 37, 6. Daß Alexander den Aufenthalt in Persepolis vor allem deshalb so lange ausdehnte, um Dareios »eine letzte Chance zur Überprüfung seiner Lage zu geben«, wie Wirth, Chiron 1, 1971, 149; Historia 20, 1971, 621 ff. vermutet, ist unwahrscheinlich. Das Heer war einer längeren Ruhezeit sehr bedürftig (Beloch III² 1, 650), auch mußte vor dem weiteren Vorrücken die Schneeschmelze abgewartet werden (Schachermeyr 291, 336). Schließlich ist zu berücksichtigen, daß Alexander während dieser Zeit seinen Winterfeldzug in der Persis sowie seinen Besuch in Pasargadai (unten S. 107) durchführte. *Unterwerfung der Persis:* Curt. 5, 6, 12–20. Diod. 17, 37, 1. Der Feldzug dauerte einen Monat (Curt. 5, 6, 19). *Verlangen nach Umkehr:* Curt. 5, 6, 13, vgl. S. 107. *Verwaltung:* Arr. 3, 18, 11 (Phrasaortes in Persis. Berve II 400 nr. 813). Curt. 9, 10, 21 (Astaspes in Karmanien. Berve II 89 nr. 173). Curt. 5, 6, 11 (Tiridates in Persepolis, vgl. oben S. 104). Curt. a. O. (makedonische Burgbesatzung unter Nikarchides. Berve II 278 nr. 563).

[17] *Zug nach Pasargadai, Übergabe und Schatzbeute:* Arr. 3, 18, 10. Curt. 5, 6, 10. Berve II 115 nr. 238 (Gobares). Aus dem Zusammenhang bei Arr. und Curt. a. O. geht hervor, daß Alexander von Pasargadai nach Persepolis zurückkehrte und nicht erst nach seinem Aufbruch nach Medien Pasargadai besuchte. *Aristobul und das Kyrosgrab:* Aristob. FGrH II 139 f. 51 b = Strab. 15, 730. Berve II 64 ff. nr. 121, vgl. unten S. 165. Eine eingehende Beschreibung der Grabanlage geben

Nach Abschluß dieser Unternehmungen brach Alexander mit dem Heer von Persepolis nach Norden auf (Mai 330). Sein Ziel war Medien mit seiner Hauptstadt Ekbatana, der letzten Königsresidenz nach Babylon, Susa, Persepolis und Pasargadai, die noch zu besetzen war. Doch der besondere Grund des Zuges nach Ekbatana lag darin, daß sich Dareios nach der Schlacht bei Gaugamela dorthin zurückgezogen hatte und nun in Ekbatana ein neues Heer sammelte, wie Alexander erfuhr. Es schien also, daß es erst in Medien zur letzten Entscheidungsschlacht zwischen den beiden Königen kommen würde. Alexander zog auf der Straße, die von Persepolis in nordwestlicher Richtung nach Ekbatana führte, mehr als 700 Kilometer durch die Landschaft Paraitakene und erreichte in 12 Tagen die Grenze Mediens. Als Satrap von Paraitakene wurde Oxathres eingesetzt, der Sohn des persischen Satrapen von Susa. Ein Truppenverband von 6000 Mann, der anscheinend in Kilikien angeworben worden war, traf unterwegs als Verstärkung ein. Auf die Nachricht, daß sich Dareios schon zur Schlacht vorbereite, trieb Alexander sein Heer unter Zurücklassung des Trosses zu noch größerer Eile an. Als Ekbatana erreicht wurde, stellte sich jedoch heraus, daß Dareios die Stadt aufgegeben und sich nach Osten zurückgezogen hatte.[18]

Es scheint, daß sich durch das rasche Heranrücken Alexanders Unstimmigkeiten im Gefolge des Dareios ergeben hatten. Während Artabazos, der Sohn des Satrapen Pharnabazos in Phrygien, der dem König auch verwandtschaftlich verbunden war, sowie der griechische Söldnerführer Patron und andere sich dafür einsetzten, Alexander im Kampf entgegenzutreten, drängten vor allem der hohe Würdenträger Nabarzanes und der ebenfalls mit dem König verwandte Bessos, Satrap von Baktrien und Sogdiane, darauf, in die östlichen Gebiete auszuweichen. Sie hatten dabei wohl schon die Absicht, den Krieg im Osten selbständig,

Arr. 6, 29, 4–11 und Strab. a. O. (beide nach Aristobul). Zum erhaltenen Grabbau und heutigen Befund vgl. E. Herzfeld, Pasargadae, Klio 8, 1908, 1 ff. H. Treidler, Pasargadai, RE Suppl. 9, 1962, 777 ff. Seibert 135 f. *Xenophon:* oben S. 13. Wilcken 136. Schachermeyr 291.

[18] *Zug durch Paraitakene nach Medien:* Arr. 3, 19, 1–2. Curt. 5, 7, 12. Plut. Alex. 42, 5–6. Nach Wirth 33 hatte Alexander damals, bevor er nach Medien zog, noch ein Angebot des Dareios erwartet. *Oxathres:* Arr. 3, 19, 2, vgl. oben S. 101. *Verstärkungstruppen:* Curt. 5, 7, 12, angeblich unter Führung eines Platon von Athen, mit dem aber, wie es scheint, der Makedone Sokrates (Arr. 1, 12, 7. Curt. 4, 5, 9) gemeint ist (durch Verwechslung mit den gleichlautenden Philosophennamen), dazu Berve II 367 nr. 732. 429 nr. 67. Tarn 310. *Zurücklassung des Trosses und Ankunft in Ekbatana:* Arr. 3, 19, 3–5.

ohne Rücksicht auf den erfolglosen Dareios, fortzusetzen. Als sie mit den baktrischen Truppen abrückten, sah sich auch Dareios gezwungen, ihnen mit dem Rest seines Heeres zu folgen.[19]

Als Alexander in die letzte persische Residenz Ekbatana (Hamadan), die alte Hauptstadt der Meder, einrückte, ohne Widerstand zu finden, war er in einer unerwarteten Lage. Er hatte damit gerechnet, Dareios in einer letzten Feldschlacht zu besiegen und seiner Person endlich habhaft werden zu können. Nun war Dareios wiederum, wie nach Issos und Gaugamela, doch ohne sich zum Kampf zu stellen, nach Osten entkommen. Sein Vorsprung betrug aber nur wenige Tage, so daß er eingeholt werden konnte, wenn ihm sofort nachgesetzt wurde. Alexander, der diesmal kein anderes, vordringliches Ziel hatte, das ihn davon abhielt, entschloß sich also zu möglichst rascher Verfolgung des Gegners. Doch war es ihm im Drang der Ereignisse auch bewußt, daß mit der Besetzung Ekbatanas ein Abschluß erreicht war. Eine Reihe entsprechender Anordnungen mußte hier getroffen werden.

Die Truppenkontingente der griechischen Verbündeten und die thessalischen Reiter wurden reich beschenkt von Ekbatana aus in ihre Heimat entlassen. Damit war zum Ausdruck gebracht, daß der vom Korinthischen Bund beschlossene Rachekrieg gegen Persien jetzt beendet war. Alexanders Stellung als Bundesführer (Hegemon) blieb davon unberührt, doch hatte der Bund mit der Fortsetzung des Feldzugs nichts mehr zu tun. Ein Teil der Bundestruppen und der Thessaler nahm das Angebot an, anstatt nach Griechenland zurückzukehren, freiwillig im Heer zu bleiben und um Sold zu dienen.[20] Für den weiteren Vormarsch nach Osten erhielt die Stadt und Burg Ekbatana infolge

[19] *Gegensätze im Gefolge des Dareios:* Curt. 5, 8, 6–9, 17 (Kriegsrat mit eingelegten Reden). Berve II 82ff. nr. 152 (Artabazos, vgl. oben S. 20). 307f. nr. 612 (Patron). 268f. nr. 543 (Nabarzanes, Titel »Chiliarch«). 105ff. nr. 212 (Bessos). Nach Arr. 3, 19, 1–2 hatte Dareios seinen Troß nach Osten vorausgeschickt, um in Ekbatana abzuwarten, ob Alexander bis hierher vordringe, und in diesem Falle die Stadt kampflos aufzugeben, vgl. auch Curt. 5, 8, 1. Diese Version scheint auf Bisthanes (Berve II 109 nr. 215), den Sohn Artaxerxes' III. Ochos (oben S. 20), zurückzugehen, der in der Nähe von Ekbatana als Überläufer zu Alexander kam (Arr. 3, 19, 4–5). Nach dessen Auskunft (Arr. a. O.) hatte Dareios nur 9000 Mann (30000 nach Curt. 5, 8, 3. Diod. 17, 73, 2), da eine Verstärkung durch Skythen und Kadusier (von der Südwestküste des Kaspischen Meeres), die erwartet wurde, nicht eingetroffen war. An Heeresstärke war Dareios den Makedonen (ca. 50000 Mann nach Fox 357) also keinesfalls mehr gewachsen.

[20] *Entlassung der Bundestruppen und Thessaler:* Arr. 3, 19, 5. Diod. 17, 74, 3. Plut. Alex. 42, 5. Marm. Par. FGrH II 239 B 5. Außer ihrem Sold auch für den

ihrer günstigen Lage die Bedeutung eines zentralen rückwärtigen Stützpunkts, da hier die Nachschub- und Verbindungslinien von Westen und Süden zusammenliefen. Harpalos wurde beauftragt, die erbeuteten persischen Königsschätze, soweit sie nicht in Susa deponiert waren, zu sammeln und zu verwerten, wodurch Ekbatana zugleich ein finanzieller und wirtschaftlicher Mittelpunkt werden sollte. Parmenion hatte den Auftrag, die Schatzbeute von Persepolis nach Ekbatana zu führen, um dann mit einer starken Heeresgruppe in das Gebiet der Kadusier nach Osten vorzustoßen. In derselben Richtung, gegen die Parther, sollte Kleitos mit einer anderen Abteilung vorgehen. Alexander selbst stellte sich bei diesen kombinierten Aktionen zunächst ausschließlich auf die Verfolgung des Dareios ein. Die Satrapie Medien wurde dem Perser Oxydates unterstellt.[21]

Rückweg erhielten die Fußtruppen je 1000 Drachmen, die Reiter 6000 Drachmen (Diod. a. O.), alle zusammen 2000 Talente (Arr. Plut. a. O.), was zur ursprünglichen Truppenzahl (oben S. 51) ungefähr paßt. Mit der Führung des Rückmarschs bis Syrien wurde der Makedone Epokillos (Berve II 150 f. nr. 301) beauftragt, mit der Bereitstellung von Trieren zur Seefahrt bis Euboia Menes (Berve II 257 nr. 507), der Küstenbefehlshaber Syriens (Arr. 3, 19, 6). Eine Gruppe von 23 Reitern aus Orchomenos in Boiotien stiftete nach ihrer Rückkehr dem Zeus Soter eine Weihung mit erhaltener Inschrift (IG VII 3206). Der Zeitpunkt der Entlassung wird verschieden angegeben. Nach Arr. 3, 19, 5 erfolgte sie nach der Ankunft in Ekbatana, nach Diod. und Plut. a. O. erst i. J. 329, nach Marm. Par. a. O. schon 331. *Alexander als Hegemon des Korinthischen Bundes:* Wilcken 137. Bengtson 348. Daß Alexander damals dieses Amt niedergelegt oder auf diese Stellung verzichtet hätte (Berve I 144. Schachermeyr 292), findet in den Quellen keine Stütze. Er war Hegemon auf Lebenszeit und traf auch später noch Anordnungen kraft dieser Stellung, vgl. unten S. 171. *Weiterdienende Griechen:* Arr. 3, 19, 6. Diod. 17, 74, 4. Sie erhielten außer dem Sold je drei Talente als Geschenk (Diod. a. O.).

[21] *Harpalos:* Arr. 3, 19, 7, vgl. oben S. 92. Die Annahme, daß Harpalos in Ekbatana die Stellung eines »Reichsschatzmeisters« mit Oberaufsicht über die Finanzverwalter in Susa und an anderen Orten besaß (Wilcken 137. Berve I 316. Tarn 59), ist unwahrscheinlich (Schachermeyr 293. Fox. 718). Die in Ekbatana gesammelte Schatzbeute soll schließlich 180000 Talente (Diod. 17, 80, 3; 18000 codd. bei Strab. 15, 731; 190000 nach Iust. 12, 1, 3) betragen haben, vgl. dazu auch Fox 718 f. Dareios hatte aus Ekbatana selbst noch 7000 Talente mitgenommen (Arr. 3, 19, 5; 8000 Talente nach Strab. a. O.). *Aufträge Parmenions:* Arr. 3, 19, 7. Daß Parmenion damals die Stellung eines Etappenbefehlshabers mit dauerndem Amtssitz in Ekbatana erhalten habe, weil er wegen seines Alters für die weiteren Feldzüge nicht mehr geeignet erschien oder weil er von Alexander als unbequem angesehen wurde (vgl. oben S. 84) und daher kaltgestellt werden sollte, wie oft angenommen wird (Wilcken 138. Berve II 304. Tarn 59. Schachermeyr 294), läßt sich nicht erweisen. Sein vorgesehener Feldzug gegen die Kadusier ist wohl so zu verstehen, daß er sich danach im Osten wieder mit Alexander vereinigen sollte (Fox 718). *Kleitos:* Arr. 3, 19, 8 (nach seinem Eintreffen aus Susa, wo er wegen Erkrankung zurückgeblieben war), vgl. oben S. 62. *Oxydates:* Arr. 3, 20, 3. Berve II 293 nr. 588.

Von Ekbatana aus unterwarf Alexander nach dem Tode des Dareios (Sommer 330) in drei Kriegsjahren die Satrapien Ostirans, zuerst Parthien, Areia und Drangiane (330/29), dann Baktrien und Sogdien nördlich des Hindukusch bis zum Jaxartes. Eine Erhebung der Sogder und der Baktrer unter Spitamenes konnte erst nach langen Kämpfen niedergeworfen werden (329–327). Durch seine Vermählung mit der baktrischen Fürstentochter Rhoxane suchte sich Alexander mit den Völkern Ostirans zu verbinden, doch brachte ihn sein Auftreten als Nachfolger des Perserkönigs wiederholt in Konflikt mit Makedonen seiner nächsten Umgebung, die er bedenkenlos beseitigte.

1. Tod und Nachfolge des Dareios

In elf Tagen durcheilte Alexander mit einer ausgesuchten Reitertruppe die 300 Kilometer lange Strecke von Ekbatana bis Rhagai (Rey bei Teheran). Er versuchte dabei eine Abkürzung durch die wasserlose Wüste, sah sich aber wegen der Ausfälle an Reitern und Pferden gezwungen, auf Umwegen wieder zur Karawanenstraße zurückzukehren. Als er in Rhagai erfuhr, Dareios habe schon die Kaspischen Tore im Osten passiert, schien die weitere Verfolgung aussichtslos, so daß eine mehrtägige Rast eingelegt wurde. Doch kaum war die Truppe erholt, trieb Alexander mit zunehmender Eile weiter und hatte nach zwei Tagen ebenfalls die Kaspischen Tore erreicht. Danach folgte eine ganz unbewohnte Gegend, so daß eine Abteilung unter Koinos, dem Schwiegersohn Parmenions, ausgeschickt werden mußte, um Lebensmittel und Futter zu beschaffen, was wiederum einen Aufenthalt verursachte.[1]

[1] *Zug nach Rhagai:* Arr. 3, 20, 1–2. Curt. 5, 13, 1–2 (irrig Tabai statt Rhagai). Plut. Alex. 42, 5–10 (Anekdote von Alexanders Enthaltsamkeit, wie er auf der Durststrecke einen Helm voll Wasser, den ihm Soldaten bringen, diesen zurückgibt). Zur Topographie dieser und der weiteren Strecke vgl. W. Tomaschek, Zur historischen Topographie von Persien, SB Wien 102, 1883, 145ff. J. Marquart, Untersuchungen zur Geschichte von Eran II, Philologus Suppl. 10, 1907, 19ff. A. F. v. Stahl, Notes on the March of Alexander the Great from Ecbatana to Hyrcania, Geogr. Journ. 64, 1924, 312ff. G. Radet, La dernière campagne d'Alexandre contre Darius, in: Mélanges G. Glotz II (Paris 1932) 765ff. R. D. Milns,

Da trafen persische Überläufer mit der Nachricht ein, Dareios sei auf dem Rückzug in der Ortschaft Thara von Nabarzanes und Bessos gefangengesetzt worden. Ohne das Eintreffen des Koinos abzuwarten, sprengte Alexander darauf mit einem kleinen Gefolge, zuletzt nur noch 60 Reitern, bei Tag und Nacht voraus und erreichte schließlich, etwa 350 Kilometer östlich von Rhagai, eine persische Wagenkolonne, deren Mannschaften sich ohne Widerstand ergaben. In einem Wagen fand man Dareios ermordet. Der Leichnam war mit goldenen Ketten gefesselt. Alexander trat schweigend hinzu, legte seinen Mantel ab und deckte ihn über den Toten. Es war eine menschliche und eine politische Geste. Alexander ehrte den unglücklichen Gegner und anerkannte ihn als seinen Vorgänger, dessen Tod er rächen würde und dessen rechtmäßige Nachfolge er nun anzutreten habe.[2]

Der Konflikt im Gefolge des Dareios, dem dieser zum Opfer gefallen war, hatte sich nach dem Abzug aus Ekbatana verschärft. Es zeigte sich, daß Nabarzanes und Bessos sich des Königs zu entledigen suchten, wenn es ihnen zweckmäßig erschien. Das Angebot Patrons an Dareios, mit den griechischen Söldnern seinen persönlichen Schutz zu übernehmen, lehnte Dareios mit Rücksicht auf die Perser ab. Da sich die Mehrzahl der persischen Truppen jedoch den Baktrern unter Bessos anschloß, waren die Königstreuen unter Artabazos und die Griechen zu schwach, um es auf einen Kampf ankommen zu lassen. Sie zogen nach Parthien ab und überließen damit Dareios seinem Schicksal. Beim Heran-

Alexander's Pursuit of Darius through Iran, Historia 15, 1966, 256. Seibert 138f. Fox 360. 719. *Rhagai und Kaspische Tore:* Arr. 3, 20, 3–4. *Koinos:* Arr. 3, 20, 4. Berve II 215ff. nr. 439.

  [2] *Nachricht über Dareios:* Arr. 3, 21, 1. Curt. 5, 13, 2–3. Diod. 17, 73, 2. Plut. Alex. 42, 5. Iust. 11, 15, 1. Unter den Überläufern befand sich Antibelos, ein Sohn des Satrapen Mazaios von Babylon (Arr. a.O., Brochubelos nach Curt. 5, 13, 11, vgl. oben S. 99. Berve II 40 nr. 82). *Thara:* Iust. a.O. (damit identisch das bei Arr. 3, 21, 6 und Curt. 5, 13, 6 erwähnte »Dorf«). *Alexanders Verfolgungsritt bis zur Wagenkolonne des Dareios:* Arr. 3, 21, 2–9. Curt. 5, 13, 4–13 (mit weiteren Details nach unbekannter Quelle). Plut. Alex. 43, 1–3. Iust. 11, 15, 3–5. Das Heer folgte unter Befehl des Krateros (Arr. 3, 21, 2. Berve II 220ff. nr. 446). *Leiche des Dareios:* Arr. 3, 21, 10. Curt. 5, 12, 20. 13, 23–25 (Lücke). Diod. 17, 73, 3–4. Plut. Alex. 43, 3–4. Iust. 11, 15, 5–14. Daß ein Makedone (Polystratos, Berve II 326f. nr. 655), wie alle Autoren außer Arr. berichten, Dareios noch lebend aufgefunden habe, gilt teils als romanhafte Erfindung (Berve II 128. 327. Fox 361), teils als glaubhaft (Tarn 61. Schachermeyr 300). Nach Ailian. nat. anim. 6, 25 fand man den treuen Hund des Dareios allein neben seiner Leiche. *Alexanders Mantel:* Plut. Alex. 43, 5. Gnomol. Vatic. 99, dazu J. Mähly, Zum Gnomologium Vaticanum, Philologus 51, 1892, 547f. Schachermeyr 300ff. (Bedeutung der Geste). H. W. Ritter, Diadem u. Königsherrschaft (= Vestigia 7), München 1965, 53f.

nahen Alexanders beabsichtigten Nabarzanes und Bessos zuerst, Dareios an ihn auszuliefern, um dafür Dank von ihm zu erhalten. Als sie daran zu zweifeln begannen, wohl mit Recht, ließen sie Dareios ermorden. Sein Tod war auch die Voraussetzung dafür, daß einer der persischen Großen seine legitime Nachfolge antreten konnte. In dieser Stellung anerkannt zu werden, konnte vor allem Bessos wegen seiner Verwandtschaft mit dem Königshaus und der Stärke seiner baktrischen Satrapie hoffen. Doch konnte bei der drohenden Gefahr durch Alexander die Frage der Königsnachfolge auf persischer Seite nicht so rasch geklärt werden. Jeder suchte sich zunächst in Sicherheit zu bringen. Nabarzanes floh mit seinem Anhang in nördlicher Richtung nach Hyrkanien, Bessos östlich nach Baktrien.[3]

Dareios, der in kritischen Situationen seiner Kriegführung, so bei Issos und bei Gaugamela, versagt hatte, war auch in der letzten Phase seines Lebens kaum mehr Herr seiner selbst gewesen. Von Natur arglos und wenig energisch, wie er charakterisiert wird, brachte er auch am Ende nicht mehr die Entschlußkraft auf, sich gegen seine Umgebung durchzusetzen und sich entweder dem Sieger zu ergeben oder neuen Widerstand vorzubereiten. Das rein negative Urteil, das Neuere über ihn gefällt haben, läßt freilich außer acht, daß eben Alexander sein Gegner war, dem wohl auch andere nicht gewachsen gewesen wären. Dareios, der nach fünfjähriger Regierung im Alter von etwa 50 Jahren starb (Juli 330), wäre unter gewöhnlichen Verhältnissen ein Herrscher von mittlerer Bedeutung gewesen. Alexander ließ den Leichnam zur Mutter des Dareios, Sisygambis, überführen und mit allen Ehren bei den persischen Königsgräbern in Persepolis beisetzen. Den Bruder des Dareios, Oxyathres, der jetzt zu ihm überging, nahm er in sein persönliches Gefolge auf, womit er gleichfalls seine Verbindung mit den Achaimeniden und seinen Anspruch auf die Nachfolge des Dareios zum Ausdruck brachte.[4]

[3] *Angebot Patrons an Dareios:* Curt. 5, 9, 15. 11, 1–12. *Anschluß der Perser an Bessos:* Curt. 5, 13, 19. *Abzug des Artabazos und der Griechen:* Curt. 5, 12, 4. 7–9.18. *Auslieferungsplan und Mord an Dareios:* Arr. 3, 21, 10. Curt. 5, 10, 5–6. 13, 16–17. Diod. 17, 73, 2. *Bessos als Nachfolger, Flucht:* Arr. 3, 21, 10. Curt. 5, 9, 8. 13, 18, vgl. unten S. 114.

[4] *Charakterisierung des Dareios in den Quellen:* Arr. 3, 22, 2 (»für den Krieg zu weich und verständnislos, sonst aber nicht unangemessen handelnd«). Curt. 5, 10, 14 (»von Natur harmlos und sanft«). Diod. 17, 6, 1–3 (als Gegner Alexanders »tapfer«), neuere Urteile: Tarn 61 (»feige und unfähig«), ähnlich Schachermeyr 299. Fox 358, etwas günstiger Beloch III² 1, 603. IV² 1, 17. Berve II 128 (»Mittel-

2. Parthien, Areia, Drangiane

Für Alexander war es auch nach dem Tode des Dareios selbstverständlich, den Vormarsch in die östlichen Satrapien des Reiches
fortzusetzen, um diese Gebiete in Besitz zu nehmen und dort als
Nachfolger des Dareios anerkannt zu werden. Die sofortige
Verfolgung des Bessos mußte bald als aussichtslos abgebrochen
werden, doch wurde nach einiger Zeit in Erfahrung gebracht,
daß Bessos in Baktrien den Königsnamen Artaxerxes (IV.) angenommen habe und damit als Rivale Alexanders ebenfalls die
rechtmäßige Nachfolge des Dareios beanspruche. Auf seiner
Seite waren außer Nabarzanes auch Barsaentes, der Satrap von
Arachosien und Drangiane, Satibarzanes, der Satrap von Areia,
der sogdische Fürst Oxyartes, der Inder Sisikottos und andere.
Den im Heere Alexanders umgehenden Erwartungen und
Gerüchten, nach dem Tode des Dareios werde man jetzt nach
Makedonien zurückkehren, trat Alexander daher entschieden
entgegen.[5]

Ohne Widerstand wurde Parthien bis nach Hekatompylos
durchzogen, wo Straßen aus verschiedenen Richtungen zusammentrafen, so daß für das Heer ausreichend Proviant herange-
schafft werden konnte. Das nächste Ziel war Hyrkanien im
Norden, wohin sich Nabarzanes und die griechischen Söldner
zurückgezogen hatten. Dort mußten auch die Stämme der Tapurer und der Marder im Elbursgebirge unterworfen werden, die

mäßigkeit«). Pagliaro 225 ff. *Alter und Todesdatum des Dareios:* Arr. 3, 22, 2. 6.
Überführung und Beisetzung: Arr. 3, 22, 1. 6. Diod. 17, 73, 3. Plut. Alex. 43, 6.
Iust. 11, 15, 15. Plin. nat. hist. 36, 132. Das Grab wurde bisher nicht aufgefunden.
Zu Sisygambis vgl. oben S. 103. *Oxyathres:* Curt. 6, 2, 9. Diod. 17, 77, 4. Berve II
291 f. nr. 586.

[5] *Verfolgung des Bessos:* Diod. 17, 73, 4. *Bessos als König Artaxerxes IV.:* Arr. 3,
25, 3. Curt. 6, 6, 13, vgl. 5, 9, 8. Diod. 17, 74, 2. 83, 3. 7. Nach Diod. a. O. erklärte
er sich »selbst« zum König, anscheinend mit Zustimmung der Baktrer. Er trug die
Tiara und den Königsmantel (Arr. Curt. a. O.) bzw. das Diadem (Diod. a. O.),
dazu Pagliaro 243. F. Altheim-Ruth Stiehl, Geschichte Mittelasiens im Altertum,
Berlin 1970, 213 ff. Alexander erhielt die Nachricht erst auf dem Wege von
Hyrkanien nach Areia (Arr. Curt. a. O.). Die neueren Beurteiler, die sich meist
unbewußt den Standpunkt Alexanders zu eigen machen, bezeichnen Bessos daher
als »Usurpator« (Schachermeyr 313) oder »Rebellen« (Fox 375). *Anhänger des
Bessos:* Nabarzanes vgl. oben S. 112, Barsaentes: Arr. 3, 21, 1. 10. Curt. 6, 6, 36.
Diod. 17, 74, 1. Berve II 102 nr. 205, Satibarzanes: Arr. 3, 25, 5. Curt. 6, 6, 21.
Diod. 17, 78, 1. Berve II 350 f. nr. 697, Oxyartes: Arr. 3, 28, 10. Berve II 292 f.
nr. 587, Sisikottos (ind. Sasigupta): Arr. 4, 30, 4. Berve II 354 nr. 707, »viele
andere«: Diod. 17, 74, 1. *Erwartung und Gerücht der Umkehr:* Curt. 6, 2, 15–3,
18. Plut. Alex. 47, 1–4 (briefliche Äußerung Alexanders an Antipater). Iust. 12, 3,
2–4.

zum Widerstand rüsteten. Alexander bildete drei Heeresgruppen. Er selbst wandte sich mit leichten Truppen gegen die Marder im westlichen Elburs, Krateros zog gegen die Tapurer östlich davon und Erigyios führte das übrige Heer und den Troß auf der Straße weiter in die hyrkanische Hauptstadt Zadrakarta (bei Astrabad), wo auch Alexander und Krateros nach der erfolgreichen Durchführung ihrer Unternehmen eintrafen.[6] Nabarzanes und die griechischen Söldner, die auf persischer Seite gestanden hatten, ergaben sich. Auch eine Anzahl griechischer Gesandter aus der Umgebung des Dareios stellten sich ein. Die Athener und die Spartaner unter ihnen machte Alexander als Hegemon des Korinthischen Bundes zu Gefangenen, da sie sich gegen den Bund vergangen hätten. Gesandte aus Chalkedon und Sinope dagegen wurden in Freiheit gelassen, da sie als Untertanen des Perserkönigs rechtmäßig gehandelt hätten. Artabazos, der mit seiner Familie gleichfalls eintraf, fand wegen seiner früheren Treue zu Dareios eine besonders ehrenvolle Behandlung. Die persischen Satrapen der unterworfenen Gebiete wurden in ihrer Stellung bestätigt, Phratraphernes für Parthien und Hyrkanien, Autophradates für die Tapurer und Marder. Athletische Spiele und Opfer schlossen den zweiwöchigen Aufenthalt in Zadrakarta ab.[7]

---

[6] *Hekatompylos* (»Stadt der 100 Tore«): Curt. 6, 2, 15. Diod. 17, 75, 1. J. R. Hansman, The Problems of Qumis, Journ. Royal Asiat. Soc. 1968, 111 ff. (Lokalisierung). Fox 373.720, zur älteren Lit. vgl. Schachermeyr 306, 349. *Proviant:* Curt. a. O. *Hyrkanien:* Arr. 3, 23, 1. Curt. 6, 4, 1–2. Diod. 17, 76, 1. 3. Plut. Alex. 44, 1–2. Kießling, RE 9, 1914, 454 ff. *Tapurer und Marder:* Arr. 3, 23, 1. Curt. 6, 5, 11. Diod. 17, 76, 3–4. W. Geiger, Ostiranische Kultur im Altertum, Erlangen 1882, 203 ff. *Dreiteilung des Heeres:* Arr. 3, 23, 2–4. 24, 1–3. Curt. 6, 4, 2–3. 5, 11–21. Diod. 17, 76, 3. Iust. 12, 3, 4. Berve II 221 (Krateros). 151 f. nr. 302 (Erigyios). Als bei Alexanders Feldzug gegen die Marder sein Leibpferd Bukephalos (oben S. 31) zurückgelassen und geraubt wurde, drohte er dem ganzen Stamm die Vernichtung an, worauf das Pferd zurückgegeben wurde (Curt. 6, 5, 18–19. Diod. 17, 76, 5–8. Plut. Alex. 44, 3–5). *Zadrakarta:* Arr. 3, 23, 6. 25, 1. Curt. 6, 5, 22–23 (ohne Namen). Die Erzählung, daß die Amazonenkönigin Thalestris dort Alexander aufgesucht, ein Kind von ihm gewünscht und dreizehn Tage bei ihm verweilt habe (Curt. 6, 5, 24–32. Diod. 17, 77, 1–3. Plut. Alex. 46, 1–5. Iust. 12, 3, 5–7. Kleitarch FGrH II 137 F 16. Strab. 11, 505. Berve II 419 nr. 26), wurde schon im Altertum bestritten (Arr. 7, 13, 3. Plut. a. O. mit Aufzählung der Autoren). Alexander erwähnte brieflich an Antipater nur, daß ihm die Tochter eines skythischen Fürsten zur Frau angeboten worden sei (Plut. Alex. 46, 3). Auch Alexanders Freund Lysimachos (Berve II 239 ff. nr. 480), der damals in seiner Nähe war, erklärte später auf Befragen, nichts von der Amazone zu wissen (Plut. Alex. 46, 4–5). Die Neueren verwerfen die Erzählung einhellig (Mederer 84 ff. Tarn 639 ff. Pagliaro 266 f.).

[7] *Nabarzanes und die Söldner* (1500 Mann): Arr. 3, 23, 4. 8–9. Curt. 6, 4, 8–14.

Bei seinem Feldzug im Elbursgebirge war Alexander durch vegetationsreiche Landschaften an die Küste des Kaspischen oder Hyrkanischen Meeres gelangt, von dem er den Eindruck hatte, daß es »nicht kleiner sei als der Pontos« (Schwarzes Meer). Er vermutete, daß das Kaspische Meer mit der Maiotis (Asowsches Meer) in Verbindung stehe, wie Aristoteles lehrte, während nach anderer, älterer Ansicht das Kaspische Meer als eine nördliche Bucht des Ozeans galt. Zum ersten Mal rechnete Alexander hier mit der Möglichkeit, am Ozean und damit am Rand der Welt zu stehen. Die geographische Erforschung des Kaspischen Meeres konnte jedoch erst für später geplant werden. Alle Entdeckungen dieser Art hingen für Alexander zugleich mit der politischen Frage der Grenzen seines künftigen Herrschaftsbereichs zusammen.[8]

Bevor Alexander von Zadrakarta zur Gewinnung der östlichen Satrapien und Bekämpfung der dortigen Gegner aufbrach (Spätsommer 330), ließ er alles entbehrliche Gepäck und Beutegut verbrennen, da die persische Königsstraße, der man folgte, durch Steppen und Wüsten führte. Nach mehr als 1600 Kilometern wurde Susia (Tus bei Meschhed) in der Satrapie Areia erreicht. Der Satrap Satibarzanes, der nach dem Tode des Dareios geflohen war, dann seine Unterwerfung angeboten hatte und von Alexander in seiner Stellung bestätigt worden war, erhob sich nun aufs neue und rüstete zum Widerstand in Artakoana, der Hauptstadt von Areia. Daher entschloß sich Alexander, von Susia nicht weiter östlich nach Baktrien vorzurücken, wo sein Rivale Bessos-Artaxerxes stand, sondern zunächst auf der nach Süden ab-

---

5, 23. Diod. 17, 76, 1–2. Altheim, Weltgesch. Asiens I 182 f.; Gesch. Mittelasiens 203 ff. Mit Nabarzanes kam Bagoas, ein Eunuch des Dareios, zu Alexander, der ihn unter seine zahlreichen Lustknaben (dazu Berve I 10 f., anders Tarn 633 ff., der Päderastie mit Homosexualität verwechselt) aufnahm (Curt. 6, 5, 23. Berve II 98 f. nr. 195). Bagoas (nach Tarn 295 f. 630 ff. eine erfundene Figur) wurde ein einflußreicher Freund und Günstling Alexanders (Plut. Alex. 67, 8; mor. 65 c. Athen. 13, 603 b. E. Badian, The Eunuch Bagoas, A Study in Method, Class. Quart. 8, 1958, 144 ff. Fox 368. 720). *Griechische Gesandte:* Arr. 3, 24, 4–5. Curt. 6, 5, 6–10. *Artabazos:* Arr. 3, 23, 7, vgl. oben S. 112. *Satrapen:* Arr. 3, 23, 4. 7. Berve II 96 f. nr. 189. 400 f. nr. 814. In Parthien war vorübergehend der Parther Amminapes als Satrap eingesetzt worden (Arr. 3, 22, 1. Curt. 6, 4, 25. Berve II 26 nr. 55). *Spiele:* Arr. 3, 25, 1.

[8] *Vegetationsreichtum:* Curt. 6, 4, 20–22. Diod. 17, 75, 2–7. Schachermeyr 306 f. *Kaspisches Meer:* Plut. Alex. 44, 1–2, dazu die Beschreibungen bei Curt. 6, 4, 18–19. Diod. 17, 75, 3. *Aristoteles:* Meteorol. 354 a 3. Tarn 164 f. 177 ff. *Bucht des Ozeans:* Curt. 6, 4, 19. Plut. Alex. 44, 2. Tarn 164. *Plan späterer Erforschung:* Arr. 7, 16, 1–2, vgl. unten S. 177. H. Endres, Geographischer Horizont u. Politik bei Alexander d. Gr. in den Jahren 330/323, Würzburg 1924, 7 ff.

zweigenden Straße gegen Satibarzanes vorzugehen. Überraschend erschien er vor Artakoana, das er durch Krateros belagern ließ und zur Übergabe zwang, während er selbst das umliegende Land unterwarf. Als Satrap von Areia wurde anstelle des Satibarzanes, der nach Baktrien entkam, der Perser Arsakes eingesetzt. Der Sicherung des Landes diente die Gründung der befestigten Stadt Alexandreia Areia (Herat) östlich von Artakoana.[9]

Da auch aus den südöstlich benachbarten Satrapien Drangiane und Arachosien neue Vorbereitungen zum Widerstand gemeldet wurden, mußte Alexander befürchten, daß hier eine allgemeine iranische Bewegung gegen ihn im Entstehen war. Unter diesen Umständen war eine Umkehr nach Norden zum Angriff auf Baktrien nicht möglich. Um im Rücken gesichert zu sein, mußte Alexander noch weiter nach Süden ausholen. Nach dem Eintreffen von 7000 Mann Nachschub von Westen rückte er in Drangiane ein. Der Satrap Barsaentes war nach Indien geflohen, so daß seine Residenz Phrada (Farah) ohne Kampf besetzt werden konnte (Herbst 330). Dagegen brachte der weitere Vormarsch in den Süden von Drangiane stärkere Verluste durch Winterkälte und Mangel an Lebensmitteln, bis sich in dem fruchtbaren Stammesgebiet der Arimaspen die Versorgungslage besserte. Als hier während eines längeren Aufenthalts die Nachricht eintraf, daß Satibarzanes mit baktrischer Reiterei, die er von Artaxerxes erhalten hatte, in Areia eingefallen sei, schickte Alexander einen starken Söldnerverband unter Erigyios zur Abwehr dorthin zurück. Erst nachdem Satibarzanes, der erste fähige Gegner Alexanders in Ostiran, bei diesen Kämpfen gefallen war, konnte Areia als befriedet gelten.[10] Alexander selbst wandte sich wieder nach

---

[9] *Verbrennung des Gepäcks:* Curt. 6, 6, 14–18, in späterem Zusammenhang bei Plut. Alex. 57, 1. Polyain. 4, 3, 10. Fox 721. Zur Chronologie des weiteren Vormarschs vgl. T. B. Jones, Alexander and the Winter of 330–329 B. C., Class. Weekly 28, 1935, 124f. *Susia:* Arr. 3, 25, 1. Kießling, RE 9, 1914, 485f. Schachermeyr 312, 358. *Satibarzanes:* Arr. 3, 25, 1–2. 5. Curt. 6, 6, 21–22. Diod. 17, 78, 1–2, vgl. oben S. 114. *Artakoana:* Arr. 3, 25, 6–7. Curt. 6, 6, 23–34. Diod. 17, 78, 2–3. W. Geiger, Ostiranische Kultur 72ff. *Arsakes:* Arr. 3, 25, 7. Berve II 80f. nr. 146. *Alexandreia Aria:* Plin. nat. hist. 6, 61. 93. Strab. 11, 516. Schachermeyr 314, 361. Fox 721.

[10] *Widerstand:* Curt. 6, 6, 20–21. *Nachschub:* Arr. 3, 25, 4. Curt. 6, 6, 35–36. *Barsaentes:* Arr. 3, 25, 8. Curt. 6, 6, 36, vgl. oben S. 114. *Phrada:* Arr. 3, 25, 8. Curt. 6, 7, 1. Diod. 17, 78, 4 (jeweils ohne Namen). Plut. mor. 328f. Steph. Byz. s. Phrada. Tarn 65ff. 505. 533ff. Schachermeyr 315, 362. Fox 722, vgl. unten S. 120. Zu *Drangiane* (Seistan) auch G. Gnoli, Ricerche storiche sul Sistan antico, Rom 1967, 31ff. P. Daffinà, L'immigrazione dei Saka nella Drangiana, Rom 1967, 88ff. Schachermeyr 315, 362. *Verluste:* Arr. 3, 28, 1. Curt. 7, 3, 12–18. Diod. 17, 81,

Nordosten, zog das Flußtal des Etymandros (Helmand) aufwärts und erreichte ohne Widerstand die Satrapie Arachosien,
die nach dem Eintreffen von Verstärkungen dem Makedonen
Menon unterstellt wurde. Zur Sicherung wurde auch hier eine
neue Hauptstadt Alexandreia (Kandahar) gegründet. Die Satrapie Gedrosien im Süden bot die Unterwerfung an. So konnte
Alexander unter Beibehaltung der nordöstlichen Marschrichtung seinem Ziel, dem baktrischen Widerstandsgebiet, jetzt ohne
weitere Umwege näherkommen. Nach Überwindung neuer Entbehrungen und Schwierigkeiten in den Stammesgebieten der
Paropamisaden gelangte das Heer schließlich an die Südhänge
des Paropamisos oder Kaukasos (Hindukusch). Hier wurde an
der Stelle eines alten persischen Lagers der Stützpunkt Alexandreia »am Kaukasos« gegründet, wo eine große Zahl ausgedien-
ter Soldaten zum Schutz der Gebirgspässe, die nach Baktrien
führten, sowie der Straße nach Indien angesiedelt wurden. Fast
2000 Kilometer waren von Susia bis hierher zurückgelegt
worden.[11]

Das Auftreten Alexanders und sein Verhältnis zum Heer hatten sich während dieser Zeit in mancher Hinsicht gewandelt.
Schon bald nach dem Tod des Dareios trug er zeitweilig persisch-
medische Tracht mit dem königlichen Stirnband (Diadem) und
siegelte seine Erlasse, soweit sie die Perser betrafen, mit dem
Ring des Dareios, als dessen Nachfolger er sich betrachtete. Bei
Empfängen war er von persischen Würdenträgern als Trabanten
umgeben und verlangte fußfällige Begrüßung (Proskynese).
Diese Übernahme des Hofzeremoniells und einheimischer Sitten

1. 82, 2–7. *Arimaspen:* Arr. 3, 27, 4–5. Curt. 7, 3, 1. 3. Diod. 17, 81, 1. Iust. 12, 5, 9.
Sie hießen demnach auch Euergeten (»Wohltäter«), weil sie einst das notleidende
Heer des Kyros unterstützten, wofür ihnen Alexander als »Kyrosfreund« (Strab.
11, 517) besondere Vergünstigungen erwies. Zu ihrer Landschaft Seistan vgl.
Schachermeyr 315. Fox 722. *Aufenthalt:* Curt. 7, 3, 3 (60 Tage). *Kämpfe mit
Satibarzanes:* Arr. 3, 28, 2–3. Curt. 7, 3, 2. Diod. 17, 81, 3. Neben Erigyios war
auch Artabazos (oben S. 115) mit der Führung des Abwehrkampfes beauftragt
(Arr. Curt. a. O. Berve II 83 f.).

[11] *Etymandros, Arachosien:* Arr. 3, 28, 1. 4, 6, 6. Curt. 7, 3, 4. Diod. 17, 81, 3.
Verstärkungen: Curt. 7, 3, 4 (12 000 Mann von Parmenion). Fox 721. *Menon:* Arr.
3, 28, 1. Curt. 7, 3, 5. Berve II 259 nr. 515. *Alexandreia* (Kandahar): Steph. Byz. s.
Alexandreiai. Berve I 293. Tarn 503. 525 (Lokalisierung weiter nordöstlich bei
Ghasni statt Kandahar). Daffina 103 ff. Fox 722. (Kandahar von arab. Iskander
= Alexander). *Gedrosien:* Diod. 17, 81, 2. *Paropamisaden:* Arr. 3, 28, 1. 4, 22, 4.
Curt. 7, 3, 5–11. Diod. 17, 82, 1–8. Iust. 12, 5, 9. *Alexandreia »am Kaukasos«:* Arr.
3, 28, 4. Curt. 7, 3, 19. 23. Diod. 17, 83, 1. Tarn 535 ff.; The Greeks in Bactria and
India, Cambridge² 1951, 460 ff. Fox 398. 722. Die Lage der Stadt, wohl nördlich
von Kabul, konnte bisher noch nicht bestimmt werden.

hatte sichtlich den Zweck, den Herrschaftsanspruch Alexanders zu legitimieren und die Perser dafür zu gewinnen. Bei den Makedonen war die Reaktion verschieden. Teils brachten sie Verständnis und Nachsicht dafür auf, teils äußerten sie versteckte oder offene Kritik und sogar Empörung über diese Verleugnung der eigenen angestammten Art und des Freiheitsbewußtseins. Alexander, der die Unzufriedenheit bemerkte, suchte sie durch Geschenke an die Soldaten, durch Legalisierung ihrer Konkubinate und andere Maßnahmen zu beheben, doch blieb der Zwiespalt im Grunde bestehen.[12]

Es scheint, daß ein schwerer Konflikt, der in Phrada zum Ausbruch kam, mit diesen Gegensätzen zusammenhing. Philotas, der Sohn Parmenions, der Anführer der makedonischen Reiterei und damit der ranghöchste Befehlshaber im Heer, wurde wegen des Verdachts einer Verschwörung gegen Alexander festgenommen und auf Grund eines Beschlusses der Heeresversammlung hingerichtet. Alexander hatte ihn wegen kritischer Äußerungen schon seit längerer Zeit überwachen lassen. Als nun Philotas den Attentatsplan eines Makedonen namens Limnos, der ihm gemeldet worden war, nicht rasch genug an Alexander weitergab, mußte dieser argwöhnen, daß ein Komplott in seiner nächsten Umgebung gegen ihn im Gange sei. Ebenso rasch, instinktiv und grausam wie damals nach dem Regierungsantritt, als Alexander seine Gegner und Rivalen aus dem Wege räumte, ließ er jetzt, da er seine persönliche Sicherheit bedroht sah, alle tatsächlich oder vermeintlich Schuldigen beseitigen. Auch an dem Schwiegersohn Antipaters, dem Fürstensohn Alexander aus der obermakedonischen Landschaft Lynkestis, wurde das Todesurteil vollstreckt, da er als möglicher Thronprätendent gelten konnte. Manche verübten Selbstmord oder flüchteten ins Gebirge. Andere wurden in eine militärische Strafeinheit zu besonderer Verwendung zusammengefaßt. Auch Parmenion fiel dem Säuberungsterror Alexanders zum Opfer. Da er in Ekbatana über starke Truppenverbände und Geldmittel verfügte, mußte verhindert werden, daß er auf die Nachricht vom Tode seines

[12] *Annahme persischer Königssitten und Reaktion der Soldaten:* Curt. 6, 6, 1–12. Diod. 17, 77, 4–7. Plut. Alex. 45, 1–4. 47, 5. Iust. 12, 3, 8–4. 11. Altheim, Weltgesch. Asiens I 195 ff. Bei Arrian findet sich nichts darüber. Alexander trug bei entsprechenden Anlässen das lange, weiße medische Gewand, doch ohne Obergewand mit Ärmeln und ohne persische Hosen. An seine Freunde verteilte er goldgestickte Purpurgewänder. Weiter werden dabei angeführt: zunehmender Tafelluxus, Einrichtung eines Harems, militärische Ausbildung junger Perser (Curt. 6, 6, 8. Diod. 17, 77, 6–7. Plut. Alex. 47, 6. Iust. 12, 3, 10–11).

Sohnes Philotas offen als Rebell auftrete. Alexander schickte daher Beauftragte, die auf Rennkamelen in zehn Tagen die Wüste geradewegs durchquerten, mit dem Geheimbefehl nach Ekbatana, Parmenion sofort zu töten, was auch geschah. Mit allen diesen Aktionen bis zum Mord an dem siebzigjährigen Parmenion, teils aus Psychose, teils aus kalter Berechnung, glaubte Alexander die altmakedonische Opposition beseitigt und zugleich der Gefahr für seine eigene Person vorgebeugt zu haben. Wie er darüber dachte, geht daraus hervor, daß er den Ort Phrada in Prophthasia (»Das Zuvorkommen«) umbenennen ließ. Das Heer war jetzt eingeschüchtert genug, seinen immer weiter gesteckten Zielen zu folgen.[13]

3. Besetzung Baktriens und Sogdiens

Im Anschluß an eine längere Rast des Heeres in dem neugegründeten Alexandreia »am Kaukasos« unternahm Alexander den Übergang über den Paropamisos (Hindukusch) nach Norden

[13] *Philotas:* Arr. 3, 26, 1–3 (nur knapp, weil sein Gewährsmann Ptolemaios, der seine Stellung bei Alexander durch den Sturz des Philotas verbesserte, manches verschwieg). Curt. 6, 7, 1–7, 1, 4. Diod. 17, 79, 1–80, 2. Plut. Alex. 48, 1–49, 12. Iust. 12, 5, 1–3, vgl. oben S. 52. Weigall 326 ff. *Heeresversammlung:* Curt. 6, 8, 23–11, 38. 7, 1, 10–2, 10. Diod. 17, 80, 1–2. Wilcken 154 sucht Alexander von der Verantwortung zu entlasten, indem er meint, die Schuld falle auf die Heeresversammlung, wenn die Verurteilung des Philotas ein Justizmord war. Die Versammlung, vor der Alexander selbst als Ankläger auftrat (Arr. 3, 26, 2. Curt. 6, 9, 1–24), konnte sich seinem Willen in dieser Situation jedoch nicht widersetzen. Nach Ed. Meyer, Kl. Schr. I² 301, konnte Alexander, gegen den sich eine Verschwörung gebildet habe, »nicht anders handeln«, ähnlich Kaerst I³ 427. Birt 167 (»Notwehr«), vgl. auch Pagliaro 233 ff. Milns 158 ff. Die Hinrichtung, der Folterungen zur Erzwingung von Geständnissen vorausgingen (Curt. 6, 11, 10–19. 31–34. 40. Diod. 17, 80, 2, von Berve II 296 bezweifelt, nach Schachermeyr 331 glaubhaft), erfolgte durch Speerwürfe (Arr. 3, 26, 3). Krateros und wohl auch andere, die mit Philotas verfeindet waren, bestärkten Alexander in seinem Verdacht (Curt. 6, 8, 2–10. 17, 11, 10–19. Plut. Alex. 48, 6; mor. 339 f. Berve II 222. Schachermeyr 329, 384). *Frühere Überwachung des Philotas:* Plut. Alex. 48, 4–49, 1 (durch seine Geliebte Antigone, Berve II 42 nr. 86). *Limnos:* Curt. 6, 7, 2–35. Diod. 17, 79, 1. Plut. Alex. 49, 3–9 (bei Curt. Diod. a. O. Dimnos, dazu K. Ziegler, Plutarchstudien XIX, Zu Alexander, Rhein. Mus. 84, 1935, 378 f.). Berve II 142 f. nr. 269. Daß der Attentatsplan dem Philotas gemeldet wurde, zeigt, daß dieser nichts direkt damit zu tun hatte (Fox 389). *Weitere Hinrichtungen:* Arr. 3, 27, 1–3. Curt. 6, 11, 34–38 (Steinigung). *Alexander von Lynkestis:* Curt. 7, 1, 5–9. Diod. 17, 80, 2. Berve II 17 ff. nr. 37. Er war schon zwei Jahre lang als Gefangener behandelt worden (Curt. Diod. a. O.). Nach seiner Hinrichtung soll Antipater in Makedonien, um sich zu sichern, Verbindung mit den Aitolern aufgenommen haben (Plut. Alex. 49, 14). *Selbstmörder und Flüchtige:* Curt. 6, 11, 20. *Strafeinheit* (»Die Unbotmäßigen«): Curt. 7, 2, 35–38. Diod. 17, 80, 4. Iust. 12, 5, 8. Berve I 154. Sie

(Frühjahr 329). Er wählte dafür nicht einen der westlichen Pässe, die in das Kerngebiet von Baktrien führen, sondern wohl den weiter östlich gelegenen Chawak-Paß (3548 Meter), von wo man beim Abstieg an den Oberlauf des Oxos (Amu-Darja) gelangt. Die schwierige Überschreitung des Hindukusch, dessen Nordseite in tiefem Schnee lag, in nur zwei Wochen, ist als eine besondere Leistung des Heeres und seiner Führung anzusehen. Dabei waren die geographischen Vorstellungen vom Hindukusch unklar. Er galt als Fortsetzung des Taurosgebirges in Kleinasien, auch glaubte man beim Übergang, an dem Felsen vorübergekommen zu sein, an den der mythische Prometheus im Kaukasos angeschmiedet gewesen sein soll. Daß man vom Hindukusch im Osten den Ozean sehen könne, wie Aristoteles gelehrt hatte, bewahrheitete sich nicht. Die Frage nach dem Ozean blieb offen, war aber jetzt nicht vordringlich.[14]

Bessos war inzwischen in den beiden Satrapien Baktrien und Sogdiane nördlich des Hindukusch als König Artaxerxes anerkannt worden. Mit Hilfe der einheimischen Fürsten Spitamenes, Dataphernes, Katanes, Oxyartes und anderer hatte er ein Heer aufgestellt, dessen Stärke vor allem die baktrischen Reiter waren. Artaxerxes verstand den Vorteil seiner Lage jedoch nicht auszunützen. Anstatt Alexander anzugreifen, dessen Heer vom Gebirgsübergang noch erschöpft war, erwartete er ihn weit westlich in Aornos (Taschkurgan), nachdem er das Land ringsum verwü-

---

wurden durch Briefzensur ausfindig gemacht (Curt. Iust. a.O.). *Parmenions Ermordung:* Arr. 3, 26, 3–4. Curt. 7, 2, 11–34. Diod. 17, 80, 1. 3. Plut. Alex. 49, 13. Iust. 12, 5, 3. Die Tat geschah nicht nach dem makedonischen Gesetz über Sippenhaftung (Curt. 6, 11, 20. Tarn 556ff. Schachermeyr 334, 392). *Beauftragte mit Geheimbefehl* (Polydamas): Arr. 3, 26, 3. Curt. 7, 2, 11–29. Diod. 17, 80, 3. Berve II 322ff. nr. 648. *Prophthasia:* Steph. Byz. s. Phrada. Plut. mor. 328f. Strab. 8, 514. 15, 723. Plin. nat. hist. 6, 61. 94. Tarn 67f. 505. 537. Zum Ende des Philotas und Parmenion vgl. allgemein Beloch VI² 1, 20ff. 2, 299. Berve II 304ff. 394ff. Wilcken 153ff. Tarn 65ff. Robinson 146f.; Alexander the Great and Parmenio, AJA 49, 1945, 422ff. Pagliaro 237ff. E. Badian, Alexander the Great and the Loneliness of Power, in: Stud. in Greek and Roman History, Oxford 1964, 193ff.; The Death of Parmenio, TAPhA 91, 1960, 324f. Milns 164ff. Seibert 140f. Schachermeyr 326ff. Fox 380ff. 721f.

[14] *Überschreitung des Hindukusch* (= »Indischer Kaukasus«): Arr. 3, 28, 4–9. Curt. 7, 3, 19–21. Diod. 17, 83, 1. Strab. 15, 725. Yorck v. Wartenburg, Übersicht 45. Ch. A. Robinson Jr., When Did Alexander Reach the Hindu Kush?, AJPh 51, 1930, 22ff. Tarn 69; Bactria 140. M. Cary-E. H. Warmington, Die Entdeckungen der Antike, Zürich 1966, 279. 382. Schachermeyr 318f., 336f.; 676ff. Fox 398ff. *Tauros:* Arr. 3, 28, 5. Curt. 7, 3, 20. *Felsen des Prometheus:* Arr. 5, 3, 1–3. Curt. 7, 3, 22. Diod. 17, 83, 1. Strab. 11, 505. Fox 400.722. *Ozean:* Aristot. meteorol. 350a 21f. Fox 401.

stet hatte. Wahrscheinlich wurde er davon überrascht, daß Alexander nicht über einen westlichen Paß gekommen war, sondern im Osten erschien und sich nach der Einnahme von Drapsaka (Kundus) in nördlicher Richtung dem Oxos näherte. Artaxerxes befürchtete jetzt, von Alexander umgangen zu werden, so daß er seine Stellung aufgab und sich über den Oxos nach Nautaka in Sogdiane zurückzog. Damit hatte er Baktrien kampflos aufgegeben. Alexander, der nun nach Westen vorrückte, konnte Aornos und die Hauptstadt Baktra (Balch) ohne Widerstand besetzen. Zum Satrapen Baktriens wurde der Perser Artabazos ernannt, den Alexander damit für seine Treue zu Dareios belohnen wollte.[15]

Beim Vormarsch von Baktra durch die Wüste an den Oxos zeigte sich bald, daß mit zunehmenden Schwierigkeiten in diesem Gebiet zu rechnen war. Es war die heißeste Jahreszeit, so daß der Wassermangel zu Verlusten führte und die Ordnung des Heeres sich aufzulösen begann. Alexander vermochte nur durch Markierung der Strecke mit Feuerzeichen sowie durch vorbildliches Verhalten, indem er etwa auf einen angebotenen Schluck Wasser verzichtete und immer wieder am Wege stehen blieb, bis die Versprengten eintrafen, das Heer am Oxos zu sammeln. Hier wurden nun aber zahlreiche Ältere und Untaugliche, fast 1000 Mann, entlassen und nach Makedonien und Griechenland zurückgeschickt. Der Übergang über den Oxos gelang auf Ledersäcken und Flößen, die zu diesem Zweck hergestellt wurden.[16]

Bei den Gegnern hatte das bedrohliche Vordringen Alexanders

---

[15] *Bessos-Artaxerxes:* vgl. oben S. 114. *Spitamenes, Dataphernes, Katanes, Oxyartes:* Arr. 3, 28, 10. 29, 6. 4, 22, 1. Curt. 7, 5, 19. 21. Berve II 359 ff. nr. 717. 129 nr. 246. 202 nr. 415. 292 f. nr. 587. Die Herkunft des Spitamenes, der entweder ein Baktrer (Arr. 7, 4, 6. Berve II 359) oder Sogdianer (Tarn 69) oder Perser (Strab. 11, 513. Fox 409. 723) war, ist unsicher. Oxyartes war der Vater der Rhoxane, mit der sich Alexander später vermählte, vgl. unten S. 134. *Baktrische Reiter:* Arr. 3, 28, 8. 10. Curt. 7, 4, 20. *Aornos:* Curt. 7, 4, 1–19. Diod. 17, 83, 7, dazu Tarn 69. *Verwüstung des Landes:* Arr. 3, 28, 8. *Drapsaka:* Arr. 3, 29, 1. *Rückzug des Artaxerxes über den Oxos:* Arr. 3, 28, 9. Curt. 7, 4, 21. Der Meder Bagodaras hatte ihm geraten, sich Alexander zu ergeben (Curt. 7, 4, 8–19 Cobares oder Gobares. Diod. 17, 83, 7. Berve II 99 nr. 196). Zur Beurteilung des erfolglosen Handelns des Artaxerxes vgl. auch Schachermeyr 339f. Fox 402. *Alexander in Aornos und Baktra:* Arr. 3, 29, 1. Curt. 7, 4, 31–32. Tarn, Bactria 114 ff. R. S. Young, The South Wall of Balkh-Bactra, AJA 59, 1955, 276 ff. (Befestigungen und Geschichte von Baktra). *Artabazos:* Arr. 3, 29, 1. Curt. 7, 5, 1; vgl. oben S. 115.

[16] *Vormarsch zum Oxos:* Arr. 3, 29, 2. Curt. 7, 5, 1–16. Diod. 17, ep. 19. *Feuerzeichen:* Curt. 7, 5, 13. *Alexander als Vorbild:* Curt. 7, 5, 10–12. 16. *Entlassungen:* Arr. 3, 29, 5. Curt. 7, 5, 27. Dazu gehörten auch die freiwillig im Heer verbliebenen Thessaler (Arr. a. O.). Die Geldgeschenke an die Heimkehrer waren

eine ähnliche Entwicklung zur Folge, wie sie seinerzeit zur Preisgabe des Dareios geführt hatte. Artaxerxes, dessen Erfolglosigkeit und Unfähigkeit offenkundig geworden war, wurde von seinen Anhängern Spitamenes und Dataphernes festgenommen und der Königswürde entkleidet. Sie boten Alexander seine Auslieferung an, wohl in der Erwartung, dadurch Vorteile für sich zu erlangen. Alexander entsandte Ptolemaios, den er seit dem Sturz des Philotas stärker heranzog, mit einer Heeresabteilung an den vereinbarten Ort, wo die Übergabe des Gefangenen erfolgte. Er wurde nach Baktra verbracht, dort auf Befehl Alexanders nach persischer Art als Usurpator verstümmelt und dann dem Bruder des Dareios, Oxyathres, übergeben, der ihn in Ekbatana grausam hinrichten ließ. Das persische Königtum der Achaimeniden hatte damit sein Ende gefunden.[17]

Auch durch die Auslieferung des Bessos ließ sich Alexander nicht von dem Ziel abbringen, die Satrapie Sogdiane vollständig zu unterwerfen und den Jaxartes (Syr-Darja), den nordöstlichen Grenzfluß des Perserreiches, zu erreichen. Als sich das Heer jedoch bei der schwierigen Suche nach Proviant und Futter in selbständige Trupps teilte, zeigte sich feindlicher Widerstand. Bei Überfällen konnten die Sogder zahlreiche Gefangene machen. Eine Bergfestung der Sogder mußte erstürmt werden, wobei Alexander durch einen Pfeilschuß am Bein verwundet wurde, so daß er gezwungen war, sich in einer Sänfte tragen zu lassen, bis er in die Hauptstadt Marakanda (Samarkand) am Fluß Polytimetos (Sarafschan) gelangte. Von hier aus wurde nach weiteren 300 Kilometern in nordöstlicher Richtung über die einst von dem persischen Reichsgründer angelegte Grenzstadt Kyropolis der Jaxartes erreicht (Sommer 329).[18]

zwei- bis dreifach so hoch wie bei den Entlassenen von Ekbatana (Curt. a. O., vgl. oben S. 109). *Übergang über den Oxos in fünf Tagen:* Arr. 3, 29, 3–4. Curt. 7, 5, 17–18. Die Flußboote hatte Artaxerxes verbrennen lassen (Arr. 3, 28, 9. Curt. 7, 4, 21).

[17] *Festnahme, Absetzung, Auslieferung des Artaxerxes-Bessos:* Arr. 3, 29, 6–30, 5 (nach Ptolemaios). Curt. 7, 5, 19–26. Diod. 17, 83, 8. Iust. 12, 5, 10. Nach Diod. a. O. nahmen ihn die »obersten Befehlshaber« fest, nachdem ihnen Alexander Geschenke versprochen habe. Alexander ließ Bessos nackt an den Straßenrand stellen und fragte ihn beim Vorbeifahren, warum er Dareios ermordet habe (Arr. 3, 29, 3–4. Curt. 7, 5, 36–39). Wirth 38f. (Absichten der Ausliefer). *Verstümmelung des Bessos* (Abschneiden der Nase und Ohren): Arr. 4, 7, 3–4 (von Arrian als »barbarische, blinde Nachahmung persischer Sitten« getadelt). *Hinrichtung durch Oxyathres:* Arr. 4, 7, 3. Curt. 7, 5, 40–43 (Kreuzigung). Diod. 17, 83, 9. Plut. Alex. 43, 6 (Zerstückelung). Iust. 12, 5, 11.

[18] Zu *Sogdien* vgl. F. v. Schwarz, Alexander des Großen Feldzüge in Turkestan,

Alexander war sich darüber klar, daß er hier an einem Grenz- und Wendepunkt stand. Es war ihm bekannt, daß in den Steppengebieten nördlich des Jaxartes bis weit nach Westen zum Schwarzen Meer und zur Donaumündung die zahlreichen Reiterstämme der Skythen lebten, gegen die einst Kyros und Dareios I. unglücklich gekämpft hatten. Die Nordgrenze der Satrapie Sogdiane zwischen Oxos und Jaxartes war daher von den Persern durch eine Reihe von sieben befestigten Städten gegen die Einfälle der skythischen Massageten und Saken, die hier immer drohten, gesichert worden. Für die Sogder waren diese Festungen und ihre Besatzungen jedoch vor allem das Zeichen der Perserherrschaft in ihrem Lande. Alexander hatte als Nachfolger der persischen Könige also die doppelte Aufgabe übernommen, die Grenze gegen die Skythen zu halten und zugleich Sogdiane zu beherrschen. Ein skythischer Stammesfürst, der Verhandlungen anbot, erhielt die Zusicherung, daß er unbehelligt bleiben werde, wenn er den Jaxartes nicht überschreite. Die Gründung einer Alexanderstadt am Südufer des Flusses wurde geplant. Zugleich bekamen die alten Grenzfestungen makedonische Besatzungen. Die sogdischen Anführer wurden aufgefor-

Stuttgart[2] 1906, 24 ff. Bretzl 221 ff. 345 ff. Altheim, Alexander in Asien 68 ff. Tarn, Bactria 102 ff. Altheim-Stiehl, Geschichte Mittelasiens 121 ff. 162 ff. Schachermeyr 336 ff., vgl. über das Gebiet am Unterlauf des Oxos (Choresmien) auch B. Spuler, Chwarizms (Choresmiens) Kultur, Historia 1, 1950, 601 ff. Tarn, Bactria 478 ff. S. P. Tolstow, Auf den Spuren der altchoresmischen Kultur, Berlin 1953. B. Rubin, Die Entstehung der Kataphraktenreiterei im Lichte der chorezmischen Ausgrabungen, Historia 4, 1955, 264 ff. Pagliaro 267 f. Fox 415 f. 723. *Proviantsuche, Überfälle*: Arr. 3, 30, 10. Curt. 7, 6, 1–2. Die Erzählung, daß Alexander in diesem Gebiet die Stadt der Branchiden (Nachkommen der Priesterschaft von Didyma bei Milet, die sich einst Xerxes angeschlossen hätten und hier angesiedelt wurden) zerstört habe und die Bewohner töten ließ (Curt. 7, 5, 28–35. Diod. 17, ep. 20. Strab. 11, 517–518. Plut. mor. 557 b), gilt als unglaubwürdig (Ed. Meyer, Kl. Schr. I[2] 268, 1. Tarn 70.559 ff., anders v. Schwarz 37 f., zweifelnd Fox 722). *Verwundung Alexanders*: Arr. 3, 30, 11 (Wadenbein). Curt. 7, 6, 3–7. Plut. Alex. 45, 5 (gesplittertes Schienbein). *Sänfte*: Curt. 7, 6, 8–9. *Marakanda, Polytimetos* (der »Wertvolle«, weil goldführend): Arr. 3, 30, 6. Curt. 7, 6, 10. Strab. 11, 517. 518. v. Schwarz 41 ff. Fox 407. *Jaxartes*: Arr. 3, 30, 7 (Tanais; Orxantes nach Aristobul). Curt 7, 5, 36 (Tanais). Plut. Alex. 45, 6 (Orexartes). Iust. 12, 5, 12 (Tanais). Strab. 11, 518 (Jaxartes). Plin. nat. hist. 6, 49 (Jaxartes, skythisch Silis oder Sitis, Sytis). v. Schwarz 45 ff. Daß Alexander glaubte, es sei der gleiche Fluß wie der Tanais (Don), der ins Asowsche Meer mündet (Plut. Plin. a. O.), braucht nicht bezweifelt zu werden (Endres 8. Jacoby, Komm. zu FGrH II p. 515). Erst später wußte man, daß es zwei verschiedene Flüsse sind (Arr. 3, 30, 8). Schon früher war bekannt, daß Oxos und Jaxartes in dasselbe »Meer« münden (Strab. a. O.), doch unterschied auch Alexander noch nicht den Aralsee vom Hyrkanischen oder Kaspischen Meer (Arr. Strab. a. O.), vgl. dazu Tarn 169 ff.

dert, sich in Baktra zur Rückkehr Alexanders zu versammeln, bevor er nach Süden weiterziehe.[19]

4. Niederwerfung der sogdisch-baktrischen Erhebung

Doch dieses Programm machte unerwartete Schwierigkeiten. Zwei Jahre lang, seine schwersten Kriegsjahre, hatte Alexander in Sogdiane zu kämpfen, bis er Herr des Landes war. Die Sogder hatten gehofft, nach der Besiegung der Perser durch Alexander die Unabhängigkeit zu erlangen. Deshalb hatten sie wohl auch Bessos an Alexander ausgeliefert. Als die Städte aber nun makedonische Besatzungen erhielten und in Baktra die weiteren Befehle Alexanders empfangen werden sollten, war es den Sogdern klar, daß an die Stelle der alten Fremdherrschaft eine neue treten sollte. In ganz Sogdiane und in Teilen Baktriens kam es zum Aufstand. Die Führung übernahm Spitamenes, von dem Alexander geglaubt hatte, daß er fest auf seiner Seite stehe. Spitamenes, der in militärischer Hinsicht wohl der Fähigste aller Gegner Alexanders war, ließ sich nicht wie Bessos zum Perserkönig ausrufen, sondern trat als Freiheitskämpfer der Sogder und Baktrier auf (Herbst 329).

Die Erhebung begann damit, daß alle makedonischen Besatzungen in den Städten überwältigt und niedergemacht wurden. Alexander, der auf diese Nachricht die Gefährlichkeit der Lage erkannte, brach die Stadtgründung am Jaxartes ab und zog sogleich gegen die abgefallenen Sogder, deren Städte nacheinander erobert wurden. Ihre gesamte männliche Bevölkerung wurde auf ausdrücklichen Befehl Alexanders getötet. Kyropolis, das besonders stark befestigt war, wurde zunächst von Krateros belagert, dann von Alexander im Sturm genommen, wobei er selbst am Hals verwundet wurde und weggetragen werden mußte. Inzwischen hatte Spitamenes die Hauptstadt Marakanda besetzt. Da

---

[19] Über die *Perser in Sogdiane* vgl. Schachermeyr 122. 342. Fox 407f. Der Reichsgründer Kyros war im Kampf mit den Massageten westlich des Jaxartes gefallen. *Skythischer Stammesfürst* (Stamm der »Abier«): Arr. 4, 1, 1–2. Curt. 7, 6, 11–12. Es geht daraus hervor, daß Alexander den Jaxartes nicht nur als Grenze des Reiches der Achaimeniden, sondern auch als Grenze seines Reiches ansah (Niese I 118). Er ließ jedoch bei den Verhandlungen das Gebiet und die Verhältnisse der Skythenstammes »erkunden« (Arr. Curt. a. O.), vgl. v. Schwarz 54 ff. 70 ff. allgemein über Skythen und Massageten. *Plan der Stadtgründung:* Arr. 4, 1, 3–4. 2, 1. Curt. 7, 6, 13, vgl. unten S. 126. *Makedonische Besatzungen:* Arr. 4, 1, 4. Curt. 7, 6, 10. Tarn 70. *Versammlung der Sogder in Baktra:* Arr. 4, 1, 5.

zugleich gemeldet wurde, daß die skythischen Saken die Bauarbeiten für die Stadtgründung am Jaxartes bedrohten, entschloß sich Alexander, zuerst dorthin zurückzukehren und gegen Spitamenes eine Heeresabteilung von 2000 Mann zu entsenden.[20]

In knapp drei Wochen wurde an der Stelle des Lagerplatzes die neue Stadt Alexandreia am Jaxartes erbaut, auch Äußerstes Alexandreia genannt (Alexandreia Eschate, heute Leninabad, früher Chodschent). Um das Werk zu beschleunigen, hatte Alexander die einzelnen Abschnitte der mehr als zehn Kilometer langen Umfassungsmauer aus Lehmziegeln verschiedenen Bautrupps des Heeres zugeteilt. Der Hauptzweck der Gründung, die ein starkes Bollwerk bildete, war der Grenzschutz gegen die Steppenvölker, die hier schon den Persern immer gefährlich gewesen waren. Als Siedler wurden ausgediente makedonische Soldaten, griechische Söldner und freigelassene Gefangene eingesetzt, auch Bewohner aus den Orten der Umgebung herangezogen. Opfer und athletische Spiele beschlossen den Gründungsakt.[21]

Die Haltung der Saken am nördlichen Ufer des Jaxartes wurde inzwischen immer herausfordernder. Um sie abzuschrecken, griff Alexander sie an, obwohl er infolge seiner letzten Verwundung noch nicht aufrecht stehen konnte und auch der Opferpriester Aristander von dem Unternehmen abriet. Auf Flößen und Schlauchbooten wurde der Fluß überschritten, wobei die mitgeführten Schleudergeschütze in Tätigkeit gesetzt wurden, deren Geschosse den Feind vom Ufer vertrieben, so daß ein Brückenkopf gebildet werden konnte. Die Schlacht am Jaxartes, die sich darauf entfaltete, verlief für die Saken unter Führung des Karthasis zunächst erfolgreich. Nach skythischer Taktik umschwärmten sie die an Land gegangenen Abteilungen, beschossen sie mit Pfeilen und ritten ohne eigene Verluste rasch wieder ab, um sich an anderer Stelle neu zum Angriff zu formieren. Doch Alexan-

[20] *Erhebung der Sogder, Überwältigung der Besatzungen:* Arr. 4, 1, 4–5. Curt. 7, 6, 13–15. *Abbruch der Stadtgründung, Zug gegen abgefallene Sogder:* Arr. 4, 2, 1 (zuerst gegen Gaza). 3–3, 1. 5. Curt. 7, 6, 13. 16–19. Diod. 17, ep. 21. *Kyropolis:* Arr. 4, 2, 2. 3, 1–4. Curt. 7, 6, 16. 19–23. Plut. Alex. 45, 5 (vorübergehende Erblindung Alexanders als Folge der Verwundung). v. Schwarz 51 ff. *Spitamenes in Marakanda, Entsendung einer Heeresabteilung:* Arr. 4, 3, 7. Curt. 7, 6, 24. *Drohung der Skythen, Rückkehr zum Jaxartes:* Arr. 4, 3, 6. 4, 1. Curt. 7, 6, 25.

[21] *Stadtgründung, Mauer und Bauweise:* Arr. 4, 4, 1. Curt. 7, 6, 25–26. Iust. 12, 5, 12 (fälschlich »jenseits« des Flusses). v. Schwarz 47 ff. *Name Eschate:* Appian. Syr. 57. *Zweck der Gründung:* Arr. 4, 1, 3. Berve I 293. Tarn 522; Bactria 116 ff. Cary-Warmington 280. Fox 408. *Siedler:* Arr. 4, 4, 1. Curt. 7, 6, 27. Iust. a.O. *Opfer und Spiele:* Arr. a.O. Zur späteren Geschichte der Stadt vgl. Tarn 504.538 (Erneuerung durch Antiochos I. und Umbenennung in »Antiocheia in Skythien«).

der, dem diese Kampfesweise nicht unbekannt war, hatte schon
vorher leichte Reiterei aufgestellt, die den Gegner mit seinen
eigenen Waffen bekämpfen sollte. Es gelang, die Masse der Saken
in ein Gefecht berittener Bogenschützen zu verwickeln, worauf
die schweren makedonischen Reiter und das Fußvolk herangeführt wurden. Die Saken, die jetzt starke Verluste erlitten, konnten keine neue Schwenkung mehr ausführen und wandten sich
zur Flucht. Alexander, der trotz seiner Schwäche die Schlacht
geleitet und eine Zeitlang zu Pferd mitgekämpft hatte, brach die
Verfolgung bald ab und ließ sich ins Lager zurücktragen. Er hatte
seine überlegene Führung aufs neue bewiesen, die Schwierigkeiten gemeistert und auch diese Gegner mit ihrer andersartigen
Taktik geschlagen. Die Abgesandten der Saken, die nach der
Schlacht eintrafen, boten die Unterwerfung an. Am nördlichsten
Punkt, der erreicht worden war, ließ Alexander Altäre für Dionysos errichten, die wohl zugleich Grenzmale seines Herrschaftsbereichs gegen das skythische Steppengebiet darstellten.[22]

Inzwischen hatte die Heeresabteilung, die Alexander gegen
Spitamenes entsandt hatte, unter dem Befehl des Lykers Pharnuches die Stadt Marakanda erreicht. Spitamenes zog sich nach
Osten bis an die Grenze Sogdiens zurück, worauf ihm Pharnuches folgte. Es kam zur Schlacht am Flusse Polytimetos, die mit
der völligen Niederlage der Makedonen endete, der schwersten,
die das Heer Alexanders erlitt. Spitamenes, der seine Truppen
durch skythische Reiter verstärkt hatte, brachte durch rasche
und wechselnde Angriffe den Gegnern, die zur Abwehr ein
Karree gebildet hatten, zunehmende Verluste bei, bis sie bei dem
Versuch, über den Fluß zu entkommen, vollends aufgerieben
wurden. Die Niederlage der Makedonen war weniger durch die
Uneinigkeit der makedonischen Unterführer als durch die Fähigkeit und überlegene Taktik des Spitamenes herbeigeführt
worden.[23]

[22] *Herausforderung durch die Saken:* Arr. 4, 3, 6. 4, 2. Curt. 7, 7, 1. *Gesund-
heitszustand Alexanders:* Curt. 7, 7, 5–6. 18, vgl. oben S. 125. *Aristander:* Arr. 4, 4,
3. Curt. 7, 7, 8–29. Berve I 91 f. II 62 f. nr. 117. *Überfahrt:* Arr. 4, 4, 2–5. Curt. 7, 8,
1–7. 9, 2–8 (Alexander auf dem ersten Floß). *Schlachtbeschreibung:* Arr. 4, 4, 6–7.
Curt. 7, 9, 9–12. Tarn 71 f. Fuller 238 ff. Milns 172 ff. Fox 412 f. *Verfolgung und
Rückkehr:* Arr. 4, 4, 8–9 (weitere Erschöpfung Alexanders infolge Darminfektion
durch schlechtes Wasser). Curt. 7, 9, 13–16. *Gesandte der Saken:* Arr. 4, 5, 1. Curt.
7, 8, 12–30 (Rede). 9, 17–19. *Dionysosaltäre:* Curt. 7, 9, 15. Plin. nat. hist. 6, 49.
Oros. 1, 2, 5. v. Schwarz 60 f. Tarn 232.249; JHS 60, 1940, 92. Fox 413.
[23] *Heeresabteilung unter Pharnuches:* Arr. 4, 5, 3. Curt. 7, 7, 30, vgl. oben
S. 126. Berve II 380 f. nr. 768. *Schlacht am Polytimetos:* Arr. 4, 5, 4–9 (wohl nach

Alexander, der schon vor der Überschreitung des Jaxartes von dem Rückschlag erfahren hatte, brach so bald wie möglich mit leichtbeweglichen Verbänden nach Marakanda auf, während der übrige Teil des Heeres unter Krateros folgte. Nach drei Tagen war die Stadt erreicht, doch Spitamenes, der sich aufs neue dort festgesetzt hatte, wich wiederum nach Osten aus, ohne sich zum Kampf zu stellen. Alexander mußte die Verfolgung am Rand der Wüste abbrechen, ließ die Gefallenen am Polytimetos bestatten und die männliche Bevölkerung der ganzen Gegend aus Rache töten. Dann ging er über den Oxos nach Baktrien zurück, um in Baktra Winterquartiere zu beziehen (Winter 329/28). In Sogdiane wurden 3000 Mann unter Peukolaos als Besatzung zurückgelassen. Das Jahr hatte keine Entscheidung im Kampf mit Spitamenes gebracht.[24]

Das Heer Alexanders hatte sich trotz wiederholten Zuzugs zahlenmäßig immer mehr verringert, erhielt aber jetzt während des Aufenthalts in Baktra die dringend notwendige Verstärkung aus dem Westen. Aus Griechenland trafen 8000 Söldner ein, die Antipater angeworben hatte. Weitere 11000 Mann kamen aus Kleinasien und Syrien, geführt von Nearchos, Asandros und anderen. Die Griechen und die Orientalen überwogen damit im Heer mehr und mehr gegenüber den Makedonen. Für die bevorstehenden Kämpfe gliederte Alexander das Heer jetzt noch deutlicher in selbständige Einheiten, um der Taktik des Gegners bei der Unterwerfung Sogdiens erfolgreicher begegnen zu können.

Ptolemaios). 4, 6, 1–2 (nach Aristobul). Curt. 7, 7, 31–39. v. Schwarz 61 ff. Berve II 359 f. 381. Pagliaro 265 f. Wirth 40 (»erste Niederlage« Alexanders). Schachermeyr 346. Fox 413 f. Aus makedonischer Sicht war vor allem die Uneinigkeit zwischen Pharnuches und den Unterführern Andromachos, Karanos und Menedemos (Berve II 38 nr. 75. 200 f. nr. 412. 256 nr. 504) an der Niederlage schuld (Arr. 4, 5, 7. 6, 1–2), auch wird betont, daß das Heer in einen Hinterhalt geraten sei (Arr. 4, 6, 1. Curt. 7, 7, 31). Nach Arr. 4, 3, 7 hatte es aus 1500 Söldnern zu Fuß, 800 zu Pferd und 60 Hetairenreitern bestanden, wovon nur 300 Mann zu Fuß und 40 Reiter entkamen (Arr. 4, 6, 2). Nach Curt. 7, 6, 24 waren es 3000 Mann zu Fuß und 800 Reiter, wovon 2000 Mann zu Fuß und 300 Reiter fielen (Curt. 7, 7, 39. 9, 21).

[24] *Eintreffen der Nachricht von der Schlacht am Polytimetos:* Arr. 4, 6, 2. Curt. 7, 7, 39–8, 1. Den Überlebenden wurde von Alexander bei Todesstrafe verboten, die Nachricht weiterzuverbreiten (Curt. 7, 7, 39). *Zug vom Jaxartes nach Marakanda* (ca. 300 km in drei Tagen und Nächten): Arr. 4, 6, 3–4. Curt. 7, 9, 20–21. v. Schwarz 63 ff. *Krateros:* Curt. 7, 9, 20. 22. Berve II 222. *Verfolgung des Spitamenes, Bestattung der Gefallenen, Racheakte:* Arr. 4, 6, 4–5. Curt. 7, 9, 21–22. 10, 4–9. *Winterquartier in Baktra:* Arr. 4, 7, 1 (Zariaspa = Baktra, dazu v. Schwarz 65 ff. F. Reuß, Hellenistische Beiträge 1, Bactra und Zariaspa, Rhein. Mus. 62, 1907, 591 ff. Kaerst I³ 438, 2. Pagliaro 263 f. Schachermeyr 347, 414). Curt. 7, 10, 10. *Besatzung in Sogdien unter Peukolaos:* Curt. 7, 10, 10. Berve II 319 nr. 636.

Zu diesem Zweck wurden in Baktra auch Bündnisse mit den Skythen und den Chorasmiern geschlossen. Auf den Vorschlag der Vermählung mit einer skythischen Fürstentochter, die ihm angetragen wurde, ging Alexander jedoch nicht ein. Auch auf das Angebot des chorasmischen Fürsten Pharasmanes, der das Gebiet zwischen Aralsee und Kaspischem Meer beherrschte, Alexander an die Nordküste des Schwarzen Meeres zu führen, so daß er die Verbindung zwischen Baktrien und Thrakien herstellen könne, verzichtete Alexander, mit der Begründung, daß er erst später vom Hellespont aus zum Schwarzen Meer vordringen werde, zuerst aber nach Indien ziehen wolle, um damit ganz Asien zu beherrschen.[25]

Am Ende des Winters überschritt Alexander zum zweiten Mal den Oxos nach Norden (Frühjahr 328), um endlich den Widerstand in Sogdien zu brechen. Mit fünf selbständigen Heeresgruppen, von denen eine von Alexander selbst, die anderen von Hephaistion, Perdikkas, Koinos und Artabazos, Ptolemaios befehligt wurden und die sich in Marakanda wieder vereinigten, konnte das Gebiet zwischen Oxos und Polytimetos großenteils unterworfen werden. In Marakanda wurden die Aufgaben neu verteilt. Während Alexander gegen weitere Stützpunkte der Aufständischen zog, wurde Hephaistion mit der Befestigung und Neubesiedlung der eroberten Plätze beauftragt und Koinos nach Westen gegen Spitamenes entsandt. Doch Spitamenes gelang es, seine Gegner zu täuschen und dadurch neue Erfolge zu erringen. Als er hörte, daß Alexander wieder in Sogdien operierte und nur schwache Kräfte in Baktrien zurückgelassen hatte, wandte er sich mit seinem Reiterheer, das hauptsächlich aus skythischen Massa-

[25] *Verstärkung und Neugliederung des Heeres in Baktra:* Arr. 4, 7, 2. Curt. 7, 10, 11–12. Berve I 108 ff. 182. Tarn 86. Altheim, Weltgeschichte Asiens I 184 ff. P. A. Brunt, Alexanders's Macedonian Cavalry, JHS 83, 1963, 27 ff. G. T. Griffith, A Note on the Hipparchies of Alexander, JHS 83, 1963, 68 ff. E. Badian, Orientals in Alexander's Army, JHS 85, 1965, 160 f. Schachermeyr 357 ff. (»baktrische Heeresreform«). Fox 414 f. *Nearchos, Asandros:* Arr. a. O., vgl. oben S. 68. 70. *Bündnisse mit Skythen und Chorasmiern:* Arr. 4, 15, 1–5. Curt. 8, 1, 7–10. *Vermählungsantrag:* Arr. 4, 15, 2. 5. Curt. 8, 1, 9. *Angebot des Pharasmanes:* Arr. 4, 15, 4–5. Curt. 8, 1, 8. *Alexanders Feldzugspläne für das Schwarze Meer und für Indien:* Arr. 4, 15, 6. Tarn 74. Fox 416 (»zum erstenmal ... die Ansicht vertreten, Asien schließe auch Indien ein«). Während des Aufenthalts in Baktra wurden auch die abtrünnigen Satrapen Arsakes oder Arsames von Areia und Barzanes von Parthien, die niedergeworfen worden waren, als Gefangene überbracht und wohl hingerichtet (Arr. 4, 7, 1. Berve II 81. 102. 401. Tarn 73, vgl. oben S. 117). Ebenso wurde hier das Verfahren gegen Bessos durchgeführt (Arr. 4, 7, 3–5 mit persönlicher Kritik Arrians. Curt. 7, 10, 10, vgl. oben S. 123).

geten bestand, nach Süden, um in Baktrien einzufallen und Alexander damit im Rücken zu bedrohen. Eine makedonische Grenzbesatzung unter Attinas wurde niedergemacht, worauf Spitamenes vor Baktra erschien. Er forderte die dortige Besatzung zum Kampf heraus, überwältigte sie in einem Hinterhalt und zog mit reicher Beute ab. Krateros, der auf die Nachricht von diesen Niederlagen mit einer Reitertruppe heraneilte, brachte in einem Gefecht nahe der Grenze den Abziehenden zwar Verluste bei, konnte aber nicht verhindern, daß Spitamenes mit dem Hauptteil seines Heeres in die Massagetensteppe entkam. Doch schien wenigstens Baktrien durch Krateros wieder gesichert.[26]

Die unentschiedene und ungünstige Situation wird durch eine böse Episode beleuchtet, die sich im Sommer dieses Jahres (328) in Marakanda abspielte, wo Alexander bei einem Trinkgelage seinen Lebensretter vom Granikos, Kleitos, mit eigener Hand erstach. Kleitos, der schon unter Philipp gekämpft hatte und altmakedonisch gesinnt war, hatte nach der Hinrichtung des Philotas den Befehl über einen Teil der Hetairenreiterei erhalten und sollte jetzt die Satrapie Baktrien übernehmen. Diese Ernennung, die vielleicht nur aus Altersgründen erfolgte, jedenfalls aber Kleitos von der Teilnahme an den weiteren Feldzügen ausschloß, scheint dieser als Zurücksetzung empfunden zu haben. Am Abend, bevor Kleitos nach Baktrien abrücken sollte, geriet

---

[26] *Zweite Überschreitung des Oxos:* Arr. 4, 15, 7–8. Curt. 7, 10, 13–14. Dabei wurde am Südufer des Flusses eine »Ölquelle« entdeckt, die als »Wunder« angesehen und von Seher Aristander als Hinweis auf bevorstehende Mühen und zugleich auf einen Sieg gedeutet wurde (Arr. a. O. nach Ptolemaios. Plut. Alex. 57, 5–9 »Freude Alexanders über diese größte Zeichen von der Gottheit«). Alexander versäumte nicht, ein Opfer darzubringen. Als erster Europäer hatte er Erdöl im iranischen Raum gefunden. Da es noch keine besondere Bezeichnung dafür gab, benannte man es mit dem Wort für Olivenöl (élaion, ἔλαιον, Arr. a. O., dazu Tarn 75. Fox 417). *Fünf Heeresgruppen:* Arr. 4, 16, 2–3. Curt. 8, 1, 1 (3 Gruppen). Als Befehlshaber in Baktrien wurden Polyperchon und andere zurückgelassen (Arr. 4, 16, 1. Berve II 325 f. nr. 654). *Neugliederung in Marakanda:* Arr. 4, 16, 3. Curt. 7, 10, 15–16. *Erfolge des Spitamenes:* Arr. 4, 16, 4–7 Curt. 8, 1, 3–5. Berve II 95 nr. 185 (Attinas). 360. Bei Baktra fiel auch Aristonikos von Olynth, der berühmteste Kitharöde seiner Zeit, der zum Hoflager gehörte und mitkämpfte, wofür ihm Alexander in Delphi eine Statue mit Kithara und Lanze errichten ließ (Arr. 4, 16, 6–7. Polyain. 5, 44, 1. Plut. mor. 334 f. Athen. 10, 435 b. Berve II 68 nr. 132). *Krateros:* Arr. 4, 17, 1–2. Curt. 8, 1, 6. Da er keine der fünf Heeresgruppen in Sogdien befehligte (oben S. 129), war er entweder in Baktrien zurückgeblieben (Berve II 222) oder wahrscheinlich nach Margiane im Westen entsandt worden, wo er in Alexanders Auftrag anscheinend die Stadt Alexandreia (Merw) am Murgab gründete (Schachermeyr 349, 416, zustimmend Fox 426. 723, vgl. Arr. 4, 18, 1. Tarn 503 f.).

er, von dem schweren einheimischen Wein berauscht, beim Gelage in zunehmend heftigen Streit mit Alexander, dem er offen vorwarf, er setze die Makedonen, denen er doch alles verdanke, hinter den Persern zurück und verleugne Philipp, wenn er sich als Sohn des Ammon bezeichne. Alexander, gleichfalls vom Wein erhitzt, beherrschte sich zunächst und entgegnete auf die Anwürfe mit Ironie. Als aber Kleitos höhnend fortfuhr, der König möge sich doch mit Barbaren und Sklaven zusammensetzen, die ihn anbeten, griff Alexander, schwer beleidigt, zum Dolch und bemerkte im gleichen Augenblick, daß er ohne Waffe war. Ein Mann der Leibwache hatte den Dolch, als der Streit begann, aus Vorsicht beiseite geschafft. Alexander, der sich plötzlich einem Komplott gegenüber wähnte, fürchtete in jähem Entsetzen um seine Sicherheit und vermutete, man wolle ihm das Schicksal des Dareios bereiten. Auf makedonisch – ein Zeichen höchster Erregung – rief er nach Waffen, ergriff die Lanze eines Wächters und durchbohrte damit Kleitos. Als er wieder zur Besinnung kam, überkam ihn maßlose Reue. Er mußte vom Selbstmord zurückgehalten werden, lag stöhnend am Boden und schloß sich tagelang ein. Der Mord an Kleitos bedeutete für Alexander wohl die schwerste persönliche Krise seines Lebens.[27]

[27] *Ermordung des Kleitos:* Arr. 4, 8, 1–9, 9. Curt. 8, 1, 19–2, 12. Diod. 17, ep. 27. Plut. Alex. 50, 1–52, 6. Iust. 12, 6, 1–17. Schol. Lukian. dial. mort. 13, 5. Wilcken 155 ff. Ed. Meyer, Kl. Schr. I² 301 ff. Berve II 207 f. Robson 156 ff. Tarn 76 ff. Schachermeyr 362 ff. Fox 418 ff. Seibert 141 ff. mit weiterer Lit., vgl. noch besonders F. Cauer, Philotas, Kleitos, Kallisthenes, Jahrb. f. class. Philol. Suppl. 20, 1894, 38 ff. R. Schubert, Der Tod des Kleitos, Rhein. Mus. 53, 1898, 98 ff. Kaerst I³ 566 ff. S. I. Konvalev, Aleksandr i Klit, Vestnik Drevn Ist. 20, 1949, 69 ff. T. S. Brown, Callisthenes and Alexander, AJPh 70, 1949, 236 ff. = Griffith 40 ff. Pagliaro 258 ff. Instinsky, Historia 10, 1961, 246 ff. A. Aymard, Sur quelques vers d'Euripide qui poussèrent Alexandre au meurtre, in: Études d'histoire ancienne, Paris 1967, 51 ff. Milns 189 ff. Die Episode wurde in den Quellen schon früh ungewöhnlich breit behandelt, weil sie für Alexanders Charakter und Persönlichkeit so aufschlußreich schien, vor allem dann, wenn man ihn aus politischer oder philosophischer Sicht als Tyrannen verurteilte. Nach Arrian, Curtius, Iustin handelte Alexander schuldhaft, nur Plutarch (a. O. 50, 1–2) entlastet ihn und schiebt die Schuld auf den »Daimon« des Kleitos, wie schon Aristobul allein Kleitos als schuldig angesehen hatte (Arr. 4, 8, 9 = FGrH II 139 F 29). Lobend hebt Arrian (4, 9, 2. 6) die Reue Alexanders nach der Tat hervor. Die neueren Versuche, durch Quellenanalyse verschiedene Überlieferungszweige festzustellen (Cauer, Schubert), blieben unbefriedigend, vgl. dazu Schachermeyr 364, 439. Am zuverlässigsten erscheint die Darstellung Plutarchs, die zahlreiche glaubhafte Details enthält (Berve II 207). Dazu gehört auch der präkognitive Traum Alexanders, er sehe Kleitos in schwarzer Kleidung unter den Söhnen Parmenions sitzen, die tot waren (Plut. Alex. 50, 6. Weigall 344). Das entscheidende Motiv der Mordtat (Tarn übersieht es völlig), Alexanders panische Reaktion auf die vermeintliche Bedro-

Die völlige Unterwerfung Sogdiens war immer noch nicht in Aussicht, so daß es Alexander für notwendig hielt, im Lande selbst zu überwintern. Da die Versorgung des Heeres nicht gesichert schien, wurde Hephaistion nach Baktrien entsandt, um dort Lebensmittel zu beschaffen. Eine neuerliche Erhebung der Baktrer war durch Amyntas, der an Stelle des Kleitos die Satrapie übernommen hatte, niedergeworfen worden. So zog Alexander von Marakanda nach Süden und ließ das Heer im Zentrum von Sogdien bei Nautaka rasten (Winter 328/27). Von hier konnte sowohl nach Nordwesten gegen Spitamenes vorgegangen werden wie nach Osten gegen die sogdischen Burgherren, die sich im Gebirge weiterhin unabhängig hielten. Da wurde Alexander wider Erwarten seines gefährlichsten Gegners Spitamenes ledig. Er war von Koinos, der zu seiner Bekämpfung entsandt worden war, in einer Schlacht bei Bagai westlich von Marakanda geschlagen und darauf von den Massageten ermordet worden, die dadurch einen zu erwartenden Angriff Alexanders von ihrem Gebiet abwenden wollten. Mit dem Tod des Spitamenes brach die Erhebung der Sogder und der Baktrer zusammen. Alexander brauchte jetzt nur noch die letzten örtlichen Widerstände im Osten des Landes zu brechen.[28]

Es waren vor allem zwei starke Felsenburgen, die bezwungen werden mußten, die Burg des Ariamazes, auch »Sogdischer Fels«

hung, erinnert an sein Vorgehen gegen Philotas und gegen die Rivalen beim Regierungsantritt. Alexander ließ keinen am Leben, von dem er sich bedroht fühlte. *Kleitos:* Arr. 4, 8, 4. Plut. Alex. 50, 9 (Gesinnung). Arr. 3, 27, 4 (Hetairenführer). Curt. 8, 1, 19 (Satrap von Baktrien als Nachfolger des zurückgetretenen Artabazos, vgl. Arr. 4, 17, 3. Schachermeyr 364. Fox 422), vgl. oben S. 62 (Granikos). Die Datierung der Kleitosepisode (Sommer 328), die in einigen Quellen (Arr. Diod. Plut.) aus Kompositionsgründen in verschiedenem Zusammenhang berichtet wird, ergibt sich aus Curt. 8, 2, 13–14 (Herbstfeldzug in Xenippa). Der Rücktritt des Artabazos ging unmittelbar voraus (Curt. 8, 1, 19. 22, bei Arr. 4, 17, 3 erst später erwähnt, weshalb Berve II 84.207 die Ermordung des Kleitos auf Winter 328/27 datiert).

[28] *Hephaistion in Baktrien:* Curt. 8, 2, 13. *Niederwerfung der Baktrer durch Amyntas:* Arr. 4, 17, 3. Curt. 8, 2, 14–18. Berve II 30 nr. 60. *Winterlager bei Nautaka:* Arr. 4, 18, 2. Curt. 8, 2, 19. v. Schwarz 74 f. Die fruchtbare, an Skythien grenzende Landschaft Xenippa, die Alexander durchzog (Curt. 8, 2, 14), bevor er nach Nautaka kam, ist in westlicher Richtung zu suchen. *Schlacht bei Bagai* (bei Kerminia, ca. 150 km nordwestlich von Marakanda nach Tomaschek, RE 2, 2765 oder bei Ustyk am Oxos nach v. Schwarz 102): Arr. 4, 17, 3–6. Berve II 216 f. 360, vgl. oben S. 130. Auf makedonischer Seite kämpften auch sogdisch-baktrische Verbände (Arr. 4, 17, 3). Von Bagai marschierte Koinos ins Winterlager bei Nautaka (Arr. 4, 18, 1). *Ermordung des Spitamenes:* Arr. 4, 17, 7 (Kopf des Ermordeten wird Alexander überbracht). Curt. 8, 3, 1–15 (Frau des Spitamenes als Mörderin, unglaubhaft nach Berve II 361. Fox 723). Strab. 11, 518. Die Tochter des

genannt, und die weit nordöstlich, in der Landschaft Paraitakene gelegene Burg des Sisimithres oder Chorienes. Die erste Burg, in die sich viele Sogder geflüchtet hatten, schien wegen der steilen Felswände uneinnehmbar, so daß Alexander auf die Belagerung verzichten wollte, zumal tiefer Schnee lag und die Versorgung knapp war. Als jedoch die Verteidiger die Forderung nach Übergabe mit dem höhnischen Bescheid ablehnten, nur fliegende Soldaten könnten in die Festung eindringen, fühlte sich Alexander herausgefordert. Er ließ eine ausgesuchte Truppe von 300 Mann unter Zusicherung hoher Geldprämien bei Nacht mit Steigeisen, Mauerhaken und Seilen eine Wand bis zum Berggipfel über der Burg durchklettern. Als die Burgbesatzung die scheinbar aus der Luft gekommenen Feinde über sich erblickte, ergab sie sich. Ariamazes wurde mit seinen Anhängern gekreuzigt. Auch die zweite Naturfestung, die Burg des Sisimithres, die durch eine tiefe Felsschlucht geschützt war, konnte durch entsprechende Vorbereitungen zur Übergabe gebracht werden. Auf gesicherten Leitern wurde der Abstieg zum Fluß in der Schlucht bewerkstelligt, sodann eine Behelfsbrücke gebaut und darauf ein Wurfgeschütz postiert, dessen Geschosse ins Innere der Burg trafen. Sisimithres hielt diese Anstalten für so bedrohlich, daß er die Burg übergab. Er folgte damit dem Rat des Oxyartes, eines baktrischen Burgherrn, der bereits zu Alexander übergegangen war und ihm als Vermittler diente. Sisimithres wurde in seiner Stellung belassen, seine bedeutenden Lebensmittelvorräte kamen dem makedonischen Heer zugute.[29]

Spitamenes, Apame, geriet in Gefangenschaft und wurde später in Susa von Alexander dem Seleukos zur Frau gegeben, wodurch sie die Stammutter der Seleukiden-Dynastie wurde (Arr. 7, 4, 6. Berve II 52 nr. 98. Tarn 76.114).

[29] *Sogdischer Fels, Burg des Ariamazes:* Arr. 4, 18, 4–19, 4. Curt. 7, 11, 1–8, 1, 1. Diod. 17, ep. 25. Strab. 11, 517. Polyain. 4, 3, 29. v. Schwarz 75 ff. Berve II 59 nr. 112. *Burg des Sisimithres oder Chorienes:* Arr. 4, 21, 1–10. Curt. 8, 2, 19–33. Diod. 17, ep. 29. Strab. a. O. v. Schwarz 83 ff. Berve II 354 f. nr. 708 (Sisimithres, Chorienes). 292 f. nr. 587 (Oxyartes). Die Datierung der beiden Unternehmen ist unsicher. Nach Arr. 4, 18, 4.21, 1 erfolgten sie nacheinander im Frühjahr 327, nach Curt. und Diod. a. O. wurde die Burg des Ariamazes schon 328 (vor der Ermordung des Kleitos) eingenommen, die Burg des Sisimithres im Winter 328/27 vom Lager bei Nautaka aus, wohin das Heer dann zurückgekehrt sei (Curt. 8, 2, 19. 40). Die Neueren folgen meist Arrian (Kaerst, RE 2, 828. Niese I 121 f. Wilcken 150 f. Berve II 59. 292. 354. Schachermeyr 353 f. Fox 427 ff. 723), außer Tarn 76, 20. 79. Curtius bietet mehr glaubhafte Details und vielleicht chronologisch doch die bessere Version, wie auch Niese I 122, 1 für möglich hält. Ob Ptolemaios, Aristobul oder Kleitarch den erhaltenen Versionen zugrunde liegen (Tarn 300, 362. Schachermeyr 353, 423. Fox 723), läßt sich nicht entscheiden. Zur verschiedenen Benennung der Burgen vgl. Niese und Schachermeyr a. O., zur

Unter den Flüchtlingen, die auf der Burg des Ariamazes den Makedonen als Gefangene zugefallen waren, befand sich auch die schöne Rhoxane, die Tochter des Oxyartes. Alexander verliebte sich in sie und erhob sie zu seiner rechtmäßigen Gemahlin, wobei er zugleich betonte, daß durch diese Verbindung die Gemeinschaft der Völker gefestigt werde. Nach einem Gastmahl bei Oxyartes wurde die Hochzeit auf der Burg des Sisimithres nach einheimischem Ritus, dem gemeinsamen Verzehren eines Brotes, prunkvoll gefeiert (Frühjahr 327). Im Hinblick auf die künftige Nachfolgerschaft war es eine bedeutsame persönliche Entscheidung Alexanders, die bei den Orientalen in seinem Gefolge mehr Zustimmung fand als bei den Makedonen.[30]

Während des Aufenthalts des Heeres bei Nautaka wurde die Verwaltung mehrerer Satrapien von Alexander neu geregelt. Die Statthalter Autophradates in Tapurien, Arsakes in Areia und Oxydates in Medien hatten sich als unzuverlässig oder unfähig erwiesen und mußten ersetzt werden. Das Gebiet der Tapurer südlich des Kaspischen Meeres wurde der Satrapie Parthien und Hyrkanien unter dem Perser Phrataphernes zugeteilt, Areia und Drangiane erhielt der Kyprer Stasanor, in Medien wurde Atropates wiedereingesetzt, der diese Satrapie schon unter Dareios verwaltet hatte. In Babylon, wo Mazaios verstorben war, wurde der Perser Stamenes eingesetzt. Nur Baktrien und Sogdiane, die so lange Widerstand geleistet hatten, wurden einem Makedonen,

---

Frage der Lokalisierung v. Schwarz 75 ff. Fox 427 (Ariamazes-Burg bei Hissar, Sisimithres-Burg ca. 80 km südöstl. von Leninabad).

[30] *Hochzeit mit Rhoxane:* Arr. 4, 19, 5–6. 20, 4. Curt. 8, 4, 21–30. Diod. 17, ep. 30. Plut. Alex. 47, 7; mor. 332e. 338d. Strab. 11, 517. v. Schwarz 82. Berve II 346 f. nr. 688. Nach der einen Version liebte Alexander Rhoxane schon als Gefangene »auf den ersten Blick« (Arr. 4, 19, 5), nach der anderen lernte er sie erst beim Gastmahl des Oxyartes kennen (Curt. 8, 4, 23. Plut. Alex. 47, 7). Das erotische Motiv der Vermählung wird in den Quellen einhellig gegenüber dem politischen hervorgehoben. Zu einseitig urteilen Tarn 79 (»eine politische Heirat«, ebenso Robinson 92) und Hampl 50 (»Akt wilder Leidenschaft«). Zum sexuellen Verhalten Alexanders allgemein vgl. Berve I 10f. Tarn 628ff. und unten S. 199. *Ritus:* Curt. 8, 4, 27 (»makedonisch«), dazu M. Renard-J. Servais, A propos du mariage d'Alexandre et de Roxane, L'Antiquité Class. 24, 1955, 29 ff. (nach Kallisthenes). v. Schwarz 82 (baktrische Landessitte, noch in neuerer Zeit dort üblich). Fox 723. Die Hochzeit wurde auf dem Gemälde des zeitgenössischen Malers Aëtion dargestellt, das in Olympia ausgestellt war und später nach Italien kam (Lukian. Herod. 4–6 mit Beschreibung; imag. 7. Fox 431). *Geteilte Zustimmung:* Curt. 8, 4, 30. Plut. a. O. Die Ehe mit Rhoxane bedeutete eine Zurücksetzung der Barsine (oben S. 80), der Tochter des Artabazos, die Alexander um diese Zeit einen Sohn namens Herakles gebar (Diod. 20, 20, 2. Berve II 103. 168 nr. 353, bezweifelt von Tarn 644 ff.).

dem Satrapen Amyntas, unterstellt. Aus Makedonien forderte Alexander weiteren Nachschub an Truppen an.[31]

Die Unterwerfung des gebirgigen Ostens von Sogdiane sollte jetzt so rasch wie möglich abgeschlossen werden. Daher wurde das Lager bei Nautaka schon nach knapp drei Monaten verlassen. Bei den letzten Unternehmungen, die noch unter winterlichen Verhältnissen durchgeführt werden mußten, gab es durch Kälte und Mangel an Lebensmitteln zahlreiche Ausfälle, bis ein größerer Proviantnachschub von Sisimithres eintraf, der das Heer wieder bewegungsfähig machte. Krateros erhielt den Auftrag, die letzten Rebellen Katanes und Haustanes, frühere Anhänger des Spitamenes, zu bekämpfen. Ihr Widerstand wurde in einer Schlacht in Paraitakene, in der Katanes fiel, niedergeworfen. Im Zusammenhang damit unterwarf Polyperchon die Landschaft Bubakene. Alexander, der noch einen Beutezug gegen die östlichen Saken unternommen hatte, konnte nun das Land als befriedet ansehen und nach Baktra zurückgehen.[32]

Nochmals nahm er Aufenthalt in Baktra, um hier das Unternehmen, das er seit langem plante, wegen des hartnäckigen Widerstandes der Sogder aber immer wieder verschoben hatte, den Zug nach Indien, vorzubereiten. Erst nachdem Baktrien und Sogdien völlig unterworfen und gesichert waren, konnte dieser Zug angetreten werden. Dem Satrapen Amyntas wurden deshalb außer den örtlichen Besatzungen 10 000 Mann zu Fuß und 3500 Reiter als starke Streitmacht zum Schutz der baktrisch-sogdi-

[31] *Verwaltung der Satrapien:* Arr. 4, 18, 2–3. Curt. 8, 3, 16–17. Berve II 96 f. nr. 189. 400 f. nr. 814 (Autophradates und Phrataphernes, oben S. 115). 80 f. nr. 146. 361 f. nr. 719 (Arsakes und Stasanor, oben S. 117). 293 nr. 588. 91 f. nr. 180 (Oxydates und Atropates, oben S. 110; nach Atropates hieß später der nordwestliche Teil Mediens Atropatene). 243 ff. nr. 484. 361 nr. 718 (Mazaios und Stamenes, oben S. 99). 30 nr. 60 (Amyntas). Schachermeyr 352 f. *Nachschub:* Arr. 4, 18, 3 (Entsendung der Makedonen Epokillos, Menidas, Sopolis. Berve II 150 f. nr. 310. 257 f. nr. 508. 368 f. nr. 736).

[32] *Aufbruch von Nautaka:* Curt. 8, 4, 1 (»im dritten Monat«), etwa Februar 327, vgl. Arr. 4, 8, 2 (Rast nur während des »strengsten Winters«). Nach Curt. 8, 4, 21 erfolgten der Zug zum Gastmahl des Oxyartes und die Hochzeit mit Rhoxane (oben S. 134) erst später. *Winterliche Verhältnisse:* Curt. 8, 4, 2–17 mit der Episode, wie Alexander einen vor Kälte erschöpften Soldaten auf seinen Königssessel neben einer Feuerstelle sitzen ließ (Curt. 8, 4, 15–17. Val. Max. 5, 1 ext. 1. Front. 4, 6, 3). *Nachschub von Sisimithres* (oben S. 133): Curt. 8, 4, 19–20 (»2000 Kamele und Viehherden«). *Sieg des Krateros über Katanes und Haustanes:* Arr. 4, 22, 1–2. Curt. 8, 5, 2. Berve II 95 nr. 186. 202 nr. 415. 222 f. *Polyperchon* (oben S. 130, 26): Curt. 8, 5, 2. Berve II 325. Bubakene lag wohl im Osten, da der Zug von Paraitakene ausging. *Beutezug Alexanders gegen die Saken:* Curt. 8, 4, 20 (erbeutetes Vieh erhält Sisimithres). *Rückkehr nach Baktra:* Arr. 4, 22, 1. v. Schwarz 88.

schen Grenzsatrapie zugeteilt. Aus der einheimischen Bevölkerung ließ Alexander 30000 junge Männer ausheben, die eine makedonische Ausbildung erhielten und ins Heer eingestellt wurden, indem sie zugleich als Geiseln dienten. Als auch die Heeresgruppe des Krateros nach der Niederwerfung der letzten Gegner in Baktra eingetroffen war, konnte der Aufbruch zu dem neuen Vorhaben erfolgen (Frühsommer 327).[33]

Doch bevor Baktra verlassen wurde, kam es nochmals zu zwei Zusammenstößen Alexanders mit seiner Umgebung. Der erste Konflikt ergab sich aus dem weiterhin bestehenden Widerstand gegen die Bestrebungen Alexanders, das makedonische und griechische Element mit dem persischen und orientalischen Wesen stärker zu vereinigen. Eine solche Verbindung war in der Tat unumgänglich, wenn Alexander die Länder des Ostens nicht nur als Eroberer durchziehen oder als Fremdherrscher unterwerfen sollte, sondern darauf ausging, als rechtmäßiger König auch von diesen Völkern anerkannt zu werden. Schon seine Eheschließung mit der baktrischen Fürstentochter Rhoxane sollte so verstanden werden. Jetzt ging es ihm darum, auch die zeremonielle Anerkennung seines Königtums nach persischer Art durch die Proskynese, eine Art Kußgeste mit Verbeugung, wie sie die Perser in seinem Gefolge ausübten, allgemein in seiner Hofhaltung einzuführen. Bei einem Gastmahl, das von Hephaistion sorgfältig vorbereitet worden war, sollte die Begrüßungszeremonie erstmals von allen Anwesenden befolgt werden. Doch der Versuch schlug fehl. Die Geste, die den Griechen und Makedonen von jeher als Zeichen der Unfreiheit und Untertänigkeit galt, wurde von manchen mit Mißfallen oder Spott betrachtet und von dem griechischen Historiographen Kallisthenes geradezu verweigert. Widerwillig verzichtete daher Alexander auf die Einführung der Proskynese für die Makedonen und Griechen. Die Einheit seines Reiches mußte problematisch bleiben.[34]

[33] *Plan des Indienzuges und Vorbereitungen in Baktra:* Arr. 4, 15, 6 (oben S. 129). Curt. 8, 5, 1. 3 (»alle Gedanken auf Indien gerichtet«). Diod. 17, ep. 31. Endres 9 (Plan des Indienzuges schon 328). *Besatzungsheer unter Amyntas:* Arr. 4, 22, 3. Berve I 268. II 30. *Aushebung:* Curt. 8, 5, 1. Schachermeyr 360 f. *Eintreffen des Krateros:* Arr. 4, 22, 2. *Zeitpunkt des Aufbruchs von Baktra:* Arr. 4, 22, 3 (»Ende des Frühjahrs«). Curt. 8, 9. 1.

[34] *Einführung der Proskynese:* Arr. 4, 12, 3–6. Curt. 8, 5, 9–6, 1. Plut. Alex. 54, 3–55, 1 (nach Chares FGrH II 125 F 14, dazu Jacoby, Komm.). Iust. 12, 7, 1–3. Ed. Meyer, Kl. Schr. I² 296 ff. Tarn 83 f. 688 ff. Schachermeyr 370 ff. Fox 434 ff. 724 f. Die Episode, die eine umfangreiche Literatur hervorrief, wurde verschieden gedeutet. Schon in den Quellen wird erörtert, ob die Proskynese eine Vergöttli-

Ein zweiter, gefährlicher Vorfall, der sich bald darauf ereignete, hing indirekt mit diesem Konflikt zusammen. Mehrere der vornehmen jungen Makedonen, die bei Alexander persönlich Tag und Nacht Pagendienste leisteten, verschworen sich zu einem Attentat auf ihn. Den Anlaß bildete eine Eberjagd, bei der einer von ihnen, Hermolaos, durch einen Speerwurf dem König bei der Erlegung des Tieres zuvorgekommen war, dafür gezüchtigt wurde und sich nun rächen wollte. Doch die Hintergründe der »Pagenverschwörung« lagen tiefer. Einige Beteiligte mochten unzufrieden sein, weil sie glaubten, ihren Vätern gebühre eine höhere Stellung im Heer. Die Ermordung des Kleitos und das Auftreten des Kallisthenes, der als Lehrer des Hermolaos ohne Scheu von Freiheit und Tyrannenmord sprach, machten Eindruck auf sie. Doch der geplante Anschlag mißlang, da Alexander, angeblich durch eine Wahrsagerin gewarnt, in der vorgesehenen Nacht sein Schlafgemach nicht betrat. Als sich die Verschwörer am nächsten Tag verrieten und unter Folterung ihr

chung Alexanders bedeutete oder bezweckte, weil das Verbeugen oder sich Niederwerfen nach griechischer Auffassung nur vor der Gottheit angemessen erschien (Arr. 4, 9, 9–11, 9. Curt. 8, 5, 5–8). Daß Alexander dabei seine Vergöttlichung einführen wollte, glaubten G. Radet, La déification d'Alexandre, Rev. Univ. du Midi 1, 1895, 129 ff. Ed. Meyer, Kl. Schr. I² 296 f. P. Schnabel, Die Begründung des hellenistischen Königskultes durch Alexander, Klio 19, 1924, 113 ff.; Zur Frage der Selbstvergötterung Alexanders, Klio 20, 1926, 398 ff. Lily R. Taylor, The ›Proskynesis‹ and the Hellenistic Ruler Cult, JHS 47, 1927, 53 ff. Tarn 688 ff. (»Alexander muß ... gewußt haben, was Griechen und Makedonen von der proskynesis hielten«). Keine Vergöttlichung war beabsichtigt nach D. G. Hogarth, The Deification of Alexander the Great, Engl. Hist. Rev. 2, 1887, 317 ff. B. Niese, Zur Würdigung Alexanders des Großen, HZ 79, 1895, 1 ff. Berve I 19.339 f.; Die angebliche Begründung des hellenistischen Königskultes durch Alexander, Klio 20, 1926, 179 ff. Kaerst I³ 572 ff. Birt 441 ff. Wilcken 157 ff. Jacoby, Komm. zu FGrH II 125 F 14. J. P. V. D. Balsdon, The ›Divinity of Alexander‹, Historia 1, 1950, 371 ff. = Griffith 187 ff. Auf dem Altar oder »Herd« (Plut. Alex. 54, 4), der bei der Zeremonie eine Rolle spielte, brannte, wie W. Otto, Zum Hofzeremoniell des Hellenismus, in: Epitymbion H. Swoboda, Reichenberg 1927, 194 ff. gegenüber früheren Erklärungsversuchen erkannte, das persische Königsfeuer nach achaimenidischer Tradition, vgl. auch Bengtson 350, 2. Zum Begriff und zur Geste der Proskynese: J. Horst, Proskynein, Gütersloh 1932. Kaerst I³ 572 ff. G. C. Richards, Proskynesis, Class. Rev. 48, 1934, 168 ff. B. Meißner, Der Kuß im Alten Orient, SB Berlin 1934, 922 ff. G. Méautis, Recherches sur l'époque d'Alexandre, II: A propos de la ›proskynèse‹, REA 44, 1942, 304 ff. Brown, AJPh 70, 1949, 240 ff. = Griffith 44 ff. F. Altheim, Weltgesch. Asiens I 198 f.; Proskynesis, Paideia 5, 1950, 307 ff. Feodora v. Sachsen-Meiningen, Proskynesis in Iran, in: Altheim, Geschichte der Hunnen II, Berl. 1960, 125 ff. E. J. Bickerman, A propos d'un passage de Chares de Mytilène, Parola del Pass. 18, 1963, 241 ff. Snyder 148 ff. Weitere Lit. bei Berve I 96, 4. Bengtson 364, 2. Seibert 192 ff. 202 ff. Schachermeyr 379, 453. Zu Kallisthenes vgl. unten S. 138.

Vorhaben gestanden, wurden sie durch Steinigung hingerichtet. Alexander ließ auch Kallisthenes, obwohl ihm keine Beteiligung nachgewiesen werden konnte, als Anstifter verhaften und später hinrichten. Wenn Kallisthenes, der Neffe des Aristoteles und Hofgeschichtsschreiber Alexanders, einst stolz erklärt hatte, von seinem Geschichtswerk hänge der Ruhm Alexanders und seiner Taten ab, so bewirkte er durch seinen Tod als Märtyrer der Freiheit, wie ihn die Griechen verstanden, daß Alexander in der Überlieferung der Aristoteliker und der Stoiker zum Tyrannen wurde.[35]

[35] *Pagenverschwörung:* Arr. 4, 12, 7–14, 3. Curt. 8, 6, 2–8, 20. Plut. Alex. 55, 3–9. Berve I 37 ff. II 152 f. nr. 305 (Hermolaos). *Eberjagd:* Arr. 4, 13, 2. Curt. 8, 6, 7. Zu den Vätern der Verschwörer vgl. Fox 444 f. 725. Vielleicht gehörte dazu auch der Hetaire Menandros, der hingerichtet worden war, weil er einen Etappenposten in Baktrien nicht annehmen wollte (Plut. Alex. 57, 3. Berve II 255 nr. 501. 502. Fox a. O. *Wahrsagerin:* Arr. 4, 13, 5–6 (nach Aristobul FGrH II 139 F 30). Curt. 8, 6, 16–17. Es war demnach eine Syrerin, die sich im Trancezustand äußerte und stets Zutritt zu Alexander hatte, da er ihre Aussagen wiederholt als wahr erprobt hatte, vgl. Berve I 90 ff. über Alexanders Verhältnis zur Mantik (»starke Hinneigung zur orientalischen Mantik«). Daß die Frau von dem Komplott gehört hatte (Weigall 350) oder daß sie eine bloße Erfindung Aristobuls sei (Fox 443), ist unwahrscheinlich. Da die Verschwörer nach dem Dienstplan nur in dieser Nacht zusammen Wache hatten, konnte der Anschlag nicht verschoben werden. *Kallisthenes:* Arr. 4, 12, 7. 14, 1. 3. Curt. 8, 6, 24–25. 29. 7, 3. 8, 21–23. Plut. Alex. 55, 3–9. Schol. Lukian. dial. mort. 13, 5. Berve II 191 ff. nr. 408, vgl. zu seiner Haltung auch Arr. 4, 10, 1–12, 2 (= FGrH II 124 T 8, dazu Jacoby, Komm.). Ed. Meyer, Kl. Schr. I² 306 ff. (»Haupt der Opposition«). Grace H. Macurdy, The Refusal of Callisthenes to Drink the Health of Alexander, JHS 50, 1930, 294 ff. Brown, AJPh 70, 1949, 225 ff. = Griffith 29 ff. Pagliaro 270 ff. Badian, Studies 199. Milns 195 ff. Seibert 143 f. *Alexanders Ruhm:* Arr. 4, 10, 2. *Tod des Kallisthenes:* Arr. 4, 14, 3 (Hinrichtung durch Erhängen, nach Ptolemaios FGrH II 138 F 17, Tod durch Krankheit als Häftling, nach Aristobul FGrH II 139 F 33). Curt. 8, 8, 21–23. Plut. Alex. 55, 9 (Tod durch Krankheit nach sieben Monaten Haft, nach Chares FGrH II 125 F 15). Diod. 17, ep. 28. Diog. Laert. 5, 5. Die Version nach Aristobul und Chares scheint der Entlastung Alexanders zu dienen (Berve II 197), doch blieb die Todesart, wahrscheinlich Hinrichtung (Brown, AJPh 70, 1949, 247 f. = Griffith 51 f.), umstritten. Durch die Vorgänge um Kallisthenes, den Neffen des Aristoteles, mußte es zugleich zum Bruch zwischen Alexander und Aristoteles kommen (Ed. Meyer, Kl. Schr. I² 311), vgl. auch Kaerst I³ 444 ff. Brown, AJPh 70, 1949, 228 ff. = Griffith 32 ff. Merlan, Historia 3, 1954/55, 76 ff. Zum Geschichtswerk des Kallisthenes und zur alexanderfeindlichen Überlieferung vgl. unten S. 219.

Nach der Unterwerfung Irans war Indien das letzte Ziel Alexanders im Osten. Durch Kämpfe im nördlichen Grenzgebirge von Afghanistan und Pakistan (427/26) und einen Sieg am Hydaspes (Juni 326) wurde das Pandschab erobert. Nach dem Vormarsch bis zum Hyphasis (Sommer 326) ging Alexander an den Indus zurück, der bis zur Mündung befahren wurde. Mit der Erreichung des Ozeans fand Alexanders Feldzug seinen Abschluß (Sommer 325).

1. Gebirgskrieg in Afghanistan und Pakistan

Das Heer, das von Baktra aus den Feldzug nach Indien antrat, war schätzungsweise 50000 Mann stark. In seiner Zusammensetzung unterschied es sich merklich von dem Heer der vorhergehenden Jahre. Starke Besatzungen, die meist aus altgedienten Makedonen und griechischen Söldnern bestanden, mußten in Baktrien und Sogdien zurückgelassen werden. Ihr Abzug wurde jedoch dadurch ausgeglichen, daß neue Verbände von Persern, Baktrern, Sogden, Saken aufgestellt und dem Heer angegliedert wurden, womit sich der Anteil der Iranier gegenüber den Makedonen vergrößerte. Das gilt vor allem für die Reiterei, da die iranischen Truppen großenteils berittene Bogenschützen waren, die sich auch durch ihre bewegliche Taktik als brauchbar erwiesen hatten. Vom Westen war Nearch mit Nachschub eingetroffen, darunter phönikischen Seeleuten, die beim Schiffsbau zu verwenden waren. In der Kommandoführung gab es verschiedene Veränderungen. Den Befehl über die berittene Leibgarde übernahm nach dem Tode des Kleitos Alexander selbst, während die übrigen, neugegliederten Reitereinheiten, die Hipparchien, von Hephaistion, Perdikkas, Krateros, Koinos und anderen befehligt wurden. Die Hypaspisten, die zum Teil silberne Beschläge an ihre Schilde erhielten und daher Argyraspiden (»Silberschildner«) genannt wurden, führte Seleukos. Der Gebrauch der langen Pike, der Sarisse, die im bergigen und bewaldeten Gelände zu sperrig war, wurde eingeschränkt.[1]

---

[1] Zu den strittigen Fragen der *Heeresstärke und Heeresreformen* vor dem

Die Vorstellungen, die man von Indien im Westen hatte, waren ungenau und zum Teil märchenhaft. Nach dem Bericht des karischen Seefahrers Skylax, der im Auftrag Dareios' I. vom Indus bis nach Arabien gefahren war, hatten die griechischen Historiker Hekataios, Herodot, Ktesias über Indien geschrieben und dabei besonders die fremdartigen Sitten der Bewohner des Wunderlandes hervorgehoben. Geographisch stellte man sich den indischen Subkontinent als eine vom Indus durchströmte Halbinsel vor, die sich nach Osten bis zum Weltmeer, dem Okeanos, erstrecke. Auch Aristoteles war dieser Ansicht und glaubte, man könne von den Höhen des Paropamisos (Hindukusch) den Ozean sogar erblicken. Der Ganges war den Griechen unbekannt, dagegen hielt man es für möglich, daß Indien im Süden mit Äthiopien zusammenhänge und daß der Indus, in dem es ja auch Krokodile gebe, vielleicht der Oberlauf des Nil sei.[2]

Die Motive und Zielsetzungen, die Alexander zu seinem Indienzug bewogen, waren verschiedener Art. Abgesehen davon, daß er Untätigkeit nicht ertrug, hielt er es für selbstverständlich, auch den östlichsten Teil des Perserreiches, das Indusgebiet, das

indischen Feldzug vgl. Beloch III[2] 2, 343 f. IV[2] 1, 28. Berve I 107 ff. 182 f. Wilcken 165. P. Cloché, Alexandre le Grand et les essais de fusion entre l'Occident gréco-macédonien et l'Orient, Neuchâtel 1953, 147 f. Tarn 86 ff. 383 ff. Kraft 110 ff. Schachermeyr 403 f. Fox 454 ff. Die Angabe, das Heer sei 120000 (Curt. 8, 5, 4. Arr. Ind. 19, 5) oder 135000 (Plut. Alex. 66, 5) Mann stark gewesen, gilt als übertrieben, auch wenn ein großer Troß mitgezählt wird. Im Hinblick auf diese überlieferten Zahlen erscheint jedoch die Schätzung auf höchstens 30000 Mann (Delbrück I[3] 220. Tarn 87) als zu niedrig. *Iranische Truppen:* Arr. 5, 12, 2. 7, 6. 3. Curt. 8, 5, 1. 14, 5. 9, 2, 24. *Nearchos:* Arr. 4, 7, 2. Curt. 7, 10, 12. Berve II 269. Schachermeyr 403, vgl. oben S. 70. *Seeleute:* Arr. 6, 1, 6. Schachermeyr a. O. *Befehl der Leibgarde und Reiterei:* Arr. 5, 12, 2. Berve I 108 f. Tarn 396 ff. *Silberschildner:* Curt. 8, 5, 4. Berve I 128. Tarn 330 ff. Zur *Sarisse* vgl. Delbrück I[3] 176. Berve I 113. 117 f. Tarn 407 f. Fox 454. Nach Polyain. 4, 3, 10 wurde vor Beginn des indischen Feldzugs ein Teil der persischen Beute zurückgelassen, auch den königliche Troß verkleinert, vgl. auch oben S. 116.

[2] *Berichte über Indien:* Skylax FGrH III 709 F 1–7. Hekataios FGrH I 1 F 296–299. Herodot 3, 98–106. Ktesias FGrH III 688 F 45–52. Curt. 8, 9, 1–37 (auch Angaben aus späterer Zeit). A. Cunningham, The Ancient Geography of India including the Campaigns of Alexander, London 1871. W. Reese, Die griechischen Nachrichten über Indien bis zum Feldzuge Alexanders des Großen, Leipzig 1914. M. Cary, The Geographic Background of Greek and Roman History, Oxford 1949, 200 ff. Robinson 110 (»knew almost nothing about India«). Cary-Warmington 113 ff. G. Woodcock, The Greeks in India, London 1966, 26 ff. Tarn 88 ff. Seibert 147. O. Murray, Herodotus and Hellenistic Culture, Class. Quart. 22, 1972, 200 ff. Schachermeyr 413 ff. *Aristoteles:* meteorol. 1, 350a 18 ff.; frg. 248 Rose, vgl. oben S. 121. *Indus-Nil:* Aischyl. Hiket. 284–286. Aristot. frg. 248. Tarn 89. Berve, Gestaltende Kräfte[2] 341 ff.

von Dareios I. unterworfen, aber später weithin aufgegeben worden war, zu gewinnen. Ob dabei starker militärischer Widerstand zu erwarten war, ließ sich nicht voraussehen. Der indische Fürst Sisikottos (indisch Sasigupta), der Bessos unterstützt hatte, war schon zu Alexander übergegangen und zu ihm nach Baktrien gekommen. Mit Taxiles oder Omphis (indisch Ambhi), dem Herrscher von Taxila, war schon diplomatisch verhandelt worden. Doch darüber hinaus war es Alexanders Bestreben, in jedem Falle die Küste des Ozeans zu erreichen. Dieses Ziel schien nicht allzu weit entfernt, da ja Indien oder das Indusgebiet als letztes, äußerstes Land Asiens galt. So konnte der Ozean die natürliche Grenze des Reiches im Osten bilden. Die politischen Absichten, die Wiederherstellung der östlichen Satrapien und die Erreichung der Ozeangrenze, wurden durch die forscherischen Motive ergänzt, das Weltmeer geographisch zu erkunden und die Wunder Indiens, das auch reich an Gold schien, aufzuklären. Alexander konnte dabei den Spuren des Dionysos und des Herakles folgen, die dem Mythos zufolge ebenfalls nach Indien gezogen waren.[3]

[3] *Motive des Indienzugs:* Curt. 8, 9, 1 (Abneigung gegen Untätigkeit). Iust. 12, 7, 4 (Ozeangrenze als Ziel). J. Burckhardt Griech. Kulturgeschichte IV, Basel 1957, 403 (Abenteuerlust, »wie er sich ... das ganze bisher Eroberte eine Zeitlang ... aus dem Sinne schlagen kann, ist ganz unerhört«). W. Otto, Alexander der Große, Marburg 1916, 29 (»reiner Eroberungskrieg, ... durch keinerlei militärische Notwendigkeit bedingt«). Radet 278 f. Kaerst, Forschungen 20 (»ein ganz neues Unternehmen, eine Eroberung für sich«). Beloch IV² 1, 27 (»Wunderland«). Birt 456 (Goldreichtum). Wilcken 162 f. R. Andreotti, Die Weltmonarchie Alexanders des Großen in Überlieferung und geschichtlicher Wirklichkeit, Saeculum 8, 1957, 140 ff. (militärisch notwendig). Bengtson 350 f. (Zug an die Weltgrenze). Wirth 45 f. *Dareios I. und Indien:* Birt 196 ff. B. Breloer, Alexanders Bund mit Poros, Leipzig 1941, 5 ff. Junge 75 f. A. K. Narain, Alexander and India, Greece and Rome 12, 1965, 155 f. Milns 201 f. Wilcken 165 f. *Sisikottos und Taxiles:* Arr. 4, 22, 6. Curt. 8, 10, 1. Diod. 17, 86, 4. Berve II 354 nr. 707. 369 ff. nr. 739. Wilcken 165 f. *Ozeangrenze:* Iust. a. O. Endres 9 ff. Wilcken a. O. Snyder 151 f. Bengtson a. O. Schachermeyr 402 f., von Tarn a. O. ohne Grund bestritten. *Geographische Erforschung:* Wilcken 162 f. Fox 450 f. *Goldreichtum Indiens:* Herodot 3, 106. Curt. 8, 9, 18. Arr. Ind. 15, 5–6. Plin. nat. hist. 6, 74. 80. 33, 66. Die indische Satrapie hatte an Dareius I. jährlich 360 Talente Goldstaub als Steuer zu entrichten (Herodot 3, 94). *Dionysos und Herakles:* Curt. 8, 10, 1. Kleitarch FGrH II 137 F 17. Tarn 224. 234 f. 312. Schachermeyr 407 ff. Fox 453 f. Den Namen Herakles gab Alexander auch einem Sohn, den ihm Barsine (oben S. 80) um diese Zeit gebar (Curt. 10, 6, 11. Diod. 20, 20, 1. Iust. 13, 2, 7. 15, 2, 3. Paus. 9, 7, 2. Berve II 168 nr. 353). Der Versuch Tarns 644 ff. (auch: Heracles, son of Barsine, JHS 41, 1921, 18 ff.), ihn als ungeschichtlich zu erweisen, ist nicht überzeugend (Berve II 103 f. Schachermeyr 409. Fox 453 f.). Nach der Eheschließung Alexanders mit Rhoxane (oben S. 134) konnte dieser Herakles freilich nicht als legitim gelten.

Nach dem Aufbruch von Baktra (Frühsommer 327) wurde der Hindukusch in zehn Tagen nach Süden überschritten und die Stadt Alexandreia »am Kaukasos« erreicht, die zwei Jahre vorher gegründet worden war. Hier wurden ausgediente Soldaten zurückgelassen und das Gebiet der Paropamisaden dem Iranier Tyriespis als Satrapen unterstellt. Nun konnte der Vormarsch nach Osten angetreten werden. Nach der Anlage eines weiteren befestigten Stützpunktes, der Stadt Nikaia, gelangte das Heer an den Fluß Kophen (Kabul). Während es das Kabultal abwärts zog, trafen Taxiles und andere indische Fürsten ein, die Alexander durch vorausgeschickte Boten dazu aufgefordert hatte. Sie erklärten ihre Unterwerfung und übergaben als Geschenk oder Tribut 25 Elefanten. Alexander zeigte fortan ein besonderes Interesse für Elefanten, sowohl zur Verwendung im Kampf wie zu Zwecken der Repräsentation.[4]

Nun wurde das Heer geteilt. Hephaistion und Perdikkas erhielten den Auftrag, unter dem Geleit des Taxiles mit der Hälfte der Hetairenreiter, einem Teil der Phalanx, den berittenen Söldnern und dem Troß weiter den Kabulfluß abwärts zu ziehen, Widerstände zu brechen und durch die Landschaft Peukelaotis (Peschawar) den Indus an der Einmündung des Kabul zu erreichen, um dort eine Schiffsbrücke zu bauen. Dieser Zug wurde ohne größere Schwierigkeit durchgeführt. Die Heeresgruppe überschritt den Khaiberpaß (1029 Meter) und gelangte nach Belagerung und Einnahme der Stadt des Fürsten Astes von Peukelaotis an den Indus, wo bei Ohind oberhalb von Attock mit dem Brückenbau begonnen wurde.

Alexander wandte sich mit dem übrigen Teil des Heeres vom Kabultal nach Norden, um die kriegerischen Gebirgsstämme in Kafiristan und Swat zu unterwerfen, vor allem die Aspasier und die Assakener, die durch Überfälle auf das Kabultal die einzige rückwärtige Verbindungslinie nach Indien stören oder unterbrechen konnten. Daher war der schwere Feldzug, den Alexander

---

[4] *Aufbruch von Baktra und Überschreitung des Hindukusch nach Süden:* Arr. 4, 22, 3–4. Curt. 8, 9, 1. Iust. 12, 7, 4, vgl. oben S. 136. Alexander wählte wohl die westliche Strecke über Bamian, den Schibarpaß (2985 m) und das Tal des Gorband (Tarn 91. Schachermeyr 404, 676ff. Taf. 22f. Kartenskizze 10, ähnlich Yorck v. Wartenburg, Übersicht 50. Wilcken 166), nicht den Chawakpaß wie bei der Überquerung nach Norden (so Fox 456), vgl. auch A. Foucher-E. Bazin-Foucher, La vieille route de l'Inde de Bactres à Taxile I–II, Paris 1942–47. *Alexandreia »am Kaukasos«:* Arr. 4, 22, 4–5. *Tyriespis:* Arr. 4, 22, 5. Berve II 376 nr. 758. *Nikaia und Kophen:* Arr. 4, 22, 6. *Taxiles, Elefanten:* Arr. 4, 22, 6. Curt. 8, 10, 1–2. Plut. Alex. 59, 1–5; mor. 181c, vgl. oben S. 141. Berve I 154f. Fox 458ff.

jetzt in Gandhara, im Norden von Afghanistan und Pakistan begann, zur Flankensicherung militärisch wohl notwendig. Er wurde mit großer Härte geführt und dauerte sechs Monate, wodurch freilich ein Teil der günstigen Jahreszeit für Indien verlorenging.[5]

Im Bergland zwischen den Flußtälern des Alingar und des Kunar wurden zuerst die Aspasier unterworfen, ihre befestigten Plätze mit dem Hauptort Arigaion eingenommen, einer ihrer Fürsten im Zweikampf von Ptolemaios getötet. Die Rinderrasse des Landes fand Alexander so ausgezeichnet, daß er einen Teil der erbeuteten Herden für die Landwirtschaft nach Makedonien schicken ließ.[6] Durch das Gebiet der Guraier in Badjaur wurden darauf die Assakener im Hochland von Swat erreicht, wo sich der Widerstand noch verstärkte. Die feste Stadt Massaga, zu deren Besatzung eine indische Söldnertruppe gehörte, konnte auch durch wiederholte Sturmangriffe nicht genommen werden. Erst als ihr Kommandant, von einem Pfeilgeschütz getroffen, gefallen war, ergaben sich die Verteidiger. Die indischen Söldner, deren Haltung unsicher schien, wurden nach der Übergabe schonungs-

[5] *Teilung des Heeres, Marsch des Hephaistion und Perdikkas zum Indus:* Arr. 4, 22, 7. Curt. 8, 10, 2. *Astes von Peukelaotis:* Arr. 4, 22, 8. Berve II 89 f. nr. 174 (Stadt Orobatis, Puschkalavati nach Sir Aurel Stein, Alexander's Campaign on the Indian North-West Frontier, Geograph. Journ. 70, 1927, 437. Pagliaro 305. Fox 461). *Schiffsbrücke:* Arr. 4, 22, 7–8. Curt. 8, 10, 2–3. Tarn 95. *Aufbruch Alexanders zum Gebirgskrieg, Flankensicherung:* Arr. 4, 23, 1. Curt. 8, 10, 4. Yorck v. Wartenburg, Übersicht 51; Weltgesch. 117. Tarn 91. Fox 461. Er selbst zog mit Reiterei und Leichtbewaffneten voraus, Krateros folgte mit den Hypaspisten und einem Teil des schweren Fußvolks (Arr. 4, 24, 1. Curt. a. O.). *Härte der Kriegführung:* Curt. 8, 10, 5 (»Befehl, Schrecken zu verbreiten und niemand zu schonen«). Diod. 17, ep. 32. Alexander selbst wurde mehrmals verwundet, an der Schulter (Arr. 4, 23, 3. Curt. 8, 10, 6. Plut. Alex. 58, 1) und am Knöchel (Arr. 4, 26, 4. Curt. 8, 10, 27–29), vgl. unten S. 198.

[6] *Unterwerfung der Aspasier:* Arr. 4, 23, 1–25, 4 (eingehender Bericht nach Ptolemaios). Curt. 8, 10, 4–6. Die Topographie ist weithin ungeklärt oder strittig, vgl. auch zum Folgenden F. Pincott, The Route by which Alexander entered India, Journ. Royal Asiat. Soc. 1894, 677 ff. A. E. Anspach, De Alexandri Magni expeditione Indica I (= Progr. Duisburg), Leipzig 1901, 1 ff. Yorck v. Wartenburg, Übersicht 51 ff. C. Pearson, Alexander, Porus, and the Panjab, Indian Antiquary 34, 1905, 253 ff. V. A. Smith, The Early History of India, Oxford 1924, 52 ff. Stein, Geograph. Journ. 70, 1927, 417 ff. (m. Karten). Narain 156 f. Tarn 91 ff. Milns 203 f. Seibert 150 ff. Fox 461 ff. 725 f. (mit weiterer Lit.), speziell noch E. Trinkler, Afghanistan, Peterm. Geogr. Mitt. Erg. Heft 196, 1928, 58 ff. A. Stein, On Alexander's Track to the Indus, London 1929, 41 ff. 120 ff. G. Radet, Sur les traces entre le Choès et l'Indus, Journ. des Sav. 1930, 207 ff. Foucher-Bazin-Foucher II 190 ff. *Arigaion:* Arr. 4, 24, 6–7. *Zweikampf des Ptolemaios:* Arr. 4, 24, 3–4. Berve II 331. *Rinderrasse:* Arr. 4, 25, 4.

los niedergemacht. Auch die Orte Bazira und Ora, die von dem
indischen Fürsten Abisares Hilfe erhielten, mußten belagert und
im Sturm genommen werden. Die Stadt Nysa, wohl weiter nördlich bei Tschitral im Gebiet der Kafiri gelegen, ließ Alexander
verschonen, weil sie von Dionysos bei seinem mythischen Indienzug gegründet zu sein schien, wie auch die Bewohner versi-
cherten.[7]

Die letzten Gegner sammelten sich in der Bergfestung Aornos,
von der es hieß, sie sei sogar für Herakles uneinnehmbar gewesen. Für Alexander mochte darin ein weiterer Grund liegen, die
Einnahme zu erzwingen. Der Platz wurde in dem über 2 000 Meter hohen Felsmassiv Pir-Sar westlich der Indusschleife bei Takot
identifiziert, dem der Una-Sar und der Kegel des Bar-Sar, der
eigentliche Aornos, vorgelagert sind. An eine unvermittelte Eroberung war nicht zu denken. Alexander besetzte daher zunächst die Stadt Embolima in der Nähe und ließ sie durch Krateros als Stützpunkt ausbauen. Von hier aus gelang es, den Una-Sar
zu erreichen und an seiner Südseite ein festes Lager zu schlagen,
von dem die feindlichen Angriffe abgeschlagen wurden. Das
weitere Vorrücken verhinderte jedoch eine 180 Meter tiefe und
450 Meter breite Schlucht. Unter großen Schwierigkeiten wurde
sie durch einen Damm oder eine Rampe so weit ausgefüllt, daß
die Belagerungsgeschütze darauf postiert werden konnten. Ihre
Geschosse erreichten die Festung, so daß es schließlich möglich
wurde, sie zu erstürmen. Alexander selbst ließ sich mit einem Seil

[7] *Guraier:* Arr. 4, 25, 7. *Unterwerfung der Assakener:* Arr. 4, 25, 5–30, 6. Curt.
8, 10, 7–12, 3. Diod. 17, 84, 1–85, 7. Iust. 12, 7, 6–13. C. Schuffert, Alexanders des
Großen indischer Feldzug, Progr. Colberg 1886, 13 ff. Smith a. O. 57 ff. *Massaga:*
Arr. 4, 26, 1–27, 4. Curt. 8, 10, 22–36. *Indische Söldner:* Arr. 4, 26, 1–4 (Rechtferti-
gungsversuch). Diod. 17, 84, 1–6. Plut. Alex. 59, 6–7, vgl. auch Polyain. 4, 3, 20.
Kleophis, die Mutter des Stammesfürsten Assakenos, erschien nach der Einnahme
von Massaga vor Alexander und wurde von ihm begnadigt (Curt. 8, 10, 22. 34–36.
Diod. 17, 84, 1. Iust. 12, 7, 9–11. Berve II 214 nr. 435). Sie soll später einen Sohn
namens Alexander gehabt haben (Curt. Iust. a. O.). *Bazira und Ora:* Arr. 4, 27,
5–28, 1.4. Curt. 8, 11, 1. *Abisares:* Arr. 4, 27, 7. Berve II 3 f. nr. 2. *Nysa:* Arr. 5, 1,
1–3, 4. Curt. 8, 10, 7–18. Diod. 17, ep. 33. Plut. Alex. 58, 6–9. Iust. 12, 7, 6–8.
Marquart, Untersuchungen 243 ff. Mederer 97 ff. Pagliaro 307 f. Woodcock,
Greeks in India 21 ff. Kraft 97 f. Schachermeyr 407 ff. Fox 462 ff. Bei der Stadt fand
sich viel Weinbau und Efeu (Arr. 5, 2, 5–6. Curt. 8, 10, 13. Iust. 12, 7, 7. Bretzl
243 f.), wodurch die Gründung durch Dionysos (nach Tarn 93 vielleicht der
indische Gott Schiwa) bestätigt schien. Es gab ausgedehnte Trinkgelage (Arr. 5, 2,
6. Curt. 8, 10, 17), auch wurde Akuphis, der kluge Sprecher der Bürgerschaft, in
seiner Stellung belassen (Arr. 5, 1, 3–6. 2, 3–4. Plut. Alex. 58, 7–9. Berve II 17 nr.
36). Die Sitte der Nysaier, die Toten in Holzsärgen zu bestatten (Curt. 8, 10, 8),
erhielt sich bei den Kafiri bis heute (Fox 464 f.).

an der Felswand emporziehen. Nach der Einnahme wurde der Athena ein Altar errichtet und Sisikottos als Befehlshaber des Aornos eingesetzt. Das schwierigste Unternehmen dieses Feldzuges war damit erfolgreich abgeschlossen. Über Dyrta, wo zahlreiche Elefanten erbeutet, gejagt und dem Heer eingegliedert werden konnten, wurde der Indus und weiter stromabwärts die von Hephaistion inzwischen erbaute Brücke erreicht. Hier hielt das Heer einen Monat lang Rast.[8]

2. Unterwerfung des Pandschab

Als Alexander den Indus überschritt (Frühjahr 326), hatte er keinen Widerstand zu erwarten. Er kam in das Gebiet des Omphis oder Taxiles, mit dem schon seit längerer Zeit freundschaftliche Verbindung bestand. Taxiles hatte auch den Brückenbau unterstützt, zog jetzt mit seinem Heer Alexander entgegen und übergab ihm seine Hauptstadt Taxila. Er anerkannte die Oberhoheit Alexanders, wofür er in seinem Königtum belassen wurde, doch erhielt Taxila eine makedonische Besatzung. Hier lernten die Eroberer die alte indische Stadtkultur und ihre Gesellschaftsordnung kennen, die ihnen fremdartig und zugleich eindrucksvoll erscheinen mußte, ebenso wie die reiche, ungewohnte Vegetation des Landes. Die märchenhaften Kuriositäten, die die Griechen im Anschluß an Ktesias von dem Wunderland Indien erzählten, bewahrheiteten sich dagegen nicht. Besonderes Interesse fand Alexander an den Brahmanen, Asketen und Faki-

[8] *Eroberung des Aornos:* Arr. 4, 28, 1–30, 4 (authentisch nach Ptolemaios, vgl. 4, 29, 2–7). Curt. 8, 11, 2–25. Diod. 17, 85, 1–86, 1. Plut. mor. 181 c. J. W. McGrindle, The Invasion of India by Alexander the Great, Westminster[2] 1896, 335 ff. Wilcken 166 ff. Smith 59 ff. Fox 467 ff. Die Identifizierung des Berges gelang Sir Aurel Stein, Alexander's Campaign on the Indian North-West Frontier, Geogr. Journ. 70, 1927, 417 ff. 515 ff.; On Alexander's Track 100 ff. G. Radet, Aornos, Journ. des Savants 1929, 69 ff. Robinson 114 ff. Seibert 152 f., Kartenskizze auch bei Fox 470. Die Bezwingung des Aornos (der Berg »ohne Vögel«, nach Stein, Track 152 und Tarn 94 vielleicht im Namen Una-Sar erhalten) läßt Alexander nach Fox 467 als »größten Belagerer der Geschichte« erscheinen. *Herakles:* Arr. 4, 28, 1–4. Curt. 8, 11, 2. Diod. 17, 85, 2 (Motiv für Alexander). Plut. mor. 181 d. Kraft 94 ff. Schachermeyr 407 ff., vielleicht Gleichsetzung mit dem indischen Gott Krischna, bei dessen Kult ebenfalls Löwenfelle verwendet wurden (Tarn 94. Fox 468. 726). *Embolima:* Arr. 4, 28, 7. Curt. 8, 12, 1–3. *Sisikottos:* Arr. 4, 30, 4. Curt. 8, 11, 25, oben S. 141. *Elefanten bei Dyrta:* Arr. 4, 30, 5–8. Diod. 17, 86, 2–3. *Erreichung der Brücke:* Arr. 4, 30, 8 (auf Schiffen stromabwärts). 5, 3, 5. Curt. 8, 12, 4 (in sechzehn Tagemärschen). Narain 157. *Rast:* Diod. 17, 86, 3.

ren, den »nackten Weisen« (Gymnosophisten), die den Kynikern und anderen griechischen Popularphilosophen ähnlich schienen. Onesikritos, der ein Schüler des Kynikers Diogenes war, erhielt den Auftrag, mit ihnen zu diskutieren, auch zog sie Alexander zu seiner Tischgesellschaft heran. Kalanos, ein indischer Gymnosophist, blieb auch später ständig in seinem Gefolge.[9]

Das Verhältnis der indischen Fürsten untereinander war oft gespannt, was Alexander für sich auszunutzen verstand. Taxiles hatte schon deshalb so früh Anschluß an Alexander gesucht, weil er mit seinen Nachbarn, Abisares in Kaschmir und Poros im südöstlichen Pandschab, verfeindet war. Abisares bemühte sich, Alexander gegenüber loyal zu erscheinen, indem er Gesandte mit Geschenken an ihn nach Taxila schickte. Doch Poros lehnte die Unterwerfung ab und antwortete mit einer Kampfansage. Alexander sah also sein nächstes Ziel darin, im Osten den Hydaspes (Ihelum) zu erreichen, den Grenzfluß von Poros' Reich. Die Reiterei wurde reorganisiert, indem die Garde (Agema) verselbständigt und die Hipparchien durch Eingliederung der iranischen Verbände verstärkt wurden. Die Kriegselefanten wurden dem Befehl des Taxiles unterstellt, der sich an dem Feldzug gegen Poros beteiligte. Koinos erhielt den Auftrag, zum Indus zurückzukehren, die dortigen Schiffe zu zerlegen und über Land zum Hydaspes zu schaffen.[10]

[9] *Überschreitung des Indus:* Arr. 5, 4, 3 (mit Erörterung, ob Schiffsbrücke oder feste Brücke, 5, 7, 1–8, 1). Diod. 17, 86, 3. Front. 1, 4, 9 a. *Omphis* (Taxiles wohl Titel »Herrscher von Taxila«): Arr. 5, 3, 5–6. 8, 2. Curt. 8, 12, 4–18. Diod. 17, 86, 4–7. Plut. Alex. 59, 1–5, dazu Hamilton, Comm. 161 f., vgl. oben S. 141. S. Lévi, Notes sur l'Inde à l'époque d'Alexandre, Journ. Asiatique 15, 1890, 234 ff. *Taxila:* Arr. 5, 3, 6.8, 2–3. McGrindle 342 ff. J. H. Marshall, Taxila I–III, Cambridge 1951 (Ausgrabungen, ca. 30 km nordöstlich von Rawalpindi). E. Vietta, Alexander scheitert an Indien, Bern 1957, 43 ff. Pagliaro 305 ff. Seibert 153. Fox 472. *Wunderland Indien:* Arr. 5, 4, 3–6, 8 mit Hinweisen (5, 5, 1. 6, 8) auf Arrians Schrift Indike, vgl. oben S. 140. *Gymnosophisten:* Arr. 7, 2, 2–4. Plut. Alex. 59, 8. 64 (als Rebellen). 65, 1–8 (= Onesikrit. FGrH 134 F 17), dazu Hamilton, Comm. 178 f. Strab. 15, 715–716 (= Onesikrit. a.O.). Aristobul FGrH II 139 F 41. Nearch FGrH II 133 F 23. McGrindle 368 f. U. Wilcken, Alexander d. Große u. die indischen Gymnosophisten, SB Berlin 23, 1923, 150 ff. F. Pfister, Das Nachleben d. Überlieferungen von Alexander u. den Brahmanen, Hermes 76, 1941, 143 ff. Pagliaro 341 ff. G. Ch. Hansen, Alexander u. die Brahmanen, Klio 43/45, 1965, 351 ff. Narain 160 f. (Verhalten der Gymnosophisten als Reaktion auf die Invasion). Kraft 99 ff. Seibert 154 ff. (mit weiterer Lit.). Schachermeyr 420 f. Fox 473 ff. 726. *Kalanos:* Arr. 7, 2, 4. Plut. Alex. 65, 2–8. Berve II 187 f. nr. 396.

[10] *Abisares:* Arr. 5, 8, 3. Curt. 8, 13, 1. 9, 1, 7. Diod. 17, 87, 2–3. Berve II 3 f. nr. 2. *Poros* (ind. Paurava, Herrscher der Purus): Arr. 5, 18, 7. Curt. 8, 13, 2. Berve II

Bei der Ankunft des Heeres am Hydaspes zeigte sich, daß ein Übergang über den 800 Meter breiten Fluß und ein Angriff auf das Lager des Poros am andern Ufer nicht möglich war. Poros hatte das Ufer auf weite Strecken gesichert, auch war zu befürchten, daß die Pferde, selbst wenn der Übergang gelingen würde, vor den Elefanten des Poros scheuten, so daß die Reiterei nicht eingesetzt werden konnte. Der Kampf, zu dem Alexander entschlossen war, erforderte also langwierige, überlegte Vorbereitungen. Durch verschiedene Scheinmanöver wurde der Feind getäuscht und abgelenkt, bis Alexander nach mehreren Wochen etwa 30 Kilometer flußaufwärts, wie es scheint, bei einer Insel eine geeignete Stelle fand, wo er bei Nacht einen Teil des Heeres übersetzen konnte. Da die feindlichen Wachen den Vorgang bemerkten und sofort an Poros meldeten, entsandte dieser einen Verband schneller Truppen, Reiter und Kampfwagen, unter Führung seines eigenen Sohnes voraus, um die Makedonen zurückzuwerfen. Aber Alexander hatte schon weitere Kräfte nachgezogen, so daß er in dem Reitergefecht bei Jalalpur, das sich hier entwickelte, siegreich blieb. Alexanders Leibpferd Bukephalos wurde in diesem Kampf tödlich getroffen.[11]

Erst jetzt scheint Poros bemerkt zu haben, daß Alexander selbst, nicht nur ein kleiner Teil seines Heeres, den Fluß überschritten hatte. Er stellte daher seine Streitmacht zur Schlacht am Hydaspes auf, vorne die Elefanten, die mit vier und mehr Mann auf dem Rücken »wie Festungstürme« aussahen, dahinter das Fußvolk mit mannshohen Bogen und Schilden, auf den Seiten die

340 ff. nr. 683. *Marsch zum Hydaspes:* Arr. 5, 8, 3–4. Curt. 8, 13, 3. Diod. 17, 87, 2. *Reiterei:* Arr. 7, 6, 3–4, dazu Tarn 96. 398 ff. *Kriegselefanten:* Curt. 8, 12, 11. 13, 3.5. Berve II 371. *Transport der Schiffe durch Koinos:* Arr. 5, 8, 4–5. Berve II 217.
[11] *Übergang über den Hydaspes:* Arr. 5, 8, 5–13, 4. Curt. 8, 13, 13–27. Plut. Alex. 60, 1–7, dazu Hamilton, Comm. 163 f. Front. 1, 4, 9. Polyain. 4, 3, 9. McGrindle 344 f. Yorck v. Wartenburg, Übersicht 58 ff. Anspach, De Alexandri Magni expeditione Indica II 2 ff. Smith 66 ff. E. Cavaignac, A propos de la bataille d'Alexandre contre Porus, Journ. Asiatique 203, 1923, 332 ff. A. Stein, The Site of Alexander's Passage of the Hydaspes and the Battle with Poros, Geograph. Journ. 80, 1932, 31 ff. Ch. A. Robinson Jr., Alexander the Great in India, Geograph. Rev. 23, 1933, 147. B. Breloer, Alexanders Kampf gegen Poros, Stuttgart 1933, 121 ff. (Übergang weiter flußaufwärts bei Ihelum). G. Radet, Alexandre et Porus: Le passage d'Hydaspes, REA 37, 1935, 349 ff. Weigall 365 f. Tarn 448 f. Seibert 158 ff. Indische Truppen unter Sitalkes, die Poros auf das rechte Ufer des Hydaspes entsandt hatte, um Alexander in einem Engpaß aufzuhalten, waren ohne Schwierigkeit zurückgeworfen worden (Polyain. 4, 3, 21. Berve II 358 nr. 716, vgl. Arr. 5, 18, 2). *Gefecht bei Jalalpur:* Arr. 5, 14, 1–15, 2. Curt. 8, 14, 1–4. Plut. Alex. 60, 8. Pearson, Historia 3, 1955, 445 f. = Griffith 17 f. *Bukephalos:* Arr. 5, 14, 4. 19, 5–6. Plut. Alex. 61, 1–2. A. R. Anderson, Bucephalas and his Legend, AJPh 51, 1930, 1 ff.

Reiter und Kampfwagen. Alexander ging ähnlich wie bei seinen früheren Feldschlachten von der Absicht aus, zuerst mit der Reiterei den entscheidenden Flankenangriff zu führen, worauf das Fußvolk in der Mitte gegen die Elefanten vorgehen sollte. Er näherte sich daher, nachdem das Fußvolk aufgerückt war, auf dem rechten Flügel dem Feind, während ein Teil der Reiterei unter Koinos nach links entsandt wurde, mit der Weisung, zur Verstärkung wieder nach rechts einzuschwenken, sobald dort der Kampf entbrannt sei. Krateros, der noch mit einem Teil des Heeres das Lager am andern Ufer des Flusses besetzt hielt, hatte den Befehl, erst dann überzusetzen und einzugreifen, wenn der Feind sich zur Flucht wende.

Die Schlacht begann, wie Alexander geplant hatte, als Reiterkampf auf dem rechten Flügel. Es gelang, durch berittene iranische Bogenschützen die Flanke der Inder aus ihrer Verbindung mit den Elefanten zu lösen, so daß Alexander den erfolgreichen Angriff mit der Hetairenreiterei führen konnte. Um ihn abzuwehren, zog Poros darauf seine Reiter vom andern Flügel ab und setzte sie gleichfalls hier ein. Doch auch Koinos schwenkte jetzt ein, so daß sich die überlegene makedonische Reiterei vollends durchsetzte. Erst dadurch war es möglich, daß schließlich im Zentrum die Elefanten vom Fußvolk nach langem verlustreichem Kampf zurückgeworfen und ihre Reihen aufgesplittert werden konnten. Die Truppen des Krateros, die nun den Fluß überschritten, beteiligten sich an der Verfolgung der weichenden und fliehenden Feinde. Die Schlacht am Hydaspes (Juni 326), Alexanders letzte große Feldschlacht, war wiederum ein eindeutiger Sieg für ihn geworden. Der Hauptwiderstand im Pandschab war damit gebrochen. Poros, der auf einem Elefanten tapfer gekämpft hatte und schwer verwundet war, wurde ehrenvoll behandelt. Alexander nahm ihn als Satrapen in sein Gefolge auf und bestätigte ihn als Beherrscher seines Gebiets, ohne ihm einen Makedonen zur Seite zu stellen. Zwei Städte wurden gegründet, Nikaia (»Stadt des Sieges«) auf dem Schlachtfeld östlich des Hydaspes und Bukephala zum Andenken an das Pferd Bukephalos bei der Übergangsstelle am Westufer des Flusses. Das Heer erhielt einen Monat Rast.[12]

[12] *Schlacht am Hydaspes* (»Poros-Schlacht«): Arr. 5, 15, 3–18, 3; Ind. 16, 6 (indische Bogenschützen). Curt. 8, 14, 1–31. Diod. 17, 87, 1–89, 3. Plut. Alex. 60, 1–11. Iust. 12, 8, 1–4. Polyain. 4, 3, 22. H. Droysen, Untersuchungen 62 f. Droysen² 2, 129 ff. R. Schubert, Die Porosschlacht, Rhein. Mus. 56, 1901, 543 ff. Anspach II 14 ff. G. Veith, Der Kavalleriekampf in der Schlacht am Hydaspes, Klio 8,

3. Vormarsch zum Hyphasis

Alexander war überzeugt, durch den Sieg über Poros die Unterwerfung Indiens im wesentlichen erreicht zu haben. Er zog deshalb nur mit einer ausgewählten Truppe, den berittenen Bogenschützen, der Hälfte der Hetairenreiter und einem Teil des Fußvolks, weiter nach Osten, um die übrigen Stämme vollends zu unterwerfen. Krateros blieb am Hydaspes mit dem Auftrag zurück, die neuen Städte aufzubauen und außerdem die Flotte zu vergrößern, da es in der Gegend viel Schiffsbauholz gab. So konnte dann das Heer den Hydaspes und Indus abwärts fahren, um nach Westen zurückzukehren. Wie alle Unternehmen, wurde auch dieses Vorhaben frühzeitig geplant und vorbereitet.

Beim weiteren Vormarsch fand Alexander zahlreiche, auffallend dichtbevölkerte Städte, die jedoch keinen Widerstand leisteten. Das ganze Gebiet wurde der Herrschaft des Poros zugeteilt. Hinderlicher war die Natur des Landes. Es war die Zeit des sommerlichen Monsunregens, der schon den Übergang über den Hydaspes erschwert hatte und nun den Marschierenden zusetzte. Dazu kamen die fast undurchdringlichen Wälder mit riesigen Bäumen und gefährlichen Schlangen, gegen deren Biß es keine

1908, 131 ff. Delbrück 219 ff. (Angriff Alexanders auf dem linken Flügel). Smith 68 ff. 82 ff. Kromayer-Veith, Schlachtfelder IV 385 ff.; Schlachten-Atlas, Griech. Abt. 7, 6–7. Robson 173 ff. Stein, Geogr. Journ. 80, 1932, 34 ff. (Topographie). B. Breloer, Alexanders Kampf gegen Poros, Stuttgart 1933. Cloché, Fusion 153 ff. Tarn 99 f. 437 ff. (Quellenkritik). J. R. Hamilton, The Cavalry Battle at the Hydaspes, JHS 76, 1956, 26 ff. M. Druon, Alexandre le Grand, Paris 1958, 387 ff. Fuller 158 ff. Pagliaro 313 ff. Robinson 118 ff. Burn 152 ff. Snyder 154 ff. Milns 209 ff. (m. Karten). Seibert 156 ff. Green 213 ff. Die Quellen sind nicht klar genug, so daß die Schlacht problematisch bleibt, speziell die Rolle des Koinos, der nach den meisten Beurteilern zuerst auf dem linken Flügel der Makedonen angriff, dann entweder vor der Front (Kromayer-Veith) oder dahinter (J. A. Rasin, Geschichte d. Kriegskunst I, Berlin 1959, 248) nach rechts kam. Daß die Schlacht im Unterschied zu den anderen Alexanderschlachten »aus dem Anmarsch« mit gestaffelten Verbänden geschlagen worden sei (Veith), trifft insofern nicht zu, als Alexander das Eintreffen des Fußvolks abwartete, bevor er angriff (Arr. 5, 16, 1). Die Hauptlast des Kampfes hatte das Fußvolk gegen die Elefanten zu tragen (Wirth 55 f.). Zu den Stärke- und Verlustzahlen (Arr. 5, 18, 3. Diod. 17, 89, 1–3) vgl. Tarn 98. *Verhalten und Behandlung des Poros:* Arr. 5, 18, 4–19, 3 (»anders als Dareios«). Curt. 8, 14, 31–46. Diod. 17, 88, 4–89, 2. Plut. Alex. 60, 12–15; mor. 181 e (Bitte des Poros um »königliche« Behandlung). Iust. 12, 8, 4–7. B. Breloer, Alexanders Bund mit Poros, Leipzig 1941. *Nikaia und Bukephala:* Arr. 5, 19, 4. 20, 2. Curt. 9, 1, 6. 3, 23. Diod. 17, 89, 6. 95, 5. Plut. Alex. 61, 2. Iust. 12, 8, 8. Strab. 15, 698–699. G. Radet, Notes sur l'histoire d'Alexandre IX: Les colonies macédoniennes de l'Hydaspe, Bucéphalie et Nicée, REA 43, 1941, 33 ff. Tarn 506 f.; Greeks in Bactria and India 168. Fox 726 (Fundstücke). *Rast:* Diod. 17, 89, 6.

Hilfe gab. Als der nächste Fluß des Pandschab erreicht wurde, der stark angeschwollene Akesines (Chenab), gelang die Überfahrt auf Booten und Flößen nur unter Verlusten. Koinos mußte hier zurückgelassen werden, um für Nachschub von Proviant zu sorgen. Poros wurde zurückgeschickt, um indische Hilfstruppen herbeizuschaffen. Diese Maßnahmen zeigen, daß die Schwierigkeiten größer waren, als Alexander erwartet hatte. Auch seine geographischen Vorstellungen mußte er mehrmals revidieren. Indien dehnte sich offenbar weiter nach Osten zum Ozean aus, als er angenommen hatte. Seine Vermutung, der Indus sei vielleicht nichts anderes als der Oberlauf des Nil, weil sich hier ebenfalls Krokodile und ähnliche Bohnen wie in Ägypten fanden, so daß die Rückkehr zum Mittelmeer verhältnismäßig leicht wäre, erwies sich als Täuschung, da die Einheimischen mit Bestimmtheit erklärten, der Indus münde in den Ozean.[13]

In dem Gebiet zwischen dem Akesines und dem nächsten Fluß Hydraotes (Ravi) gab es feindlichen Widerstand, vor allem durch einen Fürsten Poros, gegen den Hephaistion mit einer Heeresabteilung ausgeschickt wurde. An einigen Plätzen mußten Besatzungen zurückgelassen werden. Krateros und Koinos erhielten den Befehl, über diese Stützpunkte nachzukommen und weiteren Proviant mitzubringen. Der Hydraotes konnte ohne Mühe überschritten werden. Zu schweren Kämpfen kam es jedoch östlich davon im Stammesgebiet der Kathaier, die sich in einer Wagenburg vor ihrer Hauptstadt Sangala verschanzt hatten. Da

---

[13] *Vormarsch mit ausgewählten Truppen:* Arr. 5, 20, 2–3. Hamilton, Comm. 168 (Karte). Es geht daraus hervor, daß Alexander diesen weiteren Zug nach Osten nur als kleineres, abschließendes Unternehmen ansah. *Aufträge des Krateros am Hydaspes:* Arr. 5, 20, 2. Curt. 9, 1, 3–4. Diod. 17, 90, 1. *Plan der Indusfahrt:* Arr. 6, 1, 1. Diod. 17, 89, 5. Strab. 15, 698. Niese I 139. Yorck v. Wartenburg, Übersicht 66. Beloch IV² 1, 29, 1 (»Der Flottenbau auf dem Hydaspes beweist …, daß Alexander von vornherein beabsichtigte, seinen Rückweg den Indos hinab zu nehmen«). Weigall 371. Tarn 101. Schachermeyr 429, 521. Nach Wilcken 172f. hätte Kleitarch irrig den erst später gefaßten Plan vordatiert. *Städte, Zuteilung an Poros:* Arr. 5, 20, 4. Poros und Taxiles konnten miteinander ausgesöhnt werden (Arr. a. O. Curt. 9, 3, 22). *Monsunregen:* Diod. 17, 94, 3 (70 Tage lang). Strab. 15, 691 (= Aristobul FGrH II F 35). 697. Cary, Geographic Background 203 f. P. Pédelaborde, The Monsoon, London 1958, 133 ff. Schachermeyr 417. 431. 435. *Wälder, Schlangen:* Curt. 9, 1, 9–13. 31–34. Diod. 17, 90, 1–7, vgl. Strab. 15, 698 (= Onesikrit. FGrH II F 16). Ailian. nat. an. 16, 39. Bretzl 191 ff. *Akesines:* Arr. 5, 20, 7–10. Curt. 9, 1, 9–10. Diod. 17, 90, 4. Wirth 56 (»fast eine Katastrophe«). *Aufgaben des Koinos und Poros:* Arr. 5, 21, 1–2. *Indus-Nil-Hypothese:* Arr. 6, 1, 2–6 (Brief Alexanders an seine Mutter Olympias darüber). Cary-Warmington 191f. 281 ff. Tarn 90. Schachermeyr 446 ff. (vielleicht schon These der älteren jonischen Geographie). Fox 493 f.

die Reiterei hier nicht eingesetzt werden konnte, führte Alexander in der Schlacht bei Sangala das Fußvolk auf dem rechten Flügel an, bis die Wagenburg erstürmt war. Auch die Stadt wurde nach kurzer Belagerung eingenommen und zerstört. Es wurden über 1200 schwerverwundete Makedonen gezählt, mehr als bei allen früheren Kämpfen. Eumenes, der griechische Kanzleivorsteher Alexanders, wurde abgesandt, um die anderen Städte der Kathaier durch Verhandlung zur Unterwerfung zu bringen. Das ganze Gebiet der Kathaier erhielt Poros zugeteilt, dessen Herrschaft sich damit bis über den Hydraotes erstreckte. Zwei weitere indische Fürsten, Sopeithes und Phegeus, kamen Alexander mit Geschenken entgegen und übergaben ihre Städte, so daß sie in ihrer Stellung bestätigt wurden. Bald darauf erreichte das Heer den Hyphasis (Bias), den letzten großen Strom des Pandschab.[14]

Die Erkundigungen, die Alexander, wie immer, vor dem Flußübergang einholte, waren diesmal überraschend. Nach weiteren zwölf Tagemärschen durch Wüstengebiet, so erklärte Phegeus, werde man an den Ganges kommen, den größten Strom Indiens, wo die reichen Stämme der Gangariden und Prasier wohnten, deren Fürsten starke Heere und Tausende Kriegselefanten hätten. Alexander, der auf Grund der letzten Erfahrungen zwar mit weiteren Schwierigkeiten gerechnet hatte, war doch erstaunt, von solchen Entfernungen und Größenverhältnissen zu hören. Er befragte Poros, der die Angaben des Phegeus bestätigte. Auch im Heer verbreitete sich die Kunde rasch. Sie führte zu Unruhen und Zusammenrottungen, da die Soldaten damit neue, endlose Märsche und Kämpfe vor sich sahen. Alexander, dem diese Stimmung nicht verborgen blieb, berief die höheren Offiziere zu sich und legte ihnen dar, daß es darum gehe, jetzt noch die letzten Stämme zu unterwerfen, um an die Ozeangrenze im Osten zu gelangen. Er verkenne die bevorstehenden Mühen nicht, doch sei man bisher mit allen Schwierigkeiten fertiggeworden und werde

[14] *Poros der »Feindliche«, Entsendung Hephaistions:* Arr. 5, 21, 2–3. 5. Curt. 9, 1. 35. Diod. 17, 91,1–2. 93,1. Berve II 345 nr. 684. Tarn 569. *Nachrücken des Krateros und Koinos:* Arr. 5, 21,1. 4. *Hydraotes:* Arr. 5, 21, 6. Curt. 9, 1, 13. *Kathaier, Einnahme von Sangala:* Arr. 5, 22, 1–24, 8. Curt. 9, 1, 14–18. Diod. 17, 91, 3–4. Iust. 12, 8, 9. Polyain. 4, 3, 30. McGrindle 347 f. Anspach II 30 ff. Tarn 101. *Sopeithes und Phegeus:* Arr. 6, 2, 2. Curt. 9, 1, 24–2, 1. Diod. 17, 91, 4–93, 1. Strab. 15, 699 (= Onesikrit. FGrH II 134 F 21). Droysen² 2, 155, 1. Lévi, Journ. Asiatique 15, 1890, 237 ff. Berve II 367 f. nr. 734. 381 nr. 770. Woodcock 36 ff. *Erreichung des Hyphasis:* Arr. 5, 24, 8. Curt. 9, 1, 35. Diod. 17, 93, 1. Sein östlicher Nebenfluß Satletsch wird in den Quellen nicht mehr erwähnt.

auch dieses Ziel erreichen. Da machte sich Koinos als Ältester zum Sprecher des Heeres. Er bat Alexander um Verständnis für die erschöpften Veteranen, die ihm von Makedonien bis hierher gefolgt seien. Er möge nach solchen Taten mit ihnen in die Heimat zurückkehren und dann mit einem neuen, unverbrauchten Heer gegen die Inder oder wohin er wolle ziehen. Der Beifall, den Koinos erhielt, machte deutlich, daß die Mehrheit kaum zum Weitermarsch zu bewegen war. Die Erinnerung an die schweren Kämpfe gegen Poros und die Kathaier, die immer wieder hinausgeschobenen Marschziele, die zermürbende, lange Regenzeit, viele Faktoren wirkten hier zusammen. Auch die Erlaubnis, die Umgegend des Hyphasis zu plündern und nach Belieben Beute zu machen, sowie die Gewährung von Soldzulagen brachten bei der Truppe keinen Umschwung der düsteren Stimmung. Alexander zog sich zornig in sein Zelt zurück. Nach drei Tagen, als auch die Opferschau ungünstig ausfiel, verkündete er dem Heer seinen Entschluß zur Rückkehr (Sommer 326). Große Freude herrschte im Lager.[15]

Was Alexander letztlich zur Umkehr am Hyphasis bewog, ist nicht ohne weiteres klar. Ohne die Weigerung des Heeres hätte er gewiß den Hyphasis überschritten, um über das Gangesgebiet, von dessen Größe er freilich auch jetzt noch keine zutreffende Vorstellung besaß, den Ozean zu erreichen. An Vorbereitungen hatte er es nicht fehlen lassen. Das Heer war durch indische Truppen verstärkt, Nachschub aus Makedonien und Griechenland wurde erwartet und traf bald darauf auch ein, die rückwärtigen Verbindungslinien waren nach Möglichkeit gesichert, die Regenzeit ging zu Ende. Auch wies Poros darauf hin, daß Xandrames, der Herrscher der Gangariden und Prasier, allgemein verhaßt sei, so daß ein Angriff auf sein Reich erfolgreich erscheine. Wenn Alexander dennoch darauf verzichtete, so wohl deshalb, weil er auf sein eigentliches Ziel, den Ozean zu erreichen, darum nicht zu verzichten brauchte. Anstatt in östlicher Rich-

[15] *Auskünfte des Phegeus und Poros über das Gangesgebiet:* Arr. 5, 25, 1. Curt. 9, 2, 2. 5–7. Diod. 17, 93, 2–3. Plut. Alex. 62, 1–4. Iust. 12, 8, 9. Tarn 563 ff. (Phegeus und seine Angaben als spätere Erfindung). *Unruhen im Heer:* Arr. 5, 25, 2. Plut. Alex. 62, 2. Iust. 12, 8, 10–15. Yorck v. Wartenburg, Weltgesch. 117 f. Robson 179 ff. Cloché, Fusion 161 ff. Kraft 103 ff. (keine »Meuterei«). *Reden von Alexander und Koinos:* Arr. 5, 25, 3–27, 9. Curt. 9, 2. 12–34. 3, 3–15. Diod. 17, 94, 1. 5. Tarn 581 ff. Schachermeyr 436, 530 (Ptolemaios als Quelle). *Erlaubnis zum Beutemachen, Soldzulagen:* Diod. 17, 94, 4–5. *Alexanders Zorn, Opferschau, Entschluß zur Rückkehr:* Arr. 5, 28, 1–29, 1. (»expresses ›official‹ opinion«, Milns 222). Curt. 9, 3, 18–19. Plut. Alex. 62, 5–6.

tung konnte er mit seiner Indusflotte den Ozean auch in südöstlicher Richtung, wie er glaubte, erreichen. Am Hyphasis handelte es sich für Alexander also mehr um eine Richtungsänderung als um eine Rückkehr oder Umkehr. Auch vom Jaxartes (Syr-Darja) war er wieder abgezogen, um sein weiteres Ziel zu erreichen. Wie dort, so ließ er auch jetzt am Hyphasis hohe Altäre errichten, die die Grenze seines Reiches bezeichneten. Die jenseitigen Volksstämme blieben sich selbst überlassen. Trotz ihrer Stärke, die er nicht geringschätzte, glaubte er sie besiegen zu können, vielleicht auch ohne die widerwilligen Veteranen, die durch andere Truppen hätten ersetzt werden können. Diese Schwierigkeiten konnten nicht entscheidend sein. Daß Alexander sein Ziel nicht aufzugeben brauchte, hat ihm den Entschluß am Hyphasis erleichtert oder überhaupt ermöglicht.[16]

4. Indusfahrt und Erreichung des Ozeans

Vor dem Abzug vom Hyphasis wurden nicht nur Altartürme für die griechischen Zwölfgötter errichtet, sondern auch die Lagerbauten in übergroßem Maße erweitert, um den fremden Völkern Eindruck zu machen. Eine Demonstration der Macht ersetzte

[16] Zum oft gebrauchten, doch nicht ganz zutreffenden, jedenfalls mißverständlichen Begriff der »*Umkehr am Hyphasis*« (Droysen² 2, 162. Kaerst I³ 461. Willken 175. Tarn 103. Kraft 103. Schachermeyr 437 u. a.) vgl. unten S. 209. *Gangesgebiet:* Arr. 5, 26, 1, vgl. oben S. 151, dazu Yorck v. Wartenburg, Übersicht 63. Hamilton, Comm. 171f. Wilcken 174 (»kein Zweifel, daß Alexander ... den Willen gehabt hat, in das Gangesland zu ziehen«). E. Meyer, Alexander u. der Ganges, Klio 21, 1927, 183ff. Radet 296ff. Tarn 563ff. (keine Kenntnis Alexanders vom Ganges); Alexander and the Ganges, JHS 43, 1943, 93ff. F. Schachermeyr, Alexander und die Ganges-Länder, in: Natalicium Jax I, Innsbruck 1955, 123ff. = Griffith 137ff. D. Kienast, Alexander u. der Ganges, Historia 14, 1965, 180ff. Seibert 160ff. *Verstärkung und Nachschub des Heeres:* Arr. 5, 21, 2. Curt. 9, 3, 21. Diod. 17, 95, 4, vgl. unten S. 160. Fox 498 (Heeresstärke 120000 Mann). *Xandrames:* Curt. 9, 2, 3–7 (Aggrammes). Diod. 17, 93, 2–3. Berve II 281 nr. 574. Fox 503ff. 660 (»es wäre ... auch gelungen«). Nach Plut. Alex. 62, 9 soll auch Sandrakottos (Androkottos, ind. Tschandragupta), der Alexander als junger Mann begegnete (Plut. a. O.) und nach seinem Vorbild später das Maurya-Reich in Nordindien gründete, gesagt haben, Alexander hätte die Gangesländer leicht erobern können, vgl. auch Arr. 5, 6, 2; Ind. 5, 3. 9, 9. Iust. 15, 4, 15–16. Strab. 15, 724. Berve II 349f. nr. 696. Radet 298f. Tarn 575f. Wirth 112. *Jaxartes:* oben S. 127. *Grenzaltäre:* Arr. 5, 29, 1. Curt. 9, 3, 19. Diod. 17, 95, 1. Plut. Alex. 62, 8, vgl. unten S. 209. McGrindle 348f. *Keine Geringschätzung der Gangesstämme:* Curt. 9, 2, 8–9. Diod. 17, 93, 4. Daß das Ziel, den Ozean zu erreichen, den Entschluß zur »Umkehr« am Hyphasis erleichterte, betonen mit Recht Radet 310f. und Wirth 58.

den abgebrochenen Feldzug. Alles Land bis zum Hyphasis wurde der Herrschaft des Poros unterstellt. Das Heer gelangte über den Hydraotes an den Akesines zurück, wo Koinos einer Krankheit erlag. Hier trafen auch Gesandte des Abisares von Kaschmir ein, der sich jetzt völlig unterwarf. Die Stadt Iomusa, die durch Hephaistion am Akesines gegründet worden war, wurde mit makedonischen Veteranen und mit Indern besiedelt, zugleich auch Schiffsbauholz für die Indusflotte geschlagen. Bei der Ankunft am Hydaspes mußten zuerst die Städte Bukephala und Nikaia, die durch die Regenzeit gelitten hatten, erneuert werden. Die Flotte, mit der das nächste große Unternehmen, die Indusfahrt, geplant war, wurde auf eine Stärke von etwa 1000 Schiffen verschiedener Art gebracht. Dazu traf aus dem Westen bedeutender Nachschub ein, 5000 thrakische Reiter, 7000 Mann Fußvolk, 25000 Rüstungen und große Mengen Medikamente, so daß das Heer auch für weitere bevorstehende Kämpfe einsatzfähig war. Die Fahrt stromabwärts, zunächst auf dem Hydaspes, konnte beginnen (November 326).[17]

Das Ziel der Indusfahrt war die Erreichung des Ozeans, doch sollten dabei zugleich die Völkerschaften des Indusgebiets unterworfen werden. Das Kommando über die Flotte erhielt Nearch, Alexanders Schiff wurde von Onesikritos gesteuert. Die Schiffe, die einen vorgeschriebenen Abstand einhielten, legten täglich etwa acht Kilometer zurück. Nur ein Teil des Heeres, die Hetairen mit ihren Pferden, dazu die Hypaspisten und die Bogenschützen, zusammen 8000 Mann, fuhren auf den Schiffen. Die übrigen Verbände marschierten unter Krateros und Hephaistion am rechten bzw. linken Ufer entlang. Viele Einheimische, verwundert über den ungewohnten Zug, liefen singend und tanzend mit. Nach einer Woche wurde die Einmündung des Hydaspes in den Akesines erreicht, wo die Stromschnellen und Strudel zahlreiche Schiffe beschädigten. Alexander ließ ein Lager schlagen,

---

[17] *Lagerbauten in Übergröße:* Curt. 9, 3, 19. Diod. 17, 95, 1–2. Plut. Alex. 62, 7. Iust. 12, 8, 16–17. Altheim, Alexander und Asien. 186. Fox 502f. (vielleicht spätere Erfindung). *Zuteilung des Landes an Poros:* Arr. 5, 29, 2. *Rückkehr zum Akesines, Tod des Koinos:* Arr. 5, 29, 3. Curt. 9, 3, 20. Diod. 17, 95, 3. Iust. 12, 9, 1. Berve II 218. Smith, Early History 92ff. *Gesandte des Abisares:* Arr. 5, 29, 4–5. Berve II 4. *Gründung von Iomusa:* Arr. 5, 29, 3. Ptol. 7, 1, 46. Tarn 506f.; Bactria 246f. *Indusflotte:* Arr. 5, 29, 3. 6, 1, 1. Curt. 9, 3, 21–22. Diod. 17, 95, 3. Plut. Alex. 63, 1. Iust. 12, 9, 1. Tarn 104. Schachermeyr 452. Auch am Akesines, nicht nur am Hydaspes, wurden demnach Schiffe gebaut (Arr. Diod. Iust. a. O.). *Erneuerung der Städte:* Arr. 5, 29, 5. *Nachschub aus dem Westen:* Curt. 9, 3, 21–22. Diod. 17, 95, 4. Vor der Abfahrt wurde allen Flußgöttern geopfert (Arr. 6, 3, 1–2).

um von hier aus die feindlichen Stämme der Maller und Oxydraker im Gebiet bis zur Einmündung des Hydraotes und südlich davon zu bekämpfen.[18]

Den Feldzug gegen die Maller, die als einer der stärksten Stämme Indiens galten, begann Alexander mit einem unerwarteten, raschen Vorstoß durch Wüstengebiet an der Spitze seiner berittenen Verbände, um der Vereinigung der Maller und der Oxydraker zuvorzukommen. Hephaistion und Ptolemaios sollten selbständig vorgehen, um das Ausweichen des Gegners zu verhindern. Es gelang, die Maller zu überraschen und mehrere ihrer festen Plätze, auch die Hauptstadt, einzunehmen. In der Schlacht am Hydraotes sammelten sie sich jedoch zum Widerstand. Alexander erzwang mit der Reiterei den Flußübergang an einem Steilufer, mußte aber darauf eine Verteidigungsstellung beziehen, da er der Hauptmacht der Maller nicht gewachsen war. Erst als sein Fußvolk heranrückte, konnte er angreifen und die Maller in die nächstgelegene Stadt zurückwerfen, die gestürmt wurde.[19]

Nur die Burg war noch nicht eingenommen. Alexander ließ Leitern an die Mauern heranschaffen, packte selbst zu und stieg

---

[18] *Ozean als Fahrtziel:* Curt. 9, 3, 22. Diod. 17, 96, 1. Plut. Alex. 63, 1. Iust. 12, 9, 1, vgl. oben S. 141. Anspach III 6 ff. Wilcken 176. Druon, Alexandre 405 ff. Robinson 130 f. Milns 224 ff. Schachermeyr 450 f. *Nearch und Onesikritos:* Arr. 6, 2, 3; Ind. 18, 9–10, vgl. oben S. 146. Als Ruderer dienten vor allem Phoiniker, Kyprer und Ägypter, als Schiffsbauherrn und Kapitäne (Trierarchen) fast nur Makedonen und Griechen (Arr. Ind. 18, 1–8). *Abstand und Geschwindigkeit:* Arr. 6, 3, 2. Curt. 9, 3, 24. Plin. nat. hist. 6, 60. *Heerestransport auf Schiffen, Marschkolonnen:* Arr. 6, 2, 2. 3, 4 (erstmals Pferde auf Schiffen); Ind. 19, 1–3. Curt. 9, 3, 24. Diod. 17, 96, 2. Hephaistion auf dem linken Ufer führte auch 200 Elefanten mit (Arr. Curt. a.O.). *Begleitung durch Einheimische:* Arr. 6, 2, 4–5. *Zusammenfluß des Hydaspes und Akesines:* Arr. 6, 4, 4–5, 3. Curt. 9, 4, 1. 8–14. Diod. 17, 97, 1–3 (Alexander legt Kleider ab, um sich ins Wasser zu stürzen). *Lager und Kampfvorbereitungen:* Arr. 6, 5, 4–7. Curt. 9, 4, 15–23 (erneute Unzufriedenheit der Veteranen). Diod. 17, 98, 1. Iust. 12, 9, 3. Andere Stämme, wie die Siber, waren schon vorher bei einer Zwischenlandung unterworfen worden (Curt. 9, 4, 2–8. Diod. 17, 96, 1–5. Plut. Alex. 63, 2. Iust. 12, 9, 2).

[19] *Feldzug gegen die Maller:* Arr. 6, 6, 1–14, 3. Curt. 9, 4, 15–6, 1. Diod. 17, 98, 1–99, 4. Plut. Alex. 63, 2–13, dazu Hamilton, Comm. 176 f. Iust. 12, 9, 3–13. McGrindle 350 ff. Pagliaro 345 f. *Wüstenritt:* Arr. 6, 6, 1–3. *Hephaistion und Ptolemaios:* Arr. 6, 5, 6. Auch Perdikkas und Peithon erhielten selbständige Aufträge (Arr. 6, 6, 4. 7, 2–3. 8, 2). *Hauptstadt der Maller:* Arr. 6, 8, 4 (Multan am Ostufer des Hydraotes-Ravi nach Fox 514 f. 728). *Schlacht am Hydraotes:* Arr. 6, 8, 4–7. Curt. 9, 4, 24–25 (Oxydraker statt Maller). Iust. 12, 9, 4. *Nächstgelegene Stadt:* Arr. 6, 8, 7–9, 1. Sie kann nicht, wie Fox a.O. annimmt, identisch mit der Hauptstadt gewesen sein, da diese nach Arr. 6, 8, 4 schon vorher kampflos geräumt worden war. Nach Tarn 106 war auch diese Stadt nicht Multan.

als erster hinauf. Als er auf der Mauer stand, zerbrach seine Leiter
unter der Last der Nachdrängenden. Tollkühn sprang er allein in
den Burghof hinab und erwehrte sich der andringenden Feinde,
bis er, von einem Pfeil in die Brust getroffen, bewußtlos zusam-
menbrach. In diesem Augenblick gelangten die Leibgardisten
Peukestas und Leonnatos, die ihm nachgesprungen waren, an
seine Seite und deckten ihn, Peukestas mit dem heiligen Schild
von Ilion. Endlich kamen auch andere Makedonen über die
Mauer und besetzten im Kampf die Burg. Alexander wurde auf
seinem Schild weggetragen. Als man den Pfeil aus der Brust
entfernte, verlor der Schwerverwundete infolge des Blutverlustes
wiederum das Bewußtsein. Im Heer verbreitete sich das
Gerücht, Alexander sei gefallen, so daß tiefe Niedergeschlagen-
heit herrschte. Erst eine Woche später hatte sich Alexander soweit erholt, daß er, auf dem Deck eines Schiffes liegend, den Arm
zu erheben vermochte und damit zur allgemeinen Freude den
Beweis gab, daß er lebe. Die Kunde davon veranlaßte die Maller
und die Oxydraker, sich durch Gesandte zu unterwerfen.[20]

Die Fahrt konnte fortgesetzt werden, vom Hydraotes zum
Akesines und bis zu dessen Einmündung in den Indus, wo Rast
gehalten wurde (Frühjahr 325). Die Flotte wurde erneuert, eine
Stadt Alexandreia mit Schiffswerften gegründet und das ganze
Gebiet bis hierher dem Satrapen am Indus, Philippos, unterstellt. Auch Oxyartes, der Vater von Alexanders baktrischer
Gemahlin Rhoxane, die in Indien einen Sohn zur Welt gebracht
hatte, der bald nach der Geburt gestorben war, traf ein und
wurde als Satrap des Paropamisadengebiets zwischen Hindu-

---

[20] *Alexanders Sprung in die Mallerburg, Kampf und Verwundung:* Arr. 6, 9,
3–10, 2. Curt. 9, 4, 27–5, 13. Diod. 17, 98, 3–99, 3. Plut. Alex. 63, 3–9 (»es fehlte
wenig, so wäre er niedergemacht worden«). Iust. 12, 9, 5–12. *Rettung Alexanders:*
Arr. 6, 10, 1–11, 1. Curt. 9, 5, 14–21. Diod. 17, 99, 4. Plut. Alex. 63, 10–11. Iust. 12,
9, 10–11. Außer Peukestas und Leonnatos (Berve II 232 ff. nr. 466. 318 f. nr. 634),
die selbst schwer verwundet wurden, kamen noch Habreas und Limnaios hinzu,
die beide fielen, sowie Aristonus (Berve II 5 f. nr.6. 69 nr.133. 237 nr.474). Zum
Schild von Ilion vgl. oben S. 59. *Entfernung des Pfeils:* Arr. 6, 11, 1–2 (griech. Arzt
Kritodemos von Kos, Berve II 228 nr. 453). Curt. 9, 5, 23–30 (Arzt Kritobulos von
Kos, Berve II 228 nr. 452). Plut. Alex. 63, 11–13. Iust. 12, 9, 13. Yorck v.
Wartenburg, Übersicht 67 ff. F. Lammert, Alexanders Verwundung in der Stadt
der Maller u. die damalige Heilkunde, Gymnasium 60, 1953, 1 ff. (kein Lungen-
schuß). *Gerücht von Alexanders Tod, erste Lebenszeichen:* Arr. 6, 12, 1–13, 4.
Curt. 9, 5, 19. 29–6, 1. Plut. Alex. 63, 11. Das Gerücht verbreitete sich bis Baktrien
und Sogdien, worauf sich die dort angesiedelten Griechen erhoben (Curt. 9, 7,
1–11. Diod. 17, 99, 5–6. Schachermeyr 357. 456). *Gesandte der Maller und
Oxydraker:* Arr. 6, 14, 1–3. Curt. 9, 7, 12–15. 8, 1–2.

kusch und Indus eingesetzt. Doch die Weiterfahrt nach Süden mußte immer wieder unterbrochen werden, da die Stämme am unteren Indus meist Widerstand leisteten. Die Sambaster, Sodrer, Massaner, Musikaner, Praisten wurden in Kämpfen unterworfen, die Fürsten Oxykanos, Sambos, Moiris ihrer Herrschaft beraubt und zahlreiche Brahmanen, die sich feindlich verhielten, getötet. Die Hauptstadt des Sambos, Sindimana (Sehwan), konnte dadurch eingenommen werden, daß von außen ein unterirdischer Gang gegraben wurde, durch den die Belagerer ins Stadtinnere gelangten. Schließlich kamen Heer und Flotte, nachdem die am Hydaspes begonnene Fahrt sieben Monate gedauert hatte, in Pattala (bei Haiderabad) am Mündungsdelta des Indus an (Sommer 325). Der Platz wurde befestigt und zur Hafenstadt ausgebaut. Der Makedone Peithon, der selbständig eine Heeresabteilung geführt hatte, erhielt die Stellung eines Satrapen des unteren Indusgebietes.[21]

Alexander wußte, daß er nun unmittelbar vor dem Ziel und Wendepunkt seines indischen Feldzuges stand, vor der Erreichung des Ozeans. Die Fahrt zum Ozean war als geographische Entdeckung und als politische Grenzziehung gleichermaßen von Bedeutung. Doch auch hier mußten unvorhergesehene Schwierigkeiten überwunden werden. Als die Schiffe, denen ein Begleitheer unter Leonnatos folgte, den rechten Mündungsarm des Indus abwärts fuhren, wehte der Wind vom Meer her so stark, daß man Schutz in einem Seitenarm suchen mußte. Bald darauf traten Ebbe und Flut ein, so daß die Schiffe auf dem Trockenen saßen, nach einiger Zeit aber weiterfuhren, was bei den Makedonen, die die Gezeiten nicht kannten, Bestürzung hervorrief. Die Einheimischen erklärten jedoch, gerade diese Erscheinung sei der Beweis für die Nähe des Meeres. Alexander schickte vorsichtig einige Flachboote voraus und gelangte mit Hilfe von Lotsen schließlich zu einer Insel im Mündungsgebiet, von wo das offene Meer zu sehen und die Salzluft zu spüren war. Da aber in der

[21] *Fahrt zum Akesines, Rast und Stadtgründung:* Arr. 6, 14, 4–15, 2. Curt. 9, 8, 8. *Satrap Philippos:* Arr. 6, 14, 3. 15, 2. Berve II 384f. nr. 780, vgl. unten S. 165. *Oxyartes:* Arr. 6, 15, 3. Curt. 9, 8, 10, vgl. oben S. 134. *Sohn der Rhoxane:* Epit. Mett. 70. Berve II 347. Fox 509 (als Fehlgeburt erklärt). *Unterwerfung der Stämme und Fürsten am unteren Indus:* Arr. 6, 15, 4–17, 2. Curt. 9, 8, 8–29. Diod. 17, 102, 1–103, 8. Iust. 12, 10, 2–4. Berve II 265 nr. 536. 293 nr. 589. 348f. nr. 693. *Sindimana:* Arr. 6, 16, 4. Curt. 9, 8, 13–15. Strab. 15, 701. McGrindle 352ff. Kaerst I³ 464, 1. *Dauer der Fahrt:* Plut. Alex. 66, 1. Strab. 15, 692 (10 Monate). *Pattala:* Arr. 6, 17, 5–18, 2. Curt. 9, 8, 29. Strab. 15, 701. *Peithon:* Arr. 6, 15, 4. 17, 1–4. Curt. 9, 8, 16. Berve II 310 nr. 619.

Ferne noch eine weitere vorgelagerte Insel zu sehen war, fuhr Alexander mit wenigen Schiffen auch dorthin und darüber hinaus, »um abzusehen«, wie er sagte, »ob irgendwo ein Land noch aus dem Meere sich erhebe«. Als er nur noch den Himmel und den Horizont erblickte, ließ er dem Poseidon opfern und warf goldene Schalen ins Meer. Er hatte den Ozean befahren, die natürliche Grenze seines Reiches erreicht und konnte jetzt mit dem Heer nach Westen zurückkehren. Mit der Umkehr an der Indusmündung sah er seinen Zug nach Osten, wie er ihn sich vorgenommen hatte, als beendet an.[22]

---

[22] *Fahrt zur Indusmündung:* Arr. 6, 18, 2–5. Curt. 9, 9, 1–8. Diod. 17, 104, 1. Plut. Alex. 66, 1. Iust. 12, 10, 1. Epit. Mett. 85–86. *Ebbe und Flut:* Arr. 6, 19, 1–2. Curt. 9, 9, 9–26. McGrindle 367f. Smith 108ff. Berve, Gestaltende Kräfte² 344f. *Inseln:* Arr. 6, 19, 3–4. Diod. 17, 104, 1. Plut. Alex. 66, 1 (Insel Skillustis, in einem Brief Alexanders erwähnt). *Äußerung Alexanders:* Arr. 6, 19, 5. *Opferhandlungen:* Arr. 6, 19, 4–5; Ind. 20, 10. Curt. 9, 9, 27. Diod. 17, 104, 1. Plut. Alex. 66, 2. V. Ehrenberg, Die Opfer Alexanders an der Indusmündung, in: Polis u. Imperium, Zürich-Stuttgart 1965, 449ff. *Zielsetzung und Umkehr:* Curt. 9, 9, 27. Diod. a. O. Iust. 12, 10, 5. Wilcken 183f. Schachermeyr 458ff., vgl. auch Senec. Rhet. Suas. 1.

Von der Indusmündung kehrte Alexander durch die gedrosische
Wüste in Südpersien nach Westen zurück, während die Flotte an
der Küste entlangfuhr und den Persischen Golf erreichte. In Susa
wurde der Abschluß des Feldzugs gefeiert (Frühjahr 324), in
Opis am Tigris das Heer umgebildet (Sommer 324). Nach einem
Aufenthalt in Ekbatana (Herbst 324) zog Alexander nach Babylon, wo er die Verwaltung ordnete, Baupläne entwarf und eine
Expedition nach Arabien vorbereitete (Frühjahr 323). Da erkrankte er schwer und starb unerwartet in Babylon (10. Juni
323). Die Heeresversammlung regelte die Nachfolge durch Verteilung der Befugnisse, doch wurden Alexanders letzte Pläne
nicht mehr ausgeführt.

1. Zug durch Gedrosien und Rückfahrt der Flotte

Als Alexander von seiner Fahrt an die Indusmündung wieder in
Pattala eintraf, ließ er die Rückkehr des Heeres und der Flotte
nach Westen vorbereiten. Der Kern des Heeres sollte unter
seiner Führung in Küstennähe durch die Satrapien Gedrosien
und Karmanien ziehen, die Flotte unter Nearch an der Küste
entlang bis zur Euphratmündung fahren, um zugleich die Möglichkeit eines regelmäßigen Seeverkehrs auf dieser Strecke zu
erkunden. Es war ein kombiniertes Land- und Flottenunterneh-
men, wie es schon mehrmals, an der Donau, zwischen Phönikien
und Ägypten, zuletzt am Indus durchgeführt worden war. Da
der Landweg durch Wüstengebiet führte und als besonders
schwierig galt, wurde Proviant für vier Monate gesammelt, zum
Teil vorausgeschickt und am Wege gelagert, wo auch Brunnen
gegraben werden mußten. Die Schiffe wurden seetüchtig gemacht und ihre Zahl verringert. Alexander selbst unternahm
nochmals eine Erkundungsfahrt zur Indusmündung, diesmal auf
dem östlichen Arm des Stromes durch einen Binnensee, der für
die Abfahrt der Flotte günstig schien, da es hier keine Springflut
gab. So wurde auch an dieser Stelle noch ein Hafen mit Werften
gebaut, eine Besatzung zurückgelassen und schließlich das ganze
Mündungsgebiet des Indus einer eigenen Verwaltung unterstellt.
Ein erheblicher Teil des Heeres mit allen Verwundeten, dem
Troß und den Elefanten war schon vor der ersten Ankunft in

Pattala unter dem Befehl des Krateros durch Arachosien und Drangiane nach Westen zurückgeschickt worden. Krateros sollte Unruhen in diesen Satrapien niederwerfen und sich dann in Karmanien wieder mit der Heeresgruppe Alexanders vereinigen. Vor der Abfahrt der Flotte, die noch die herbstlichen Monsunwinde abzuwarten hatte, brach Alexander von Pattala auf (Herbst 325).[1]

Das Heer, das den gefährlichen Wüstenmarsch durchführen sollte, bestand aus ausgesuchten makedonischen Verbänden und berittenen Bogenschützen, kaum mehr als 20000 Mann mit dem zugehörigen Troß. Im östlichen Gedrosien, in der Landschaft Makarene (Makran), wurde der Fluß Arabios (Hab) im Gebiet der Arabiten, des letzten indischen Stamms, überschritten. Die Oreiten, der erste iranische Stamm, den das Heer erreichte, verhielten sich feindlich, so daß sie angegriffen und zurückgeworfen werden mußten. Ihr Hauptort Ora wurde als Alexandreia neugegründet und das ganze Gebiet dem Makedonen Apollophanes als Satrapen unterstellt. Auch Leonnatos blieb mit einem Teil des Heeres hier zurück, um den Aufbau der Stadt und die Anlage des Hafens Kokala an der Küste zu leiten, während Alexander über Kokala weiterzog. Doch bald darauf erhoben sich die Oreiten aufs neue. Es gelang Leonnatos, sie in einer Schlacht niederzuwerfen. Apollophanes war dabei gefallen, was zur Folge hatte, daß der Proviantnachschub, den er für Alexander beschaffen sollte, ausblieb. Leonnatos kehrte mit seiner Heeresgruppe selbständig nach Westen zurück.[2]

---

[1] *Flottenauftrag Nearchs:* Arr. 6, 21, 1–3; Ind. 20, 1–7. 21, 1. Curt. 9, 10, 3. Diod. 17, 104, 3. Plut. Alex. 66, 3. Außer frühen Handelsfahrern hatte auch Skylax von Karyanda (oben S. 140) im Auftrag Dareios' I. die Strecke schon befahren. Daß Alexander davon nichts gewußt habe (Wilcken 172. 182 f. Tarn 89. 109. Fox 529), ist bei der Sicherheit seiner Planung unwahrscheinlich (Schachermeyr 459). *Proviant und Brunnen:* Arr. 6, 20, 4–5. Curt. 9, 10, 2. Iust. 12, 10, 7. Nach Nearch (Arr. 6, 24, 2–3 = Nearch FGrH II 133 F 3. Strab. 15, 686) suchte Alexander, der sich der Schwierigkeit des Wüstenmarsches bewußt war, Semiramis und Kyros zu übertreffen, denen es nicht gelungen war, ein ganzes Heer hier durchzubringen, vgl. dazu Tarn 231 ff. Pagliaro 364 f. Hampl 63 f. Snyder 167 (»clear that Alexander had thought the fleet could not make the voyage without land support«). Schachermeyr 463. *Instandsetzung der Flotte:* Curt. 9, 10, 4. Diod. 17, 104, 3. *Erkundungsfahrt auf dem Ostarm des Indus:* Arr. 6, 20, 2–4; Ind. 20, 10. Iust. 12, 10, 1. Die Lokalisierung einzelner Punkte erscheint kaum möglich, da sich der Verlauf der Mündungsarme des Indus verändert hat. *Verwaltung des Küstengebiets:* Iust. 12, 10, 6. *Rücksendung der Heeresgruppe unter Krateros:* Arr. 6, 17, 3–4. Iust. 12, 10, 1 (Polyperchon). Strab. 15, 725. Berve II 224 f. *Aufbruch Alexanders von Pattala:* Arr. 6, 21, 3. Curt. 9, 10, 4. Diod. 17, 104, 4. Iust. 12, 10, 7.

[2] *Heeresstärke:* Arr. 6, 21, 3. Tarn 110 (8000–10000 Mann). Kraft 117 (15000).

Alexander hatte beabsichtigt, weiter an der Küste Gedrosiens entlang zu marschieren, um dort zugleich Stützpunkte für die nachkommende Flotte anzulegen. Doch das Küstengebirge Taloi westlich von Kokala zwang ihn, ins Landesinnere auszuweichen und dort den Fluß Tomeros (Hingol) zu überschreiten. Jetzt zeigten sich die Schrecken der Wüste Gedrosiens. Hitze, Sandstürme, Wassermangel bewirkten, daß nur in der Nacht marschiert werden konnte. Die Lebensmittel wurden knapp, so daß Zugtiere geschlachtet werden mußten. Wagen, Beute, Gepäck und viele Erschöpfte blieben am Wege liegen. Die Mühen, so wird berichtet, waren unvergleichlich schlimmer als bei allen andern Zügen in Asien. Eine Katastrophe schien sich für das Heer vorzubereiten. Doch Alexander, der nicht verhehlen konnte, daß die Verantwortung auf ihm lastete, verlor die Führung nicht. Er ließ die Richtung nach Südwesten einhalten, um wieder an die Küste zu gelangen. Als sich herausstellte, daß sich die einheimischen Führer verirrt hatten, bog er mit fünf Begleitern nach Süden ab, bis er bei Pasni die Küste vor sich sah, wo er sogleich mit Erfolg nach Süßwasser graben ließ. Hier konnte sich das Heer wieder sammeln und acht Tage später zu der persischen Straße gelangen, auf der nach weiteren 320 Kilometern die gedrosische Hauptstadt Pura erreicht wurde. In 60 Tagen war die gefährliche Strecke von Ora nach Pura unter größten Strapazen und nicht geringen Verlusten überwunden worden. In Pura wurde Rast gehalten (Ende 325). Die Flotte, mit der keine Verbindung zustande gekommen war, mußte als verloren gelten.[3]

Hamilton 126 (25000–30000). Fox 533 (30000). Schätzungen auf 60000 Mann oder mehr (H. Strasburger, Alexanders Zug durch die Gedrosische Wüste, Hermes 80, 1952, 487), die auf der Angabe bei Plut. Alex. 66, 5 beruhen, Alexander habe in Indien 120000 Mann Fußvolk gehabt, sind zu hoch (Droysen[2] 2, 216. Niese I 150, 2. Kraft 109ff. H. E. Stier, Welteroberung und Weltfriede im Wirken Alexanders d. Gr., Opladen 1973, 13). Ein Teil der Makedonen und Söldner war mit Krateros weggeschickt worden (oben S. 160), ein anderer Teil (3000–5000 Mann nach Tarn 109) diente als Flottenmannschaft unter Nearch (Arr. Ind. 20, 8–9). Die indischen Truppen waren wohl meist in ihre Heimatgebiete zurückgeschickt worden (Schachermeyr 464), einige Besatzungen blieben auch im Indusdelta (oben S. 159). Wie hoch die Verluste in Indien waren, ist unbekannt. *Makarene, Arabios, Arabiten:* Arr. 6, 21, 3–4. Curt. 9, 10, 6. Diod. 17, 104, 4. Tarn 525ff. *Oreiten, Ora-Alexandreia:* Arr. 6, 21, 4–5. Curt. 9, 10, 7. Diod. 17, 104, 8–105, 2. Plut. Alex. 66, 4. Kaerst I[3] 466, 2. Tarn a. O. J. R. Hamilton, Alexander among the Oreitae, Historia 21, 1972, 603ff. *Apollophanes und Leonnatos:* Arr. 6, 22, 1–3. Curt. a. O. Berve II 57 nr.105. 234. Tarn 110f.
[3] *Stützpunkte für die Flotte:* Arr. 6, 23, 1. *Marsch ins Landesinnere und weitere Strecke:* Arr. a. O. Th. H. Holdich, The Greek Retreat from India, Journ. Soc. of Arts 49, 1901, 417ff. Sven Hedin, Zu Land nach Indien durch Persien, Seistan,

Für den Weitermarsch nach Karmanien hatte Alexander nach den Erfahrungen in Gedrosien noch stärker vorgesorgt. Schon vor der Ankunft in Pura waren an die benachbarten Satrapien im Norden berittene Boten abgesandt worden, die dringende Hilfssendungen an die karmanische Grenze bestellten. In kurzer Zeit trafen dort Stasanor, der Satrap von Areia und Drangiane, sowie Phradasmanes ein, der Sohn des Satrapen Phrataphernes von Parthien und Hyrkanien. Sie führten Kamelkarawanen heran, die mit zubereiteten Lebensmitteln und allem übrigen Bedarf bepackt waren, dazu Pferde und Zugtiere in großer Zahl. Genau wie vereinbart, traf hier auch Krateros mit seiner selbständigen Heeresgruppe wieder mit Alexander zusammen. Er war vom Indus über den Mulla-Paß, den Bolan-Paß nach Alexandreia in Arachosien (Kandahar), dann weiter auf der Straße nach Drangiane gezogen und hatte unterwegs mehrere Aufstände niedergeworfen. Nach den überstandenen Leiden und Entbehrungen glich der Zug des wieder vereinigten Heeres durch Karmanien, mit üppigen Vorräten und blumengeschmückten Wagen, von Frauen und Musikanten begleitet, zeitweilig einem Festzug.[4]

Die Flotte war früher als geplant von der Indusmündung aus-

Belutschistan II, Leipzig 1910, 200 ff. A. Stein, On Alexander's Route into Gedrosia, Geogr. Journ. 102, 1943, 217 ff. Strasburger a. O. 456 ff.; Zur Route Alexanders durch Gedrosien, Hermes 82, 1954, 251 ff. (in Küstennähe, nicht ins Landesinnere). Tarn 111. Seibert 162 f. Fox 728. *»Mühen unvergleichlich schlimmer«:* Arr. 6, 24, 1; Ind. 26, 1. *Schilderung der Strapazen:* Arr. 6, 24, 4–26, 5. Curt. 9, 10, 8–16. Diod 17, 105, 6–8. Plut. Alex. 66, 4–6. Beloch IV² 1, 31, 1. Milns 232. Kraft 106 ff. (gegen übertriebene Vorstellungen von Verlusten). Dabei werden zahlreiche glaubhafte Episoden erwähnt, so das Aufbrechen versiegelter, für die Flotte bestimmter Getreidevorräte durch die Soldaten (Arr. 6, 23, 4–5), die Überflutung des Lagers durch einen Gießbach (Arr. 6, 25, 5–6), die Geste Alexanders, der einen ihm überbrachten Helm voll Wasser ausschüttete (Arr. 6, 26, 1–3, vgl. Front. 1, 7, 7), die Bitten der Sterbenden am Wege (Curt. 9, 10, 14–16). *Verantwortung Alexanders:* Arr. 6, 25, 2 (»ignorierte die Lage«). Curt. 9, 10, 17 (»beschämt, weil selber schuldig«). Diod. 17, 105, 6 (»bekümmert und verlegen«). Yorck v. Wartenburg, Übersicht 75 f. Schachermeyr 470 f. *Alexander an der Küste bei Pasni:* Arr. 6, 26, 4–5. Tarn 111. *Marsch nach Pura:* Arr. 6, 24, 1. 27, 1. Curt. 9, 10, 18. Diod. 17, 106, 1. Plut. Alex. 66, 7–67, 1. Tarn 111.

[4] *Hilfssendungen der Satrapen:* Arr. 6, 27, 3. 6. Curt. 9, 10, 17. 22. Diod. 17, 105, 7–8. Berve II 361 f. nr.719. 400 f. nr.812. 814. Fox 542. 729 (»Rettungskamele«). *Marsch und Ankunft des Krateros:* Arr. 6, 27, 3. Curt. 9, 10, 19. 10, 1, 9. Strab. 15, 725. Berve II 225. *Zug durch Karmanien:* Arr. 6, 28, 1–2. Curt. 9, 10, 24–28. Diod. 17, 106, 1. Plut. Alex. 67, 1–6. Es war wohl Kleitarch, der den Zug als Nachahmung des Dionysoszuges (Arr. Curt. Diod. Plut. a. O.) beschrieb (Wilcken 188. Fox 544 f. 729), doch braucht seine Darstellung nicht jeder Grundlage entbehrt zu haben (Mederer 99 ff. Weigall 397. Radet 337 ff.).

gefahren (Herbst 325), da sich die Bevölkerung nach dem Abmarsch Alexanders feindlich zeigte. An der Küste der Arabiten, wo Nearch in geeigneter Lage einen »Alexanderhafen« gründete, mußte daher 24 Tage gewartet werden, bis die für die Weiterfahrt günstigen Nordostwinde einsetzten. An der felsigen oder sandigen Küste, so bei der Mündung des Arabios, auch an vorgelagerten Inseln, wurde immer wieder angelegt, weil Trinkwasser und Nahrung beschafft werden mußten. Nur einmal konnte die Verbindung mit dem Landheer hergestellt werden, in Kokala, wo gespeicherte Lebensmittel für zehn Tage übernommen wurden. Dort traf Nearch auch mit Leonnatos zusammen, wobei Mannschaften ausgetauscht wurden. Nach einem Gefecht mit steinzeitlich ausgerüsteten Strandbewohnern an der Mündung des Tomeros gelangte die Flotte an die Küste der Ichthyophagen (»Rohfischesser«), wo die Not wieder größer wurde, so daß Nearch bei Landungen mit der Desertion von Seeleuten rechnete. In einer befestigten Siedlung, die überrumpelt werden konnte, wurde nur Fischmehl erbeutet. Als das Kap Maketa an der Straße von Hormuz auftauchte, schlug der Obersteuermann Onesikritos vor, nach Westen abzudrehen und Arabien zu umfahren. Es gelang Nearch, die Mannschaften davon zu überzeugen, daß dieser Rat, der zudem den Weisungen Alexanders widersprach, noch mehr unbekannte Gefahren bringen könne und daher für alle verderblich wäre, womit er wohl recht hatte. Die Fahrt wurde bis zum Eingang des Persischen Golfs fortgesetzt, wo sich bei Harmozeia (Hormuz) an der Mündung des Amanis (Minab) in fruchtbarer Gegend ein Landeplatz fand.[5]

[5] *Fahrt der Flotte vom Indus zum Persischen Golf:* Arr. Ind. 21–33 nach dem zuverlässigen Fahrtbericht Nearchs (FGrH II 133 F 1) mit vielen topographischen, ethnographischen, naturkundlichen und nautischen Beobachtungen. Strab. 15, 721–722. Plin. nat. hist. 6, 96. E. Mockler, On the Identification of Places on the Macran Coast, Journ. Asiat. Soc. 11, 1879, 129 ff. W. Tomaschek, Topographische Erläuterungen der Küstenfahrt Nearchs vom Indus bis zum Euphrat, SB Wien 121, 1890, 8. Th. H. Holdich, Notes on Ancient and Mediaeval Makran, Geogr. Journ. 7, 1896, 388 ff. M. Neubert, Die Fahrt Nearchs nach dem konstanten Stadion, Petermanns Geogr. Mitteil. 74, 1928, 136 ff. Radet 308 ff. H. Schiwek, Der Persische Golf als Schiffahrts- und Seehandelsroute in Achämenidischer Zeit u. in der Zeit Alexanders d. Großen, Bonner Jahrb. 162, 1962, 43 ff. Cary-Warmington 126 ff. Seibert 163 ff. A. Dihle, Der Seeweg nach Indien, Innsbruck 1974. *Abfahrt vom Indus:* Arr. 6, 21, 1–3; Ind. 21, 1–6. Strab. 15, 721–722. Plin. nat. hist. 6, 96. Beloch III² 2, 306 f. 320 f. Schachermeyr 467, 567 (vom westlichen Mündungsarm). *Wartezeit in »Alexanderhafen«* (Kurachi nach Tarn 111): Arr. Ind. 21, 10–13. *Mündung des Arabios:* Arr. Ind. 22, 8. *Verbindung mit Leonnatos in Kokala:* Arr. Ind. 23, 4–8, vgl. oben S. 160. *Gefecht am Tomeros:*

Durch Zufall erfuhr Nearch, daß sich Alexander mit dem Heer fünf Tagemärsche landeinwärts befand. Einige Leute aus dem Schiffslager hatten einen Mann getroffen, der griechische Tracht trug, Griechisch sprach und auf Befragen erklärte, zum Lager Alexanders zu gehören, von wo er sich verirrt habe. Durch Vermittlung des örtlichen Küstenbefehlshabers und ausgesandte Suchtrupps wurde Nearch mit wenigen Begleitern zu Alexander gebracht, der die abgemagerten, struppigen Männer kaum wiedererkannte. Als Alexander, der Nearch beiseite geführt hatte, von diesem erfuhr, daß nicht nur er selbst mit seinen Begleitern, sondern die ganze Flotte gerettet und erhalten sei, übermannten ihn Tränen der Rührung und Freude über diese Nachricht. Beim Zeus und Ammon, rief er aus, darüber freue er sich mehr als über die Eroberung ganz Asiens! Dieses Wort, das durch Nearch authentisch überliefert ist, gewährt einen seltenen Einblick in das persönliche Denken und Fühlen Alexanders. Nachdem das glückliche Wiedersehen mit Dankopfern und Festspielen gefeiert war, brach Nearch wieder auf. Er fuhr nun mit der Flotte an der Ostküste des Persischen Golfs entlang bis zum Mündungsgebiet des Euphrat und Tigris, wo die Fahrtrinne zwischen den Untiefen durch Pfähle abgesteckt war, sodann weiter den Pasitigris aufwärts bis in die Nähe von Susa, um dort mit Alexander und dem Landheer wieder zusammenzutreffen.[6]

Während des Aufenthalts in Karmanien, vielleicht in dem dort gegründeten Alexandreia (Gulaschkird), noch vor dem denk-

Arr. Ind. 24, 1–9. *Ichthyophagen:* Arr. Ind. 26, 2. 29, 7–16. *Desertionsgefahr:* Arr. Ind. 29, 3 (Landung deshalb vermieden). *Beute aus befestigter Siedlung:* Arr. Ind. 27, 7–28, 9. In diesen Gewässern wurden auch »gewaltige Meerungeheuer, die Wasser emporbliesen« (Wale), gesichtet, so daß »die Seeleute vor Schrecken die Ruder fallen ließen«, bis Nearch befahl, den Tieren »in Schlachtformation« und »unter Trompetenschall« entgegenzufahren, worauf sie in der Tiefe verschwanden (Arr. Ind. 30, 1–9. Curt. 10, 1, 12. Diod. 17, 106, 6–7). *Vorschlag des Onesikritos:* Arr. Ind. 32, 7–13. *Landung bei Harmozeia:* Arr. Ind. 33, 2.

[6] *Wiedersehen Nearchs und Alexanders:* Arr. Ind. 33, 5–35, 8 (nach Nearchs Bericht). Curt. 10, 1, 10–15. Diod. 17, 106, 4–7. Plut. Alex. 68, 1. Auf das Zusammentreffen mit Nearch und dessen Bericht gehen vielleicht auch die genaueren Pläne Alexanders zu späteren Fahrten in westliche Länder zurück (U. Wilcken, Die letzten Pläne Alexanders des Großen, SB Berlin 1937, 192 ff. Bengtson 353, 3), vgl. unten S. 182 (Hypomnemata). *Ausspruch Alexanders:* Arr. Ind. 35, 8. *Opfer und Festspiele:* Arr. Ind. 36, 3 (»Nearch mit Blumen beworfen«). Diod. 17, 106, 4–5 (»das Theater war voll unbeschreiblichen Jubels«). *Weiterfahrt der Flotte bis Susa:* Arr. Ind. 37, 1–42, 7, dazu die Lit. oben S. 163. Um Nearch nicht weiteren Gefahren auszusetzen, wollte Alexander einen anderen Flottenführer ernennen, doch übernahm Nearch freiwillig die Führung (Arr. Ind. 36, 4–7). *Abgesteckte Fahrtrinne:* Arr. Ind. 41, 2.

würdigen Treffen mit Nearch, begann Alexander mit der notwendigen Neuordnung der Verwaltung einzelner Satrapien, vor
allem mit der Bestrafung von Aufrührern und korrupten Beamten, die sich seine lange Abwesenheit zunutze gemacht hatten.
Astaspes, der Satrap von Karmanien, der während des indischen
Feldzugs unzuverlässig schien und keine Hilfe nach Gedrosien
geschickt hatte, wurde hingerichtet und durch den Makedonen
Tlepolemos ersetzt. In Gedrosien, wo Apollophanes im Kampf
mit den Oreiten gefallen war, wurde Sibyrtios als Satrap eingesetzt. In Indien war der Satrap Philippos durch Söldner ermordet
worden, so daß sein Gebiet dem Taxiles unterstellt wurde. Mehrere makedonische Strategen in Medien, gegen die von der Bevölkerung wegen Ausbeutung und Grausamkeit Klage geführt
wurde, ließ Alexander vorladen, für schuldig erkennen und hinrichten.[7]

Für den Weitermarsch nach Persis übergab Alexander den
größten Teil des Heeres mit dem ganzen Troß an Hephaistion.
Er erhielt den Auftrag, diesen Zug auf einer südlich verlaufenden
Strecke, die weniger beschwerlich und mit Vorräten versehen
war, bis nach Susa zu führen, was auch ohne Schwierigkeiten
gelang. Alexander selbst zog mit den Hetairenreitern, Bogenschützen und leichtem Fußvolk durch das nördliche Karmanien
nach Pasargadai, von wo er sechs Jahre vorher nach Ekbatana
aufgebrochen war. Bei seiner Ankunft in Pasargadai (Anfang
324) fand er das Grabmal des Kyros aufgerissen und geplündert,
so daß es zum zweiten Mal wiederhergestellt werden mußte. Die
Inschrift des großen Kyros, als dessen Erben sich Alexander
ansah, wurde dabei auch ins Griechische übersetzt. Aus Medien
traf der Satrap Atropates ein und brachte als Gefangenen den
Usurpator Baryaxes mit, der sich zum Perserkönig erklärt und
die Tiara aufgesetzt hatte, doch mit seinen Anhängern von Atro-

[7] *Alexandreia in Karmanien:* Plin. nat. hist. 6, 107. Ptol. 6, 8, 14. Tarn 112. 509.
Astaspes, Tlepolemos: Arr. 6, 27, 1. Curt. 9, 10, 29. Berve II 89 nr.173. 375f.
nr.757. *Apollophanes, Sibyrtios:* Arr. a.O. (Absetzung des Apollophanes durch
Alexander, wohl noch in Unkenntnis, daß er gefallen war, vgl. oben S. 160. Fox
533). Berve II 353 nr. 703. *Philippos, Taxiles:* Arr. 6, 27, 2. Curt. 10, 1, 20–21, vgl.
oben S. 156. Berve II 384f. nr. 780. *Strategen in Medien:* Arr. 6, 27, 3–5. Curt. 10,
1, 1–8. Iust. 12, 10, 8. Berve II 168f. nr. 354 (Herakon). 204 nr. 422 (Kleandros,
Bruder des Koinos). 357 nr. 712 (Sitalkes). Hingerichtet wurden auch die Aufrüh-
rer, die Krateros aus Arachosien mitgeführt hatte (Arr. 6, 27, 3. Curt. 10, 1, 9), sowie Autophradates, Satrap der Tapurer am Kaspischen Meer (Curt. 10, 1,
39, vgl. oben S. 160). Milns 235 (»reign of terror«). Alexander soll geäußert haben,
die Schuld aller dieser Verurteilten bestehe vor allem darin, daß sie nicht an seine
Rückkehr geglaubt hätten (Curt. 10, 1, 7).

pates niedergeworfen worden war. Er wurde wie andere Aufrührer hingerichtet.[8]

In Persepolis, wohin sich Alexander von Pasargadai wandte, standen die Ruinen des persischen Königspalastes, der seinerzeit in Flammen aufgegangen war. Alexander mißbilligte jetzt diese Zerstörungstat. Sein eigenes Denken hatte sich mit der Beherrschung immer weiterer Länder Asiens gewandelt, so daß ihm der panhellenische Rachegedanke von einst fremd geworden war. Er war jetzt auch dem Persertum verbunden. Daher ließ er Orxines, den Satrapen von Persis, gegen den die Untertanen schwere Anklagen erhoben, hinrichten und ersetzte ihn durch Peukestas, seinen Retter von der Mallerburg. Peukestas erhielt diese bedeutende Stellung im Stammland Persis, weil er sich mit den Persern besonders gut verstand. Er erlernte die persische Sprache und trug fortan persische Tracht, was Alexander ausdrücklich guthieß und lobte.[9]

Das Bestreben, die Tradition der einheimischen Herrscher gerade in der Persis fortzusetzen, zeigte Alexander selbst auf dem Zug von Persepolis nach Susa. Nach altpersischer Königssitte beschenkte er unterwegs die Frauen, die ihm begegneten, mit Goldstücken. Er knüpfte dabei bewußt an den Reichsgründer Kyros an und hob sich von dem kargen Artaxerxes III. Ochos ab, von dem es hieß, er sei deshalb niemals durch sein Stammland gezogen, um sich solche Geschenke zu ersparen. Eine eigenartige Episode ereignete sich, als die Satrapie Susiane erreicht wurde. Der indische Gymnosophist Kalanos, der zum Gefolge Alexanders gehörte und erkrankt war, wünschte anstatt ärztlicher Behandlung freiwillig den Tod und konnte auch von Alexander nicht davon abgebracht werden. Er ließ sich auf einem Scheiter-

[8] *Zug des Hephaistion nach Susa:* Arr. 6, 28, 7. *Zug Alexanders nach Pasargadai:* Arr. 6, 29, 1. Curt. 10, 1, 22. Diod. 17, 107, 1. *Kyrosgrab:* Arr. 6, 29, 4–11 (mit genauer Beschreibung Aristobuls, der mit der Wiederherstellung beauftragt wurde, vgl. oben S. 107). Curt. 10, 1, 30–34. Plut. Alex. 69, 3. Strab. 15, 730. Die zur Bewachung des Grabes eingesetzten Magier wurden gefoltert, sagten aber nichts über die Täter aus; ein Makedone wurde hingerichtet (Arr. Plut. a. O.). *Grabinschrift:* Plut. Alex. 69, 4–5. *Atropates, Baryaxes:* Arr. 6, 29, 3. Berve II 91 f. nr. 180. 104 nr. 207.

[9] *Zug nach Persepolis, Mißbilligung des Palastbrands durch Alexander:* Arr. 6, 30, 1. Wilcken 192 f. *Orxines:* Arr. 6, 30, 1–2. Curt. 10, 1, 22–38. Berve II 294 nr. 592. Er hatte sich, solange Alexander in Indien war, eigenmächtig zum Satrapen gemacht (Arr. 6, 29, 2). *Peukestas:* Arr. 6, 30, 2–3. 7, 6, 3. Diod. 19, 14, 5, vgl. oben S. 156. Er war schon vorher dadurch geehrt worden, daß ihn Alexander zusätzlich in den engen Kreis der sieben »Leibwächter« (Leonnatos, Hephaistion, Lysimachos, Aristonus, Perdikkas, Ptolemaios, Peithon) aufnahm (Arr. 6, 28, 3-4).

haufen verbrennen und äußerte zuletzt, er werde Alexander in Babylon wiedersehen, was später einen fatalen Sinn erhielt. Am Pasitigris, der auf einer Schiffsbrücke überschritten wurde, fand sich auch die von Nearch herangeführte Flotte ein und wurde von Alexander mit einer großen Wiedersehensfeier begrüßt. In Susa, wohin Hephaistion selbständig gezogen war, traf das ganze Heer wieder zusammen und erhielt nun eine längere Ruhezeit (Frühjahr 324).[10]

2. Susa, Opis, Ekbatana

Der Aufenthalt in Susa, den Alexander als Abschluß seiner Feldzüge im Osten des Reiches ansah, wurde von ihm dazu benützt, die ersten umfassenden Maßnahmen für die Regierung und den Aufbau des Reiches durchzuführen. Am vordringlichsten schien ihm die Säuberung der hohen Verwaltungsstellen von ungeeigneten und korrupten Statthaltern, gegen die er zum Teil schon in Karmanien mit Schärfe vorgegangen war, ohne Rücksicht darauf, ob es sich um Makedonen oder Perser handelte. So wurde jetzt auch Abulites, der Satrap von Susiane, mit seinem Sohn Oxathres hingerichtet, da sie keine Nachschublieferungen für das Heer beschafft hatten. Alle Satrapen erhielten brieflich den Befehl, die Söldner, die sie selbständig angeworben hatten, sofort zu entlassen. Der Grieche Kleomenes, Satrap von Ägypten, wurde wegen der Methoden seiner Finanzverwaltung zwar angegriffen, doch konnte er nicht verurteilt werden, da seine Verdienste überwogen. Um so mehr hatte sich Harpalos schuldig gemacht, der trotz früherer Verfehlungen von Alexander als Verwalter der Königsschätze eingesetzt worden war. Er leitete in Ekbatana die zentrale Münzprägung, sorgte auch für den Nach-

---

[10] *Geschenke an die Frauen in Persis:* Plut. Alex. 69, 1–2. Fox 558 f. *Selbstverbrennung des Kalanos:* Arr. 7, 1, 5–3, 6. Diod. 17, 107, 1–5. Plut. Alex. 8, 5. 69, 6–70, 1. Strab. 15, 717. Ailian. 5, 6. Berve II 187 f., vgl. oben S. 146. *»Wiedersehen in Babylon«:* Arr. 7, 18, 6. Plut. Alex. 69, 6. Cic. de divin. 1, 40. Val. Max. 1, 8 ext. 10, vgl. unten S. 187. Der Tod des Kalanos wurde nach dessen Wunsch durch ein Zechgelage gefeiert (Plut. Alex. 70, 1–2. Ailian. 2, 41). Dabei veranstaltete Alexander einen Trinkerwettbewerb, den der Soldat Promachos gewann, indem er vier Choen (ca. 13 Liter) »ungemischten« Wein trank. Er erhielt dafür 1 Talent, starb aber nach wenigen Tagen (Chares FGrH II 125 F 19 = Athen. 10, 437 a–b. Berve II 327 nr. 660). *Wiedersehensfeier mit der Flotte:* Arr. Ind. 42, 5–10. Plin. nat. hist. 6, 100. *Ankunft in Susa:* Arr. 7, 4, 1, vgl. oben S. 165 (Hephaistion). Die Flotte fuhr bis nahe Susa heran (Arr. 7, 7, 1). Curtius, dessen Text hier eine größere Lücke hat, fällt als Quelle für diese Ereignisse aus.

schub an Truppen und Waffen nach Osten, residierte aber dann mit verschwenderischer Pracht in Babylon und Tarsos, wohin er auch athenische Hetären kommen ließ, die er wie Fürstinnen behandelte. Als er von Alexanders Säuberungsmaßnahmen erfuhr, floh er unter Mitnahme eines Söldnerheeres und bedeutender Geldmittel nach Griechenland, um Athen zum Aufstand zu bewegen. Da Alexander jedoch die Forderung an die Athener richtete, ihn auszuliefern, gingen sie auf die politischen Pläne des Harpalos nicht ein, gaben ihm aber Gelegenheit zur Flucht. An Bestechungsgeldern für Demosthenes und andere Politiker hatte es Harpalos dabei nicht fehlen lassen, wie sich aus einem späteren Prozeß ergab. Über seinen Stützpunkt beim Kap Tainaron gelangte er nach Kreta, wo er von dem Spartaner Thibron, wohl seinem Söldnerführer, ermordet wurde.

Während Alexander solche Schuldige verfolgen und nach Möglichkeit bestrafen ließ, ehrte und beförderte er zugleich seine bewährten Freunde und Mitkämpfer. Hephaistion, der ihm persönlich am nächsten stand, erhielt die Würde eines Chiliarchen, eines Stattvertreters des Königs, der zugleich den Befehl über die Leibgarde führte, die erste Hipparchie der Hetairenreiter. Bei der Schaffung dieser Stelle eines »zweiten« Mannes scheint Alexander schon an die Möglichkeit seiner späteren Nachfolge gedacht zu haben, zumal da er selbst bis jetzt keinen legitimen leiblichen Erben hatte. Auch im Königtum der Achaimeniden hatte der Befehlshaber der Leibgarde eine ähnliche Stellung gehabt, die vielleicht als Vorbild diente. Die verdientesten Männer in der Umgebung Alexanders erhielten als besondere Auszeichnung goldene Ehrenkränze, zuerst Peukestas und Leonnatos, die ihn bei den Mallern mit den Schilden gedeckt hatten, dann Nearch und Onesikritos für ihre erfolgreiche Flottenfahrt von Indien zum Persischen Golf, schließlich Hephaistion und die übrigen Leibwächter. Zahlreiche andere erhielten ebenfalls Auszeichnungen und Geschenke für Tapferkeit und Verdienste.[11]

[11] *Säuberungsmaßnahmen:* Arr. 7, 4, 2. Plut. Alex. 68, 3, vgl. oben S. 165. *Abulites, Oxathres:* Arr. 7, 4, 1. Plut. Alex. 68,7 (Oxathres von Alexander eigenhändig getötet), vgl. oben S. 102. Abulites soll Geld herbeigebracht haben, das Alexander vor die Pferde schüttete, um zu demonstrieren, daß Futter und Proviant benötigt worden waren (Plut. a.O.). *Entlassung der Söldner der Satrapen:* Diod. 17, 106, 2–3. 111, 1. 18, 9, 1–2. Berve I 277. *Kleomenes:* Arr. 7, 23, 6, vgl. Ps. Demosth. 56, 7ff. Ps. Aristot. Oecon. 2, 1252a 16ff. Das Verhältnis des Kleomenes zu Alexander und seine damalige Stellung in Ägypten, anscheinend als Satrap, ist unklar, vgl. dazu Berve II 210f. Tarn 605ff. J. Vogt, Kleomenes von Naukratis – Herr von Ägypten, Chiron 1, 1971, 153ff. J. Seibert, Nochmals zu Kleomenes von Naukratis, Chiron 2, 1972, 99ff. Schachermeyr 476f., 479. *Harpalos:* Arr. 7,

Zum feierlichen Abschluß der Feldzüge wurde in Susa ein glänzendes Hochzeitsfest begangen. Alexander vermählte sich, seine Freunde und Mitkämpfer mit vornehmen iranischen Frauen und legalisierte alle Konkubinate makedonischer Soldaten. Er selbst nahm Stateira, die älteste Tochter Dareios' III., und Parysatis, die jüngste Tochter des Artaxerxes III. Ochos, die in den vorhergehenden Jahren in Susa verblieben waren und dort in der griechischen Sprache unterwiesen worden waren, gleichzeitig zur Ehe, um damit seine Verbindung mit der Dynastie der Achaimeniden zum Ausdruck zu bringen. Nach der orientalischen Königssitte der Polygamie blieb dabei auch Rhoxane seine Gemahlin. Seinem Freund Hephaistion gab er Drypetis, die zweite Tochter des Dareios, um auch hier ein verwandtschaftliches Verhältnis herzustellen. Krateros erhielt die Tochter des Oxyathres, des Bruders des Dareios, Perdikkas eine Tochter des Atropates, des Satrapen von Medien, Ptolemaios und Eumenes Töchter des Artabazos, Nearch eine Tochter Mentors und der Barsine, Seleukos eine Tochter des Spitamenes. Fast achtzig solcher Ehen wurden geschlossen. Bei den Soldaten ließ Alexander mehrere tausend Verbindungen als rechtmäßige Ehen anerkennen. Die Eheschließungen wurden nach persischem Ritus in einem prunkvollen Königszelt fünf Tage lang gefeiert, wobei griechische und indische Künstler aller Art mitwirkten und reiche Geschenke zur Aussteuer verteilt wurden. Es war sichtlich das Bestreben Alexanders, die Makedonen und die Perser auch auf diese Weise zusammenzuführen, um die Einheit des Reiches für die Zukunft zu sichern. Die Bedeutung dieser vorausschauenden Absicht wurde wohl nicht von allen Beteiligten erkannt, wenn sie auch dem Vorbild des Königs folgten und durch die

12, 7 (Lücke, dazu Phot. 91 p. 68 b 20). Curt. 9, 3, 21. 10, 2, 1–3. Diod. 17, 108, 4–8. 18, 19, 2. Plut. Demosth. 25, 1–26, 2. Hypereid. 1, 10–12. Strab. 17, 837. Paus. 1, 37, 5. 2, 33, 3–5. Schaefer III² 304 ff. 320 ff. F. Stähelin, Harpalos 2, RE 7 (1912) 2397 ff. A. Körte, Der harpalische Prozeß, Neue Jahrb. 53, 1924, 217 ff. Berve II 78 ff. 138 ff. 378. P. Treves, Notes sur la chronologie de l'affaire d'Harpale, REA 36, 1934, 513 ff. Glotz-Cohen IV² 1, 170 ff. E. Badian, Harpalos, JHS 81, 1961, 16 ff. = Griffith 205 ff. Seibert 167 ff. (mit weiterer Lit.). Schachermeyr 475 ff. Um diese Zeit der Flucht des Harpalos wurde auch die Niederlage des Zopyrion gemeldet, des Strategen von Thrakien, der bei einem Zug gegen die Skythen nördlich der Donau gefallen war (Curt. 10, 1, 44. Iust. 2, 3, 4. 12, 2, 16–17. 37, 3, 2. Macrob. 1, 11, 33. Berve II 165 nr.340. Niese I 499 f. Danov, Altthrakien 365). *Hetären:* Diod. 17, 108, 5–6. Athen. 8, 339 a.d. 13, 586 b–d. 594 e–596 b. Berve II 112 f. nr. 231 (Glykera). 338 nr. 676 (Pythionike). *Thibron:* Diod. a.O. Berve II 180 nr. 372. *Hephaistion Chiliarch:* Arr. 7, 14, 10. Berve I 112. II 173. Tarn 120.402. Schachermeyr 512 f. *Goldkränze und andere Auszeichnungen:* Arr. 7, 5, 4–6. Tarn 195.

Ehrungen befriedigt waren. Um die allgemeine Zufriedenheit noch zu erhöhen, ließ Alexander außerdem fast 9000 Talente auszahlen, wodurch alle Schulden der Soldaten bei den Marketendern im Lager getilgt wurden.[12]

Alle diese Maßnahmen konnten aber nicht verhindern, daß sich die altgedienten Makedonen gegen die zunehmende Einstellung iranischer Truppenverbände ins Heer großenteils ablehnend verhielten. Als in Susa 30000 junge Perser, die Alexander als seine »Epigonen« bezeichnete, in makedonischer Waffenrüstung herangeführt wurden, vor der Stadt ihr Lager bezogen und eine Militärübung nach makedonischer Art vorführten, fühlten

[12] *Hochzeitsfeier in Susa:* Arr. 7, 4, 4–8. 6, 2. Diod. 17, 107, 6. Plut. Alex. 70, 3. Iust. 12, 10, 9–10. Phylarchos FGrH II 81 F 41 = Athen. 12, 539 b–540 a. Chares FGrH II 125 F 4 = Athen. 12, 538 b–539 a (mit Namensverzeichnis der aufgetretenen Schauspieler und Musiker, Erwähnung von »Alexanderschmeichlern«, Alexandrokólakes, Ἀλεξανδροκόλακες). Lücke bei Curt. Wilcken 194 (»Massenhochzeit«). H. Berve, Die Verschmelzungspolitik Alexanders des Großen, Klio 31, 1938, 157 ff. = Griffith 125 ff. Glotz-Cohen IV² 1, 171 ff. Altheim, Weltgesch. Asiens I 200. Tarn 114. 141 ff. 748 ff.; Alexander the Great and the Unity of Mankind, Proceed. Brit. Acad. 19, 1933, 123 ff. = Griffith 243 ff. Radet 342 ff. Cloché 182 ff. Snyder 176 f. Schachermeyr 483 ff. Fox 570 ff. *Stateira und Parysatis:* Arr. 7, 4, 4. Diod. 17, 67, 1. 107, 6. Plut. Iust. a. O., vgl. oben S. 83 (Angebot des Dareios nach Issos). Berve II 306 nr. 607. 363 f. nr. 722. Stier 40, 112. Barsine für Stateira bei Arr. a. O. beruht nach Berve II 363 auf Verwechslung mit Barsine, der Witwe Memnons (oben S. 80); nach Tarn 310. 651, 84 war es der »offizielle« Name der Stateira, nach Fox 571 der mit der Verheiratung abgelegte »Mädchenname«, vgl. auch Droysen² 2, 243, 1. Zur Polygamie persischer Könige und auch Philipps vgl. Berve I 9. Schachermeyr 484. In der Deutung der sog. »Verschmelzungspolitik« Alexanders geht Tarn a. O. zu weit, wenn er annimmt, daß dabei »Europa und Asien« verbunden oder gar eine »Brüderschaft« (brotherhood) und »Einheit« (unity) aller Menschen hergestellt werden sollte; in den Quellen findet sich kein Hinweis dafür. Schachermeyr 484 f. verurteilt die Heiraten, die »nicht einmal den Schein einer freien Gattenwahl« hatten, als Eingriff »in die privateste Sphäre«. Auch für diese modern empfundene Auffassung bieten die Quellen keinen Anhaltspunkt, vgl. dazu auch Stier a. O. Nur am persischen Ritual der Eheschließung, nicht an der »Mischehe« selbst (Schachermeyr 487), nahmen manche Beteiligte Anstoß (Arr. 7, 6, 2. Stier 40, 112). Alexander verfolgte eine »rein praktische Politik« (Weigall 408), vgl. auch Cloché 25 f. 50 f. 102 ff. 114 (»fusion«). C. G. Thomas, Alexander the Great and the Unity of Mankind, Class. Journ. 63, 1968, 258 ff. Wirth 103 ff. *Schuldentilgung:* Arr. 7, 5, 1–3. Curt. 10, 2, 9–11. Diod. 17, 109, 2. Plut. Alex. 70, 3–6. Iust. 12, 11, 1–3; die genaue Höhe der Summe (9870 Talente) bei Curt. Plut. a. O. Daß die Schuldner sich erst meldeten, als ihnen Anonymität zugesichert wurde, deutet nicht auf eine »wachsende Spannung« (Tarn 114) zu Alexander, sondern ist ohne weiteres verständlich; auch die Annahme eines Rückstands der Soldzahlung (Fox 574) läßt sich durch die Quellen nicht begründen. *30000 »Epigonen«:* Arr. 7, 6, 1. Diod. 17, 108, 1–2. Plut. Alex. 71, 1. *Iranische Reiter:* Arr. 7, 6, 3. *Söhne der Satrapen:* Arr. 7, 6, 4–5. *Urteile der Makedonen:* Arr. 7, 6, 2. 5. Diod. 17, 108, 3. Plut. Alex. a. O.

sich die Veteranen zurückgesetzt. Baktrische, sogdische, parthische, arachosische und andere iranische Reiter waren schon der Hetairenreiterei angegliedert worden, die Söhne des Artabazos, Mazaios, Phratapherpes, Oxyartes und anderer iranischer Satrapen und Würdenträger waren in die Leibgarde aufgenommen worden. Alexander schien immer mehr »asiatischen Sinnes« zu werden, wie die Makedonen sagten. Sie glaubten, er bevorzuge deshalb jetzt die Barbaren, weil ihm am Hyphasis der Weitermarsch verweigert wurde und ihm in der Heeresversammlung bisweilen widersprochen wurde. Doch Alexander, der sich nicht nur als König der Makedonen, sondern auch der Perser verstand, hatte längst die Notwendigkeit erkannt, auch die iranischen Völker zur Erhaltung seiner Herrschaft und des Reiches heranzuziehen.

Ebenso hielt er es nach dem Abschluß der Feldzüge im Osten für notwendig, die Verhältnisse in Griechenland, im Westen des Reiches, zu regeln und zu befrieden. In vielen griechischen Städten hatten sich während der vergangenen Jahre die innenpolitischen Kämpfe der früheren Zeit fortgesetzt, besonders zwischen Aristokraten und Demokraten, was zur Folge hatte, daß es zahllose Emigranten und Verbannte gab, die durch einen Machtwechsel aus ihrer Heimat vertrieben waren und an fremden Orten lebten. Auch die griechischen Söldner im Heer Alexanders hatten zum Teil ihr heimisches Bürgerrecht verloren. Der Feldzeugmeister Gorgos von Iasos wies darauf hin, daß in seiner Stadt die Samier lebten, die bei der Besetzung von Samos durch die Athener enteignet und vertrieben wurden. So ließ Alexander im Lager, wohl noch in Susa, bekanntmachen, daß alle griechischen Verbannten zurückkehren und in ihre Rechte wieder eingesetzt werden sollten. Dieser Erlaß wurde durch Nikanor von Stageira, der aus Alexanders Gefolge nach Griechenland entsandt wurde, auch bei den Festspielen in Olympia vor der griechischen Öffentlichkeit verkündet und von 20 000 Verbannten, die sich dazu eingefunden hatten, mit großem Beifall begrüßt (Sommer 324). Die gesetzlichen Ausführungsbestimmungen wurden von manchen Städten, besonders wenn sie oligarchische Regierungen hatten, nur mit Widerstreben und Verzögerungen vorgenommen, worauf Alexander mit der Bundesexekutive drohte. Die Samier konnten erst zwei Jahre später ihre Autonomie wiedererlangen und heimkehren.[13]

[13] Über die Verhältnisse in *Griechenland* vgl. Beloch IV² 1, 56 f. Berve I 233 ff.

Die Rückkehr Alexanders von Susa nach Mesopotamien wurde wieder als verbundenes Unternehmen zu Wasser und zu Land durchgeführt. Hephaistion erhielt den Auftrag, mit dem größten Teil des Heeres nach Westen an den Tigris zu ziehen, dort zu lagern und Alexander zu erwarten. Dieser selbst schiffte sich mit der Garde, den Hypaspisten und einem Teil der Reiterei in der Nähe von Susa auf die Flotte ein und fuhr den Eulaios (Karun) hinab, um die Küste des Persischen Golfs und das Mündungsgebiet des Euphrat und Tigris aufzusuchen. Vom Unterlauf des Eulaios ließ er den Hauptteil der Flotte durch einen Verbindungskanal zum Tigris führen, während er selbst mit wenigen Schiffen von der Mündung des Eulaios an der Küste entlang zur Tigrismündung fuhr, wo an der Stelle eines älteren Platzes der später bedeutende Handelshafen Alexandreia als Ausgangspunkt für Fahrten nach Indien und Arabien gegründet wurde. Der Tigris war an mehreren Stellen durch Stauwehre gesperrt, die einst von den Persern errichtet worden waren, um feindliche Angriffe von der See her zu verhindern. Alexander ließ die Sperren beseitigen, da man, wie er erklärte, solche künstli-

Schachermeyr 520 f. *Gorgos von Iasos:* Ephippos FGrH II 126 F 5 = Athen. 12, 538 b. Syll.³ 312. Berve II 114 nr. 236. *Verbannten-Erlaß:* Curt. 10, 2, 4–7. Diod. 17, 109, 1. 18, 8, 2–7 (mit Wortlaut des Schreibens nach Olympia). Iust. 13, 5, 3–4. Hypereid. 1, 18 (Epitagma). Deinarch. 1, 81–82.103. Schaefer III² 315 ff. Niese I 176 ff. Beloch IV² 1, 56 ff. Stier 46 ff. Ausgenommen waren Tempelräuber, Mörder sowie die Thebaner (Curt. 10, 2, 4. Diod. 17, 109, 1. Plut. mor. 221 a). *Nikanor:* Diod. 17, 109, 1. Hypereid. Deinarch. a. O. Diog. Laert. 5, 12 (Schwiegersohn des Aristoteles). Steph. Byz. s. Mieza (vielleicht Mitschüler Alexanders in Mieza). Berve II 276 f. nr. 557. *Ausführungsgesetze und Widerstand:* Curt. 10, 2, 5–7. Diod. 18, 8, 6. Iust. a. O. Syll.³ 306 (Gesetz von Tegea, dazu A. Plassart, Règlement Tégéate concernant le retour des bannis, BCH 38, 1914, 101 ff.). *Samos:* Iust. 13, 8, 7. Syll.³ 312. Schaefer III² 320.389. Ähnlich verhielt es sich mit der Wiederherstellung von Oiniadai durch die Aitoler (Diod. 18, 8, 6. Iust. 13, 5, 1). Andere Erlasse betrafen die Achaier, Arkader, Boioter (Hypereid. a. O. A. Aymard, Un ordre d'Alexandre, REA 39, 1937, 5 ff.). Die neuere Lit. zum Verbannten-Erlaß befaßt sich überwiegend mit der Frage, wie er sich zum Korinthischen Bund verhielt. Nach Wilcken 201 (»starke Verletzung des Bundesvertrags«); SB Berlin 1922, 112 ff., Berve I 234 (»autokratisch«), Tarn 116 (»Bruch mit der Satzung des Korinthischen Bundes«). 704 f.) Schachermeyr 519 »Ende der griechischen Freiheit« handelte es sich um eine selbstherrliche, mit dem Bund unvereinbare Entscheidung, was von E. Bikerman, La lettre d'Alexandre le Grand aux bannis grecs, REA 42, 1940 (= Mélanges G. Radet), 25 ff., Fox 566 ff. 731 wohl mit Recht bestritten wird. Aus Iust. 13, 5, 7 (socii) geht hervor, daß der Bund mit der Sache befaßt wurde, was nicht ausschließt, daß es in den Städten verfassungsrechtliche Einwände gab (Curt. 10, 2, 5 solvendarum legum principium). Den Zusammenhang der Maßnahme mit Alexanders weiteren Westplänen (unten S. 194), für die er in Griechenland eine größere Anhängerschaft und Sicherheit brauchte, betont Bengtson 355, vgl. auch Seibert 170 f. (mit weiterer Lit.).

chen Mittel nicht brauche, wenn man stark genug sei. Ohne Schwierigkeit fuhr die Flotte nun den Tigris hinauf, bis das Lager Hephaistions erreicht wurde. Von dort gelangten Heer und Flotte weiter flußaufwärts zum Straßenknotenpunkt Opis (Sommer 324).[14]

Hier in Opis berief Alexander, bevor er sich nach Osten wandte, um nach dem Vorbild der persischen Könige die heiße Jahreszeit in Ekbatana in Medien zu verbringen, die Heeresversammlung ein, der er bekanntgab, die Altgedienten und die Invaliden unter seinen Makedonen sollten nun entlassen werden und in ihre Heimat nach Westen zurückkehren dürfen. Wider Erwarten wurde diese Ankündigung von den Betroffenen nicht mit freudiger Zustimmung, sondern mit Erstaunen und Widerspruch aufgenommen. Sie fühlten sich aufs neue zurückgesetzt, besonders gegenüber den Persern, deren Aufnahme ins Heer sie seit langem nur widerwillig ertragen hatten. Ihre aufgestaute Erbitterung kam jetzt offen zum Ausbruch. Auch andere, nicht zur Entlassung vorgesehene Soldaten erklärten sich solidarisch und verlangten, unter solchen Umständen ebenfalls entlassen zu werden. Alexander, von dieser Stimmung überrascht, zögerte. Als ihm im Tumult jedoch höhnisch zugerufen wurde, er möge doch mit seinem Vater allein in den Krieg ziehen, traf ihn diese Anspielung auf Ammon so empfindlich, daß er im Zorn von der Bühne herabsprang, sich in die Menge stürzte und 13 Mann als Aufwiegler ergriff, die er seiner Garde zur Festnahme und Hinrichtung übergab. Für ihn waren sie Meuterer. Eine kurze Ansprache, in der er die gemeinsamen Erfolge vieler Jahre unter seiner Führung hervorhob, schloß er sarkastisch mit der förmlichen Entlassung des ganzen makedonischen Heeres: »Also, zieht ab!« Es war der schwerste Konflikt, den Alexander jemals mit seinem Heer hatte.[15]

[14] *Hephaistions Marsch von Susa zum Tigris:* Arr. 7, 7, 1. 6. Diod. 17, 110, 3. *Fahrt Alexanders durch den Eulaios zum Tigris:* Arr. 7, 7, 1–6 (mit Beschreibung der Mündungsgebiete). *Alexandreia an der Tigrismündung* (später Charax): Plin. nat. hist. 6, 138–139. Tarn 122. 516. 519. Fox 578 (Ausgrabungen). 732. *Persische Tigrissperren:* Arr. 7, 7, 7. *Ankunft in Opis* (beim späteren Seleukeia): Arr. 7, 7, 6. 8, 1. Strab. 16, 739.

[15] *»Meuterei« in Opis:* Arr. 7, 8, 1–11, 9. Curt. 10, 2, 8–4, 3 (unvollständig, folgt Lücke). Diod. 17, 109, 2–3. Plut. Alex. 71, 2–9. Iust. 12, 11, 4–12, 10. Schachermeyr 492ff. Fox 578ff. *Anspielung auf Ammon:* Arr. 7, 8, 3. Iust. 12, 11, 6. *Sprung von der Bühne und Hinrichtungsbefehl:* Arr. 7, 8, 3. Curt. 10, 2, 30. 4, 2 (Exekution durch Ertränken). Diod. 17, 109, 2. Iust. 12, 11, 8. *Ansprache:* Arr. 7, 9, 1–10, 7. Curt. 10, 2, 15–29. Daß die Grundgedanken der Rede, die bei Arr. Curt. a.O. verschieden sind, auf Ptolemaios zurückgehen und damit authentisch wären (Kor-

Er zog sich zurück und blieb auch am nächsten Tag unzugänglich. Dann berief er die persischen Würdenträger zu sich, erklärte sie zu seinen »Verwandten« und verteilte an sie die Befehlshaberstellen des Heeres. Die persischen Truppenverbände erhielten die Bezeichnungen der makedonischen Einheiten und Waffengattungen. Auch eine persische Leibgarde wurde gebildet. Es ist nicht anzunehmen, daß diese Maßnahmen nur darauf berechnet waren, die Makedonen umzustimmen. Alexander hoffte vielleicht, daß sie nachgeben würden, doch war er, wie immer, entschlossen, sogleich die Folgerungen aus der veränderten Lage zu ziehen. In einer Rede vor den versammelten Persern, die er durch einen Dolmetscher übersetzen ließ, erinnerte er an seine Vermählung mit der persischen Königstochter und erklärte, Asien und Europa seien ein Reich, und alle, die unter dem gleichen König lebten, hätten auch das gleiche Recht. Es entsprach seiner Überzeugung.

Die Makedonen, die auf diese Reaktion Alexanders nicht gefaßt waren, bereuten ihr Verhalten bald. Sie kamen zum Königspalast, legten ihre Waffen nieder und baten durch ihren Sprecher Kallines um Aussöhnung. Alexander, gerührt durch diesen Auftritt, willigte gerne ein und versprach, alle Makedonen künftig seine »Verwandten« zu nennen. Ein großes Versöhnungsfest wurde gehalten. An den Tischen des Festmahls saßen 9000 Personen, rings um Alexander die Makedonen, dann die Perser, schließlich die angesehenen Männer aus den anderen Völkern des Reiches. Nach dem Trankopfer, das gemeinsam von griechischen Priestern und persischen Magiern aus einem riesigen silbernen Mischkrug vom Königspalast in Susa dargebracht wurde, sprach Alexander ein Gebet, in dem er den Wunsch zum Ausdruck brachte, daß neben allen anderen Gütern »den Makedonen und den Persern Eintracht und Gemeinschaft in ihrem Reich« beschieden sein möge.[16]

Dieses Opfergebet Alexanders in Opis, das man als einen Höhepunkt seines Lebens bezeichnet hat, bedeutete zugleich

nemann, Die Alexandergeschichte des Königs Ptolemaios I. von Ägypten, Leipzig-Berlin 1935, 158 ff. Tarn 585 ff. Schachermeyr 493, 595), ist zweifelhaft, nach Fox 732 unwahrscheinlich, doch kann das Schlußwort (»Zieht ab!«, Arr. 7, 10, 7) echt sein.

[16] *Persische »Verwandte« und Truppenverbände:* Arr. 7, 11, 1–3. Diod. 17, 109, 3. Plut. Alex. 71, 4. Iust. 12, 12, 4. *Rede Alexanders vor den Persern:* Curt. 10, 2, 15–29. Iust. 12, 12, 1–3. Tarn 594. *Reue der Makedonen:* Arr. 7, 11, 4. Diod. 17, 109, 3. Plut. Alex. 71, 5–7. Iust. 12, 12, 5–6. *Kallines:* Arr. 7, 11, 6. Berve II 190 nr. 405. *Rührung Alexanders, Makedonen als »Verwandte«:* Arr. 7, 11, 6–7. Plut.

schon, ohne daß es jemand ahnte, sein politisches Vermächtnis. Es ist zunächst auf den vorhergegangenen, jetzt beigelegten Konflikt mit den Makedonen zu beziehen, die sich durch die Entlassung der Veteranen und die scheinbare Bevorzugung der Perser verletzt fühlten. Nach der Aussöhnung bat daher Alexander die Götter, die Eintracht und Gemeinschaft der Makedonen und der Perser künftig zu erhalten. Er wußte, daß sein Reich nur unter dieser Voraussetzung und auf dieser Grundlage bestehen konnte. So enthält der Satz, der von der konkreten Situation ausging, zugleich ein politisches Programm für die Zukunft. Die Makedonen und die Perser erscheinen dabei als die beiden wichtigsten Völker des Reiches, von deren Zusammenwirken alles abhängen würde. Es kann aber nicht in dem ausschließlichen Sinne gemeint sein, daß alle anderen Völker dabei keine Rolle spielen sollten. Die Betonung der Gleichberechtigung aller Angehörigen des Reiches in der Rede vor den Persern und die Beteiligung der Vertreter der anderen Völkerschaften beim Festmahl lassen erkennen, daß Alexander eine größere Einheit als die bloße Führungsgemeinschaft der Makedonen und der Perser im Sinne hatte. Von der »Menschheit« ist dabei noch nicht die Rede, doch waren wohl alle eingeschlossen, die jetzt und in Zukunft zum Großreich Alexanders gehörten.[17]

Es waren etwa 11 000 Veteranen, die nun willig Abschied nahmen, um nach Makedonien zurückzukehren. Sie erhielten weiteren Sold, dazu angeblich den hohen Betrag von je einem Talent für die Reise. In einem Schreiben wurde Antipatros in Makedonien angewiesen, daß die Heimkehrer zuhause ständig

Alex. 71, 8. *Versöhnungsfest:* Arr. 7, 11, 8–9. Plut. Alex. 70, 3 (hierher gehörig, Fox 732). *Mischkrug:* Ps. Kallisth. 3, 28, 9 (»360 Liter fassend«). Tarn 810, 193. *Opfergebet Alexanders:* Arr. 7, 11, 9.
[17] Zur Erklärung und Bedeutung des *Opfergebets von Opis* vgl. Wilcken 207; Die letzten Pläne Alexanders des Großen, SB Berlin 1937, 198 ff. Berve, Klio 31, 1938, 161 f. = Griffith 129 f. Tarn 120. 748 ff. 800 ff. F. Wüst, Die Rede Alexanders des Großen in Opis, Historia 2, 1953/54, 177 ff.; Die Meuterei von Opis, Historia 2, 1953/54, 418 ff. 3, 1954/55, 497. Andreotti, Historia 5, 1956, 280 ff. E. Badian, Alexander the Great and the Unity of Mankind, Historia 7, 1958, 425 ff. = Griffith 287 ff. Seibert 172. Stier 39 f. Schachermeyr 496 ff. (mit weiterer Lit.). Fox 587.732. Nach Tarn a. O.; Alexander, Cynics and Stoics, AJPh 60, 1939, 41 ff. wünschte Alexander die »Brüderschaft und Einheit des Menschengeschlechts« (brotherhood and unity of mankind) im kosmopolitischen Sinn, weshalb er sich auch gegen die aristotelische Einteilung der Menschen in Hellenen und Barbaren gewandt habe (Strab. 1, 66 nach Eratosthenes), vgl. oben S. 169 (»Verschmelzungspolitik«). Pagliaro 389 ff. Badian a. O. 432 ff. = Griffith 294 ff. Seibert 186 ff. *»Höhepunkt« seines Lebens:* Tarn 810. *Rede beim Festmahl:* oben S. 174.

Ehrenplätze im Theater und die Kinder der Gefallenen eine Rente in Höhe des Soldes ihrer Väter erhalten sollten. Die Soldatenkinder von asiatischen Frauen blieben im Lager zurück, um hier erzogen und später nach Makedonien gebracht zu werden. Die Führung des Heimkehrerzugs erhielt der bewährte Krateros und als sein Stellvertreter Polyperchon. Krateros wurde von Alexander zugleich damit beauftragt, anstelle von Antipater die Statthalterschaft in Makedonien zu übernehmen. Dafür sollte Antipater junge Ersatzmannschaften von Makedonien nach Asien bringen. Diese Abberufung des Antipater aus seiner langjährigen Stellung in Makedonien hatte ihren Grund wohl auch darin, daß das Verhältnis zwischen ihm und Olympias, der Mutter Alexanders, immer gespannter geworden war. Es konnte sich nicht weiter verschlechtern, wenn Antipater in die Umgebung Alexanders kam.[18]

Nach der Verabschiedung der Heimkehrer in Opis brach Alexander, wie geplant, nach Ekbatana auf, das er sechs Jahre vorher verlassen hatte, um in die östlichen Satrapien zu ziehen. Der Weg führte vom Tigris nach Nordosten den Dialas aufwärts, bis die Königsstraße von Susa nach Kleinasien erreicht wurde. Von hier ging es weiter in östlicher Richtung zum Zagrosgebirge, wo im Gebiet der Kelonen die Nachkommen der einst von Xerxes hierher deportierten Eretrier von Euboia lebten, die ihre griechische Sprache zum Teil noch bewahrt hatten. Über Bagistana (Bisutun) mit der Felsinschrift Dareios' I. gelangte der Zug nach Nisaia, dem größten Pferdegestüt der Perserkönige. Von den 15 000 Pferden, die es dort gegeben haben soll, waren die meisten geraubt, so daß nur noch ein Drittel davon vorgefunden wurde. Dafür ließ Atropates, der Satrap von Medien, vielleicht um nicht bestraft zu werden, 100 »Amazonen«, bewaffnete Reiterinnen aus der Steppe, vorführen, die Alexander jedoch wieder entließ, damit ihnen von den Soldaten, wie er sagte, keine Gewalt angetan werde.[19]

---

[18] *Verabschiedung der Heimkehrer:* Arr. 7, 12, 1–3. Plut. Alex. 71, 8–9. Iust. 12, 12, 7.10. *Soldatenkinder:* Arr. 7, 12, 2. Diod. 17, 110, 2. *Krateros und Polyperchon:* Arr. 7, 12, 3–4. Iust. 12, 12, 8–9. *Abberufung des Antipatros, Verhältnis zu Olympias:* Arr. 7, 12, 5–7. Iust. 12, 12, 9. Berve II 50.286f. G. T. Griffith, Alexander and Antipater in 323 B. C., Proceed. Afric. Class. Assoc. 8, 1965, 12ff. Olympias lebte seit 331 in ihrer Heimat Epeiros (Diod. 18, 49, 4. Paus. 1, 11, 3); Antipater und Olympias schrieben Briefe mit gegenseitigen Beschuldigungen an Alexander (Arr. 7, 12, 6).

[19] *Strecke von Opis nach Ekbatana:* Diod. 17, 110, 3–6 (von Susa aus). Fox 733. *Kelonen und Eretrier:* Diod. 17, 110, 4–5 (Boioter statt Euboier), vgl. Herod. 6,

Den Aufenthalt in Ekbatana, dem Organisations- und Verkehrsmittelpunkt auch für die Verbindungen nach Osten, benützte Alexander zunächst vor allem dazu, die durch seine lange Abwesenheit dringlich gewordenen Anordnungen für die Verwaltung dieses Teils des Reiches zu erlassen. Dann wurden aber auch, wie es scheint, Pläne für die nächsten Unternehmungen entworfen und vorbereitende Weisungen erteilt. So erhielt der Grieche oder Makedone Herakleides den Auftrag, mit einem Trupp Zimmerleute in den Wäldern Hyrkaniens Schiffsbauholz zu schlagen, Schiffe griechischen Typs zu bauen und das Kaspische Meer zu befahren, um zu erforschen, ob es ein Binnensee oder eine Bucht des nördlichen Ozeans sei. Schließlich gab es nach den Dankopfern, die Alexander nach jedem glücklichen Abschluß darbringen ließ, für die Zeit der Rast eine Folge von Gelagen, Spielen und Aufführungen. In einem Satyrspiel des sizilischen Dichters Python von Katane, von dem einige Verse erhalten sind, wurde der flüchtige Harpalos verspottet. Auch diese Festspiele, zu denen 3000 Künstler und Schauspieler aus Griechenland eintrafen, waren seit langem vorbereitet worden.[20]

Ein unvorhergesehenes Ereignis unterbrach die Feste, der Tod Hephaistions (Herbst 324). Er war mit Fieber erkrankt, hatte die Vorschriften des Arztes nicht beachtet und starb nach wenigen Tagen. Alexander, den man bei der plötzlichen Verschlechterung von Hephaistions Befinden aus dem Theater geholt hatte, traf ihn nicht mehr lebend an. Kein Verlust, seit dem Ende des Kleitos, erschütterte ihn mehr als der Tod Hephaistions, seines persönlichsten Freundes und ersten Helfers. Tage und Nächte lag er bei

119. *Bagistana:* Diod. 17, 110, 5. Fox 591. *Gestüt von Nisaia:* Arr. 7, 13, 1 (nach Textlücke). Diod. 17, 110, 6. Strab. 11, 525. Tarn 112. *Amazonen des Atropates:* Arr. 7, 13, 2–6 (mit Kritik an Berichten über Amazonen). Berve II 92. Fox 591f.

[20] *Dringliche Anordnungen in Ekbatana:* Plut. Alex. 72, 1. Die weiteren Pläne (unten S. 192) müssen hier vorbereitet worden sein, da sie später beim Eintreffen in Babylon schon fertig ausgearbeitet erscheinen (Wilcken 208). *Herakleides:* Arr. 7, 16, 1–3. Berve II 107 nr. 348. Tarn 121. 171ff. Schachermeyr 448f. 541. Fox 616, vgl. zum Kaspischen Meer auch oben S. 116. Curt. 6, 4, 18–19. Diod. 17, 75, 3. Strab. 11, 509–510. Plin. nat. hist. 6, 36–38. F. Pfister, Das Alexander-Archiv und die hellenistisch-römische Wissenschaft, Historia 10, 1961, 43ff. Cary-Warmington 263ff. 287f. Da Arrian a.O. die Entsendung des Herakleides erst später erwähnt, ist nicht sicher, ob sie schon von Ekbatana aus erfolgte; auch über ihre Durchführung ist nichts bekannt. *Opfer, Gelage und Festspiele:* Arr. 7, 14, 1. Plut. a.O. Diod. 17, 110, 7. *Satyrspiel über Harpalos:* Athen. 13, 586d. 595e–596b. Droysen[2] 2, 244, 1. Berve II 383f. nr. 677. Fox 593.733. Die Aufführung fand wohl bei dem Dionysosfest statt, bei dem der Satrap Atropates das ganze Heer bewirtete (Ephippos FGrH II 126 F 5 = Athen. 12, 538a). *Eintreffen griechischer Künstler* (Techniten): Plut. Alex. 72, 1.

der Leiche, fastete, schnitt sich das Haar. Es wurde befohlen, zum Zeichen der Trauer alle Spiele abzubrechen, den Pferden die Mähne zu scheren, die Zinnen der Stadtmauern niederzureißen. Für alle Satrapien wurde Landestrauer angeordnet. Den Arzt Glaukias ließ Alexander hinrichten. An das Orakel des Ammon in Ägypten gingen Boten ab mit der Anfrage, ob Hephaistion göttlich verehrt und ihm geopfert werden dürfe. Perdikkas erhielt den Auftrag, den Verstorbenen zur Trauerfeier nach Babylon zu überführen, wo der Scheiterhaufen und ein Grabmal von größten Ausmaßen errichtet werden sollten. Die Stelle Hephaistions als Chiliarch wurde nicht wieder besetzt, auch behielt die erste Hipparchie der Hetairenreiter, die er geführt hatte und die jetzt Perdikkas übernahm, den Namen und das Feldzeichen Hephaistions.[21]

3. Tätigkeit in Babylon

Als Alexander von Ekbatana aufbrach (Winter 324/23), wo er mehrere Monate verweilt hatte, wandte er sich dem Westen zu, um die dortigen Angelegenheiten von Babylon aus in Angriff zu nehmen. Den Rückweg von Medien nach Mesopotamien benützte er, wie stets in solchen Fällen, zur Erkundung anderer Strecken und Durchführung eines neuen Unternehmens. Durch einen überraschenden, sechs Wochen dauernden Winterfeldzug in Luristan unterwarf er die kriegerischen Kossaier im Zagrosgebirge, die nördlichen Nachbarn der Uxier, gegen die seinerzeit der Vormarsch nach Persepolis erkämpft worden war. Auch das Bergvolk der Kossaier hatte in der Zeit der Achaimeniden seine Unabhängigkeit bewahrt und Durchgangszölle erhoben. Alexander besetzte die Pässe, ließ mehrere Heeresabteilungen, auch

[21] *Tod Hephaistions:* Arr. 7, 14, 1–15, 1. Diod. 17, 110, 8. Plut. Alex. 72, 2–3. Iust. 12, 12, 11–12. *Alexanders Trauer:* Arr. 7, 14, 2–9. Plut. Alex. 72, 3 (»ohne Maß und Vernunft«), vgl. Plut. mor. 180d. 181d. Iust. a. O. Ranke, Weltgesch. I⁵ 308 (»er ist seitdem niemals wieder lebensfroh geworden«). Von einem Denkmal für Hephaistion, das Alexander in Ekbatana errichten ließ, stammt offenbar der große Torso des »Löwen von Hamadan« (H. Luschey, Der Löwe von Ekbatana, Archäol. Mitteil. aus Iran 1, 1968, 115 ff.). *Arzt Glaukias:* Arr. 7, 14, 4. Plut. Alex. 72, 3. *Anfrage beim Ammon-Orakel:* Arr. 7, 14, 7. Plut. Alex. 72, 3. Iust. 12, 12, 12, vgl. unten S. 183 *Überführung nach Babylon:* Arr. 7, 14, 8. Diod. 17, 110, 8. Plut. Alex. 72, 5–8. Iust. a. O., vgl. unten S. 184. *Chiliarchie und Hipparchie:* Arr. 7, 14, 10, vgl. über Hephaistion auch Berve II 174. Wirth 65 f. Schachermeyr 511 ff. Fox 597 ff.

eine unter Ptolemaios, selbständig gegen die Kossaier vorgehen und trieb sie in ihre Höhenstellungen zurück. Zahlreiche Gefangene wurden als »Totenopfer für Hephaistion«, wie Alexander es nannte, niedergemacht, andere freigelassen, als sich die letzten Gegner ergaben. Durch Gründung fester Siedlungen sollten die bisher nomadisierenden Stämme seßhaft gemacht werden.[22]

Während des Weitermarschs nach Babylon, bei dem nochmals gerastet wurde, trafen im Lager die ersten Gesandtschaften fremder Völker aus dem Westen ein, um Alexander als Beherrscher Asiens zu begrüßen und ihm Geschenke darzubringen, so aus Afrika Libyer, Karthager, Aithiopier, aus Italien Bruttier, Lukaner, Etrusker, anscheinend auch Römer, ferner Skythen, Kelten, Iberer. Andere erwarteten seine Ankunft in Babylon. Manche Abordnungen kamen, um ihn als Schiedsrichter in ihren Grenzstreitigkeiten anzurufen. Es sah so aus, als werde Alexander schon als »Herr über alle Länder und Meere« anerkannt. In der Tat lag die Annahme nahe, daß sich Alexander nach der Rückkehr aus dem Orient alsbald dem Westen zuwenden werde. Seine Absichten zu erfahren oder schon jetzt ein gutes Verhältnis zu ihm herzustellen, mußte daher den Völkern im Westen zweckmäßig erscheinen. Vor allem Karthago als Großmacht des Westmittelmeers mußte die Verbindung mit Alexander aufnehmen, aber auch die italischen Volksstämme, nachdem Alexanders Schwager, Alexander von Epeiros, einige Jahre vorher in Italien gelandet war, um dort politisch und militärisch einzugreifen. Alexander plante eine Versammlung der Vertreter aller Völker in Babylon.[23]

[22] *Unterwerfung der Kossaier:* Arr. 7, 15, 1–3. Diod. 17, 111, 4–6. Plut. Alex. 72, 4. *Uxier:* oben S. 103. *Abteilung unter Ptolemaios:* Arr. 7, 15, 3 (nach seinem eigenen Bericht). *»Totenopfer für Hephaistion«:* Plut. a. O. Nach Diod. 17, 111, 6 gaben die Kossaier den Widerstand auf, als ihnen Alexander für diesen Fall die Freilassung der Gefangenen anbot. *Ansiedlung:* Diod. a. O. Fox 614.
[23] *Wiederholte Rast:* Diod. 17, 112, 1. *Gesandtschaften:* Arr. 7, 15, 4–6. Diod. 17, 113, 1–4 (auch Griechen, Makedonen, Illyrier, Thraker). Iust. 12, 13, 1–2 (auch aus Sizilien, Sardinien). Plin. nat. hist. 3, 57 (Römer, nach Kleitarch = FGrH II 137 F 31). Nach Arr. 7, 14, 6. 15, 4 trafen die Gesandten »unterwegs nach Babylon« ein, nach Iust. 12, 13, 1 wurde gemeldet, daß sie in Babylon warteten, nach Diod. a. O. wurden sie dort empfangen, vgl. unten S. 180. *Schiedsrichter:* Arr. 7, 15, 5. Diod. 17, 113, 3. *»Herr aller Länder«:* Arr. a. O. Zu *Alexander von Epeiros,* der in Italien gegen die Bruttier, Lukaner, Samniten kämpfte, sich mit den Römern verbündete (Liv. 9, 18, 10. Iust. 12, 2, 12) und 330 ermordet wurde, vgl. oben S. 36. Beloch III[2] 1, 596 ff. *Plan einer Versammlung in Babylon:* Iust. 12, 13, 3. Umstritten ist, ob auch die Römer Gesandte an Alexander schickten, was von Arrian 7, 15, 5–6 bezweifelt, aber durch das frühe Zeugnis Kleitarchs (Plin. a. O.) gestützt wird, der noch keinen Grund hatte, die Römer wegen ihrer späteren Bedeutung zu

Der Einzug in Babylon verzögerte sich. Als der Tigris überschritten war, kamen babylonische Wahrsager oder Chaldäer dem Zug entgegen, um Alexander auf Grund ungünstiger Vorzeichen vor dem Betreten der Stadt zu warnen. Da sie sich scheuten, es Alexander selbst vorzutragen, wandten sie sich durch ihren Sprecher Belephantes an Nearch, damit er es ihm sage. Alexander reagierte zunächst ablehnend, war aber doch beunruhigt, da er der orientalischen wie der griechischen Mantik immer zugetan war. Gegen die Chaldäer bestand freilich der Verdacht, sie wollten nur deshalb Alexander fernhalten, weil sie befürchteten, er werde ihnen beim Neubau des Marduktempels, den er befohlen hatte, ihre Einkünfte entziehen. Als aber auch der Zeichendeuter Peithagoras, der angeblich den Tod Hephaistions vorhergesagt hatte, von bevorstehendem Unheil sprach, schlug Alexander ein Lager vor der Stadt, befuhr den Euphrat und hielt sich darauf in Borsippa westlich des Flusses auf. Hier bewog ihn der Philosoph Anaxarchos, die abergläubischen Warnungen nicht weiter zu beachten, so daß er, wie einst nach der Schlacht bei Gaugamela, doch in Babylon einzog (Anfang 323).[24]

Die Gesandtschaften, die ihn dort erwarteten, kamen besonders zahlreich aus Griechenland. Wenn sie von einem berühmten Heiligtum wie Olympia, Delphi, Epidauros oder sonst in kultischen Angelegenheiten kamen, erhielten sie Vortritt. Anfragen wegen Grenzstreitigkeiten und Beschwerden wegen des Verbanntenerlasses wurden nachgeordnet. Alexander nahm alle

erwähnen, vgl. Strab. 5, 232 über eine Beschwerdegesandtschaft Alexanders nach Rom wegen Seeräubern aus Latium (dazu Birt 460), die jedenfalls diplomatischen Verkehr voraussetzt. Ablehnend urteilen Kornemann, Die letzten Ziele der Politik Alexanders des Großen, Klio 16, 1920, 213 ff. Tarn 188 ff. Cloché 193. Bengtson 357, 1, für geschichtlich halten die Römergesandtschaft Droysen² 2, 317 ff. Burckhardt IV 405. Berve I 326. Wilcken 213 f. Mederer 108 ff. Radet 381 ff. Weigall 430. F. Oertel, Alexander der Große, Bonn 1943, 13. Schachermeyr 553; Alexander in Babylon 218 ff. Fox 615. 735, vgl. auch Jacoby, Komm. zu FGrH a. O. Seibert 172 f. (mit weiterer Lit.).

[24] *Überschreitung des Tigris:* Arr. 7, 16, 5. *Warnung der Chaldäer:* Arr. 7, 16, 5–6. Diod. 17, 112, 2–3. Plut. Alex. 73, 1. Iust. 12, 13, 3. Berve II 105 nr. 210 (Belephantes). Wilcken 214. *Peithagoras:* Arr. 7, 18, 1–5. Plut. Alex. 73, 3–5 (Pythagoras). Berve II 310 nr. 618. *Verhalten Alexanders:* Arr. 7, 16, 6–17, 6. Diod. 17, 112, 4. Plut. Alex. 73, 2–5. Iust. 12, 13, 4. Berve I 92. Snyder 187. Milns 252. Fox 624. 737. *Borsippa:* Iust. 12, 13, 4. *Anaxarchos:* Diod. 17, 112, 4–5. Iust. 12, 13, 5. Berve II 34. *Einzug in Babylon:* Arr. 7, 17, 6. Diod. 17, 112, 5–6. Iust. 12, 13, 5–6. Da das Gelände östlich der Stadt wegen der Sümpfe nicht passierbar war, wie Alexander feststellte, zog er von Westen ein, wovon die Chaldäer besonders abgeraten hatten und wo auch der Marduktempel lag (Arr. 7, 16, 6. 17, 6. Schachermeyr, Alexander in Babylon 59. Abb. 8), vgl. auch Senec. Rhet. Suas. 4.

freundlich auf und übergab ihnen die einst von Xerxes entführten Kunstwerke zur Rückführung in die Heimat. Die griechischen Gesandten waren meist bekränzt, wie es beim Tempelbesuch vor einer Gottheit üblich war. Sie überbrachten auch Alexander goldene Kränze, um ihm damit göttliche Verehrung zu bekunden. Es kann sein, daß Alexander selbst den griechischen Städten schon nahegelegt hatte, ihm in entsprechender Weise zu huldigen. Die Erweisung kultischer Ehren für einen Lebenden war mit dem religiösen Denken der Griechen nicht unvereinbar und war schon früher vorgekommen. Politische Gegner der Makedonen in Athen und Sparta lehnten verständlicherweise die Vergottung Alexanders ab. In Tainaron, südlich von Sparta, hatte der Athener Leosthenes sogar ein Heer von entlassenen Söldnern aus Kleinasien und persischen Emigranten gebildet, das zum Kampf gegen die Makedonen vorbereitet und von Athen besoldet wurde. Alexander waren diese Umtriebe bekannt, doch griff er jetzt nicht ein, da er andere Pläne verfolgte.[25]

[25] *Gesandtschaften:* Arr. 7, 19, 1–2. 23, 2. Diod. 17, 113, 2–4 (Zutritt nach schriftlicher Liste). *Rückführung von Kunstwerken:* Arr. 7, 19, 2, vgl. oben S. 101. *Bekränzung:* Arr. 7, 12, 2. *Vergottung Alexanders:* Deinarch. 1, 94. Hypereid. 1, 31. Ailian. 2, 19 (Beschluß der Spartaner: »wenn Alexander ein Gott sein will, sei er es«). 5, 12 (Antrag des Demades in Athen). Plut. mor. 219 e. Athen. 6, 251 b. Meist wird angenommen, daß Alexander durch Erlaß ausdrücklich befohlen habe, ihn als Gott zu verehren, so Droysen² 2, 271. Schaefer III² 312 ff. Ed. Meyer, Kl. Schr. I² 312 ff. (aus politischen Gründen, um die Griechen in das Reich einzugliedern). Berve I 97. Kaerst I³ 482 ff.; Studien zur Entwickelung und theoretischen Begründung der Monarchie im Altertum (= Hist. Bibliothek 6), München-Leipzig 1898, 43 ff. Wilcken 196 ff.; Zur Entstehung des hellenistischen Königskultes, SB Berlin 1938, 302 ff. G. De Sanctis, Gli ultimi messaggi di Alessandro ai Greci, Rivist. Filol. 18, 1940, 1 ff. Radet 370. F. Taeger, Alexander der Große und die Anfänge des hellenistischen Herrscherkults, HZ 172, 1951, 225 ff.; Alexanders Weltkönigsgedanke und die Bewußtseinslage der Griechen und Makedonen, in: Numen, Suppl. 4, Leiden 1959, 394 ff. Cloché 191. Pagliaro 374. 387 f. Hampl 69. Tarn 117 f. 670 ff. Burn 171. Milns 240 ff. = Griffith 151 ff. Bengtson 358, 1. Stier, Welteroberung 46; Zum Gottkönigtum Alexanders des Großen, Welt als Geschichte 4, 1939, 391 ff. Schachermeyr 525 ff. (mit weiterer Lit.). Zweifelhaft oder unwahrscheinlich ist ein solcher Erlaß nach Niese I 178, 3; Zur Würdigung Alexanders des Großen, HZ 79, 1897, 1 ff. Wheeler 487. Beloch IV² 1, 47 f. E. Kornemann, Zur Geschichte der antiken Herrscherkulte, Klio 1, 1902, 56. Birt 441, 27. Nilsson, Geschichte d. griech. Religion II² 149 f. Balsdon, Historia 1, 1950, 383 ff. = Griffith 199 ff. Snyder 192. Ch. Habicht, Gottmenschentum und griechische Städte, München 1956, 34 ff. (Hephaistionkult auf Wunsch Alexanders, Alexanderkult von den Griechen dazugegeben). Ch. A. Robinson Jr., Am. Hist. Rev. 62, 1957, 343 = Griffith 71; Alexander's Deification, AJPh 64, 1943, 297; Alex. 141 (»the Greeks on their own initiative decided to deify Alexander«). Tarn 601. *Heer des Leosthenes in Tainaron:* Diod. 17, 111, 1–4. 18, 9, 2–5. Athen. 13, 538 b nach Ephippos FGrH II 126 F 5 (Vorschlag im Gefolge Alexanders,

Das nächste große Unternehmen, das nach der Ankunft in Babylon sogleich vorbereitet wurde, war eine Expedition nach Arabien. Das Ziel war vor allem die Herstellung einer Seeverbindung zwischen dem Persischen Golf und Ägypten sowie die stärkere Besiedlung der Küstengebiete, wodurch auch der reiche arabische Gewürzhandel leichter zum Euphrat und zum Nil geleitet werden konnte. Die Beherrschung Arabiens, dessen Bewohner keine Gesandten nach Babylon geschickt hatten, sollte zugleich das Reich an seiner natürlichen Grenze am südlichen Ozean abrunden. Schon der Bericht Nearchs über seine Flottenfahrt von Indien scheint Alexander zu solchen Plänen veranlaßt zu haben. Drei Seeleute Nearchs, Archias, Androsthenes und Hieron, wurden mit einzelnen Schiffen vorausgeschickt, um die Küsten Arabiens zu erkunden. Die beiden ersten kamen bis zur Insel Tylos (Bahrein), während Hieron, der die ganze arabische Halbinsel umfahren sollte, am Kap Maketa (Musandam) umkehrte und meldete, Arabien sei fast so groß wie Indien. Von Ägypten fuhr Anaxikrates durch das Rote Meer und kam bis zur jemenitischen Küste. Die Flotte für die arabische Expedition wurde bei Babylon versammelt und geübt. Außer den Schiffen Nearchs, die den Euphrat aufwärts gefahren waren, ließ Alexander auch phönikische und kyprische Schiffe herbeischaffen. Sie wurden zerlegt, auf dem Landweg durch Syrien befördert und bei Thapsakos in den oberen Euphrat gebracht. Neues Schiffsbauholz konnte aus den Zypressenbeständen in Assyrien geschlagen werden. Bei Babylon selbst entstand ein großer Binnenhafen zur Aufnahme von 1000 Schiffen mit zugehörigen Werften. Der Grieche Mikkalos wurde mit 500 Talenten nach Phönikien entsandt, um dort Seeleute anzuwerben.[26]

Während diese Arbeiten vonstatten gingen, befaßte sich Alexander auch mit dem mesopotamischen Kanalsystem, dessen Bedeutung für das ganze Land er erkannt hatte. Er fuhr von Baby-

---

Athen zu bekriegen). Schaefer III² 355 ff. Berve II 114 (Gorgos). Mit Recht betont Bengtson 357 (mit weiterer Lit.), daß die göttliche Verehrung lebender Herrscher mehr aus griechischem als aus orientalischem Denken zu verstehen ist.

[26] *Vorbereitung der arabischen Expedition:* Arr. 7, 1, 2. 19, 3–6. Cary-Warmington 133 f. Fox 616 ff. *Siedlungspläne:* Arr. 7, 19, 5. *Archias, Androsthenes, Hieron:* Arr. 7, 20, 7–8; Ind. 18, 3–4. 27, 8. 34, 6–12. 43, 8–10. Strab. 16, 766. Theophr. caus. plant. 2, 5, 5. Athen. 3, 93 b. Berve II 40 nr.80. 86 nr.162. 183 nr.382. Bretzl 115.140 f. Cary-Warmington 133. Auskünfte von Einheimischen über Arabien erwähnt Arr. 7, 20, 1–6. *Anaxikrates:* Strab. 16, 768. Wilcken 216. Tarn 180, 59. Cary-Warmington 133 f. *Flotte und Hafen bei Babylon:* Arr. 7, 19, 3–4. 23, 5. Strab. 16, 741. *Mikkalos:* Arr. 7, 19, 5. Berve II 264 nr. 530.

lon den Euphrat hinab bis zur Einmündung des alten Kanals Pallakottos, der einen rechten, westlichen Seitenarm des Euphrat am Rand der arabischen Wüste darstellte und vor allem dazu diente, die regelmäßigen Frühjahrsüberschwemmungen nach der Schneeschmelze in Armenien zu regulieren. Bei der Fahrt den Pallakottos aufwärts ließ Alexander, der sein Boot selber steuerte, überall die Seitenkanäle untersuchen, ausbessern und neue Wasserwege erschließen, was auch der Bewässerung Arabiens zugute kommen sollte. An einer Stelle, wo Tausende von Assyrern gerade daran arbeiteten, auf dem weichen Boden die Dammbauten zu sichern, ließ Alexander, um den beabsichtigten Zweck besser zu erreichen, einen Kanal verlegen und durch steinigen Grund führen. Auch eine Stadt Alexandreia wurde bei den Kanälen im westlichen Babylonien gegründet und eine Anzahl griechischer Söldner hier angesiedelt. Alte verfallene Königsgräber, auf die Alexander bei diesen Fahrten stieß, ließ er wiederherstellen.[27]

In Babylon, wohin Alexander von seiner Flußfahrt zurückkehrte, waren weitere Arbeiten im Gang, besonders die Wiederherstellung des einst von Xerxes nach seinem Rückzug aus Griechenland zerstörten Heiligtums des Marduk. Schon bei seinem ersten Aufenthalt in Babylon nach der Schlacht bei Gaugamela hatte Alexander den Wiederaufbau befohlen, doch war während seiner Abwesenheit wenig geschehen. Jetzt wurde fast das ganze Heer dafür eingesetzt, zunächst die Schuttmassen des Stufenturms des Marduk, des »Babylonischen Turms« (Etemenanki), abzuräumen, was zwei Monate in Anspruch nahm. Der Bau sollte in seiner früheren Höhe oder noch größer wiedererstehen. Babylon sollte seine alte Bedeutung als Metropole des Orients wiedergewinnen.[28]

Erst jetzt wurde die Bestattungsfeier für Hephaistion gehalten, nachdem vom Ammonheiligtum in Ägypten auf Alexanders An-

[27] *Sorge für das Kanalsystem:* Arr. 7, 21, 1–22, 5. Strab. 16, 740–741 nach Aristobul (FGrH II 139 F 56). Front. 3, 7, 4. *Pallakottos:* Arr. 7, 21, 1–7 (Pallakopas). *Bootsfahrt:* Arr. 7, 22, 1–5. Die Episode (Arr. a. O. Diod. 17, 116, 5–6), daß dabei ein Windstoß das Diadem vom Kopf Alexanders wehte, bis es ein Schwimmer, der es sich selbst aufsetzte, wieder brachte, wurde von den Wahrsagern als schlimmes Vorzeichen gedeutet. *Alexandreia in Babylonien:* Arr. 7, 21, 7. Tarn 519 ff. Fox 737. *Königsgräber:* Arr. 7, 22, 2. Strab. 16, 741. Fox 625.
[28] *Wiederherstellung des Mardukheiligtums:* Arr. 7, 17, 2–3. Strab. 16, 738. Schachermeyr 508 f. Bei den Ausgrabungen wurde der abgeräumte Schutt gefunden, vgl. R. Koldewey, Das wiedererstehende Babylon, Leipzig⁴ 1925, 190 ff. 299 ff. E. Unger, Babylon, die heilige Stadt, Berlin 1931, 168. 191 f. 318. *Babyloni-*

frage der Bescheid eingetroffen war, Hephaistion dürfte Opfer und kultische Verehrung als Heros erhalten. Ein Scheiterhaufen war errichtet worden, musische und athletische Leichenspiele wurden abgehalten, Alexander selbst brachte das erste Opfer dar. Für ganz Persien hatte er befohlen, die heiligen Feuer zu löschen, was sonst nur beim Tode eines Königs üblich war. Nach Ägypten ging eine schriftliche Weisung an den Finanzverwalter Kleomenes ab, er solle in Alexandreia und auf der Insel Pharos zwei Tempel für Hephaistion errichten. In Babylon sollte ein monumentales Grabmal mit fünf Stockwerken nach Art der babylonischen Tempeltürme, wohl durch den Architekten Deinokrates von Rhodos, erbaut werden, wozu ein Stück der Stadtmauer abgerissen wurde. Die Außenwände der Stockwerke sollten reichen Figurenschmuck erhalten, unten vergoldete Schiffsschnäbel und Kriegergestalten, dann Adler und Drachen, Jagdszenen, einen Kentaurenkampf und oben Löwen und Stiere, dazu makedonische und persische Waffen. Auf der oberen Plattform dieses Baus, bei dem sich Elemente der griechischen und der orientalischen Kunst verbanden, war Platz für den Chor, der die Klagelieder vortrug. Die Kosten in Höhe von 12 000 Talenten für die Feier und Bauten zu Ehren Hephaistions wurden durch Spenden und Tribute aufgebracht. Als die Landestrauer für beendet erklärt wurde, folgten andere Veranstaltungen und Feste, bei denen Alexander »auf der Höhe des Glücks« zu stehen schien.[29]

Inzwischen war von verschiedenen Seiten Nachschub für das Heer in Babylon eingetroffen. Peukestas, der Satrap von Persis, brachte 20 000 Mann persische Speerwerfer, Bogenschützen,

scher Turm: Strab. a. O. Daß Babylon die »Hauptstadt« von Alexanders Reich werden sollte (Kaerst I³ 507. Tarn 121. Cary-Warmington 287. Hampl 72), wird in den Quellen nicht angedeutet und ist auch nicht ohne weiteres anzunehmen (Wilcken 215. Schachermeyr 509f.; Alexander in Babylon 74f.).

[29] *Bestattungsfeier für Hephaistion:* Arr. 7, 23, 5–8. Diod. 17, 114, 1–115, 6. Plut. Alex. 75, 3. Iust. 12, 12, 12. Koldewey a. O. 293. 302. Schachermeyr 514f. Fox 627ff. *Bescheid vom Ammonheiligtum:* Arr. 7, 23, 5–6. Diod. 17, 115, 6 (Bote Philippos). Plut. Alex. 72, 3. Berve II 386 nr. 782, vgl. oben S. 178. *Heiliges Feuer:* Diod. 17, 114, 4. *Schreiben an Kleomenes:* Arr. 7, 23, 6–8 (im Wortlaut, nach Ptolemaios). Berve II 211. *Grabmal:* Arr. 7, 14, 8. Diod. 17, 115, 1–5 (Beschreibung). Plut. Alex. 72, 5. Iust. 12, 12, 12. Wilcken 219f. F. R. Wüst, Zu den Hypomnemata Alexanders des Großen, Das Grabmal des Hephaistion, Österr. Jahresh. 44, 1959, 147ff. Schachermeyr, Fox a. O. Ob der Bau, von dem sich keine Reste gefunden haben, vollendet wurde, ist zweifelhaft. *Deinokrates:* Plut. Alex. 72, 5–8 (Stasikrates). Berve II 130 nr.249. 362 nr.720. Schachermeyr 515. Nach Plut. a. O.; mor. 335 c hatte er einmal vorgeschlagen, am Vorgebirge Athos eine riesige Porträtstatue Alexanders einzumeißeln. *Kosten:* Diod. 17, 115, 1.5. Iust. a. O. *Feste, »Höhe des Glücks«:* Diod. 17, 116, 1. Plut. Alex. 75, 3.

Schleuderer, dazu Kossaier und Tapurer, wofür ihm Alexander seine besondere Anerkennung aussprach. Philoxenos und Menandros kamen mit neuen Truppen aus ihren Satrapien Karien und Lydien, Menidas mit Reitern aus Makedonien. Bei ihrer Einreihung ins Heer führte Alexander nochmals eine Reform in der Gliederung und Zusammensetzung des Fußvolks durch. Während in Opis die makedonischen und die persischen Verbände nebeneinander gestellt worden waren, wurden jetzt neue, gemischte Einheiten gebildet, von denen die Dekade die kleinste war. Sie bestand aus 16 Mann, 4 Makedonen und 12 Persern, je mit ihrer eigenen Ausrüstung und Bewaffnung. Dabei hatte von den Makedonen, die höher besoldet waren, einer die Führung, die andern standen in den beiden ersten und im letzten Glied. Diese neue Heeresordnung, die die Phalanx alter Art ablöste, entsprach Alexanders Vorstellungen und Plänen zur Verbindung der Völker.[30]

Während einer Besprechung über die Eingliederung der neuen Truppen fiel es auf, daß Alexander seinen Platz verließ, weil er Durst hatte. Die Unterbrechung benützte ein Fremder, um in den Saal zu gelangen, sich auf den leeren Thronsessel zu setzen und sich das Diadem und das Königsgewand anzulegen. Die persischen Trabanten, die zu spät herbeikamen, wagten aus Scheu nicht, den Mann zu entfernen, sondern sahen darin die Ankündigung eines Unglücks, so daß sie ihre Kleider zerrissen und sich vor die Brust schlugen. Alexander, der zunächst eine hochverräterische Absicht vermutete, befragte den Eindringling nach seinen Motiven und ließ ihn auch foltern, doch ergab sich nichts. Um so mehr warnten wiederum die Chaldäer und Zeichendeuter. Auf ihren Rat ließ Alexander den Mann töten, damit ihn das etwaige Unheil treffe.[31]

[30] *Nachschub des Peukestas:* Arr. 7, 23, 1. 24, 1. Diod. 17, 110, 2. Berve II 318. *Philoxenos, Menandros, Menidas:* Arr. 7, 23, 1. Berve II 255 nr.501. 257f. nr. 508. 390f. nr.794. *Heeresreform:* Arr. 7, 23, 3–4. Diod. a. O. Droysen² 2, 331ff. (»eine Combination von Schwerbewaffneten, Peltasten und leichtem Fußvolk, mit der sich eine völlig neue Art der Taktik ergab«). Berve I 121. Wilcken 217f. Fox 626.
[31] *Fremder auf dem Thron:* Arr. 7, 24, 1–3. Diod. 17, 116, 2–4. Plut. Alex. 73, 7–74, 1. Mederer 130ff. Die Episode, die keine bloße Erfindung zu sein scheint, kann so erklärt werden, daß die Chaldäer selbst, um das von ihnen schon früher (oben S. 180) vorausgesagte Unheil abzuwehren, den Mann, angeblich einen Gefangenen namens Dionysios von Messene (Plut. Alex. 73, 8. Berve II 145 nr. 278), veranlaßten, sich auf den Thron zu setzen, damit ihn als »Ersatzkönig« nach altbabylonischem Ritual das Unheil treffe, was die griechische Überlieferung nicht verstanden habe (H. M. Kümmel, Ersatzkönigtum und Sündenbock, Ztschr. f.

4. Tod und Regelung der Nachfolge

Wenige Tage später zeigten sich bei Alexander die Symptome einer schweren Erkrankung. Er hatte ein Gastmahl für Nearch gegeben und nahm anschließend mit seinen Freunden an einem Trinkgelage bei dem Thessaler Medios teil, der ebenfalls zu seiner persönlichen Umgebung gehörte. Dabei verspürte er, während er aus dem »großen Becher des Herakles« trank, der sechs Liter faßte, plötzlich einen stechenden Schmerz, so daß er stöhnte und weggeführt werden mußte. Es war der 17. Daisios (29. Mai). In der Nacht bekommt er Fieber. Alle Ärzte werden zusammengerufen. Tags darauf – so wird aus den amtlichen Tagebüchern (Ephemeriden) berichtet – schläft er im Bad, nachdem er wieder einen Fieberanfall hatte. Am nächsten Tag fühlt er sich etwas besser, badet, opfert, ißt mit Appetit und macht mit Medios ein Würfelspiel. Die Heerführer erhalten Befehl, sich zum 23. Daisios für den Abmarsch nach Arabien bereitzuhalten, die Flotte soll am 24. ausfahren. Er fiebert wieder die ganze Nacht, unterhält sich aber am Tage darauf, nachdem er gebadet und geopfert hat, mit Nearch über die geplante Fahrt und den Ozean. Die Befehle an das Heer und die Flotte werden wiederholt. An den zwei nächsten Tagen steigt das Fieber. Es steht schon schlimm. Er läßt sich über den Fluß zum Park führen und gelangt wieder zum Palast zurück. Zum Opfern muß er getragen werden, doch bespricht er mit den Heerführern die Besetzung freier Offiziersstellen. Da das Fieber nicht nachläßt, gibt er ihnen Weisung, in der Nacht im Palast zu bleiben.

Als sie andern Tags bei ihm eintreten, vermag er nicht mehr zu sprechen, so auch am folgenden Tag. Peukestas, Seleukos und andere begeben sich zum Tempel eines Heilgotts und fragen an, ob man ihn dorthin bringen solle, doch erhalten sie den Bescheid, es werde besser mit ihm, wenn er bleibe. Bei den Soldaten verbreitet sich das Gerücht, er sei schon nicht mehr am Leben und man verheimliche es ihnen. Sie erzwingen den Eintritt und ziehen in langem Zuge an seinem Sterbelager vorüber. Er zwingt sich zu einer festen Haltung, richtet den Kopf mühsam empor,

alttestamentl. Wiss. 80, 1968, 293. Seibert 174, vgl. Athen. 14, 639c. Berve a. O. Fox 631f. 737f. mit weiterer Lit.). Es kann aber auch sein, daß »der Ersatzmann versehentlich agierte« (Fox 632). Wenn der Mann nach Plut. 73, 9 erklärte, der Gott Sarapis habe ihn geschickt, so ist darin eine spätere ptolemäische Version zu sehen (Ph. J. Derchain-J. Hubaux, Le Fantôme de Babylone, L'Antiquité Class. 19, 1950, 367ff.).

grüßt sie mit seinem Blick, reicht ihnen die Hand und fällt
zurück. Am Abend des 28. Daisios (10. Juni 323) stirbt Alexander. Er war fast 33 Jahre alt und hatte 12 Jahre regiert.[32]

Die Fieberkrankheit, der Alexander nach dem amtlichen Bericht erlag, läßt sich nicht mit Sicherheit bestimmen. Man hat an
Malaria, Lungenentzündung oder anderes gedacht. In der Überlieferung wird zum Teil auch die Auffassung vertreten, Alexander sei vergiftet worden. Demnach habe Antipater in Makedonien die Ankunft des Krateros, der ihn ersetzen sollte, nicht
abgewartet, sondern habe seinem Sohn Kassandros, als er ihn zur
Rechtfertigung gegen verschiedene Anschuldigungen nach Babylon entsandte, Gift mitgegeben. Kassanders jüngerer Bruder
Jollas, Alexanders Mundschenk, habe sodann das Gift in den
Heraklesbecher gemischt, aus dem Alexander beim Gelage des
Medios trank, worauf die Krankheit ausgebrochen sei. Diese
Version, die sich darauf stützen konnte, daß Kassander bei sei-
nem Aufenthalt in Babylon mehrmals das Mißfallen Alexanders

[32] *Krankheit und Tod Alexanders:* Arr. 7, 25, 1–26, 3. Curt. 10, 5, 1–6 (nach
Textlücke). Diod. 17, 117, 1–5. Plut. Alex. 75, 4–76, 9, dazu Hamilton, Comm.
208 ff. Iust. 12, 13, 7–15, 13. Iul. Val. 3, 56. Epit. Mett. 97–113. *Gastmahl für
Nearch, Gelage bei Medios:* Arr. 7, 24, 4–25, 1. Diod. 17, 117, 1–2. Plut. Alex. 75,
4–5. Iust. 12, 13, 6–9. Ailian. 3, 23. Berve II 261 f. nr. 521. 271. Mederer 133 ff. Die
Namen der Teilnehmer werden bei Ps. Kallisth. 3, 31, 8. Epit. Mett. 97 (»anschei-
nend nach amtlichen Aufzeichnungen«, Berve II 261, 4) genannt. *Becher des
Herakles:* Plut. Alex. 75, 5. Ephippos FGrH II 126 F 3 = Athen. 10, 434 a–b
(Wettstreit mit dem Trinker Proteas. Berve II 328 f. nr. 665). 12, 537 d (»letztes
Mahl«). Fox 635. *17. Daisios:* Plut. Alex. 75, 5–76, 1 (mit Datumsangaben auch für
die folgenden Tage). Der makedonische Monat Daisios entspricht dem Mai-Juni,
also hier Ende Mai. *Ephemeriden:* Arr. 7, 25, 1–6. Plut. Alex. 76, 1–9. Bei beiden
Autoren liegt ein Auszug im Wortlaut vor, doch nicht ganz übereinstimmend
(zum Vergleich nebeneinandergestellt FGrH II 117 F 3). Die Tagebücher wurden
möglicherweise später überarbeitet, um andere Berichte zu widerlegen (Wilcken
221; Ὑπομνηματισμοί, Philologus 53, 1894, 112 ff. Jacoby, Komm. zu FGrH
a. O. Pearson, Historia 3, 1954/55, 429 f. = Griffith 1 ff. Schachermeyr 558, 673.
Fox 640. 643 f.). *Befragung des Heilgotts:* Arr. 7, 26, 2–3. Plut. Alex. 76, 9 (»Sarapis«). Wilcken 223 (Marduk). *Vorbeizug der Soldaten:* Arr. 7, 26, 1. Curt. 10, 5,
1–3. Plut. Alex. 76, 8. Val. Max. 5, 1 ext. 1. Die Episode, daß ihn dabei ein einfacher
Soldat namens Peukolaos auf makedonisch ansprach, erscheint glaubhaft (Ps.
Kallisth. 3, 32, 12–15. Epit. Mett. 105–106. Berve II 320 nr. 638). *Todestag:* Plut.
Alex. 75, 5 (30. Daisios nach Aristobul). 76, 9 (28. Daisios nach den Ephemeriden). A. E. Samuel, Ptolemaic Chronology (= Münch. Beitr. z. Papyrusforsch.
43), 1962, 46 f. (babylon. Kalender mit astronomischen Angaben). D. M. Lewis,
Alexander's Death-Day, Class. Rev. 83, 1969, 272. Seibert 173 ff. (mit älteren
Datierungen, vgl. auch Beloch IV² 2, 27 ff.). Fox 638. 738. *Lebensalter:* Arr. 7, 28,
1 (32 Jahre, 8 Monate nach Aristobul FGrH III 139 F 61). Iust. 12, 16, 1 (33 Jahre,
1 Monat). Iul. Val. 3, 60 (33 Jahre). Ps. Kallisth. 3, 35. *Regierungsdauer:* Arr. 7, 28,
1 (12 Jahre, 8 Monate). Diod. 17, 117, 5 (12 Jahre, 7 Monate). Iul. Val. a. O.

erregte, wurde angeblich erst einige Jahre später von Olympias, der Mutter Alexanders, verbreitet und spielte bei den Kämpfen um Alexanders Nachfolge, bei denen Kassander die Alexander-familie mit Haß und Mord verfolgte, eine bedeutende Rolle. Es läßt sich dagegen einwenden, daß jedenfalls bei einem rasch wirksamen Gift der Krankheitsverlauf anders gewesen wäre. Daß im übrigen Alexanders unerwarteter Tod zu Gerüchten und Erklärungsversuchen verschiedener Art Anlaß geben mußte, ist verständlich. Ein gewisses Dunkel bleibt über seinem Ende.[33]

Auch manche Äußerungen oder letzte Worte, die ihm noch zugeschrieben wurden, bleiben daher zweifelhaft. So soll er auf die Frage, wem er das Reich hinterlasse, geantwortet haben: »Dem Stärksten«, und hinzugefügt haben, er sehe, daß zu seiner Leichenfeier ein großer Wettkampf abgehalten werde. Daß er Perdikkas seinen Siegelring übergeben habe, scheint glaubhaft,

[33] Zur medizinischen Beurteilung der *Todeskrankheit* Alexanders vgl. Birt 235 (»Malaria . . ., der Schrecken des Euphratlandes«). M. Bertolotti, La critica medica nella storia, Alessandro Magno, Turin 1933, 356 ff. (Malaria). Glotz-Cohen 182 f. Druon 475 (»perforation d'ulcère ou pancréatite aigue«). Bengtson 358 (»endemi-sches Sumpffieber, vielleicht jedoch Lungenentzündung«). Schachermeyr 558 ff.; Alexander in Babylon 68 (»normale malaria tropica« nach Infektion bei der Fahrt auf dem Euphrat und Pallakottos, vgl. oben S. 183; »dazu Lungenentzündung oder wahrscheinlicher Leukämie«, wozu der Verlust des Sprechvermögens in den letzten Tagen passen würde). Nach Tarn 124, Fox 647 spielten auch die Überan-strengung und früheren Verwundungen dabei eine Rolle, ähnlich Robson 204 f. Die Leiche zeigte »nach vielen Tagen noch keine Spur von Verwesung« (Plut. Alex. 77, 5). *Vergiftung:* Arr. 7, 27, 1–2 (ablehnend). Curt. 10, 10, 14–18. Diod. 17, 117, 5–118, 2. Plut. Alex. 77, 2–5, dazu Ziegler, Rhein. Mus. 84, 1935, 385 ff. Iust. 12, 13, 10–14, 9 (»heimtückischer Anschlag, dessen Schande die Nachfolger unter-drückten«). Iul. Val. 3, 56. Ps. Kallisth. 3, 31–32. Epit. Mett. 87–100. Dion Chrys. 64, 19 (durch »einen Sklaven und einen Becher«. Berve II 184 nr. 386 (Iollas, Iolaos). 201 f. nr. 414 (Kassandros). Mederer 140 ff. (Quellenanalyse). Milns 255 ff. (wahrscheinlich Vergiftung). A. B. Bosworth, The Death of Alexander the Great: Rumour and Propaganda, Class. Quart. 21, 1971, 112 ff. (»the probability is that Alexander was murdered«, 136). Fox 634 ff. (abgewogenes Urteil). Bei der Weiter-bildung der These wurde auch Aristoteles erwähnt, der zu dem Plan geraten oder das Gift ausfindig gemacht habe (Arr. 7, 27, 1. Plut. Alex. 77, 3). Von Kassander heißt es, er sei in der Nacht nach der Verabreichung des Gifts nach Kilikien abgereist (Ps. Kallisth. 3, 32. Epit. Mett. 100). Die Namen der Teilnehmer am Gelage des Medios wurden von manchen Autoren wie Onesikritos verschwiegen, um niemand zu verdächtigen (Diod. 17, 118, 2. Epit. Mett. 97 = Onesikrit. FGrH II 134 F 37, dazu Jacoby, Komm.). *Mißfallen Alexanders über Kassandros:* Plut. Alex. 74, 2–6 (Gelächter Kassanders über die Proskynese); mor. 180 f. Berve II 202. Tarn 599. *Olympias:* Plut. Alex. 77, 2, vgl. oben S. 176. Ein Gerücht wußte auch von einem angeblichen Selbstmordversuch Alexanders, der sich in der Absicht, durch sein Verschwinden als Gott unter den Menschen zu erscheinen, aus dem Palast in den Euphrat stürzen wollte, was aber Rhoxane bemerkt und verhin-dert habe (Arr. 7, 27, 3. Ps. Kallisth. 3, 32, 4–7. Epit. Mett. 101–102. Mederer 159 f.).

doch war damit möglicherweise nur gemeint, daß Perdikkas als Befehlshaber der ersten Hipparchie und damit Ranghöchster die Geschäfte führen, nicht ohne weiteres die Nachfolge antreten solle. Ein Testament, das angeblich in Rhodos deponiert war, regelt die Verteilung der Satrapien in verschiedenen Versionen, die nicht authentisch sein können. Dagegen braucht der Wunsch Alexanders, ihn im Heiligtum des Ammon in der Oase Siwah zu bestatten, nicht bezweifelt zu werden.[34]

In Babylon herrschte nach Alexanders Tod eine unheimliche Stille. Die Menschen spähten von den flachen Dächern ihrer Häuser nach dem hochgelegenen Palast. Bald waren überall Klagerufe zu hören, »Makedonen und Barbaren gleichermaßen« waren von Trauer und Schmerz bewegt. Die heiligen Feuer wurden gelöscht, die Perser legten Trauergewänder an und schoren sich das Haar. Sisygambis, die Mutter des Dareios, wollte ihren Beschützer nicht länger überleben und gab sich durch Fasten den Tod. Auch in den Satrapien des Reiches verbreitete sich die Kunde rasch, doch blieb alles ruhig. Keines der Völker machte den Versuch, sich zu erheben. Nur in Griechenland wurde der Aufstand vorbereitet, indem Athen den Krieg gegen die Makedonen beschloß und alle Griechen zur Freiheit aufrief.[35]

Im Palast von Babylon, wo Alexander aufgebahrt lag, war die Situation verworren und führungslos. Perdikkas, der den Siegelring erhalten hatte, lud die Befehlshaber und Leibwächter zur Beratung ein, doch drängten sogleich die Soldaten nach, so daß eine Art makedonischer Heeresversammlung zustande kam, die niemand einberufen hatte. Unter den gegebenen Umständen

[34] *Letzte Worte:* Arr. 7, 26, 3. Curt. 10, 5, 2. 5–6. Diod. 17, 117, 4. 18, 1, 4– 5. Plut. mor. 181 f. Iust. 12, 15, 5–8. Mederer 155 ff. Nach Iust. 12, 15, 1 gehört dazu auch Alexanders Ausspruch, er erkenne jetzt das Los der Aiakiden, denn die meisten seiner Vorfahren seien mit 30 Jahren gestorben. *Übergabe des Rings an Perdikkas:* Curt. 10, 5, 4. Diod. 17, 117, 3. 18, 2, 4. Iust. 12, 15, 12. Epit. Mett. 112. Berve II 316. Mederer 157 ff. Wirth 111. Schachermeyr 564, 679. *Testament:* Diod. 20, 81, 3. Iul. Val. 3, 58–59. Ps. Kallisth. 3, 33, 1–25. Epit. Mett. 106–111. 114–123. Tarn 624 ff. Pearson, Historia 3, 1954/55, 450 ff. = Griffith 22 ff. H. Hauben, Rhodes, Alexander and the Diadochi from 333/332 to 304 B. C., Historia 26, 1977, 307 ff. *Bestattungswunsch:* Curt. 10, 5, 4. Iust. 12, 15, 7, vgl. oben S. 89.
[35] *Stimmung in Babylon:* Curt. 10, 5, 7–17. Iust. 13, 1, 1. Schachermeyr, Alexander in Babylon 94 ff. 134. *»Makedonen und Barbaren«:* Curt. 10, 5, 9. *Heiliges Feuer, Verhalten der Perser:* Curt. 10, 5, 9. 16–17. Schachermeyr a. O. *Sisygambis:* Curt. 10, 5, 19–25. Diod. 17, 118, 3. Iust. 13, 1, 5–6. Berve II 357, vgl. oben S. 78. *Verhalten der Satrapien:* Curt. 10, 5, 18. Iust. 13, 1, 2–4. Wilcken 248. *Kriegsbeschluß und Freiheitsaufruf Athens:* Diod. 18, 8, 1. 9, 5. Schaefer III² 351 ff., vgl. oben S. 181.

mußte sie dennoch als entscheidungsberechtigt anerkannt werden. Perdikkas legte daher den Ring neben dem Diadem Alexanders nieder und schlug vor, die Niederkunft der Rhoxane, die schwanger war, abzuwarten und inzwischen eine vorläufige Regelung zu treffen. Wenn Rhoxane einen Sohn habe, so solle er König sein. Dieser Vorschlag fand keine Zustimmung, da »die Perserin« abgelehnt wurde, auch von Ptolemaios. Es kam zu einer heftigen Aussprache, bei der auch auf Herakles, den Sohn Alexanders und der Barsine, der in Pergamon lebte, hingewiesen wurde. Viele meinten, es sei besser und entspreche wohl Alexanders Willen, wenn Perdikkas den Ring wieder nehme und die Regierung führe. Da warf ein Soldat die Frage auf, warum Arrhidaios, der Sohn Philipps und Stiefbruder Alexanders, der nächste Angehörige des makedonischen Königshauses, der sich im Lager aufhielt, nicht zu der Versammlung eingeladen worden sei. Sofort wurde Arrhidaios herbeigeholt, von den Soldaten zum König unter dem Namen Philippos ausgerufen und mit Alexanders Gewand bekleidet. Als sich darauf Perdikkas mit seinen Anhängern an die Bahre zurückzog, wurde er dort von der Gefolgschaft des Arrhidaios, der besonders von dem Fußvolkführer Meleagros unterstützt wurde, mit Pfeilen beschossen, so daß er den Palast verließ und in der Stadt die Reiterführer um sich sammelte. Fußvolk und Reiterei waren gespalten.

Die Lage blieb mehrere Tage unentschieden und gespannt. Sie verschärfte sich noch, da Meleagros den Palast und die Vorhöfe besetzt hielt, während Perdikkas die Getreidezufuhr zur Stadt sperrte. Es schien zum Kampf zu kommen. Dabei trafen immer noch Gesandtschaften fremder Völker ein, die zu Alexander wollten und nun zu »König Philipp« geführt wurden. Durch dessen Auftreten und Vermittlung kam schließlich in einer zweiten Heeresversammlung eine Einigung vor der Bahre Alexanders zustande, wonach Perdikkas die Geschäfte führen sollte und Philippos Arrhidaios sowie der von Rhoxane erwartete Sohn Alexanders als Könige anzuerkennen seien. Dieser Beschluß stellte einen Ausgleich zwischen der rein makedonischen Richtung und dem auf Verbindung der Völker gerichteten Bestreben im Sinne Alexanders dar. Zugleich wurde beschlossen, daß der Leichenzug Alexanders von Philippos Arrhidaios zum Ammonheiligtum nach Ägypten geleitet werden solle. Vom ganzen Heer konnte darauf das Opfer, das nach makedonischer Sitte beim Thronwechsel üblich war, in der Ebene vor der Stadt gefeiert werden. Perdikkas benützte jedoch diese Gelegenheit, seinen

Gegner Meleagros und eine Anzahl seiner Anhänger als Aufrührer festnehmen und hinrichten zu lassen. Es war die erste Gewalttat in der Reihe der späteren Kämpfe um die Nachfolge Alexanders. Perdikkas, der jetzt das Feld beherrschte, ließ sich nun von Arrhidaios beauftragen, zusammen mit den anderen Anführern die Verwaltung der Satrapien und die übrigen Aufgaben zu verteilen, wobei der Beschluß der Heeresversammlung über die beiden Könige unangefochten blieb.[36]

So erhielt unter anderen Ptolemaios Ägypten, Antigonos Phrygien, Eumenes Kappadokien, Nearch Lykien, Lysimachos Thrakien. Für Makedonien und Griechenland blieb Antipatros zuständig. Im Osten, wo Peukestas die Landschaft Persis behielt, wurden auch einige einheimische Satrapen in ihrer Stellung belassen, so Oxyartes, der Vater der Rhoxane, im Land der Paropamisaden am Hindukusch und Taxiles in seinem Gebiet zwischen dem Indus und dem Hyphasis. Auch das Verhältnis zum Fürstentum des Poros in Indien blieb unverändert. Perdikkas selbst gab die Führung der ersten Hipparchie an Seleukos ab und übernahm die seit dem Tode Hephaistions nicht mehr besetzte Stellung eines Chiliarchen, wodurch er als Vertreter der Könige handeln konnte und zugleich den Oberbefehl im Heer hatte. Krateros, der sich mit den Veteranen auf dem Rückmarsch nach

---

[36] *Heeresversammlung:* Curt. 10, 6, 1–7, 15. Diod. 18, 2, 1–3. Iust. 13, 2, 4–3, 2. *Schwangerschaft der Rhoxane, »Perserin«:* Curt. 10, 6, 9. 13–14. Plut. Alex. 77, 6. Iust. 13, 2, 5–6. *Herakles:* Curt. 10, 6, 10–13 (befürwortet von Nearch, abgelehnt von Ptolemaios). Iust. 13, 2, 6, vgl. oben S. 80. *Arrhidaios:* Curt. 10, 7, 1–3. 12–15. Diod. 18, 2, 2. 4. Iust. 13, 2, 8. Ch. Habicht, Literarische und epigraphische Überlieferung zur Geschichte Alexanders und seiner ersten Nachfolger, in: Akten VI. Internat. Kongr. f. Griech. u. Lat. Epigraphik (= Vestigia 17), München 1973, 367 ff. (Verhältnis der beiden Könige). *Konflikt zwischen Perdikkas und Meleagros, Reiterei und Fußvolk:* Arr. FGrH II 156 F 1, 2–3. Curt. 10, 7, 8–8, 13. Diod. 18, 2, 2–4. Iust. 13, 3, 2–10. Berve II 249 f. nr. 494. H. Endres, Krateros, Perdikkas und die letzten Pläne Alexanders, Rhein. Mus. 72, 1917/18, 437 ff. M. J. Fontana, Le lotte per la successione di Alessandro Magno del 323 al 315, Atti Accad. Palermo 18, 1, 1959, 112 ff. *Eintreffende Gesandtschaften:* Curt. 10, 8, 8. *Einigung über die beiden Könige:* Arr. FGrH II 156 F 1, 1. Dexipp. FGrH II 100 F 8, 1. Curt. 10, 8, 22–23. Diod. 18, 2, 4. Iust. 12, 4, 1–4. W. Schwahn, Die Nachfolge Alexanders des Großen, Klio 23, 1930, 211 ff. 24, 1931, 306 ff. W. Schur, Das Alexanderreich nach Alexanders Tode, Rhein. Mus. 83, 1934, 137 ff. Fontana 124 ff. Habicht a. O. *Beschluß der Überführung zum Ammonheiligtum:* Diod. 18, 3, 5. Iust. 13, 4, 6. Schachermeyr, Alexander in Babylon 139, 83. *Opferfeier, Ende des Meleagros:* Curt. 10, 9, 9–21. Iust. 13, 4, 7–8. Schachermeyr a. O. 102 f. *Maßgebende Stellung des Perdikkas:* Curt. 10, 10, 1. Diod. 18, 3, 1. Iust. 13, 4, 9. W. Enßlin, Die Gewaltenteilung im Reichsregiment nach Alexanders Tod, Rhein. Mus. 74, 1925, 293 ff. Schwahn, Klio 24, 1931, 314 ff. Schur 129 ff. Fontana 134 ff.

Makedonien befand, sollte eine Art Vormundschaft für die Könige ausüben und dabei auch den Königsschatz verwalten. Wie die Befugnisse des Perdikkas und des Krateros im einzelnen abgegrenzt waren, bleibt undeutlich. Bald nach dieser Regelung gebar Rhoxane in Babylon einen Knaben, der nach dem Vater benannt wurde. Arrhidaios und der Sohn Alexanders waren unter den Namen Philipp III. und Alexander IV. nun die beiden gleichberechtigten Könige. Doch nicht sie, sondern die tatsächlichen Machthaber wurden Alexanders Erben und Nachfolger (Diadochen), wie sich schon nach kurzer Zeit zeigen sollte.[37]

Auch über die »letzten Pläne« Alexanders mußte entschieden werden. Schon die arabische Expedition, die so weit vorbereitet war, daß sie in wenigen Tagen beginnen konnte, blieb unausgeführt. Es scheint, daß von keiner Seite versucht wurde, dieses Unternehmen des Heeres und der Flotte unter anderer Leitung durchzuführen. Ebenso blieben die begonnenen Kanalbauten in Mesopotamien unvollendet, da sich »niemand mehr darum kümmerte«. Krateros erhielt die Anweisung, die schriftlichen Befehle, die er bei seinem Zug nach Makedonien mitbekommen hatte, nicht mehr auszuführen. Schließlich sollten auch die zahlreichen weiteren Vorhaben, die Alexander nach seinen hinterlassenen Aufzeichnungen (Hypomnemata) geplant hatte, nicht mehr durchgeführt werden. Perdikkas überließ die Entscheidung darüber der Heeresversammlung, die diese Pläne als »übergroß und zu schwierig« ablehnte. Es handelte sich dabei zunächst um

[37] *Verteilung der Satrapien:* Arr. FGrH II 156 F 1, 3–8. Dexipp. FGrH II 100 F 8 (wohl nach Arrian. Jacoby, Komm. 306). Curt. 10, 10, 1–4. Diod. 18, 3, 1–4. Iust. 13, 4, 5–25. Beloch IV² 2, 308 ff. Seibert 175 ff. (mit weiterer Lit.). Außer den Genannten erhielten demnach: Archon (Berve II 86 f. nr. 163) Babylonien, Arkesilaos (a. O. 75 nr. 142) Mesopotamien, Asandros (a. O. 87 nr. 164) Karien, Koinos (a. O. 218 nr. 440) Susiane, Laomedon (a. O. 231 f. nr. 464) Syrien, Phönikien, Leonnatos (a. O. 232 ff. nr. 466) Phrygien am Hellespont, Menandros (a. O. 255 nr. 501) Lydien, Peithon (a. O. 310 nr. 619) das Indusdelta, Peithon (Leibgardist, a. O. 311 nr. 621) Medien, Philippos (a. O. 387 nr. 785) Baktrien, Sogdien, Philotas (a. O. 367 f. nr. 804) Kilikien, Phrataphernes (a. O. 400 ff. nr. 814) Parthien, Hyrkanien, Sibyrtios (a. O. 353 nr. 703) Arachosien, Gedrosien, Stasanor (a. O. 361 f. nr. 719) Areia, Drangiane, Tlepolemos (Iust. 13, 4, 18) Karmanien. Die meisten dieser Satrapen waren Makedonen, viele von ihnen schon von Alexander eingesetzt. *Perdikkas Chiliarch, Seleukos Hipparch:* Arr. FGrH II 156 F 1, 3. Dexipp. FGrH II 100 F 8, 4. Curt. 10, 10, 4. Diod. 18, 2, 4. 3, 4. Schachermeyr, Alexander in Babylon 139. 171 ff. Eine Stelle als Befehlshaber im Heer erhielt auch Antipaters Sohn Kassandros (Iust. 13, 4, 18). *Stellung des Krateros, Verhältnis zu Perdikkas:* Arr. FGrH II 156 I 1, 3 (»Prostates des Königtums«). Dexipp. a. O. Iust. 13, 4, 5. Schachermeyr a. O. 139. 163 ff. *Sohn Alexanders und der Rhoxane:* Arr. FGrH II 156 F 1, 1. 9.

eine Anzahl großer Bauvorhaben, so um das Grabmal Hephaistions in Babylon, einen »pyramidalen« Grabbau für Alexanders Vater Philipp in Makedonien, mehrere Tempel in Griechenland, Makedonien und Ilion, um die Gründung von Städten und den Bau von Hafenanlagen. Sodann sollte bei diesen Neugründungen ein stärkerer Austausch der Bevölkerung in den europäischen und asiatischen Gebieten des Reiches stattfinden, wodurch ihre Verbindung gefördert werden sollte. Schließlich war ein Feldzug nach Westen bis Karthago und zu den Säulen des Herakles (Gibraltar) geplant, wozu eine Straße entlang der Nordküste Afrikas und eine Flotte von 1000 Schiffen gebaut werden sollten.[38]

Diese Pläne Alexanders, die man bisweilen als unglaubhaft oder undurchführbar betrachtet hat, entsprechen dem, was er während der vergangenen Jahre ausgeführt hatte. Städte hatte er in großer Zahl gegründet, ebenso Hafenanlagen und Schiffswerften errichten lassen. Für das Grabmal Hephaistions in Babylon waren schon die Entwürfe ausgearbeitet und die notwendigen Erdarbeiten ausgeführt. Ein ähnlicher monumentaler Grabbau für Philipp war von Alexander wohl nicht nur aus persönlichen Gründen geplant worden, sondern auch mit Rücksicht auf die altmakedonisch Gesinnten in seiner Umgebung und im Heer, mit denen es immer wieder Konflikte gegeben hatte. Der Bau von Tempeln mußte für Alexander, der sich alles Kultische stets angelegen sein ließ, selbstverständlich sein. Bei allen Plänen dieser Art ist anzunehmen, daß die babylonischen und persischen Großbauten, die Alexander im Orient kennengelernt hatte, jedenfalls hinsichtlich seiner Größenvorstellungen nicht ohne Einfluß auf ihn geblieben sind. Auch Ansiedlungen und Umsiedlun-

---

[38] Zur *arabischen Expedition* vgl. oben S. 182. *Kanalbauten in Mesopotamien:* Strab. 16, 738, vgl. oben S. 183. Auch die Entwässerungsanlagen am Kopaissee in Boiotien, die der Ingenieur Krates begonnen hatte, blieben unvollendet (Strab. 9, 407. Steph. Byz. s. Athenai. Berve II 227 nr. 448). *Anweisung an Krateros:* Diod. 18, 4, 1. *Pläne nach den Hypomnemeta:* Diod. 18, 4, 1–6, vgl. Curt. 10, 1, 17–19. Die Überlieferung geht vielleicht auf den Historiker Hieronymos von Kardia zurück, der mit dem Kanzleivorsteher Eumenes befreundet war (E. Kornemann, Die letzten Ziele der Politik Alexanders des Großen, Klio 16, 1920, 209 ff. Berve II 183 nr. 383). *Entscheidung der Heeresversammlung:* Diod. 18, 4, 3. 6. *Grabmal Hephaistions:* Diod. 18, 4, 2, vgl. oben S. 184. *Grabbau für Philipp:* Diod. 18, 4, 5. *Tempelbauten:* Diod. 18, 4, 4–5 (in Delos, Delphi, Dodona, im makedonischen Dion, Amphipolis, Kyrrhos, mit Baukosten zu je 1500 Talenten; ein noch größerer Tempel in Ilion für Athena). *Stadtgründungen, Hafenbauten, Bevölkerungstausch:* Diod. 18, 4, 4. *Feldzug nach Westen:* Diod. 18, 4, 4. Plut. Alex. 68, 1, dazu Hamilton, Comm. 187 ff.

gen, wie sie im Orient seit alter Zeit üblich waren, hatte Alexander oft durchgeführt. Da es dabei sein besonderes Bestreben war, die Bevölkerungsteile des Reiches miteinander zu verbinden, wie er es am deutlichsten in Opis zum Ausdruck gebracht hatte, konnten solche Maßnahmen in Zukunft nur verstärkt werden. Was schließlich den Plan eines Feldzugs nach den Ländern des Mittelmeers betrifft, so setzte er nur fort, was Alexander schon im Osten geleistet hatte. Die alten Grenzen des Perserreichs waren auch für den Zug nach Arabien, wie er von Babylon aus durchgeführt werden sollte, nicht mehr maßgebend. Der Mittelmeerzug, der ebenfalls als kombiniertes Unternehmen für Heer und Flotte geplant war, erschien nicht schwieriger als die früheren Feldzüge und er war es wohl auch nicht. Er sollte das Weltreich im Westen abschließen. Unwahrscheinlich wäre im Gegenteil die Annahme, daß Alexander, der in so jungen Jahren starb, bei der »Rastlosigkeit« seines Wesens später keine großen Pläne solcher Art mehr gefaßt und durchgeführt hätte. Wenn die hinterlassenen Pläne nach seinem Tode sogleich aufgegeben wurden, so ist daraus auch zu erkennen, daß sie niemand außer Alexander selbst verwirklichen konnte, wie alles, was unter ihm geleistet worden war, ohne ihn nicht geschehen wäre.[39]

Die Überführung Alexanders nach Ägypten fand erst zwei

[39] Zur Beurteilung der *Hypomnemata* und der *»letzten Pläne«* Alexanders vgl. besonders Endres a. O. 443 f. Kornemann a. O. 209 ff. Ed. Meyer, Kl. Schr. I² 279 ff. Beloch IV² 1, 63, 2. Berve I 52. Birt 462 f. Wilcken 209 ff.; Die letzten Pläne Alexanders des Großen, SB Berlin 1937, 192 ff. Glotz-Cohen 173 ff. Altheim, Weltgesch. Asiens I 208 ff. Tarn 193. 717 ff.; Alexander's ὑπομνήματα and the ›World-Kingdom‹, JHS 41, 1921, 1 ff.; Alexander's Plans, JHS 59, 1939, 124 ff. Ch. A. Robinson Jr., Alexander's Plans, AJPh 61, 1940, 402 ff. Radet 389 ff. F. Hampl, Alexander der Große, Hypomnemata und letzte Pläne, Studies pres. to D. M. Robinson II, 1953, 816 ff. = Griffith 307 ff. Pearson, Historia 3, 1955, 450 ff. = Griffith 22 ff. Marta Sordi, Alessandro e i Romani, Rendic. Istit. Lombard. 99, 1965, 438 ff. Berve, Gestaltende Kräfte² 350 ff. E. Badian, A King's Notebooks, Harvard Stud. in Class. Philol. 72, 1968, 183 ff. Kraft 119 ff. Seibert 7 ff. 207 ff. (mit weiterer Lit.). Stier 48 f. Schachermeyr 547 ff.; Die letzten Pläne Alexanders des Großen, Österr. Jahresh. 41, 1954, 118 ff. = Griffith 322 ff.; Alexander in Babylon 187 ff. Fox 655 ff. Sie werden im wesentlichen meist für echt erklärt, während andere (Tarn. Hampl. Pearson. Kraft a. O., ebenso schon Niese I 186; Zur Würdigung Alexanders des Großen, HZ 43, 1897, 1 ff. Beloch IV² 1, 63, 2) darin meist spätere Fälschungen sehen möchten. Nach Kraft 127 f. hätte Alexander als nächstes Unternehmen den ebenfalls geplanten Zug ins Schwarzmeergebiet zu den Skythen (Arr. 4, 15, 5–6) durchgeführt. Detaillierte Vorstellungen, wie Alexander bei längerer Lebensdauer wohl gehandelt hätte, entwirft A. Toynbee, If Alexander the Great had lived on, in: Some Problems of Greek History, London 1969, 441 ff. *»Rastlosigkeit« Alexanders:* Arr. Ind. 43, 10, vgl. unten S. 201. Jacoby, FGrH II Komm. 523. Schachermeyr 473.

Jahre nach seinem Tode statt (321), als der prunkvolle Leichenwagen fertig war, den Philippos im Auftrag der Heeresversammlung erbauen ließ. Der Wagen trug den goldenen Sarkophag, in dem die von Ägyptern und Chaldäern einbalsamierte Leiche lag. Eine Purpurdecke war über den Deckel des Sarkophags gebreitet. Auch ein goldener Thron und Alexanders Waffen waren beigegeben. Über den Wagen war ein Baldachin gespannt, das dem Himmelsgewölbe glich und mit Juwelen besetzt war. Er wurde von jonischen Säulen aus Gold getragen. Zwischen den Säulen waren an den Wänden vier Gemälde aufgestellt. Sie zeigten Alexander thronend mit dem Zepter und umgeben von makedonischen und persischen Gardisten, das Heer mit der Phalanx und den indischen Elefanten, die Reiterei und die Flotte. Der Wagen, dessen Achsen gefedert waren, wurde von 64 Maultieren an vier Deichseln gezogen. Er hatte ein Glockengeläute, so daß die Menschen in den Städten, durch die er kam, herbeiströmten und ihm das Geleite gaben. Von Babylon gelangte der Zug, der von Soldaten, Technikern und Straßenarbeitern begleitet war, nach Damaskos in Syrien, wo ihn Ptolemaios übernahm, um ihn nach Ägypten zu führen.[40]

Die Beisetzung erfolgte nicht mehr nach dem Willen Alexanders oder der Heeresversammlung, sondern des Ptolemaios, der damit eigene Ziele verfolgte. Er führte den Zug nicht in die Ammonsoase, sondern nach Memphis und von dort einige Jahre später nach Alexandreia, wo er einen Tempel bauen ließ, unter dem der Sarkophag beigesetzt wurde. In den Kämpfen der Diadochen um Alexanders Erbe bedeutete es für Ptolemaios viel, das Grab in der neuen Hauptstadt seines Herrschaftsgebiets zu besitzen. Durch die Jahrhunderte wurde das unterirdische Alexandergrab, die »heilige Gruft«, besucht, auch von Augustus und späteren römischen Kaisern. Bis heute hat man es nicht wiedergefunden.[41]

[40] *Leichenwagen:* Diod. 10, 26, 1–27, 5 (Beschreibung vielleicht nach Hieronymos von Kardia). Athen. 5, 206 e. K. F. Müller, Der Leichenwagen Alexanders des Großen, Leipzig 1905. U. v. Wilamowitz-Moellendorff, Der Leichenwagen Alexanders des Großen, JdI 21, 1906, 52 ff. Birt 465. Seibert 177 f. Fox 657 f. 739. *Beauftragung des Philippos:* Diod. 18, 3, 5. 26, 1. Iust. 13, 4, 6, vgl. oben S. 190. *Einbalsamierung:* Curt. 10, 10, 13. *Zug nach Syrien, Übernahme durch Ptolemaios:* Curt. 10, 10, 20. Diod. 18, 28, 1–3.

[41] *Überführung nach Memphis:* Curt. 10, 10, 20. *Beisetzung in Alexandreia:* Curt. a. O. Diod. 18, 28, 3–6. Strab. 17, 794. Vita Alex. rec. L (ed. van Thiel) 3, 34. F. Jacoby, Die Beisetzungen Alexanders des Großen, Rhein. Mus. 58, 1903, 461 f. (erst durch Ptolemaios II.). Der Sarkophag wurde dabei durch einen gläsernen

Schrein ersetzt (Strab. a. O.). Ptolemaios IV. Philopator (221–204) verlegte das Grab in einen von ihm errichteten Grabbau (Sema) an einer anderen Stelle der Stadt, wo er zugleich seine Vorfahren beisetzen ließ (Zenob. 3, 94 = Paroemiograph. Graec. I 81). H. Thiersch, Die alexandrinische Königsnekropole, JdI 25, 1910, 55 ff. »*Heilige Gruft*«: Lucan. 8, 694 (sacratum antrum). *Römische Kaiser:* Suet. Aug. 18, 1. Cass. Dio 51, 16, 5 (Augustus). Suet. Calig. 52 (Raub des Panzers durch Caligula). Cass. Dio 75, 13, 2 (Verschließung der Gruft durch Septimius Severus). Herodian. 4, 8, 9 (Caracalla 215 n. Chr., letzte Erwähnung). Gelegentliche Meldungen aus Alexandreia über die Entdeckung des Alexandergrabs haben sich bis jetzt nicht bestätigt, auch Nachforschungen blieben erfolglos, vgl. E. Breccia, Egitto greco e romano, Neapel² 1940, 3 ff. E. M. Forster, Alexandria, New York 1961, 22. 112f. Badian, Studies 179f. A. Bernand, Alexandrie la Grande, Paris 1966, 237 (»une des énigmes les plus passionnantes de l'Antiquité«). P. M. Fraser, Ptolemaic Alexandria, Oxford 1972, I 15ff. II 31ff.

1. Person und Charakter

Von Alexanders äußerer Erscheinung wie von seinem Charakter können wir uns nur ein unvollkommenes Bild machen, da die Quellen darüber fragmentarisch und zum Teil widersprüchlich sind. Einige sichere Einzelheiten und gewisse Grundzüge treten aber doch deutlich hervor. Er war von untersetzter, kaum mittelgroßer Gestalt, was fremden Besuchern, die vor ihn traten, auffiel. Als er sich auf den Thron des Dareios setzte, mußte ihm ein Schemel untergeschoben werden. Den Kopf hielt er, vielleicht infolge eines Geburtsfehlers, etwas nach links zurückgeneigt, eine Eigentümlichkeit, die von manchen seiner Freunde und Diadochen in manierierter Weise nachgeahmt wurde. Sein Blick soll »feucht«, besonders lebhaft oder glänzend und oft in die Ferne oder nach oben gerichtet gewesen sein. Ausgeprägte Stirnwülste über den Augen, wie sie die Bildnisse zeigen, deuten auf Energie und starke Willenskraft. Der Gesichtsausdruck konnte »Furcht erregen«. Die Hautfarbe war hell. Das dunkelblonde Haar trug er lang in den Nacken fallend, mit einer Strähne oder Locke, die sich über der Stirn teilte und aufsträubte, was als charakteristisch galt. Er war bartlos, trug aber einen Backenbart. Im ganzen war sein Aussehen »männlich und löwenhaft«. So stellte ihn auch der Bildhauer Lysipp dar, von dem er sich ebenso wie von dem Maler Apelles mit Vorliebe oder sogar »als einzigem« porträtieren ließ.[1]

[1] *Alexanders geringe Körpergröße:* Arr. 2, 12, 6. 5, 19, 1 (er bewunderte den hohen Wuchs des Poros). Curt. 3, 12, 16–17. 6, 5, 29. 7, 8, 9. 12. Diod. 17, 37, 5. Ps. Kallisth. 2, 15. 3, 4, vgl. oben S. 78, 24. Niese I 188. Birt 66. Fox 50. *Thron des Dareios:* Curt. 5, 2, 13. Diod. 17, 66, 3–7 (statt eines Schemels wird ein Tischchen benötigt). *Kopfhaltung:* Plut. Alex. 4, 1–2; Pyrrh. 8, 2; mór. 335 b. Bertolotti, La critica medica 76 ff. Schachermeyr 95, 76. *Gesichtsausdruck:* Ailian. var. hist. 12, 14. *Hautfarbe:* Plut. Alex. 4, 3 (von Apelles angeblich zu dunkel gemalt); nach Plut. a. O. 4, 4–6 war die Haut auch duftend. *Haar:* Ailian. var. hist. 12, 14. Apul. Flor. 7 (relicina frons, »nach hinten fallendes« Haar). Iul. Val. 1, 7, dazu passend die Haarfarbe auf dem Alexandermosaik aus Pompeji (oben S. 79), das auch den Backenbart zeigt, wie das Goldmedaillon aus Abukir (London, Brit. Mus.). Die von Alexander eingeführte Bartlosigkeit blieb lange Zeit (bis Hadrian) maßgebend (Birt 66). Nach Plut. Thes. 5, 4; mor. 180b ließ er auch den Soldaten die Bärte abnehmen, damit die Gegner sie nicht daran fassen konnten. Zur gescheitelten *Strähne* (anastolé) vgl. T. Hölscher, Ideal u. Wirklichkeit in d. Bildnissen Alexan-

Nach seiner körperlichen Konstitution muß Alexander ungemein ausdauernd, zäh und leistungsfähig gewesen sein. Schon in seiner Jugend übte er sich athletisch, so daß man glaubte, er könne bei den Olympischen Spielen auftreten. Auch später fand er Gefallen an leichtathletischen Wettkämpfen, die er während der Ruhepausen der Feldzüge im Lager durchführen ließ. Er selbst schulte sich immer wieder, auch beim Vormarsch und auf der Jagd, im Gebrauch der Waffen. Die vielen Verwundungen, die er sich bei seinem schonungslosen Einsatz im Nahkampf zuzog, überstand er bemerkenswert gut, sogar die sehr schweren letzten Wunden, als er nach seinem verwegenen Sprung in die Mallerburg angeschossen und zusammengeschlagen besinnungslos auf dem Boden lag. Bei Strapazen, Erkrankungen und operativen Eingriffen zeigte er sich entsprechend widerstandsfähig und hart. Seine Todeskrankheit, gegen die sich seine Vitalität bis zuletzt aufbäumte, bleibt auch unter diesem Aspekt rätselhaft.[2]

In seinen leiblichen Bedürfnissen war er von einer gewissen Anspruchslosigkeit. In der Regel nahm er früh am Morgen sitzend ein Frühstück ein, die Hauptmahlzeit erst nach dem Bade abends, im Kreis seiner Freunde und Gäste liegend, wobei er auf sorgfältige Zubereitung und Verteilung der Speisen achtete, aber auf besondere Leckerbissen verzichtete und sie lieber an andere

ders des Großen, Abh. Heidelberger Akad. Phil.-hist. Kl. 1971, 2, 25 ff. *Männlich und löwenhaft*: Plut. mor. 335 b, vgl. Iul. Val. 1, 7. Ps. Kallisth. 1, 13. *Lysipp:* Arr. 1, 16, 7. Plut. Alex. 4, 1; mor. 335 a–b. Plin. nat. hist. 7, 125. Berve II 241 ff. nr. 482. Am berühmtesten war seine Statue »Alexander mit Lanze« (Plut. mor. 335 b), dazu E. v. Schwarzenberg, Der lysippische Alexander, Bonner Jahrb. 167, 1967, 86 ff. Hölscher 54 ff. *Apelles:* Plut. Alex. 4, 3; mor. 335 a. Plin. nat. hist. 7, 125. 35, 92–95. Ailian. var. hist. 2, 3. Apul. Flor. 7. Berve II 53 ff. nr. 99. Als Gemmenschneider war nur Pyrgoteles zugelassen, Plin. nat. hist. 7, 125. 37, 8. Apul. a. O. Berve II 340 nr. 681. Zur Ikonographie Alexanders nach Münzbildern und Skulpturen, von denen noch der Kopf aus Pergamon (Istanbul, Archäol. Mus.) und die Herme Azara (Paris, Louvre) hervorgehoben seien, vgl. auch K. Gebauer, Alexanderbildnis u. Alexandertypus, AM 63/64, 1938/39, 1 ff. G. Kleiner, Alexanders Reichsmünzen, Abh. Akad. Berlin, Phil.-hist. Kl. 1947, 5 (1949); Das Bildnis Alexanders des Großen, JdI 65/66, 1950/51, 206 ff. Marg. Bieber, Alexander the Great in Greek and Roman Art, Chicago 1964. Seibert 52 ff. (mit weiterer Lit.).

[2] *Athletik:* Plut. Alex. 4, 8–11 (kein Gefallen an Faustkampf und Pankration); mor. 179 d. 331 b (Schnellster im Lauf). *Olympische Spiele, Wettkämpfe im Lager:* Plut. a. O., vgl. oben S. 92. *Übungen im Waffengebrauch, Jagd:* Curt. 8, 1, 14–19 (Vorliebe für Löwenjagd). Plut. Alex. 23, 3–4; mor. 334 d. 338 d. Berve I 12 f. *Verwundungen:* Plut. mor. 180 e (»kein Götterblut«). 327 a–b (zwölfmal). 341 a–c, vgl. oben S. 156. Bertolotti, La critica medica 190 ff. *Strapazen, Krankheiten, Eingriffe:* oben S. 187, vgl. auch Plut. mor. 340 e (»aß Gras vor Hunger«). 345 a–b (Entfernung des Pfeils aus der Wunde). Front. 4, 3, 10.

weitergab. Doch an nächtlichen Trinkgelagen nahm er unentwegt teil und konnte so stark berauscht sein, daß er den ganzen folgenden Tag nicht aufstand. »Weder Wein noch Schlaf« hielten ihn aber ab, wenn es etwas zu unternehmen gab. Daß er am Morgen der Schlacht bei Gaugamela von Parmenion geweckt werden mußte, läßt vielleicht Gelassenheit und Nervenstärke auch in kritischen Situationen erkennen, kann aber auch auf Übermüdung beruhen. Über sein sexuelles Verhalten wird verschieden geurteilt. Er war leidenschaftlicher Liebe fähig, wie zu Rhoxane, auch hat er mehrere Kinder gezeugt. Erlesene Hetären standen ihm nach Belieben zur Verfügung. Dennoch ist eine gewisse Distanz gegenüber Frauen bei ihm nicht zu verkennen. Er lehnte verlockende Angebote ab und verzichtete auf Siegerrechte über weibliche Gefangene, so bei der Familie des Dareios, wie er auch gelegentlich gegen Vergewaltigungen einschritt, die ihm aus dem Heer gemeldet wurden. Auf diese Weise respektierte er die Frau. Dabei besteht wohl ein Zusammenhang mit seiner Gewohnheit des homosexuellen Verkehrs, wie er in der makedonischen Oberschicht und bei den Griechen, besonders in Kriegergemeinschaften, als gesellschaftlicher Brauch, nicht als individuelle Perversion, üblich war. In diesem engen Sinne waren auch Alexander und Hephaistion Freunde und Kampfgefährten.[3]

[3] *Frühstück:* Plut. Alex. 23, 3; mor. 338 d. *Bad:* Arr. 7, 25, 4. Plut. Alex. 23, 5. 8. 35, 5–9. 76, 1–3. Diod. 17, 37, 2. Berve I 13. *Mahlzeit:* Plut. Alex. 23, 5–10; mor. 338 d. Nach Dorotheos FGrH II 145 F 1 = Athen. 7, 276 f. aß er gerne Äpfel, vgl. Chares FGrH II 125 F 9 = Athen. 7, 277 a (»Äpfelschlacht auf Booten« bei Babylon). *Leckerbissen:* Plut. Alex. 22, 7–9. 23, 9; mor. 180 a. *Trinkgelage:* Arr. 7, 29, 4 (= Aristobul FGrH II 139 F 62). Curt. 8, 1, 22. Plut. Alex. 23, 6–8.50, 9; mor. 623 e. Ailian. var. hist. 3, 23. Athen. 10, 434 b. 12, 537 d; daher der Vorwurf der Trunksucht in der alexanderfeindlichen Überlieferung (Curt. 5, 7, 1. Plut. mor. 337 f. Ailian. a.O., dazu Berve I 15. Tarn 302 f.). Die Gelage »dehnte er mit Schwätzen aus« (Plut. Alex. 23, 6). Nach dem Bericht der offiziellen Tagebücher (Ephemeriden) kam es vor, daß er »wegen Trunkenheit zwei Tage und zwei Nächte durchschlief« (FGrH II 117 F 2 b = Athen. a.O.). »*Weder Wein noch Schlaf*«: Plut. Alex. 23, 2. *Schlaf vor Gaugamela:* Curt. 4, 13, 17–22. Diod. 17, 56, 1–3. Plut. Alex. 32, 1–2. Iust. 11, 13, 1–3. Zum *sexuellen Verhalten* vgl. oben S. 134, 30. Berve I 10 f. Weigall 221 ff. Tarn 628 ff. (zu puritanisch). Fox 71 ff. *Rhoxane, Kinder:* Curt. 8, 4, 25. Plut. Alex. 47, 7–8; mor. 332 e. 338 d, vgl. auch S. 80. *Hetären:* Curt. 5, 7, 2. 6, 6, 8 (Harem von 365 Frauen nach Dareios' Vorbild). 8, 6, 3. Diod. 17, 77, 6–7. Iust. 12, 3, 10. Plin. nat. hist. 35, 86. Berve I 10. Tarn 635 (»niemals eine Mätresse gehabt«). *Distanz gegen Frauen:* Curt. 5, 6, 8. Plut. mor. 179 e. 180 f. 338 d–e. 339 a–f. 343 b. Front. 2, 11, 6. Athen. 10, 435 a. Tarn 637. Fox 73. *Familie des Dareios:* Curt. 3, 12, 21–22. Plut. Alex. 22, 5. Athen. 13, 603 c, vgl. oben S. 78. *Einschreiten gegen Vergewaltigung:* Curt. 5, 6, 8. Plut. Alex. 12, 1–6. 22, 4; mor. 259 d–260 d. Doch bewunderte er weibliche Schönheit (Plut. Alex. 21, 10; Gnomol. Vatic. 100 »blickte die Schönheit der Frau lange an«). *Homose-*

Die charakterlichen Eigenschaften Alexanders werden von der Überlieferung, die ihm teils günstig, teils ungünstig gesonnen ist, noch uneinheitlicher und zwiespältiger dargestellt als seine physische Erscheinung. Der Versuch, ein umfassendes Bild seiner Persönlichkeit zu gewinnen, kann daher kaum gelingen. Daß so verschiedene Auffassungen über ihn möglich waren, liegt aber nicht allein an den Beurteilern, sondern schon in seinem Wesen selbst. Er vereinigte in sich sehr gegensätzliche Züge, was wohl als Erbteil seiner so grundverschiedenen Eltern, des klugen, erfolgreichen Philipp und der leidenschaftlichen Olympias, zu verstehen ist. Der »rationale« Alexander kann von dem »Träumer« nicht getrennt werden. Das zweckmäßige, vernünftige Handeln und das irrationale Verlangen seines »Pothos« lassen sich bei ihm nicht gegeneinander ausspielen. Es geht nicht an, das eine oder das andere als besonderes Wesensmerkmal bei ihm hervorzuheben. Erst beides zusammen macht den ganzen Alexander aus und bedingt sich wechselseitig in allen seinen Unternehmungen. Es ist daher auch in einem tieferen Sinne zutreffend, wenn Plutarch moralisierend meint, Alexanders Charakter sei eine »Synthese« solcher Eigenschaften und Gegensätze gewesen wie »Kriegertum und Menschenfreundlichkeit, Milde und Tapferkeit, Freigebigkeit und Sparsamkeit, Zorn und Versöhnlichkeit, Leidenschaft und Besonnenheit«.[4]

Was ihn freilich in erster Linie kennzeichnet, ist sein Elan, eine beispiellose Willenskraft, die sich in unermüdlich tätiger Energie

xueller Verkehr: Plut. Alex. 67, 8; mor. 338 d. Athen. 13, 603 a–c (»rasende Knabenliebe«), vgl. auch Plut. Alex. 22, 1–3; mor. 333 a. Athen. 13, 603 b (Ablehnung männlicher Prostituierter). Berve I 10f. Tarn 634. Fox 71f. Psychoanalytisch (Verhältnis zu Philipp und Olympias) argumentieren C. L. Pierce, The Unconscious Motives of Alexander the Great, Psychoanal. Rev. 10, 1923, 56ff., G. Weedman, Alexander the Great, Indiana 1971, 7 und Wirth 120.

[4] *Charakter Alexanders:* Arr. 7, 29, 1–30, 3 (7, 30, 2 »keinem anderen Menschen vergleichbar«). Curt. 5, 7, 1. Diod. 17, 117, 5 (»größere Taten als alle vor und nach ihm«). Iust. 12, 16, 1 (magnitudo animi). Dion Chrys. 1, 2. 4, 4–5. 64, 19. Burckhardt IV 396ff. Beloch IV² 1, 63. Ed. Meyer, Kl. Schr. I² 269f. 280ff. Wilcken 46ff. Weigall 452ff. Tarn 125ff. Hampl 80ff. A. Savill, Alexander der Große, Frankfurt-Bonn 1963, 188ff. Milns 259ff. Wirth 71. 118ff. Schachermeyr 579ff. Zur Überlieferung vgl. unten S. 218. *Vereinigung von Gegensätzen:* Wilcken 47 (»wunderbare Mischung der Gegensätze«). Altheim, Weltgesch. Asiens I 206 (»Entdecken und Erobern, Planung und Tat, Traum und Berechnung, Weitblick und Irrtum sind die gleiche einzigartige Verbindung eingegangen, die das Wesen Alexanders auch sonst kennzeichnen«). Schachermeyr 463, 582ff. *»Rationaler« Alexander:* Kraft 7. *»Träumer«:* Tarn 128; CAH IV 425 (»a great dreamer«, wichtigste seiner Eigenschaften«). Die Annahme, daß sich solche Alternativen, wie auch »Rationalität« und »Religiosität«, ausschließen, entspricht modernem

äußert. Arrian nennt es seine »Vielgeschäftigkeit, Rastlosigkeit«. Diese Aktivität trieb ihn dazu, alles Begonnene »unverzüglich« zu Ende zu bringen und immer neue Aufgaben in Angriff zu nehmen. »Ruhe und Nichtstun ertrug er nicht«, wie es heißt, so daß er auch in Ruhepausen, die er dem Heer gönnte, mit seinem Gefolge irgendein Unternehmen durchführte. Seine letzten »Westpläne« müßten daher, auch wenn sie nicht bezeugt wären, geradezu postuliert werden, da es nicht vorstellbar ist, daß er bei seinem damaligen Alter ruhig als Herrscher in Babylon oder Alexandreia sitzen geblieben wäre. Der sofortige, unheimliche Stillstand und Abbruch aller laufenden Arbeiten, Vorbereitungen und Pläne nach seinem Tod beleuchtet am besten seinen motorischen, ruhelosen Initiativgeist.

Mit diesem Tätigkeitstrieb hängen Schnelligkeit und Zähigkeit seines Handelns zusammen. Nach Curtius war das schnelle Vollbringen überhaupt seine rühmenswerteste Eigenschaft. Sie zeigte sich in kriegerischen Überraschungsaktionen, in Verfolgungsjagden mit einer berittenen Vorausabteilung, aber auch im blitzschnellen Reagieren bei unmittelbarer Bedrohung oder Gefahr. Die Ziele wurden zäh verfolgt, bis ein Abschluß erreicht war, auch wenn es scheinbar zweitrangige Aufgaben waren, wie die Einnahme einer Bergfestung oder die Befriedung eines Grenzgebiets. In solchen Fällen lag wohl ebenfalls ein Sicherheitsbedürfnis vor. Das unaufhörliche Vorgehen und Bezwingen, weithin mehr ein Schweifen, hatte aber auch zur Folge, daß die dabei getroffenen Maßnahmen, besonders in der Verwaltung der Gebiete, nur provisorisch erscheinen. Es kam vor allem darauf an, die momentanen Aufgaben und Schwierigkeiten zu bewältigen, während anderes wohl später geregelt werden sollte.

Aller Intensität und Eile dieses Handelns liegt ein sehr hohes Maß von Rationalität zugrunde. Sie zeigt sich bei Alexander nicht nur in der Planung und der militärischen, technischen, diplomatischen Vorbereitung eines ganzen Feldzugs wie nach Indien, sondern auch in der Anpassungsfähigkeit und Kunst der Improvisation in einer unerwarteten Lage wie vor der Schlacht bei Issos. Selbst ein so verwegenes, unheilvolles Unternehmen wie der Marsch durch die gedrosische Wüste war durch Errichtung von Proviantlagern und durch entsprechende Aufträge an

Denken und ist hier nicht am Platze, vgl. zur »Frömmigkeit« Alexanders (Arr. 7, 28, 1. Plut. mor. 342f. Front. 1, 11, 14) auch Weigall 452. U. v. Wilamowitz – Moellendorf, Der Glaube des Hellenen II², Darmstadt 1955, 260ff. Wirth 123. *Synthese«:* Plut. mor. 343a, vgl. 326e. 327e. 332d. 337b (weitere Eigenschaften).

die Satrapen so gut wie möglich vorbereitet. Alles hatte Methode und läßt auf eine praktische, selbstsichere Intelligenz schließen, die aber auch der Anstiftung zum Mord fähig war, wie gegen Attalos und Parmenion. Unsere Quellen, die meist nur über die Geschehnisse selbst berichten, lassen die vorausgehenden Entscheidungen, Anordnungen und Denkleistungen bloß indirekt erkennen. Klares, kühles Berechnen und Organisieren ist besonders auch in der Nachschubsicherung, im Versorgungswesen, bei den Erkundungen und Stadtgründungen vorauszusetzen. Das nüchterne, überlegene Selbstbewußtsein Alexanders, der etwa für die feindlichen Abwehrdämme am Tigris nur ein Lachen übrig hatte, beruhte auf Einsicht und Stärke. Es blieb auch in der Menschenbehandlung und Führung des Heeres erfolgreich, wie die Vertrauenskrise in Opis zeigt, die nicht zuletzt durch kluge Kalkulation beigelegt wurde.[5]

Das starke geistige Interesse Alexanders, das bei einem Machthaber seiner Art eher eine Ausnahme darstellt, steht mit seinem Denken und Planen wohl in Verbindung, berührt aber auch schon die emotionale Seite seines Wesens. Dieses Interesse wurde durch seine Lehrer, besonders Aristoteles, geweckt und gefördert, äußerte sich jedoch so spontan und war so nachhaltig, daß es anlagebedingt erscheint. Alexander las und zitierte griechische Dichter, mit Vorliebe Homer, unterhielt sich mit griechischen Philosophen und indischen Brahmanen, ließ Theaterstükke im Lager spielen. Musik wirkte auf ihn stimulierend. Ein Kreis von Philosophen, Dichtern, Geschichtsschreibern, darstellenden und bildenden Künstlern gehörte zu seinem ständigen Gefolge und trat vor allem bei den abendlichen Gelagen in Erscheinung. Auch wenn dabei bloße Unterhaltungsdarbietungen

[5] *»Vielgeschäftigkeit«:* Arr. Ind. 43, 10 (polypragmosýne, πολυπραγμοσύνη), übersetzt als »Rastlosigkeit« von Jacoby, FGrH II 139 p. 523, vgl. oben S. 194. *»Unverzügliches« Handeln:* vgl. oben S. 48, 14 (»nichts aufschiebend«). Tarn 130. *»Ruhe und Nichtstun«:* Curt. 6, 2, 1, vgl. auch oben S. 140. Zu den *»Westplänen«* vgl. oben S. 194. Ed. Meyer, Kl. Schr. I² 281. *Schnelligkeit:* Curt. 5, 5, 3. Zur *militärischen Planung* meinte Beloch IV² 1, 63, Alexander, der »in diesem Alter noch kein bedeutender Stratege und Taktiker« gewesen sein könne, habe sie vor allem Parmenion und anderen verdankt, ein Urteil, das von J. Kromayer, Alexander der Große u. die hellenistische Entwicklung in dem Jahrhundert nach seinem Tode, HZ 100, 1908, 11 ff., Wilcken 225 und Bengtson 332 mit Recht zurückgewiesen wurde, vgl. auch Andreotti, Saeculum 8, 1957, 146 (»bis ins Kleinste gehende Vorbereitungen«). *Abwehrdämme am Tigris:* Arr. 7, 7, 7 (sophismata), vgl. oben S. 172. Burckhardt IV 405. Ein ähnliches *»Lachen«* Alexanders auch (»Hohnlachen« nach Birt 426) bei Polyain. 4, 3, 32 (über Schwelgerei der Perserkönige). Plut. Alex. 74, 5 (über sophismata von Verleumdern). *Opis:* oben S. 173.

und propagandistische Absichten, viel Schmeichelei und Prahlerei im Spiele waren, und die Anwesenheit griechischer Dichter und Künstler schon früher am makedonischen Königshof geschätzt war, so tritt doch die persönliche Neigung Alexanders in dieser Hinsicht deutlich hervor. Offenkundig erscheint sie bei seinem geographischen Forschungsdrang, der nicht nur von militärischen und politischen Erfordernissen bestimmt war, sondern sich bei ihm auch als reiner Wissenstrieb zeigte, besonders dort, wo es um wissenschaftliche, schon von Aristoteles erörterte Fragen ging, wie beim Nil oder Hindukusch. Ebenso dienten die landeskundlichen Beobachtungen und Vermessungen der Bematisten, bei denen es Alexander auf »Akribie« ankam, nicht allein praktischen Zwecken.[6]

Das Emotionale oder »Irrationale« im Charakter Alexanders ist ein komplexer Bereich, in dem sich aber doch einzelne Züge zu erkennen geben. Sie charakterisieren seine Individualität zum Teil besonders intim. Es gehört dazu vor allem sein »Pothos«, ein Wunsch oder Verlangen nach Durchführung bestimmter Unternehmungen, die den Begleitern oder Berichterstattern nicht ohne weiteres verständlich oder geradezu unsinnig erschienen, wie etwa der Zug zum Ammonsorakel in der libyschen Wüste. Immer wieder wird von solchen Extravaganzen oder Eskapaden berichtet, die also nicht unwesentlich waren. Wenn ihre Motive dunkel oder unbegreiflich blieben, so auch deshalb, weil sie von Alexander aus persönlichen oder taktischen Gründen verschwiegen wurden. Über die Frage seiner göttlichen Abstammung oder seiner letzten Ziele im Osten konnte er sich nicht äußern, ohne Befremden oder Anstoß zu erregen. Scheinbar unvernünftig, aber doch persönlich begründet war auch der »Wunsch«, das Orakel in Gordion zu besuchen, bei der Gründung von Alexandreia in Ägypten den Stadtplan selbst zu entwerfen, bei der

[6] *Geistige Interessen:* Plut. mor. 331 e. 334 e–f, vgl. oben S. 27. Wilcken 49. *Zitate von Dichtern:* Plut. Alex. 10, 6. 26, 5. 53, 3; mor. 331 c–d. 335 a. 341 b. Athen. 12, 537 d (Homer, Alkman, Euripides). *Philosophen, Brahmanen, Theaterstücke:* oben S. 146. 177. *Musik:* Dion Chrys. 1, 1–2 (»sprang beim Flötenspiel des Timotheos wie besessen auf und griff zu den Waffen, so stark bewegte es ihn«). Berve II 373 nr. 749, vgl. oben S. 25. Zum *Gefolge von Philosophen* und anderen vgl. Berve I 65 ff. *Schmeichelei und Prahlerei:* Plut. Alex. 23, 7. *Dichter und Künstler am makedonischen Hof* (Euripides, Zeuxis und andere unter Archelaos I.): F. Geyer, Makedonien bis zur Thronbesteigung Philipps II, 1930, 98 ff. Bengtson 297. 307. *Geographische Forschung:* oben S. 29. Burckhardt IV 402 (»am Ende doch am allermeisten Entdecker«). Berve, in: Gestaltende Kräfte[2] 333 ff. *»Akribie«:* Strab. 2, 69, vgl. oben S. 53. Berve I 51 f.

Eroberung von Aornos sogar Herakles übertreffen zu wollen. Alle diese Episoden lassen gewisse Eigenheiten der Persönlichkeit erkennen, so die Religiosität, die an die eigene Göttlichkeit glaubt und kaum eine Orakelstätte am Wege unbesucht läßt. Es ist derselbe Mann, der sonst so rational und zweckmäßig zu handeln vermag. Sein Handeln und seine Willenskraft wurden durch solche irrationalen Wünsche ebenso stark und unbeugsam in Bewegung gesetzt wie durch sachliche Erwägungen. Daß irgendwelche Notwendigkeiten dabei von dem »Romantiker« oder »Abenteurer« Alexander leichtfertig außer acht gelassen worden wären, muß man bezweifeln.

Um so gewisser ist es, daß er sich seinen Emotionen und Affekten in extremen Situationen hemmungslos überließ. In der Schlacht, die er unter sorgfältiger Berechnung verschiedener Eventualitäten vorbereitet hatte, stürzte er sich wie von Sinnen ins dichte Kampfgewühl, um seinen Gegner Dareios zu treffen. In solchen Momenten erschien er furchtbar und konnte, wenn er sich bedroht fühlte, sogar im Freundeskreis zum Totschläger werden, wie beim Streit mit Kleitos. Es ist nur die andere Seite dieser maßlosen Erregbarkeit, wenn er die Tat hernach tagelang beweinte und bitter bereute. Daß er echter Reue fähig war, als »einziger der Könige«, läßt nach Arrian einen »edlen« Charakter erkennen. Es läßt ihn jedenfalls menschlich erscheinen, wie auch die fassungslose Trauer beim Tode Hephaistions. Ebenso ließ sich Alexander bei Szenen des Wiedersehens und der Versöhnung zu Tränen rühren. Er war darin gleichfalls unverstellt derselbe.

Wieweit sich sein Wesen im Laufe der Jahre wandelte oder veränderte, ist schwer zu bestimmen. Die charakteristische Art seines raschen, sicheren Handelns oder Reagierens, seine persönlichen Interessen und anderes erscheint in der letzten Zeit seines Lebens nicht anders als nach seinem Regierungsantritt. Wie er in dieser Weise damals schon der ganze Alexander war, so ist er es auch geblieben. Unverkennbar ist jedoch ein Wachstum seiner Leistungsfähigkeit mit der Zunahme der Aufgaben, ihrer Schwierigkeiten und Dimensionen. Seine Kapazität blieb den Dingen bis zuletzt gewachsen. Mit der Steigerung seiner Macht und Erhöhung seiner Stellung mußten sich seine Anschauungen und Gewohnheiten in mancher Hinsicht ändern, doch weist nichts auf charakterliche Depravation im Sinne eines stärkeren Machtmißbrauchs, herrischen Auftretens oder willkürlichen Handelns. Auch für eine geistige Deformation, die sich in zunehmender Hektik, durch Exzesse und Größenwahn geäußert hätte, finden sich keine sicheren Anhaltspunkte. Starke Trinkgelage, wie sie aus der letzten Zeit erwähnt werden, gab es auch vorher. Die letzten Bauvorhaben und Feldzugspläne waren unter den gegebenen Voraussetzungen durchaus realistisch. Schließlich kann auch von aufkommender Isolation oder gar Resignation Alexanders keine Rede sein, der gerade in dem Augenblick, als er nach umfassenden Vorbereitungen ein neues, großes Unternehmen ins Werk setzen wollte, vom Tode weggerafft wurde.[7]

2. Ziele und Leistung

Von seinem Vater Philipp hatte Alexander die politischen Ziele übernommen, die er nach seinem Regierungsantritt sichern mußte oder noch zu erreichen hoffte. Die errungene Großmachtstellung Makedoniens sollte nach drei Richtungen erhalten und ausgebaut werden, gegenüber den Griechen durch die Hegemonie im Korinthischen Bund, gegen die Thraker und Illyrier durch Festigung und Ausdehnung des makedonischen Herrschaftsgebiets, gegen Persien durch einen Angriff auf Kleinasien, wo es zugleich darum ging, die Ostgriechen endlich von der persischen Herrschaft zu befreien. Nach der Bewältigung der Krise, die durch den unerwarteten Tod Philipps entstand, erfüllte Alexander die ersten Aufgaben rasch und kriegerisch. Die Hegemonie in Griechenland wurde durch die Zerstörung des abgefallenen Theben nachdrücklich, freilich auch abschreckend bekräftigt, die Herrschaft im Balkanraum durch den Donaufeldzug verstärkt und erweitert.

[7] Zum »Pothos« vgl. oben S. 22. Instinsky, Beiträge 187 ff. *Göttliche Abstammung:* oben S. 89. Weigall 453. *Gordion:* oben S. 71. *Entwurf des Stadtplans von Alexandreia:* Arr. 3, 1, 5. *Aornos und Herakles:* Arr. 4, 28, 4, vgl. oben S. 144. Hierher gehört auch Alexanders »unersättliche Ruhmsucht« (Arr. 7, 28, 2) als wesentliches Motiv (Hampl 80 f.). *»Romantiker«:* Beloch IV² 1, 63. Tarn 128, vgl. auch Wirth 121 (ihn »als Romantiker zu bezeichnen, reicht für ein wirkliches Verstehen kaum aus«). *»Abenteurer«:* Burckhardt IV 398. 403. *Alexander im Kampfgewühl:* oben S. 78. Beloch IV² 1, 63. Weigall 452. *Furchtbarkeit:* Athen. 12, 538 a = Ephippos FGrH II 126 F 5 (»unerträglich mörderisch«). *Reue:* Arr. 7, 29, 1–2. *Tränen:* Arr. 7, 11, 5 (Versöhnung in Opis); Ind. 35, 4 (»weinte lange« beim Wiedersehen mit Nearch). Weigall 452. 454 (»merkwürdiger Zug von Weichlichkeit«). *Charakterliche Wandlung:* Snyder 197 f. Schachermeyr 463, 558, 587 (»Hybris«). Wirth 122. *Geistige Störung:* J. R. Hamilton, Alexander and his ›So-called‹ Father, Class. Quart. 3, 1953, 157 = Griffith 241 (»megalomania«). Badian, Studies 203, keine psychopathischen Züge nach Kraft 46 f., Schachermeyr 583, 637, Wirth 122 f. 128. 132 (aber Isolation und Resignation).

Der Übergang nach Asien zum Angriff auf das Perserreich erfolgte mit geringen militärischen Kräften und finanziellen Mitteln, doch läßt sich daraus nicht auf eine begrenzte Zielsetzung schließen. Außer dem Teil des Heeres, der notwendig zur Sicherung der europäischen Gebiete zurückgelassen werden mußte, war nichts mehr verfügbar. Doch konnte genug Beute erwartet werden, was sich nach dem ersten Erfolg am Granikos sogleich bestätigte. Die Ostgriechen wurden durch Alexander befreit, ein Erfolg, der einst weder Athen noch Sparta gelungen war, doch wurden sie nicht als selbständige Verbündete der Hegemonie angeschlossen, sondern innerhalb des asiatischen Herrschaftsgebiets privilegiert. Auch Nichtgriechen in Lydien und Karien sowie einzelne überwundene persische Gegner erfuhren eine bevorzugte Behandlung, die darauf hinweist, daß Alexander schon hier die griechischen Vorstellungen über das Verhältnis zu den Barbaren, wie sie auch Aristoteles vertrat, nicht mehr teilte. Sein rascher weiterer Vormarsch nach Osten zum Kampf gegen Dareios, wobei er nur die persischen Flottenbasen in seine Hand brachte, den Nordosten jedoch außer acht ließ, zeigt außerdem, daß es ihm nicht mehr darum ging, etwa im westlichen Kleinasien sich mit dem eroberten Gebiet zu begnügen und es abzusichern, was vielleicht Philipps Taktik oder Ziel gewesen wäre. Alexanders Sieg über Dareios bei Issos, der aus ungünstiger Position errungen wurde, mußte den Anspruch begründen, daß der Eroberer dem Perserkönig nicht nur gleichrangig, sondern schon überlegen sei. Der darauffolgende Briefwechsel der beiden Könige enthält eine authentische Erklärung Alexanders, unter dieser Voraussetzung künftig zu handeln.[8]

Mit sicherem Blick zog es Alexander vor, Phönikien und Ägypten in Besitz zu nehmen, anstatt vorher die letzte Auseinandersetzung mit Dareios zu suchen. Militärisch, politisch und wirtschaftlich brachte die Übernahme dieser Küstenländer des Ostmittelmeers, die zu den wichtigsten Gebieten des Perserreichs gehörten, größeren Gewinn. Es hatte auch keine Eile wie beim Zug durch Kleinasien, so daß viele Monate dazu verwendet

---

[8] Zur *Zielsetzung in Kleinasien* vgl. oben S. 55. *Griechen und Barbaren:* oben S. 10, dazu Schachermeyr, in: Entretiens Fond. Hardt 22, 49 ff., der in diesem Zusammenhang darauf hinweist, daß Alexander hier sowohl für die Griechen wie für die Barbaren als »Wohltäter« aufzutreten suchte, was er auch durch Bau- und Siedlungsprojekte (Smyrna, Ephesos, Klazomenai, Priene) betonte. Zum *Briefwechsel mit Dareios* vgl. oben S. 81. Kaerst I³ 374 ff. Schachermeyr, in: Entretiens Fond. Hardt 22, 51, 2 (nach Arr. 2, 14, 8 Alexander auch gegenüber Dareios zu »Wohltaten« bereit).

werden konnten, den Widerstand von Tyros zu brechen. Daß Dareios nach einiger Zeit nochmals ein Heer heranführen könne, war zu erwarten, doch nach Issos nicht mehr zu fürchten. Dennoch wurde die Schlacht bei Gaugamela noch kritischer und gefährlicher, da die Perser zahlenmäßig weit stärker waren und sich taktisch besser auf den Gegner eingestellt hatten. Alexander, der durch eine Improvisation gegen alle Regeln auch hier die Entscheidung zu seinen Gunsten herbeiführte, trat jetzt offen als König des Perserreiches anstelle des wiederum entkommenen Dareios auf und wurde bei seinem Einzug in Babylon als solcher anerkannt. Damit war die Besetzung der persischen Residenzen und der östlichen Satrapien bis zum Indusgebiet vorgezeichnet. Sie erwies sich politisch und militärisch auch als notwendig, da Dareios und nach ihm Bessos oder Artaxerxes auf persischer Seite immer noch die Rechtmäßigkeit beanspruchten und zunehmender Widerstand der iranischen Volksstämme zu überwinden war. Unter den schweren Anforderungen und veränderten Verhältnissen dieser Jahre wandelten sich auch die Ziele Alexanders.[9]

Das Verhältnis zu Griechenland, vielleicht sogar zu Makedonien, trat an Bedeutung zurück, wenn auch die Verbindungen stets erhalten blieben. Durch den Brand des Palastes in Persepolis und die Entlassung der griechischen Bundestruppen in Ekbatana war der Rachefeldzug des Korinthischen Bundes beendet und auch das einstige Kriegsziel Philipps wohl schon weit überschritten. Der Westen war für Alexander während dieser Jahre zur Randzone des Geschehens geworden. Im Vordergrund stand der iranische Raum, dessen Bezwingung so viel Ausdauer und Anstrengungen, dazu immer neue Methoden und Taktiken erforderte. In dem Gebiet zwischen Kaspischem Meer, Hindukusch und Syr-Darja wurde Alexander zum geographischen und ethnographischen Entdecker. Hier wurde er zugleich zum anerkannten Nachfolger des Dareios, was ihn bewog, die einheimischen Traditionen weitgehend zu übernehmen. Dieses Bestre-

---

[9] *Ägypten:* auch hier ließ Alexander außer dem Bauplan für Alexandreia anscheinend zahlreiche weitere Projekte zurück, die aus Zeit- und Geldmangel vorläufig nicht ausgeführt werden konnten, vgl. oben S. 90 (Kleomenes). »Offenbar nahm nun das Sendungsbewußtsein zu einer größeren Reichsplanung in Alexanders Phantasie bereits Gestalt an« (Schachermeyr, in: Entretiens Fond. Hardt 22, 59). *Babylon:* die Belassung des Satrapen Mazaios in seiner Stellung (oben S. 99) war nach Kaerst I³ 399 »die erste Anwendung eines neuen Systems, das einen Ausgleich zwischen der makedonisch-griechischen und der barbarischen Welt anbahnen sollte«.

ben, das ihn wiederholt in Konflikt mit Makedonen und Griechen seiner Umgebung wie mit Kleitos und Kallisthenes brachte, zeugt nicht nur von seiner Anpassungsfähigkeit, sondern läßt auch den Willen erkennen, die unterworfenen Länder für immer in Besitz zu nehmen. Die Eroberungszüge hatten nicht Beutegewinn und Zerstörung zum Ziel, sondern sollten zu einer neuen, dauerhaften Herrschaftsordnung führen. Alexander kleidete sich in einer makedonisch-persischen oder auch landesüblichen Tracht, nahm Einheimische in seinen persönlichen Dienst und begann, die Gebräuche der persischen Hofhaltung zu übernehmen. In der Gebietsverwaltung erhielten Perser hohe Stellungen, im Heer bedeutete die Einstellung einheimischer Verbände mit ihrer eigenen Bewaffnung eine Angleichung an die Bedingungen der Gebirgs- und Steppenkämpfe, besonders an Baktrien und Sogdien. Nur dadurch und durch organisatorische und taktische Veränderungen auch bei den makedonischen Heeresverbänden konnte der erbitterte, jahrelange Kleinkrieg in den nordöstlichen Satrapien erfolgreich beendet werden.[10]

In der feierlichen Hochzeit Alexanders mit der baktrischen Fürstentochter Rhoxane findet diese Politik der Anpassung oder Angleichung ihren hervorragendsten Ausdruck. Nichts deutet dabei auf ein Programm der Völkerverschmelzung oder der Aufhebung der nationalen Eigenarten, doch sollten die alten Gegensätze, vor allem die Mißachtung der »Barbaren«, überwunden werden, selbst im persönlichen Bereich. Schon in Kleinasien, dann in Ägypten, aber noch mehr im iranischen Raum zeigte Alexander die Neigung, die fremde Welt des Orients zu tolerieren und zu respektieren, nicht nur ihre Sitten, Kulte und Einrichtungen, sondern auch die Menschen selbst. Er wollte in diesen Ländern so wenig ein Fremdherrscher sein wie in Makedonien und Griechenland. Wie er diese umfassende Rolle, deren verschiedene rechtliche Aspekte er in einer Art provisorischer Personalunion in sich verband, weiter zu spielen habe, konnte erst

[10] *Alexanders Tracht:* Arr. 4, 7, 4. 9, 9. Curt. 6, 6, 2. 4. Diod. 17, 77, 4–5. Plut. Alex. 45, 2; mor. 329 f–330 a. Iust. 12, 3, 8–9. Athen. 12, 535 f. 537 e–f = Ephippos FGrH II 126 F 5 (auch mit Keule des Herakles und anderen Attributen von Gottheiten), vgl. oben S. 118. Berve I 15 ff. E. Neuffer, Das Kostüm Alexanders des Großen, Diss. Gießen 1929, 35 ff. Ritter, Diadem u. Königsherrschaft 31 ff. Hierher gehört auch das Audienz- und Gerichtszelt, an dessen Wänden 500 Mann der persischen Palastgarde und andere in purpurnen und gelben Prachtgewändern aufgestellt waren (Athen. 12, 539 d–f = Phylarch. FGrH II 81 F 41. Ailian. var. hist. 9, 3. Polyain. 4, 3, 24. Beschreibung nach Chares und Duris. Droysen² 2, 242, 1. Schachermeyr 502 f.)

die Zukunft lehren. Durch Maßnahmen des Austauschs und der Zusammenführung konnte das Einigungswerk weitergeführt werden. Außer dem Hofwesen, der Verwaltung und dem Heer trugen dazu auch wirtschaftliche Anordnungen bei, so die Entsendung iranischer Zuchtrinder nach Makedonien und vor allem die Ausprägung persischer Königsschätze zu Münzgeld, eine Innovation von weittragender Bedeutung.[11]

Schon an der Nordgrenze des persischen Reiches ging Alexander mehrmals darauf aus, diese Grenze zu überschreiten oder doch die Außengebiete zu erkunden und die dortigen Volksstämme zurückzudrängen oder durch Vertrag zu gewinnen, so am Kaspischen Meer, in Choresmien und am Syr-Darja. Doch erst der indische Feldzug macht deutlich, daß Alexanders Zielsetzung nun über die Beherrschung des Perserreiches hinausging. Die Erreichung des Ozeans im Osten, jenseits der persischen Grenze, am Rande der Oikumene, also die natürliche Weltgrenze, war hier sein Ziel. Er erreichte es zwar nicht auf dem zuerst eingeschlagenen Wege, doch nach der »taktischen« Wendung am Hyphasis nicht viel später an der Mündung des Indus. Sein dortiges Verhalten, die Erregung angesichts des Ozeans und das feierliche Opfer beweisen, daß er sich der Bedeutung dieser Situation bewußt war. Er hatte seine Züge im Osten beendet und konnte jetzt umkehren, um wieder nach Westen zu gelangen. Seine Annahme, daß eine solche Rückkehr auf direktem Wege zu Lande und zur See möglich sein müsse, beruhte wohl zum Teil auf Erkundung, war aber weithin noch hypothetisch. Durch den verlustreichen Marsch durch Gedrosien und die Küstenfahrt der

[11] Zu Alexanders *Personalunion* verschiedener Rechtsstellungen (»Fülle von Rechtstiteln« nach Wirth 99), vor allem gegenüber Makedonen, Griechen und Persern, vgl. oben S. 41. 98. Von einer strengen staatsrechtlichen »Dreiteilung des Gesamtreiches« (Wilcken 230) konnte immer weniger die Rede sein. Sie war wohl auch von Anfang an nicht beabsichtigt. *Münzprägung:* einheitliche Silberwährung nach attischem Standardgewicht oder Münzfuß (20 Silberdrachmen = 1 makedonischer Goldstater = 1 persischer Golddareikos), auch Bronzemünzen, meist Vierdrachmenstücke (Tetradrachmen), Münzbilder Athena, Nike, Herakles, thronender Zeus (kein Alexanderporträt), Beischrift »Alexander« oder »König Alexander«, Prägestätten Amphipolis, Babylon, Sidon, Tarsos, Damaskos, Alexandreia und andere Städte. Beloch IV² 1, 41. 307f. Tarn 134f. L. Müller, Numismatique d'Alexandre le Grand, Kopenhagen 1855. E. T. Newell, Alexander Hoards I–IV, New York 1921–29. G. Kleiner, Alexanders Reichsmünzen, Abh. Akad. Berlin 1947. Rostovtzeff II (1955) 1039f. (»Währung, die dem Münzchaos ein Ende machen sollte«). III (1956) 1091.1106. A. R. Bellinger, Essays on the Coinage of Alexander the Great, New York 1963. W. Schwabacher, Gnomon 37, 1965, 83ff. Snyder 213 Seibert 42ff. (mit weiterer Lit.).

Flotte unter Nearch wurde sie als richtig erwiesen, womit nicht nur eine neue Verbindung der Reichsteile hergestellt wurde, sondern zugleich hier im Süden eine Entdeckung gemacht war, die für das geographische Weltbild von größter Bedeutung werden mußte.[12]

Die Anstrengungen und Leistungen Alexanders und seines Heeres wurden während dieser Ausweitung der Ziele nach Osten nicht geringer, sondern eher größer. In militärischer Hinsicht sind dabei vor allem die Bezwingung der Bergfestung Aornos, der Übergang über den Hydaspes und die Feldschlacht gegen Poros, die durch eine nochmals veränderte, neuartige Taktik gewonnen wurde, hervorzuheben. Der Vormarsch im indischen Monsunregen und die Rückkehr durch die gedrosische Wüste erscheinen wie ein Kampf mit der Natur. Als Alexander nach der schweren Verwundung, die er bei den Mallern erlitt, für tot galt, breitete sich Verzweiflung im Heer aus. Alles hing von seiner Person ab. Dennoch traten auch bewährte Unterführer mit der selbständigen Durchführung bedeutender Aufgaben während dieser Jahre hervor, so Koinos in der Porosschlacht, Krateros bei seinem Rückmarsch durch Karmanien und Nearch als Flottenführer.

In der letzten Lebensphase Alexanders, von der Rückkehr aus Indien bis zum abrupten Ende in Babylon, blieben die gleichen Ziele und Mittel zu ihrer Verwirklichung, wie sie schon vorher zu erkennen waren, doch erscheinen sie jetzt noch deutlicher und gleichsam aus größerer Nähe. Die Politik der Zusammenführung der Völker wurde entschieden fortgesetzt, am sichtbarsten durch die Eheschließungen von Makedonen und Asiatinnen in Susa. Indem sich Alexander selbst dabei mit der Familie des Dareios verband, brachte er zum Ausdruck, daß nach der Zeit der Kämpfe und Gegensätze jetzt die persische Tradition voll wiederaufgenommen und eine gemeinsame Zukunft geschaffen werden sollte. Diese »Eintracht und Gemeinsamkeit der Herrschaft« in Alexanders programmatischer Erklärung von Opis bezog sich vor allem auf die Makedonen und die Perser, beschränkte sich

---

[12] *Küstenfahrt der Flotte:* sie »hatte die Route zwar erkundet, die Schiffahrt aber doch nicht eröffnet« (Schachermeyr 469), die erst in hellenistischer und römischer Zeit in Gang kam. Wichtiger war zunächst die Erkenntnis, daß es diese Route gab. So wurde später immer wieder das Problem des »Weges nach Indien« gestellt, den man auch im Westen zu finden hoffte. Kolumbus wurde dadurch bestimmt, »die Gewürzländer und Indien auf dem Weg über den Atlantik zu suchen« (Cary-Warmington 373).

aber nicht auf sie. Der Schritt in dieser Richtung, der durch die Aufstellung neuer persischer Heeresverbände noch bekräftigt wurde, war so groß und wohl unerwartet, daß sich Alexander auf die trotzige Reaktion vieler Makedonen zu einem halben Entgegenkommen gezwungen sah, indem er diesen eine Art ehrenvoller Vorrangstellung einräumte, im übrigen aber an seiner Zielsetzung festhielt.[13]

Es ist daher anzunehmen, daß nach weiteren Eroberungszügen auch noch andere Völker in die »Gemeinschaft« einbezogen werden sollten, bis sich diese mit den schließlich erreichten Grenzen deckte. Nachdem Alexander schon im Nordosten, Osten und Südosten nach Möglichkeit die »natürlichen« Grenzen der Steppen, Wüsten und des Ozeans erstrebt und erreicht hatte, mußte er sie auch im Westen zu gewinnen suchen. Sein definitives Herrschaftsgebiet konnte also nur ein ökumenisches Reich sein, das den »bewohnten« Teil der Welt umfaßte.

An Alexanders Vorhaben, die Eroberungszüge nach Südwesten, Westen und Nordwesten fortzusetzen, läßt sich nicht zweifeln. Das Unternehmen gegen Arabien war schon vollständig vorbereitet und konnte begonnen werden. Es war die Voraussetzung für den weiteren Zug nach Westen, besonders gegen Karthago, wofür es schon Pläne gab. Im Nordwesten war die Erkundung des Kaspischen Meeres und der Verbindung zum Schwarzen Meer eingeleitet worden. Die ständige Planung und Vorbereitung solcher neuer Züge und Ziele ist für den damals erst wenig über dreißigjährigen Alexander, der sich nur vorübergehend in Ekbatana und Babylon aufhielt oder dort residierte, charakteristisch. Dabei stand ihm jetzt ein weit größeres militärisches und finanzielles Potential zur Verfügung als seinerzeit bei Beginn seines Perserfeldzugs, wie auch durch die Zahlenangaben über den Flottenbau und andere Einzelheiten der letzten Projekte bestätigt wird.

---

[13] Zur *Porosschlacht* vgl. oben S. 148. Das Urteil Belochs IV² 1, 63. 2, 290 ff. über Alexander als *Feldherrn,* der seine Erfolge vor allem Parmenion verdankt habe, erweist sich besonders hier, wo Parmenion nicht mehr mitwirkte, als unhaltbar (Snyder 195). *Kampf mit der Natur:* Schachermeyr 470. *Zusammenführung der Völker:* meist als »Verschmelzungspolitik« bezeichnet (oben S. 170, 12), was jedoch mißverständlich ist und die Dinge zu sehr vereinfacht, vgl. auch Hampl 78 f. E. Badian, Some Recent Interpretations of Alexander, in: Entretiens Fond. Hardt 22, 1976, 298. *Asiatinnen:* Arr. 7, 4, 8 (nicht »Perserinnen«), vgl. 7, 4, 6 (Frauen aus Baktrien und Medien). *Entgegenkommen in Opis* (oben S. 174): wohl als taktisches Nachgeben zu beurteilen wie die »Umkehr« am Hyphasis, vgl. Arr. 7, 11, 4–5. Wilcken 206 (»wohlberechnet«).

Die Verfolgung dieser Hauptziele bis zum letzten Tag war für Alexander so bestimmend, daß seine ganze übrige Aktivität während dieser Zeit fast als Nebenbeschäftigung erscheint. Dabei läßt sich erkennen, daß seine Tätigkeit hier im politischen und kulturellen Zentrum des Ostens, wo auch die Verbindungen zum Westen wieder stärker wurden, besonders vielfältig war. Es handelte sich nicht allein um die nach jahrelanger Abwesenheit weithin notwendig gewordene Neuordnung der Verwaltung, vor allem durch Einsetzung neuer Satrapen, sondern auch um weitere Heeresreformen, die Alexander bis zuletzt beschäftigten, schließlich um Bescheide von grundsätzlicher Bedeutung nach Griechenland und an fremde Gesandte, um Anordnungen für eine großangelegte Bautätigkeit in Babylon, beim mesopotamischen Kanalsystem und vieles andere.

Alexanders plötzlicher Tod brachte alles zum Stillstand. Was geplant und begonnen war, blieb unausgeführt und wurde abgebrochen. »Niemand kümmerte sich mehr darum.«[14]

3. Geschichtliche Bedeutung

Die Beurteilung der geschichtlichen Bedeutung Alexanders hat davon auszugehen, daß sein Werk in jeder Hinsicht unvollendet

[14] *Ökumenisches Reich:* Aischin. 3, 132. Demetr. Phal. FGrH II 228 F 39. (= Polyb. 29, 21, 1–6) Arr. 7, 30, 1 (»König beider Erdteile« Asien und Europa). Diod. 17, 113, 1 (»Oikumene«). Plut. mor. 330d (»ein Gesetz und Staat auf der Erde«). 330e (»allen Menschen Eintracht, Frieden und Gemeinschaft«). Seibert 207 ff. (Forschungsüberblick). Die neueren Urteile über die »Weltherrschaft, Weltreichsidee« Alexanders, wie sie meist ungenau bezeichnet wird, sind geteilt. Ein universales politisches Ziel in diesem Sinn nehmen an Kaerst I³ 471 ff. 557; Studien 38 ff.; Alexander der Große u. der Hellenismus, HZ 74, 1895, 1 ff. 193 ff. Ed. Meyer, Kl. Schr. I² 267 ff. Wilcken 210. 247; Über Werden u. Vergehen der Universalreiche, Bonn 1915, 14 ff. W. Kolbe, Die Weltreichsidee Alexanders des Großen, Freiburg 1936. F. Miltner, Der Okeanos in der persischen Weltreichsidee, Saeculum 3, 1952, 542 ff. (babylonisch-persische Tradition der Weltherrschaft). Altheim-Stiehl, Mittelasien 222 ff. Schachermeyr 592 ff. Unwahrscheinlich oder erst später Alexander unterschoben ist der Weltreichsgedanke nach B. Niese, Zur Würdigung Alexanders des Großen, HZ 79, 1897, 22 ff. Tarn 745 ff. 806 f.; JHS 41, 1921, 1 ff. 59, 1939, 124 ff. Hampl 81 f.; Alexander der Große u. die Beurteilung geschichtlicher Persönlichkeiten in der modernen Historiographie, Nouvelle Clio 6, 1954, 91 ff. R. Andreotti, Die Weltmonarchie Alexanders des Großen in Überlieferung u. geschichtlicher Wirklichkeit, Saeculum 8, 1957, 120 ff. (»minimalistische« Auffassung). Badian, Class. World 65, 1971, 44 f. Hamilton 157. *Arabien und Westpläne:* Endres, Geograph. Horizont 18 (arabische Expedition als »Auftakt zur Eroberung des Westens«), vgl. oben S. 182. »Niemand kümmerte sich …«: Strab. 16, 738.

blieb. Das umfassende Reich, das er beherrschen wollte, hatte weder seine äußeren Grenzen erreicht, noch war es im Innern einheitlich definitiv organisiert. Das Heer, Alexanders Machtinstrument, war bis zuletzt in Umbildung begriffen. Die Zusammenführung und »Gemeinsamkeit« der Völker war erst in Ansätzen verwirklicht. Nach Alexanders frühem Tod brach sogar dieser halbfertige Bau in den Kämpfen der Diadochen zusammen. Einen konstruktiven, stabilen Neubau hat Alexander der Nachwelt nicht hinterlassen.

So war er doch in erster Linie der »große Weltbezwinger«, der Eroberer und Zerstörer. Die im Perserreich geeinigte und geordnete Welt des Alten Orients hat er zerschlagen und auch das Zeitalter der souveränen griechischen Polis hat er, nicht Philipp, für immer beendet. Wie ein Naturereignis fiel er an der Spitze seines Heeres über die Länder und Völker her und brach allen Widerstand, der sich ihm entgegenstellte. Diese makedonische Expansionsbewegung läßt sich nicht nur in ihrer räumlichen Ausdehnung, sondern auch in ihrer elementaren Gewalt und Vernichtungskraft gegenüber einer alten Kulturwelt mit anderen Völkerwanderungen vergleichen, die wohl nur deshalb nicht alle so erfolgreich waren, weil sie keine so außerordentlich befähigten Anführer besaßen. Das Perserreich war nicht so »morsch«, daß es nur geringer Anstrengung bedurft hätte, es niederzureißen. Die Schlachten bei Issos und bei Gaugamela waren gefährliche, blutige Entscheidungen. Nur ein Feldherr wie Alexander, dem wenige an die Seite zu stellen sind, konnte sie zu seinen Gunsten wenden.

Dennoch hat das ganze Eroberungs- und Zerstörungswerk auch einen positiven Aspekt, wie dies im Wesen solcher geschichtlicher Ereignisse oft selbst begründet ist. Sie schaffen Raum für neue, andere Verhältnisse, die sich schon vorbereitet hatten und deren Kommen nun beschleunigt wurde. In diesem Sinne war Alexander zugleich der große Vollstrecker seiner Zeit, der die Bahn für die Ausbreitung der griechischen Kultur, für die Epoche des »Hellenismus«, frei machte. Darin liegt seine epochemachende Bedeutung. Es war gewiß nicht seine Absicht, die Länder und Völker des Orients zu hellenisieren, doch eröffnete er, der selbst von der griechischen Bildung durchdrungen war, dem Griechentum im Osten ungeahnte Möglichkeiten. Durch ihn und nach ihm strömten griechische Söldner und Siedler, Beamte und Kaufleute in größter Zahl dorthin, eine Auswanderungsbewegung, die sich mit der älteren griechischen Kolonisation im

Westmittelmeerraum und Schwarzmeergebiet vergleichen läßt. Auch die Makedonen wurden dadurch vollends zu Griechen, wie es die hellenistischen Herrscher makedonischer Abstammung waren.[15]

Der Hellenismus zeigte sich vor allem in der zunehmenden Verbreitung der griechischen Sprache, die sich als »Gemeinsprache« (Koiné) auf der Grundlage des attischen Dialekts entwickelt hatte und zur Amts- und Verkehrssprache wurde. Die Zentren und Ausgangspunkte waren Alexanders Stadtgründungen und Militärstützpunkte, von wo die griechische Sprache und Kultur in verschiedenem Maße auch ins Hinterland eindrang. Dieses Städtewesen mit seinen Kommunalverfassungen, Theatern und Gymnasien, die als Kennzeichen griechischer Kultur galten, ließen die neue soziale Schicht eines privilegierten Stadtbürgertums entstehen. Alexandreia in Ägypten, später Residenz und der Hauptsitz der hellenistischen Wissenschaft, wurde zur Metropole dieses ganzen »alexandrinischen« Zeitalters, wozu auch seine wirtschaftliche Bedeutung als einer der großen Handelsplätze gehörte.

Gerade für die Entwicklung des Wirtschaftslebens hat Alexander entscheidende Impulse gegeben, die von ihm auch deutlich beabsichtigt waren. Es war sein Ziel, innerhalb seines Reiches wirtschaftliche Schranken und Verkehrsgrenzen niederzulegen, neue Handelswege zu erschließen, die Erzeugung und den Austausch von Gütern zu intensivieren. Daher beschäftigten ihn auch bis zuletzt Hafen-, Straßen- und Kanalbauten. Die Schaffung eines einheitlichen, größeren Wirtschaftsraums lag in der Richtung seines umfassenden Reichsgedankens. In diesem Sinne

---

[15] »Weltbezwinger«: Burckhardt IV 406, ähnlich Niebuhr, Vorträge über alte Geschichte II 506 (»vielleicht kein Mensch hat individuell historisch mehr gewirkt«). »Morsches« Perserreich: Beloch IV² 1, 63 (»verrottete Zustände, daraus sich ergebende Schwäche«). Hellenismus: der Begriff wurde von J. G. Droysen im Anschluß an Apostelgesch. 6, 1 (wo aber unter »Hellenisten« nicht Griechen im Orient, sondern griechischsprechende Judenchristen im Unterschied zu den »Hebräern« gemeint sind) im Sinne der »Ineinsbildung des östlichen Volkstums mit dem abendländischen unter der Potenz hellenischer Bildung« (Geschichte des Hellenismus III 353, als Begriff erstmals im Titel der 1. Auflage dieses Bandes 1836) geprägt und hat sich in verschieden abgewandelter Bedeutung allgemein eingebürgert, vgl. dazu J. Jüthner, Hellenen und Barbaren, Leipzig 1923, 44 f. R. Laqueur, Hellenismus, Gießen 1925. Kaerst II² 270 ff. Beloch IV² 2, 13 f. H. Herter, Hellenismus und Hellenentum, in: Das Neue Bild der Antike I, Leipzig 1942, 334 ff. E. Bayer, Nachwort zu Droysen III (Neudruck 1952) 472 ff. Bengtson 299 f. Keine Hellenisierungsabsicht: Hampl 79 f. Hamilton 161. Badian, in: Entretiens Fond. Hardt 22, 281 f.

förderte er den »Welthandel«, die »Weltwirtschaft« mehr als andere vor ihm. In der Organisation des wirtschaftlichen Lebens schlugen die hellenistischen Herrscher verschiedene Wege ein, wobei sie sich teils auf einheimische Traditionen ihrer Länder, teils auf das zugewanderte Griechentum stützten. Private und staatliche Wirtschaftsbereiche bestanden nebeneinander. Für alles war jedoch Alexanders gewaltige Geldschöpfung die notwendige Voraussetzung. Indem Alexander die gehorteten persischen Königsschätze zu Münzgeld nach Maßgabe des attischen Münzfußes ausprägen ließ und mit diesen Alexandermünzen eine »Weltwährung« schuf, setzte er eine wirtschaftliche Konjunktur von größtem Ausmaß in Gang. Auch im Orient, wo bis dahin Naturalsteuern erhoben worden waren und naturalwirtschaftlicher Verkehr üblich war, setzte sich jetzt die Geldwirtschaft immer stärker durch. Für die Wirtschaftsgeschichte hatte hier ebenso wie für die Kulturgeschichte eine neue Epoche begonnen.[16]

Doch Alexanders größte Bedeutung lag schließlich auf politischem Gebiet, in der maßgebenden Art seines monarchischen Herrschertums und noch mehr in seinem universalen Staatsgedanken. Die absolute Monarchie wurde durch ihn zur typischen Regierungsform der hellenistischen Zeit, nachdem er selbst als »König Alexander« seine verschiedenen Rechtsstellungen gegenüber den Makedonen, den Griechen, den Ägyptern und den

[16] *Griechische Gemeinsprache:* Wilcken 284f. Tarn 150. Bengtson 362 (als Verkehrssprache anstelle des Aramäischen). Fox 670f., dazu auch P. Kretschmer, Die Entstehung der Koiné, SB Wien 143, 10, 1900. A. Thumb, Die griechische Sprache im Zeitalter des Hellenismus, Straßburg 1901. L. Radermacher, Κοινή, SB Wien 224, 5, 1947. Zum *Städtewesen* vgl. Berve I 291 ff. (Verzeichnis der Gründungen). Wilcken 243 ff. 279 ff. V. Tscherikower, Die hellenistischen Städtegründungen von Alexander dem Großen bis auf die Römerzeit, Philologus Suppl. 19, 1, 1927. V. Chapot, Alexandre fondateur de villes, in: Mélanges Glotz I, Paris 1932, 173 ff. Tarn 138 ff. 500 ff. Seibert 179 ff. (mit weiterer Lit.). In der hellenistischen Stadtkultur des Orients hat auch die spätere »Gandhara-Kunst« ihren Ursprung, die mit ihrer Buddhafigur von Nordwestindien bis weit nach Innerasien und Ostasien ausstrahlte, vgl. dazu Madeleine Hallade-H. Hinz, Indien, Gandhara-Begegnung zwischen Orient und Okzident, München 1968. *Wirtschaftsleben:* Athen. 6, 231 e (»als Alexander die Schätze aus Asien hob, sproßte der Reichtum weithin mächtig auf«). Wilcken 238 ff. 263 ff.; Alexander der Große u. die hellenistische Wirtschaft, Schmollers Jahrb. 45, 1921, 349 ff. Beloch IV² 1, 270 ff. M. Rostovtzeff, Gesellschafts- u. Wirtschaftsgeschichte der Hellenistischen Welt I, Darmstadt 1955, 98 ff. F. Heichelheim, Wirtschaftliche Schwankungen der Zeit von Alexander bis Augustus, Jena 1930, 6 ff.; Wirtschaftsgeschichte des Altertums I, Leiden 1938, 420 ff. Th. Pekáry, Die Wirtschaft der griechisch-römischen Antike, Wiesbaden 1976, 43 ff.

Asiaten, die er in seiner Person vereinigte, mehr und mehr absolutistisch und einheitlich verstand. Wenn der ungebundene Wille des Herrschers ausschlaggebend war, konnte er nur noch von der Gottheit her begründet werden. So wurde er durch den Glauben an seine Göttlichkeit, den er selbst nur selten zu erkennen gab, auch zum Begründer des hellenistischen Königskults, an den sich der römische Kaiserkult anschloß. Damit war zugleich die Hofgesellschaft und der Verwaltungsaufbau der späteren Monarchien mit ihren Fachdirektoren und Berufsbeamten durch Alexander vorgebildet, der an die Stelle der griechischen Ehrenämter und der persischen Feudalordnung ein Verhältnis persönlicher Abhängigkeit und Verantwortung der Verwaltungsorgane gegenüber dem Herrscher gesetzt hatte.

Alexanders universale Staatsidee, die in den Wirren der Diadochenkämpfe unterzugehen schien und auch in der Zeit des Gleichgewichts der hellenistischen Mächte keine besondere Bedeutung für die praktische Politik hatte, blieb doch dadurch lebendig, daß die Vorstellung von der Einheit der Welt und der Menschheit, also auch im politischen oder kosmopolitischen Sinn, von der universalistischen Philosophie dieses Zeitalters, besonders von den Stoikern, gelehrt wurde und durch den wirtschaftlichen Verkehr in weiteren Kreisen verbreitet war. Die Erinnerung an das Alexanderreich spielte dabei wahrscheinlich eine Rolle. Durch die neue, überlegene Großmacht Rom, von der die hellenistischen Könige nacheinander zurückgedrängt und unterworfen wurden, mußte der Gedanke des Universalstaats dann auch in der Wirklichkeit wieder aktiviert werden. Pompeius, Caesar und Augustus waren die politischen Erben Alexanders. Die griechische Oikumene wurde zum römischen Orbis. Auch in ihrer Entwicklung vom Prinzipat zum absoluten Dominat näherte sich die römische Herrschergewalt dem Vorbild Alexanders wieder an. Anders als das Alexanderreich überdauerte die politische Ordnung und Einheit des »römischen Erdkreises« mehrere Jahrhunderte, so daß sich auch nach dem Ende des Römerreichs das Bewußtsein davon nicht mehr verlor. Der universale Anspruch vererbte sich auf das mittelalterliche Kaisertum im abendländischen Westen und über das noch lange fortdauernde byzantinische Reich auf die Zaren im Osten, bis in der Neuzeit der Begriff des Weltreichs fast schon globale Bedeutung erhielt. In den gleichen Zusammenhang gehört auch die Ausbreitung des Christentums und der Aufbau der Kirche, deren geschichtliche Voraussetzungen im Osten die gemeinsame hellenistische Sprache und Kultur, dann im Westen die lateinische Amtssprache und die römische Staatsordnung waren.[17]

Das Verhältnis des Westens und des Ostens erhielt durch Alexander weltgeschichtliche Bedeutung. Darin liegt vielleicht seine nachhaltigste Wirkung. Er war es, der die herkömmliche Auffassung vom Gegensatz Europas und Asiens, von Hellenen und Barbaren überwand, indem es ihm gelang, erstmals eine politische und friedliche, nicht nur kriegerische Verbindung der beiden Welten einzuleiten. Von dem Augenblick an, als er, vom Westen kommend, bei Troja, wo jene beiden Welten nach Herodot zum ersten Mal zusammenstießen, östlichen Boden betrat, sah er sich in zunehmendem Maße vor diese Aufgabe gestellt. Daß er den Brand von Persepolis bereute und sich später mit der Tochter des Dareios vermählte, war daher von tieferer Bedeutung. Wie er im Osten zum Begründer des Hellenismus wurde, so war er für den Westen der Wegbereiter des Orientalismus. Die alten Grenzen wurden durch ihn in beiden Richtungen relativiert. Er verwestlichte oder europäisierte weithin den Orient, indem er ihm auf kulturellem und wirtschaftlichem Gebiet, wo es Rückstände gab, die Überlegenheit des Westens vermittelte. Er leitete aber auch eine gewisse Orientalisierung des Westens ein, wo die monarchischen Formen und die religiösen Bewegungen des Ostens sich ihrerseits als überlegen durchsetzen konnten. Auch der Bevölkerungsaustausch, der zuerst von Westen nach Osten ging, erfolgte in römischer Zeit ebenso stark in umgekehrter Richtung. Der Widerstand, der sich in Alexanders eigener Umgebung und nach ihm bei den Diadochen und den hellenistischen Herrschern gegen das Aufkommen orientalischer Elemente erhob, war nach dem Eindringen des Hellenismus und des Orientalismus in Rom nicht mehr von Bedeutung. Für Rom und für alle späteren Epochen stellten sich die Probleme der Rezeption immer wieder aufs neue und in anderer Weise.

4. Nachleben und Überlieferung

Von der geschichtlichen Bedeutung und Nachwirkung Alexanders ist sein »Nachleben« im Sinne der Erinnerung oder Betrach-

---

[17] *Absolute Monarchie:* Ed. Meyer, Alexander der Große u. die absolute Monarchie, Kl. Schr. I² 265 ff. Kaerst II² 296 ff.; Studien 38 ff. Wilcken 252 ff. C. B. Welles, Alexander's Historical Achievement, Greece and Rome 12, 1965, 219 ff. Bengtson 363 f. Zum *Königskult* vgl. oben S. 181, dazu Kaerst II² 174 ff. Wilcken,

tung seiner Person in der Politik und in der Literatur, zu der auch die Geschichtsschreibung gehört, ebenso in der Kunst und in jeder anderen, nicht zuletzt mündlichen Form der Überlieferung zu unterscheiden. Wenige Menschen der Geschichte haben das Vorstellungsvermögen und die Phantasie der Nachwelt so lebhaft beschäftigt wie Alexander. Stärker als die objektive Nachwirkung seiner Taten war sein persönliches Nachleben durch die subjektiven Anliegen der Betrachter und Beurteiler bestimmt, die dadurch zu sehr verschiedenen Bildern und Deutungen der Alexandergestalt gelangten.

Die Diadochen und die hellenistischen Monarchen in den Nachfolgerstaaten des Alexanderreichs hatten ein unmittelbares politisches Interesse daran, an die Person Alexanders anzuknüpfen und dadurch ihre Herrschaft zu legitimieren. Die Ptolemaier ließen deshalb Alexander in ihrer Hauptstadt Alexandreia beisetzen und führten ihren Stammbaum auf die Familie Alexanders zurück, was die Seleukiden darauf ebenfalls fingierten. Auf seine Münzen hatte Alexander selbst nicht sein eigenes Bild, sondern Herakles als seinen mythischen Vorfahren und andere Gestalten prägen lassen. In der Münzprägung seiner Nachfolger erscheint das Porträtbild Alexanders mit den Ammonshörnern, später das eigene Bild der Monarchen. Auch in der Königstracht, der Bartlosigkeit und in anderen sichtbaren Kennzeichen suchten sie Alexander nachzuahmen.[18]

In unmittelbarem Zusammenhang mit dem Leben Alexanders stehen auch noch die griechischen Geschichtsschreiber, die als

Zur Entstehung des hellenistischen Königskultes, SB Berlin 1938, 28. F. Taeger, Charisma I, Suttgart 1957, 171 ff. M. P. Nilsson, Geschichte der griechischen Religion II², München 1961, 154 ff. Bengtson 435 ff. Zur *universalen Staatsidee* vgl. oben S. 175, dazu Kaerst II² 316 ff. M. Mühl, Die antike Menschheitsidee in ihrer geschichtlichen Entwicklung, Leipzig 1928, 43 ff. F. Heichelheim, Strukturprobleme des Alexanderreiches u. des Reiches der ersten Kalifen, Chron. d'Égypte 7, 1932, 172 ff. (Reich vom Mittelmeer zum Indischen Ozean mit Landbrücke Vorderasien). Ch. A. Robinson Jr., Alexander the Great and the Oecumene, Hesperia Suppl. 8, 1949, 299 ff. S. Lauffer, Der Menschheitsgedanke des Hellenismus, Stud. Generale 14, 1961, 583 ff. Schmitthenner, Saeculum 19, 1968, 31 ff. Bengtson 363. Schachermeyr 592 ff. Wirth, in: Entretiens Fond. Hardt 22, 182 f. *Oikumene und Orbis:* Mühl 79 ff. J. Vogt, Orbis Romanus, in: Orbis, Ausgewählte Schriften, Freiburg 1960, 151 ff.

[18] Zum *Nachleben* Alexanders vgl. allgemein W. Hoffmann, Das literarische Porträt Alexanders des Großen, Leipzig 1907. Wilcken 246 ff. A. Heuß, Alexander der Große und die politische Ideologie des Altertums, Antike u. Abendland 4, 1954, 65 ff. Schachermeyr 609 ff. Seibert 217 ff. (mit weiterer Lit.). *Diadochen:* Heuß 66 ff. R. M. Errington, Alexander in the Hellenistic World, in: Entretiens Fond. Hardt 22, 1976, 137 ff. Schachermeyr, in: Entretiens Fond. Hardt 22, 216 f.

Teilnehmer der Feldzüge die Geschichte Alexanders auf Grund eigener Erlebnisse und Erkundungen beschrieben. Die Werke dieser ältesten »Alexanderhistoriker« sind nur in Fragmenten und zum Teil durch Vermittlung späterer Autoren erhalten. So schrieb Ptolemaios, der Diadoche und König von Ägypten, einer der bewährten Freunde und Befehlshaber Alexanders, sein Geschichtswerk aus nächster Kenntnis der Dinge, besonders sachkundig in militärischer Hinsicht, wohl auch unter Benützung der amtlichen Tagebücher oder Ephemeriden. Ebenso verfaßte der Flottenführer Nearch eine zuverlässige Darstellung seiner Rückfahrt von Indien und der weiteren Ereignisse. Das Werk des Kallisthenes von Olynth, der als Historiograph zum Gefolge Alexanders gehörte, dann aber mit ihm in Konflikt geriet und gefangengesetzt oder hingerichtet wurde, muß unvollendet erschienen sein. Im persönlichen Dienst Alexanders befand sich Chares von Mytilene, in einem technischen Stab Aristobulos von Kassandreia, als Steuermann unter Nearch diente Onesikritos, Feldzugsteilnehmer war auch Anaximenes von Lampsakos. Sie alle verfaßten Geschichtswerke, in denen sie aus eigener Anschauung berichten konnten. Dagegen scheint Kleitarchos, der in Alexandreia wohl zur Zeit des Ptolemaios schrieb, an den Feldzügen nicht teilgenommen zu haben, sondern sein Material anderen Darstellungen und auch mündlichen Berichten entnommen zu haben. Da er literarisch wirkungsvoll zu schreiben verstand, war sein Einfluß auf spätere Geschichtswerke bedeutend.[19]

Zur *Münzprägung* vgl. oben S. 209, dazu J. Naue, Die Porträtdarstellungen Alexanders des Großen auf griechischen Münzen des Königs Lysimachos von Thracien, Ztschr. f. Numism. 8, 1881, 29 ff. K. Kraft, Der behelmte Alexander der Große, Jahrb. f. Numism. 15, 1965, 7 ff. Seibert 45 ff.

[19] *Zur Überlieferung der »Alexanderhistoriker«* vgl. allgemein Beloch III² 2, 34 ff. Kaerst I³ 537 ff. Robson 206 ff. Tarn 157 ff. (eingehende »Quellenkritik«). E. Schwartz, Griechische Geschichtsschreiber, Leipzig 1957. Bengtson 329 ff. Badian, Class. World 65, 1971, 37 ff. Seibert 1 ff. (mit weiterer Lit.). Schachermeyr 149 ff. *Nicht erhaltene älteste Alexanderhistoriker:* F. Jacoby, Die Fragmente der griechischen Historiker (FGrH) II B, Berlin 1929, nr. 117–153 (Text der Fragmente). II D, Berlin 1930, 403 ff. (Kommentar). Ch. A. Robinson Jr., The History of Alexander the Great I–II, Providence 1953–63 (engl. Übersetzung d. Fragmente). L. Pearson, The Lost Histories of Alexander the Great, New York 1960. Schachermeyr 149 ff., vgl. F. Susemihl, Geschichte d. griech. Literatur in d. Alexandrinerzeit I, Leipzig 1891, 532 ff. Seibert 11 ff. *Ptolemaios:* FGrH II nr. 138. H. Strasburger, Ptolemaios u. Alexander, Leipzig 1934. E. Kornemann, Die Alexandergeschichte des Königs Ptolemaios I. von Ägypten, Leipzig 1935 (Rekonstruktionsversuch), dazu Strasburger, Gnomon 13, 1937, 483 ff. Wirth, RE 23, 1959, 2467 ff. C. B. Welles, The Reliability of Ptolemy as an Historian, in: Miscell. di studi

Ebenso früh wie die Geschichtsschreibung beschäftigte sich die Philosophie mit Alexander, doch unter anderen Gesichtspunkten. Es kam ihr weniger auf die Darstellung der Taten und Ereignisse an als auf den Charakter und die Beurteilung Alexanders. Dabei kamen die griechischen Philosophen der hellenistischen Zeit, vor allem die Aristoteliker oder Peripatetiker, zum Teil auch die Stoiker und die Kyniker, zu einem ungünstigen, negativen Urteil. Der Tod des Kallisthenes, des Neffen des Aristoteles, trug wesentlich dazu bei, daß die Peripatetiker in Alexander einen grausamen Despoten sahen. Theophrast, der Schüler und Nachfolger des Aristoteles, betitelte eine Schrift ›Kallisthenes oder über die Trauer‹, worin Alexander in entsprechender Weise charakterisiert war. Auch Hinweise in der späteren Überlieferung auf den Jähzorn, die Trunksucht oder andere Fehler Alexanders, die vor allem der stoischen Ethik widersprachen, gehen wohl auf die Philosophenschulen zurück.[20]

alessandrini, Turin 1963, 101 ff. (Zweifel an Glaubwürdigkeit). *Ephemeriden:* FGrH II nr. 117, vgl. oben S. 186. Ob die *Briefe* und Brieffragmente, die unter Alexanders Namen bei verschiedenen Autoren erwähnt werden, echt sind, ist umstritten, vgl. dazu Seibert 4 f. *Inschriften* sind von Alexander nur wenige und zufällig erhalten, doch haben sie urkundlichen Wert (Syll.[3] 272 aus Milet, 277 Weihung in Priene, 283 Erlaß über Verbannte von Chios, 283 A. J. Heisserer, Alexander's Letter to the Chians, Historia 22, 1973, 191 ff, 306 Verbannte von Tegea. OGIS 1 Erlaß über Priener in Naupaktos, 2 Verbannte von Mytilene). Zu Erwähnungen in einigen babylonischen und ägyptischen Texten vgl. Bengtson 329. *Nearchos:* FGrH II nr. 133, vgl. oben S. 163. *Kallisthenes:* FGrH II nr. 124. F. Jacoby, RE 10, 1919, 1674 ff. W. K. Prentice, Callisthenes, The Original Historian of Alexander, TAPhA 54, 1923, 74 ff., vgl. oben S. 138. *Chares:* FGrH II nr. 125. Berve II 405 f. nr. 820. Schachermeyr 157. *Aristobulos:* FGrH II nr. 139. E. Schwartz, RE 2, 1895, 911 ff. F. Wenger, Die Alexandergeschichte des Aristobul von Kassandreia, Würzburg 1914. J. R. Hamilton, Cleitarchus and Aristobulus, Historia 10, 1961, 448 ff., vgl. oben S. 107. *Onesikritos:* FGrH II nr. 134. H. Strasburger, RE 18, 1, 1939, 460 ff. T. S. Brown, Onesicritus, Berkeley 1949, vgl. oben S. 163. *Anaximenes:* FGrH II nr. 72. A. Körte, Anaximenes von Lampsakos als Alexanderhistoriker, Rhein. Mus. 61, 1906, 472 ff. Berve II 35 ff. nr. 71. *Kleitarchos:* FGrH II 137. Jacoby, RE 11, 1921, 623 ff. Berve II 422 f. nr. 40. T. S. Brown, Clitarchus, AJPh 71, 1950, 134 ff. Hamilton, Historia 10, 1961, 448 ff. E. Badian, The Date of Clitarchus, Proceed. Afric. Class. Assoc. 8, 1965, 1 ff. Schachermeyr 152 ff., 658 ff.; Alexander in Babylon 81 ff. 211 ff., in: Entretiens Fond. Hardt 22, 34 f. (vor Ptolemaios und Aristobul). Fragmente weiterer Alexanderhistoriker in FGrH II nr. 118 ff. Die Annahme (Kaerst I[2] 544. Tarn 263 ff. 347 ff.), es habe auch das Geschichtswerk eines griechischen Söldners gegeben, der auf persischer Seite stand (»Söldnerquelle«), bleibt unsicher.

[20] *Urteile der Philosophen:* Hoffmann, Literar. Porträt 1 ff. F. Weber, Alexander der Große im Urteil der Griechen u. Römer, Gießen 1909. L. Eicke, Veterum philosophorum qualia fuerint de Alexandro Magno iudicia, Rostock 1909. J. Stroux, Die stoische Beurteilung Alexanders des Großen, Philologus 88, 1933,

Nach wenigen Generationen war die Gestalt Alexanders schon so weit entrückt, daß sie unwirkliche Züge annehmen konnte. In Alexandreia schrieb ein unbekannter Autor hellenistischer Zeit den ersten »Alexanderroman«, der mit seinen späteren Fassungen und Bearbeitungen in vielen Sprachen das meistverbreitete Buch der Weltliteratur neben der Bibel werden sollte. In diesem Werk über ›Leben und Taten des Makedonen Alexander‹ sind zahlreiche historische Einzelheiten verwertet, doch sind sie meist dichterisch ausgeschmückt oder phantastisch verändert. Da stammt Alexander von den Pharaonen ab, unterwirft auch Rom und Karthago, gelangt an den Rand der Erde und heißt »Weltherrscher« (Kosmokrator). Im ›Pseudokallisthenes‹, wie das Werk von den Humanisten auch genannt wurde, sind in dieser Weise geschichtliche Elemente, idealstaatliche Vorstellungen und märchenhafte Motive für eine breite Leserschaft, die noch eine mündlich tradierte Erinnerung an Alexander hatte, zu einer volkstümlichen Einheit verbunden. Für Griechen und Orientalen wurde Alexander zum »Inbegriff monarchischer Allmacht«, politisch und auch philosophisch setzte sich sein positives Bild mehr und mehr durch.[21]

Als die Römer mit den hellenistischen Mächten in Konflikt gerieten, diente der Name Alexanders aufs neue der politischen Propaganda, doch in anderem Sinn als zur Zeit der Diadochen, von denen ihn jeder für seine Politik in Anspruch genommen hatte. Jetzt konnten ihn nur die Gegner Roms von Pyrrhos bis zu

222ff. M. H. Fisch, Alexander and the Stoics, AJPh 58, 1937, 59ff. Tarn 755ff.; Alexander, Cynics and Stoics, AJPh 60, 1939, 41ff. Heuß 72ff. E. Mensching, Peripatetiker über Alexander, Historia 12, 1963, 274ff. Seibert 24f.

[21] *Alexanderroman:* S. A. Ausfeld, Der griechische Alexanderroman, Leipzig 1907. W. v. Christ-W. Schmid-O. Stählin, Geschichte d. griech. Lit. II⁶ 2, München 1924, 813ff. F. Pfister, Studien zum Alexanderroman, Würzb. Jahrb. f. d. Altertumswiss. 1, 1946, 29ff.; Alexander der Große in den Offenbarungen der Griechen, Juden, Mohammedaner und Christen, Berlin 1956; Antike Überlieferung und historische Kritik, in: Neue Beiträge zur Geschichte d. Alten Welt I, Berlin 1964, 252ff. (Bezeichnung Pseudo-Kallisthenes erstmals bei Isaac Casaubonus 1605); Weiteres in: Kleine Schriften zum Alexanderroman, Meisenheim 1976. R. Merkelbach, Die Quellen des griechischen Alexanderromans, München² 1977. P. Treves, Il problema storiografico del romanzo di Alessandro, Riv. Filol. 33, 1955, 250ff. Tarn 148f. Seibert 219ff. (mit weiterer Lit.). Zu den erhaltenen Fassungen vgl. unten S. 226. Kleinere erhaltene Schriften aus dem Umkreis des Romans sind ein ›Brief Alexanders an Aristoteles‹, eine anonyme ›Epitome der Taten Alexanders des Großen‹ (sog. Metzer Epitome, nach einstiger dortiger Handschrift), eine Schrift über Alexanders ›Tod und Testament‹, vgl. oben S. 189. *Kosmokrator:* Ps. Kallisth. 1, 12, 8. 17, 5. 24, 9–10, *»Inbegriff monarchischer Allmacht«:* Heuß 68. *Positives Bild:* Apul. Flor. 7 (ausführliches Lob Alexanders).

Mithridates und den Parthern ideologisch für ihre Sache verwenden, während die Römer gerade deshalb die entgegengesetzte Position einnehmen mußten. Die damals aktuelle Frage, ob Alexander die Römer im Kampf besiegt hätte oder nicht, wurde je nach dem Standpunkt verschieden beantwortet. Noch Livius legt in seinem Geschichtswerk, in dem er das Altrömertum preist, mit vielen Argumenten dar, warum Alexander die Römer niemals hätte besiegen können. Es scheint, daß Rom während der Kriege im Osten zeitweilig sogar die dort kursierenden Münzen mit dem Bildnis Alexanders verbot, weil es ein politisches Symbol war.[22]

Doch auch in Rom setzte sich gegen solche politischen Aktualitäten der positive Eindruck der Alexandergestalt und geradezu eine »Alexander-Nachahmung« durch. Große römische Heerführer und Staatsmänner waren dafür besonders empfänglich. Von Scipio Africanus, dem Besieger Hannibals, erzählte man sich Einzelheiten aus seinem Leben, die deutlich Alexander nachgebildet waren und ihm ähnlich scheinen sollten. In einem Stück des Plautus war erstmals von dem »großen Alexander« die Rede. Wahrscheinlich waren es überhaupt die Römer, die ihm den Beinamen des »Großen« in der Geschichte verschafft haben. Pompeius, der ebenfalls so genannt wurde, trug die Nachahmung Alexanders offen zur Schau. Bei seinem Triumphzug nach der Rückkehr vom Osten trat er in einem Mantel Alexanders auf, den er von Mithridates erbeutet hatte. Noch deutlicher gab sich Caesar als »Alexanderfreund«. Er verglich sich mit seinem Vorbild, ließ die Reiterstatue Alexanders von Lysipp zu seiner eigenen umarbeiten und richtete nach seinen Eroberungen im Westen den letzten Feldzugsplan gegen die Parther auf dem Boden des Alexanderreiches im Osten. Antonius gab seinem Sohn von Kleopatra den Namen Alexander. Augustus siegelte amtliche und private Schreiben mit einem Bildnis Alexanders und setzte in Alexandreia mit eigener Hand der Mumie Alexanders einen goldenen Kranz auf. Auch Trajan verglich sich mit Alexander und opferte ihm in Babylon an der Stelle, wo er gestorben war. Noch Julian glaubte, der Geist Alexanders sei in ihm wiedererstanden

---

[22] *Römer und ihre Gegner:* Heuß 77 ff. Errington, in: Entretiens Fond. Hardt 22, 1976, 176 ff. (Polybios). Wirth, in: Entretiens Fond. Hardt 22, 183 f. *Alexander oder Römer als Sieger:* Liv. 9, 17–19. Heuß 78. L. Alfonsi, Sul passo Liviano relativo ad Alessandro Magno, Hermes 90, 1962, 505 f. Der Platoniker Karneades verurteilte die Herrschaft von beiden als gleich räuberisch (Cic. de re publ. 3, 14–15). *Verbot von Münzen mit Alexanderbildnis:* A. Giovannini, in: Entretiens Fond. Hardt 22, 211 ff.

und befähige ihn, Persien zu erobern. Die »Alexander-Ideologie« der römischen Kaiser spielte wahrscheinlich sowohl bei Feldzügen wie in der inneren Politik oft eine motivierende Rolle, auch wenn die Überlieferung es nicht ausdrücklich erwähnt. Sogar eine so bedeutende Maßnahme wie die Constitutio Antoniniana, die rechtliche Gleichstellung aller Reichsangehörigen durch Caracalla (212 n. Chr.), war vielleicht an Alexanders »Verschmelzungspolitik« orientiert.[23]

Gerade bei Caracalla war der Alexandermythos bis zur »Alexandromanie« gesteigert. Er »identifizierte sich mit Alexander«, trug mit Vorliebe makedonische Tracht, ließ überall Bilder von Alexander aufstellen und »erneuerte sein Andenken auf jede Art und Weise«. Eine Heeresabteilung von 16 000 Mann bewaffnete und bezeichnete er als »makedonische Phalanx« und gab ihren Anführern die Namen der Feldherrn Alexanders. Dem Partherkönig Artabanos trug er an, er wolle dessen Tochter heiraten, wie sich Alexander einst mit der Tochter des Dareios vermählt hatte. Als Caracalla wegen dieses Gebarens in Alexandreia verspottet wurde, richtete er unter der dortigen Bevölkerung ein Blutbad an. Seine Alexanderverehrung, der auch der letzte Angehörige dieser Dynastie, Severus Alexander, seinen Beinamen verdankte, hatte deutlich pathologische Züge, wie schon bei Caligula, der Alexanders Panzer aus Alexandreia geraubt und angezogen hatte, oder bei Nero, der ebenfalls eine »Alexanderphalanx« aufgestellt hatte. Es sind extreme Fälle, die aber das Nachleben Alexanders in dieser Richtung charakterisieren.[24]

[23] Zur *Alexander-Nachahmung* der Römer vgl. Heuß 79 ff. D. Michel, Alexander als Vorbild für Pompeius, Caesar und Marcus Antonius, Brüssel 1967. O. Weippert, Alexander-Imitatio und römische Politik in republikanischer Zeit, Würzburg 1972. P. Ceausescu, La double image d'Alexandre le Grand à Rome, Studii Clasice 16, 1974, 153 ff. Wirth, in: Entretiens Fond. Hardt 22, 185 ff. *Scipio Africanus:* Ed. Meyer, Untersuchungen zur Geschichte des zweiten punischen Kriegs, in: Kl. Schr. II, 1924, 428, 2. 435 ff. (Geburtsgeschichten, Verhalten in der Schlacht, Charakter). *»Großer Alexander«:* Plaut. Most. 775 (Alexander magnus). Athen. 4, 146 c. 6, 231 e (»der Größte«). *Pompeius:* Plut. Pomp. 2, 2–3. 34, 7. 46, 1–2; mor. 206 b. App. Mithr. 117 (Mantel). *Caesar:* Strab. 13, 594 (philaléxandros, φιλαλέξανδρος). Stat. Silv. 1, 1, 86 (Statue), vgl. Suet. Iul. 7, 1 (»seufzte vor dem Alexanderbild im Herculestempel in Gades wegen seiner eigenen Tatenlosigkeit«). Plut. mor. 206 b. Heuß 82 f. *Antonius:* Plut. Anton. 54, 7 (der Sohn sollte »Armenien, Medien und das Partherreich« erhalten). *Augustus:* Suet. Aug. 18, 1. 50. *Trajan:* Cass. Dio 68, 29, 1. 30, 1. Heuß 90 ff. (Reden des Dion von Prusa). *Julian:* Sokrat. 3, 21, 7, vgl. Amm. 25, 4, 15. J. Bidez, Julian der Abtrünnige, München 1940, 288. *»Alexander-Ideologie«:* Heuß 87. 102. *Constitutio Antoniniana:* Wirth, in: Entretiens Fond. Hardt 22, 193 f.

[24] *Caracalla:* Herodian. 4, 8, 1–2. Cass. Dio 77, 7, 1–2. *»Alexandromanie«:*

So ist auch das Wiederaufkommen der literarischen Überlieferung in der römischen Kaiserzeit verständlich. Sie wurde so maßgebend, daß sie die gesamte ältere, hellenistische Alexanderliteratur verdrängt hat. Die ersten zusammenhängenden Darstellungen der Geschichte Alexanders, die uns erhalten sind, stammen aus spätrepublikanischer und augusteischer Zeit. Sie stehen in der ›Historischen Bibliothek‹ des Griechen Diodoros von Sizilien (17. Buch) und in der ›Philippischen Geschichte‹ des Römers Pompeius Trogus (11. bis 12. Buch), die in einem ›Auszug‹ (Epitome) des Iustinus (3. Jahrhundert n. Chr.) vorliegt. Zu den von Diodor benützten Quellen gehörte vermutlich Kleitarch, bei Pompeius Trogus oder Iustin sind unverkennbar auch solche Quellenschriften verwertet, wohl von Philosophen, die ungünstig über Alexander urteilten. Die älteste erhaltene Monographie ist die ›Geschichte des Makedonen Alexanders des Großen‹ (erhalten 3. bis 10. Buch) von dem römischen Redner und Historiker Curtius Rufus (wohl 1. Jahrhundert n. Chr.), die in rhetorischem Stil, mit belehrender und zugleich unterhaltender Absicht geschrieben ist und verschiedene Quellen, darunter Kleitarch, voraussetzt. Aus älteren Darstellungen entnahmen auch andere erhaltene Autoren der frühen römischen Kaiserzeit historisches Material über Alexander, so der griechische Geograph Strabon, der Anekdotensammler Valerius Maximus, der Naturforscher Plinius, der Philosoph Seneca, der Militärschriftsteller Frontinus.[25]

Wirth, in: Entretiens Fond. Hardt 22, 201. *Antrag an Artabanos:* Herodian. 4, 10, 2. *Caracalla in Alexandreia:* Herodian. 4, 8, 6–9, 8. *Pathologische Züge:* Cass. 77, 7, 1 (»närrische Leidenschaft«). Die *Namengebung* nach Alexander wie bei Severus Alexander wurde schon im Hellenismus seit der Diadochenzeit oft geübt und in neuerer Zeit bei Fürsten und Privaten fortgesetzt. *Caligula, Nero:* Suet. Calig. 52; Nero 19, 2 (Mindestgröße der Mannschaften der »Phalanx« 6 Fuß = 177 cm).

[25] Zu den hellenistischen (nicht erhaltenen) Alexanderhistorikern vgl. oben S. 219. Zu den *erhaltenen Geschichtswerken* vgl. allgemein: A. Fränkel, Die Quellen der Alexanderhistoriker, Breslau 1883. Kaerst I³ 537 ff.; Forschungen 68 ff. Tarn 250 ff. Bengtson 331 f. Badian, Class. World 65, 1971, 37 ff. 46 ff. Seibert 25 ff. (mit weiterer Lit.). Hamilton 18 ff. *Diodor:* E. Schwartz, RE 5, 1903, 683 ff. Tarn 250 ff. M. J. Fontana, Il problema delle fonti per il XVII libro di Diodoro Siculo, Kokalos 1, 1955, 155 ff.; Sulla cronologia del XVII libro di Diodoro, Kokalos 2, 1956, 37 ff. Schachermeyr, Alexander in Babylon 211 ff. Seibert 25 ff. *Iustin (Pompeius Trogus):* Kaerst, Forschungen 92 ff. (ungünstige Urteile nach Timagenes von Alexandreia, FGrH II 88, dazu Jacoby, Komm. 220 ff.). R. B. Steele, Pompeius Trogus and Iustin, AJPh 38, 1917, 19 ff. F. Kroll, RE 10, 1918, 956 ff. A. Klotz, RE 21, 1952, 2300 ff. Tarn 338 ff. Seibert 40 f. *Curtius Rufus:* Kaerst, Forsch. 39 ff. 118 ff. S. Dosson, Étude sur Quinte-Curce, Paris 1887. E. Schwartz, RE 4, 1901,

Zu Beginn der mittleren Kaiserzeit (2. Jahrhundert n. Chr.) schrieb der Grieche Plutarch von Chaironeia seine Biographie Alexanders, die dessen Bild für die Nachwelt noch stärker geprägt hat als das Werk des Curtius Rufus. Plutarch, der das Leben Alexanders in »Parallele« zu Caesar setzt, betrachtet ihn als Helden und großen Charakter, ohne dabei Fehler zu verschweigen. Durch treffende Einzelheiten und Anekdoten, die er zahlreichen älteren Gewährsmännern entnommen hat, beleuchtet er von einem ethischen Standpunkt aus und mit echtem Sinn für Größe die Züge, die ihm wesentlich erscheinen, um dafür andere Dinge beiseite zu lassen. »Nicht Geschichte, sondern Leben«, sagt er, wolle er beschreiben. Auch in zwei kleineren Schriften über ›Alexanders Glück oder Verdienst‹ und in einer Sammlung von Aussprüchen Alexanders geht er so vor und legt dar, daß Alexander seine Erfolge nicht dem Glück oder Zufall, sondern seinen Fähigkeiten und seinem Charakter verdankte.[26]

Ganz anders schrieb der Grieche Arrianos von Nikomedeia, der unter Hadrian hoher römischer Verwaltungsbeamter, zuletzt Statthalter in Kappadokien war. Seine Darstellung des ›Feldzugs Alexanders‹ (Anabasis, 7 Bücher) ist bei weitem das sachlichste und insofern wertvollste Geschichtswerk über Alexander, das aus dem Altertum erhalten ist. Arrian benützte als Quellen, wie er selbst angibt, vor allem Ptolemaios und Aristobul, weil er sie für besonders zuverlässig hielt. Er interessiert sich stark für militärische Dinge, achtet aber auch in geographischer und chronologischer Hinsicht auf möglichste Genauigkeit. Von Alexander selbst sagt er, er scheue sich nicht, ihn trotz manchem, was man tadeln müsse, zu bewundern. In einer anderen Schrift, der ›Beschreibung Indiens‹ (Indiké), verwertete er den Flottenbericht Nearchs, der dadurch auszugsweise erhalten ist. Als Geschichtsschreiber stellt Arrian gleichsam den Gegenpol zum

1871 ff. G. Radet, La valeur historique de Quinte-Curce, Comptes rend. Acad. Inscr. 1924, 356 ff. J. Stroux, Die Zeit des Curtius Rufus, Philologus 84, 1929, 233 ff. (Zeit Vespasians). Tarn 292 ff. Seibert 29 ff. *Strabon:* A. Miller, Die Alexandergeschichte nach Strabo, in: Festgabe Julia-Maximilianea, Würzburg 1892, 1 ff.

[26] *Plutarch:* Kaerst, Forschungen 107 ff. Tarn 594 ff. (»verwendete jede Quelle von der besten bis zur schlechtesten«). v. Christ-Schmid-Stählin, Gesch. d. Griech. Lit. II⁶ 2, 485 ff. J. E. Powell, The Sources of Plutarch's Alexander, JHS 59, 1939, 229 ff. K. Ziegler, RE 21, 1951, 636 ff. A. E. Wardman, Plutarch and Alexander, Class. Quart. 49, 1955, 96 ff. Inge Rabe, Quellenkritische Untersuchungen zu Plutarchs Alexanderbiographie, Hamburg 1964. J. R. Hamilton, Plutarch Alexander, A Commentary, Oxford 1969. Seibert 35 ff. *Nicht Geschichte, sondern Leben«:* Plut. Alex. 1, 2.

»Alexanderroman« dar, während Diodor, Curtius Rufus und Justin als sogenannte Vulgata-Überlieferung mit großenteils gemeinsamen Quellen eine Mittelstellung einnehmen. Doch darf die Hochschätzung, die der Historiker Arrian verdient, nicht zu der Annahme verleiten, daß die mehr volkstümlichen und weniger kritischen Autoren, ebenso wie Plutarch, der hinsichtlich seiner Quellen eine eigene Stellung hat, nicht gleichfalls wertvolles, glaubwürdiges Material über Alexander bringen. Eine sichere Rekonstruktion des Abhängigkeitsverhältnisses oder Stammbaums (Stemma) der erhaltenen und der verlorenen Werke der Alexanderhistoriker herzustellen, ist der modernen Quellenforschung trotz vieler scharfsinniger Analysen nicht gelungen.[27]

Im späteren Altertum und im Mittelalter bestimmte der Alexanderroman, der jetzt immer mehr verbreitet und variiert wurde, das Bild Alexanders. Wann die älteste der erhaltenen griechischen Fassungen (Rezension A) entstand, ist ungewiß. Ihr folgten die lateinische Übersetzung des Iulius Valerius (4. Jahrhundert) und zum Teil auch kleinere Schriften anonymer Verfasser. Im Orient entstanden bald darauf eine syrische und eine armenische Bearbeitung (5. Jahrhundert) mit weiteren, auch byzantinischen und persischen Versionen, während im Abendland erst die lateinische Bearbeitung des Archipresbyters Leo von Neapel

[27] *Arrian:* H. Nissen, Die Abfassungszeit von Arrians Anabasis, Rhein. Mus. 43, 1888, 236 ff. (um 165–170 n. Chr.). E. Schwartz, RE 2, 1896, 1230 ff. Ed. Meyer, Arrians Geschichte Alexanders des Großen, Hermes 33, 1898, 648 ff. R. B. Steele, The Method of Arrian in the Anabasis, Class. Philol. 14, 1919, 147 ff. J. Meunier, Les sources de la monographie d'Arrian sur l'Inde, Mus. Belge 26, 1922, 5 ff. v. Christ-Schmid-Stählin, Gesch. d. griech. Lit. II⁶ 2, 746 ff. Tarn 579 ff. P. A. Stadter, Flavius Arrianus, The New Xenophon, Greek, Roman and Byz. Stud. 8, 1967, 155 ff. Seibert 38 ff. Für Buchtitel, Stil und Methode nahm Arrian Xenophons Anabasis zum Vorbild. Außer militärischen, geographischen und philosophischen Schriften (›Taktik‹, ›Befahrung des Schwarzen Meers‹, ›Diatriben Epiktets‹) schrieb er auch eine Diadochengeschichte (›Ereignisse nach Alexander‹), von der nur wenig erhalten ist (FGrH II nr. 156). *Ptolemaios und Aristobul als Quellen:* Arr. prooem. 1–2; daneben auch Quellenmaterial von anderen, ungenannten Autoren (legómena, λεγόμενα). *Urteil Arrians über Alexander:* Arr. 7, 30, 3. Zur ›*Vulgata*‹ (Diodor, Curtius, Iustin) vgl. oben S. 224, dazu Tarn 157 ff. A. B. Bosworth, Arrian and the Alexander Vulgate, in: Entretiens Fond. Hardt 22, 1976, 1 ff. Der in der älteren Forschung herrschende Methodenstreit zwischen einseitiger Bevorzugung Arrians (Wilcken und andere) und positiver Bewertung der Vulgata und Kleitarchs (Radet) schwächt sich neuerdings ab, vgl. dazu Schachermeyr, in: Entretiens Fond. Hardt 22, 39 (»ich würde den Gegensatz Vulgata-Nichtvulgata am liebsten fallen lassen«). *Stemma:* Schachermeyr, in: Entretiens Fond. Hardt 22, 35. Oft hat die Quellenforschung, wie Seibert 41 mit Recht feststellt, »die Schwierigkeiten unterschätzt«.

(10. Jahrhundert) als Volksbuch unter dem Titel ›Historie von den Kämpfen‹ (Historia de preliis) zu großer Wirkung gelangte. Ritterliche Alexander-Epen gab es vor allem in Frankreich, doch auch in den anderen europäischen Ländern und Sprachen. In Deutschland wurde die mittelalterliche Darstellung und Auffassung des Stoffes vom Pfaffen Lamprecht (12. Jahrhundert) über Rudolf von Ems (13. Jahrhundert) bis zu Hans Sachs vertreten. Wie Alexander im Abendland christianisiert wurde, so erschien er dem Orient unter dem Namen Iskender als Moslem. Sein Name stand ja schon in der Bibel und im Koran. Man ließ ihn in den Himmel und ins Paradies, in die Hölle und auf den Meeresgrund gelangen. In mehr als 80 Versionen und 20 Sprachen von Island bis nach Java ist der Alexanderroman durch die Jahrhunderte nachgewiesen und noch immer werden neue, unbekannte Fassungen aufgefunden.[28]

Auch für die bildende Kunst wurde Alexander zu einem oft wiederholten und abgewandelten Motiv. Auf einem Mosaik der Kathedrale von Otranto (12. Jahrhundert) sieht man ihn von Greifen emporgetragen, auf einer französischen Miniatur des Spätmittelalters (15. Jahrhundert) wird er in einem gläsernen Faß ins Meer hinabgelassen. Die persische Buchmalerei dieser Zeit zeigt ihn zusammen mit Dareios, die abendländische mit Aristoteles. Auf einem Fresko Sodomas in Rom führt er Rhoxane zur

[28] Zum *Alexanderroman* vgl. oben S. 221, dazu F. Spiegel, Die Alexandersage bei den Orientalen, Leipzig 1851. J. Zacher, Pseudocallisthenes, Halle 1867. P. Meyer, Alexandre le Grand dans la littérature du moyen âge I–II, Paris 1886. Th. Nöldeke, Beiträge zur Geschichte des Alexanderromans (= Denkschr. Akad. Wien, Phil.-hist. Kl. 38), Wien 1890. J. Friedländer, Alexanders Zug nach dem Lebensquell, Arch. f. Religionswiss. 13, 1910, 161 ff. O. Weinreich, Der Trug des Nektanebos, Leipzig 1911. W. v. Christ - W. Schmidt - O. Stählin, Geschichte d. griech. Literatur II⁶ 2, München 1924, 813 ff. A. Hübner, Alexander der Große in der deutschen Dichtung des Mittelalters, Antike 9, 1933, 32 ff. J. Storost, Studien zur Alexandersage in der ältesten italienischen Literatur, Halle 1935. K. Wyss, Untersuchungen zur Sprache des Alexanderromans von Pseudo-Kallisthenes, Bern 1942. G. Cary, The Medieval Alexander, Cambridge 1956. D. Simonescu, Alexandria, Bukarest 1956. J. Irmscher, Bemerkungen zu den Venezianer Volksbüchern, in: Probleme d. neugriech. Lit. III, Berlin 1960, 144 ff. H. J. Gleixner, Das Alexanderbild der Byzantiner, München 1961. D. J. A. Roß, Alexander Historiatus, London 1963. F. Pfister, Alexander der Große, Die Geschichte seines Ruhms im Lichte seiner Beinamen, Historia 13, 1964, 37 ff. M. Brocker, Aristoteles als Alexanders Lehrer in der Legende, Bonn 1966. G. Veloudis, Alexander der Große, ein alter Neugrieche, München 1969. *Bibel und Koran:* Dan. 7, 6–8. 8. 5–12. 21. 11, 3–4. 1. Makk. 1, 1–8; Koran 18. Sure (»Dulkarnain«). *Neue Fassungen:* eine mittelpersische sowie eine türkische Version, beide bisher unbekannt, sind erst vor kurzem aufgefunden worden.

Hochzeit, auf Altdorfers Gemälde der ›Alexanderschlacht‹ in München (1529) siegt er an der Spitze seines Ritterheeres. Auch Rubens und Rembrandt haben ihn gemalt.

Als in der Zeit der Renaissance und des Humanismus die Werke der antiken Geschichtsschreiber auftauchten, die auch heute die Grundlage unseres Wissens über Alexander bilden, erneuerte und erweiterte sich der literarische Stoff. Seine Behandlung in zahlreichen Dramen, Romanen und Opern, unter anderen durch Racine, Lope de Vega, Calderon und Händel, entsprach stets dem Geschmack der Zeit. An die Stelle der mittelalterlichen Himmel- und Höllenfahrt traten jetzt Liebesabenteuer und höfische Intrigen, in der neueren Belletristik die Probleme der Macht, der menschlichen Größe und Hinfälligkeit, so bei Gobineau und Wassermann. Der Zeitgeist spiegelt sich unverkennbar auch in der wissenschaftlichen Literatur, der modernen historischen Alexanderforschung, die von J. G. Droysen begründet wurde (1833). Er sah in Alexander den großen Schöpfer der politischen Einigung. Im Anschluß an Droysen haben so bedeutende Sachkenner wie Wilcken, Radet, Berve, Tarn, Robinson, Badian, Schachermeyr und andere jeweils aus ihrer Sicht das heutige Alexanderbild geschaffen.[29]

Doch auch die naive, ungebrochene Tradition lebt mündlich bei den Völkern weiter. Sven Hedin und andere Reisende berichten aus Mittelasien, wie oft sie dort auf den Namen Alexander oder Iskender stießen. Sein rotseidenes Banner und sein angebliches Grab wurde ihnen gezeigt, viele Stammesfürsten leiteten ihr Geschlecht von ihm ab. In Griechenland werden Bauten und Denkmäler der Vergangenheit auf ihn zurückgeführt. Hier blieb der Alexanderglaube im Volk immer lebendig, besonders in Zeiten der Unterdrückung und Fremdherrschaft. Wenn in der Ägäis der Sturm die See aufpeitscht, weil die Dämonen in der Tiefe besorgt um Alexander sind, beschwichtigt sie noch jetzt der Seemann mit dem alten Ruf: »Der große Alexander lebt und herrscht als König!«[30]

[29] *Bildende Kunst:* H. Grimm, Die Hochzeit Alexanders und der Roxane, in: Aufsätze zur Kunst, Gütersloh 1915, 157ff. G. Walter u. a., Das Genie und seine Welt, Wiesbaden o. J. 199. 204. 242ff. P. Bamm, Alexander der Große, Zürich 1968, 299. Taf. 13ff. Lauffer, in: Die Großen d. Weltgeschichte I, Zürich 1971, 673ff. mit Beispielen; zusammenfassende Darstellungen fehlen. *Literarische Behandlung in neuerer Zeit:* Elisab. Frenzel, Stoffe d. Weltliteratur, Stuttgart⁴ 1976, 31f. *Zeitgeist in der Forschungsgeschichte:* Schachermeyr 609ff. Badian, in: Entretiens Fond. Hardt 22, 279ff.

[30] *Mündliche Tradition:* Sven Hedin, in: Droysen, Alexander, hrsg. von A. Ro-

senberg, Berlin 1917, VIII f. v. Schwarz 96 f. Wilcken 305. A. Stein, Archaeological Reconnaissances in North-Western India and South-Eastern Iran, London 1937, 32, 15. Tarn 147 f.; Bactria 301 ff. 448 f. Veloudis 52 ff.

Anhang

Griechenland, Makedonien und westliches Kleinasien zur Zeit
Philipps und Alexanders

Istros (Donau)

Pella○ — Frühjahr 334 — ○Maroneia

⨯ 334
Granikos

Ankyra

○Pergamon

Gordion — Frühjahr 333

○Mazaka

○Sardes
Ephesos

Tyana

Kilikische Pf

○Kaunos

○Termessos

Tarsos

⨯ 333

○Side

Soloi

Isso

Xanthos

Phaselis

Syrische Pforte

Kreta

Zypern

Tyros

Paraitonion — Frühjahr 331 — Alexandreia

Gaza

Ammonion

Memphis

Alexanders Feldzüge
und die
Ausdehnung
seines Reiches

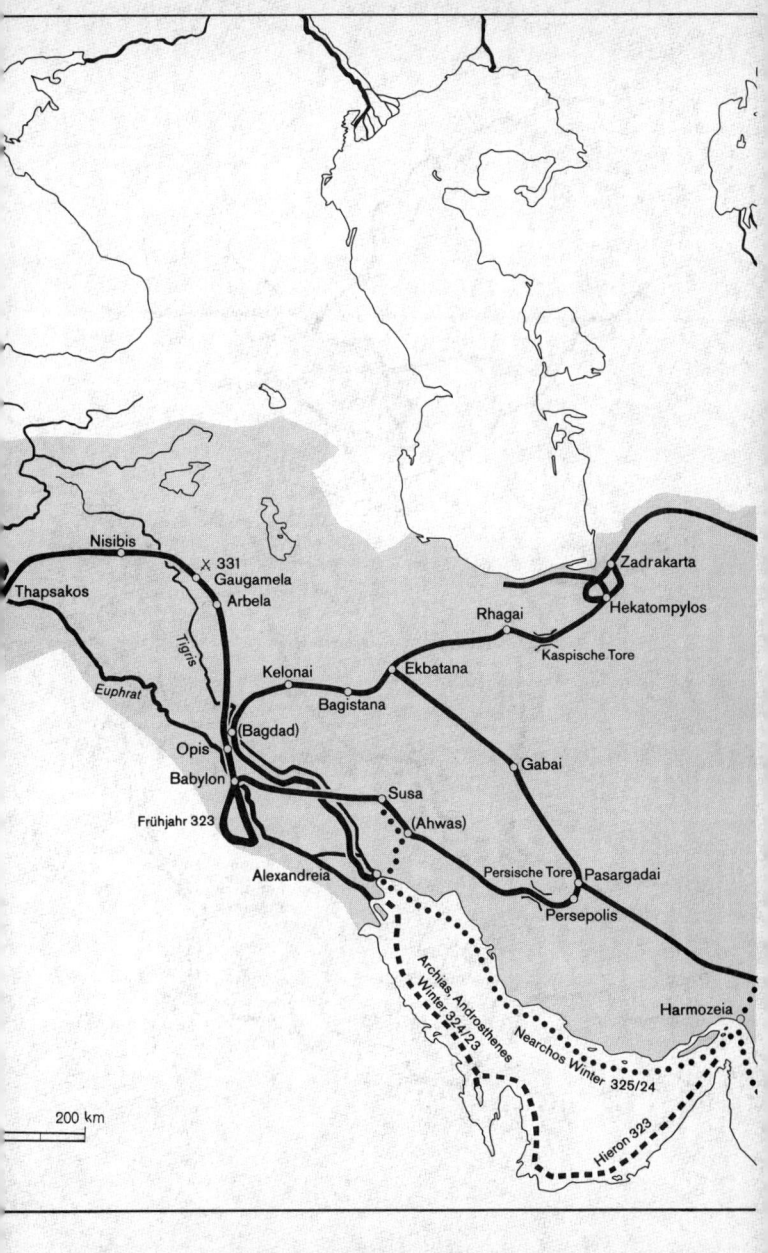

Nisibis

X 331
Gaugamela
Arbela

Thapsakos

Tigris

Zadrakarta

Hekatompylos

Rhagai

Kaspische Tore

Kelonai

Ekbatana

Euphrat

Bagistana

(Bagdad)

Opis

Gabai

Babylon

Susa

Frühjahr 323

(Ahwas)

Alexandreia

Persische Tore

Pasargadai

Persepolis

Harmozeia

Archias, Androsthenes
Winter 324/23

Nearchos Winter 325/24

Hieron 323

200 km

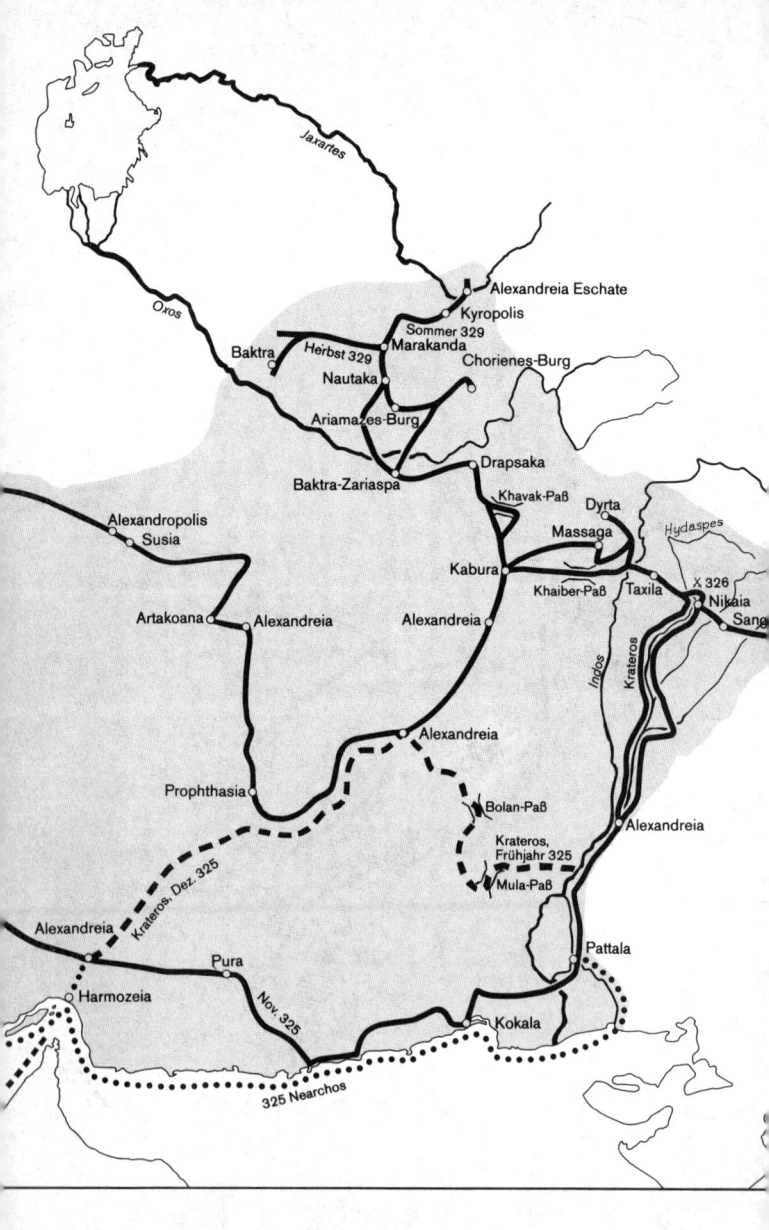

v. Chr.

357   Vermählung Philipps II. von Makedonien (359–336) mit Olympias, Tochter des Königs Neoptolemos von Epeiros

Amphipolis von Philipp erobert, Kriegserklärung Athens

356   Philipp zerstört Poteidaia und besetzt die Bergwerke im Pangaion

ca. 20. Juli (6. Loios): Alexander in Pella geboren, Sohn König Philipps und der Olympias

Sommer: Philipps Rennpferd siegt bei den Olympischen Spielen

Philipp schlägt die Thraker, sein Feldherr Parmenion die Illyrier

Erhebung des Satrapen Artabazos in Kleinasien gegen den Perserkönig Artaxerxes III. Ochos (359–338)

356–343 Kindheitsjahre Alexanders, enges Verhältnis zur Mutter Olympias

350   Alexander erhält die Pädagogen Leonidas und Lysimachos, Vorbild Achilleus in Homers Ilias

349   Erste Rede des Demosthenes in Athen gegen Philipp (Philippika)

348   Philipp erobert und zerstört Olynth auf der Chalkidike

346   Sommer: Friedensschluß Philipps mit Athen (Friede des Philokrates)

Athenische Friedensgesandtschaft mit Demosthenes am Hof Philipps in Pella, der zehnjährige Alexander tritt als Zitherspieler auf

Philipp wird Mitglied des Rates der delphischen Amphiktyonie

Denkschrift ›Philippos‹ des Isokrates in Athen

344   Bundesverhältnis Philipps mit Thessalien

343   Sommer: Freundschafts- und Nichtangriffsvertrag Philipps mit Artaxerxes

Philipp setzt seinen Schwager Alexander, Bruder der Olympias, als König in Epeiros ein

342   Aufstand in Ägypten durch Artaxerxes niedergeworfen

Aristoteles wird von Philipp zum Erzieher seines Soh-

Alexander bietet sich dem Satrapen Pixodaros von Karien als Schwiegersohn an

Sommer: Philipp wird bei der Vermählung seiner Tochter Kleopatra, der Schwester Alexanders, mit König Alexander von Epeiros von dem Leibgardisten Pausanias ermordet

Regierungsantritt Alexanders, 20jährig, als Alexander III., König der Makedonen (336–323)

Alexander läßt seine Gegner hinrichten und Attalos ermorden

Herbst: Alexander zieht nach Griechenland und läßt sich als Nachfolger Philipps seine Führungsstellung in Thessalien, in der Amphiktyonie und im Korinthischen Bund bestätigen

November: Alexander besucht auf dem Rückweg nach Makedonien das Orakel in Delphi

Dareios III. Kodomannos wird König der Perser (336–330)

335   Frühjahr: Balkanfeldzug Alexanders, Erstürmung des Schipka-Passes, Besiegung der thrakischen Triballer, Überschreitung der Donau, Zug gegen die Illyrier

Sommer: Schlacht bei Pelion an der Grenze Illyriens

Erhebung in Griechenland, makedonische Besatzung in Theben eingeschlossen, Dareios sendet Hilfsgelder an die Griechen

Herbst: Eilmarsch Alexanders von Illyrien nach Griechenland

Eroberung und Zerstörung Thebens, Schonung Athens

Makedonen in Kleinasien unter Parmenion werden von den Persern unter Memnon von Rhodos zurückgedrängt

Winter: Rüstung Alexanders für den Feldzug gegen Persien

334   Frühjahr: Beginn des Perserfeldzugs, Alexander überschreitet, 21jährig, mit 35000 Mann ohne Widerstand den Hellespont (Dardanellen), Antipater bleibt als Statthalter in Makedonien zurück

Alexander besucht Troja und das Grabmal des Achilleus

Mai: Schlacht am Granikos, Sieg Alexanders über die Satrapen Kleinasiens

Übergabe von Sardes und Ephesos

Sommer: Eroberung von Milet, Alexander löst die Bundesflotte auf

Herbst: Belagerung und Eroberung von Halikarnaß

Winter: Alexander unterwirft Lykien und Pamphylien

333 Frühjahr: Seekrieg der Perser unter Memnon in der Ägäis, Einnahme von Chios durch Memnon

Mai: Alexander zieht nach Gordion in Phrygien

Memnon stirbt bei der Belagerung von Mytilene auf Lesbos

Sommer: Vormarsch Alexanders durch Kappadokien und über den Tauros nach Kilikien

Dareios sammelt sein Heer bei Babylon und rückt nach Syrien vor

Herbst: Erkrankung Alexanders in Tarsos, Parmenion besetzt die Pässe nach Syrien

November: Schlacht bei Issos, Alexander siegt über Dareios, Flucht des Dareios

Erbeutung des persischen Lagers bei Damaskos durch Parmenion

Alexander lehnt ein Friedensangebot des Dareios ab

Besetzung Phönikiens, kampflose Übergabe der Städte außer Tyros, Cypern erklärt seine Unterwerfung

Rückzug der Perser aus der Ägäis, Auflösung der persisch-phönikischen Flotte

332 Januar–August: Belagerung und Eroberung von Tyros

Erneutes Friedensangebot des Dareios mit Abtretung der Gebiete westlich des Euphrat wird von Alexander abgelehnt

Juden in Jerusalem erklären ihre Unterwerfung

Oktober–November: Belagerung und Eroberung von Gaza

Einzug Alexanders in Ägypten als Befreier von der Perserherrschaft

Winter: Alexander läßt sich in Memphis zum Pharao krönen

331 Januar: Gründung von Alexandreia in Ägypten

Frühjahr: Zug Alexanders zum Orakel des Ammon in der Oase Siwah, Kyrene unterwirft sich

Aufbruch von Ägypten, Aufenthalt in Tyros, Marsch durch die syrische Wüste nach Mesopotamien

Sommer: Erhebung Spartas unter König Agis III. gegen die Makedonen

Juli: Alexander überschreitet den Euphrat bei Thapsakos

20. September: Mondfinsternis, Alexander überschreitet den Tigris

1. Oktober: Schlacht bei Gaugamela am Tigris, Dareios entscheidend geschlagen, Alexander nimmt den Titel »König von Asien« an, Dareios flieht nach Ekbatana in Medien

Herbst: Antipater schlägt die Spartaner unter Agis bei Megalopolis in Arkadien, Tod des Agis

November: Einzug Alexanders in Babylon

Dezember: Alexander erreicht die persische Residenz Susa, Erbeutung des Königsschatzes

Vormarsch nach Persis, Widerstand der Uxier

Alexander von Epeiros wird auf seinem Feldzug in Unteritalien ermordet

330   Januar: Erstürmung der Persischen Tore

Frühjahr: Besetzung von Persepolis, Brand des Palastes

Feldzug Alexanders in Persis, Besuch des Kyrosgrabs in Pasargadai

Mai: Aufbruch Alexanders nach Medien zur Verfolgung des Dareios

Alexander in Ekbatana, Parmenion als rückwärtiger Befehlshaber eingesetzt, Entlassung der griechischen Bundestruppen, Ende des Bundesfeldzugs

Juli: Dareios wird bei den Kaspischen Toren durch Bessos ermordet, Bessos tritt unter dem Namen Artaxerxes IV. als Nachfolger auf

Alexander läßt Dareios nach Persepolis überführen, Verfolgung des Bessos nach Osten

Feldzug im Elbursgebirge, Erreichung des Kaspischen Meeres, Aufenthalt in Zadrakarta in Hyrkanien

Herbst: Alexander in Parthien, Areia, Drangiane und Arachosien, Kämpfe mit Satibarzanes

Gründung von Alexandreia in Areia (Herat) und in Arachosien (Kandahar)

Prozeß und Hinrichtung des Philotas, Alexander läßt Parmenion ermorden

Winterquartiere am Paropamisos (Hindukusch)

330–327 Unterwerfung Ostirans

329   Frühjahr: Überschreitung des Hindukusch nach Norden

Juni: Schlacht am Hydaspes (Ihelum), Alexander erzwingt den Übergang, schlägt Poros und setzt ihn als Satrapen ein

Gründung von Nikaia und Bukephala am Hydaspes, Krateros mit dem Bau einer Indusflotte beauftragt

Sommer: Unterwerfung des Pandschab, Vormarsch über den Akesines und Hydraotes, Eroberung von Sangala, Monsunregen

Erreichung des Hyphasis (Bias) am Ostrand des Pandschab, Verzicht Alexanders auf weiteren Vormarsch wegen Weigerung des Heeres, Errichtung von Grenzaltären

Herbst: Rückkehr zum Hydaspes

November: Einschiffung am Hydaspes zur Stromfahrt abwärts in den Indus, Flottenführer Nearch

325 Frühjahr: Unterbrechung der Fahrt, Feldzug gegen die Maller, Alexander bei Erstürmung einer Burg lebensgefährlich verwundet

Fortsetzung der Fahrt nach Alexanders Genesung, Feldzüge am Unterlauf des Indus

Rücksendung einer Heeresgruppe mit Troß unter Krateros durch Arachosien nach Westen

Sommer: Ankunft der Flotte in Pattala (Haiderabad) am Indusdelta, Bau von Hafenanlagen

Alexander erreicht den Indischen Ozean als Ziel seines Zuges nach Osten, Darbringung von Opfern, Entschluß zur Umkehr und Rückkehr nach Westen

Herbst: Verlustreicher Marsch Alexanders mit dem Heer durch die Wüste Gedrosiens, Küstenfahrt der Flotte unter Nearch zum Persischen Golf, Heer und Flotte ohne Verbindung

November: Alexander erreicht Pura und erhält Proviantzufuhren

Eintreffen des Krateros mit seiner Heeresgruppe bei Alexander in Karmanien

Dezember: Wiedersehen Alexanders mit Nearch bei Harmozeia (Hormuz)

Bestrafung unbotmäßiger und korrupter Satrapen

324 Januar: Flucht des Schatzmeisters Harpalos aus Babylon nach Griechenland

Alexander in Pasargadai und Persepolis, die Flotte erreicht die Tigrismündung

Frühjahr: Ankunft Alexanders in Susa, Verwaltungs-
maßnahmen, Hephaistion wird Stellvertreter (Chiliarch)

Alexander veranlaßt Freunde und Soldaten in Susa zur
Eheschließung mit Perserinnen (»Massenhochzeit«)
und vermählt sich selbst mit Stateira und Parysatis,
Töchtern des Dareios und des Artaxerxes Ochos

Aufstellung persischer Heeresverbände (Epigonen)

Griechische Städte verleihen Alexander göttliche Ehren

Sommer: Harpalos in Athen

Alexander befiehlt den griechischen Städten die Wiederaufnahme ihrer Verbannten und läßt den Erlaß
bei den Olympischen Spielen verkündigen

Flußfahrt Alexanders auf dem Eulaios und dem Tigris
von Susa nach Opis in Mesopotamien

Meuterei in Opis, Veteranen widersetzen sich ihrer
Entlassung nach der Aufnahme der Perser ins Heer
und werden nach Aussöhnung mit Alexander von
Krateros nach Makedonien zurückgeführt, Alexander bittet die Götter um Eintracht und gemeinsame
Herrschaft der Makedonen und der Perser (»Opfergebet von Opis«)

Zug nach Ekbatana, Ausarbeitung von Plänen, Festspiele

Herbst: Tod Hephaistions in Ekbatana, Trauer Alexanders

Winter: Unterwerfung der Kossaier im Zagrosgebirge

Verurteilung des Demosthenes in Athen wegen Annahme von Bestechungsgeldern des Harpalos (Harpali-
scher Prozeß)

323   Januar: Alexander empfängt auf dem Weg nach Babylon Gesandte aus Karthago, Italien und Spanien

Ankunft Alexanders in Babylon nach Verzögerung
durch Warnungen von Wahrsagern (Chaldäern)

Frühjahr: Gesandte aus Griechenland kommen mit
Zeichen göttlicher Verehrung zu Alexander

Vorbereitung eines Flottenzuges nach Arabien, Anlage
eines Binnenhafens bei Babylon

Alexander befährt den Pallakottas-Kanal westlich des
Euphrat und läßt das mesopotamische Kanalsystem
ausbauen

Bauarbeiten in Babylon zur Wiederherstellung des Marduktempels und des »Babylonischen Turms«

Bestattungsfeier für Hephaistion in Babylon, Baubeginn für ein monumentales Grabmal

Heeresreform mit Aufstellung gemischter makedonisch-persischer Verbände

29. Mai: Erkrankung Alexanders mit steigendem Fieber

31. Mai: Anordnungen Alexanders für den Flottenzug nach Arabien, Festsetzung der Abfahrt auf 4. Juni

Zunehmende Verschlimmerung im Befinden Alexanders

Vorbeizug der Soldaten am Sterbelager Alexanders

10. Juni (28. Daisios) 323: Alexander stirbt in Babylon, 32 Jahre alt

Beschlüsse der Makedonischen Heeresversammlung unter Leitung des Perdikkas in Babylon nach Alexanders Tod, Neuverteilung der Satrapien, Alexanders Stiefbruder Philippos III. Arrhidaios und Alexanders nachgeborener Sohn von Rhoxane, Alexander IV., werden zu gleichberechtigten Königen unter Vormundschaftsregierung gewählt, Aufgabe aller Vorhaben und Pläne (Westfeldzug) Alexanders, Philippos Arrhidaios wird mit der Beisetzung Alexanders gemäß dessen Wunsch in der Oase Siwah beauftragt

321   Überführung Alexanders von Babylon über Damaskos nach Ägypten, Beisetzung durch den Diadochen Ptolemaios in Memphis, später in Alexandreia (»Heilige Gruft«)

Bibliographie

AJA	=	American Journal of Archaeology
AJPh	=	American Journal of Philology
AM	=	Mitteilungen des Deutschen Archäologischen Instituts, Athenische Abteilung (Athenische Mitteilungen)
	=	Arrian, Anabasis
BCH	=	Bulletin de Correspondance Hellénique
CAH	=	The Cambridge Ancient History
Comm.	=	Commentary
FGrH	=	Fragmente der griechischen Historiker, hrsg. von F. Jacoby
FHG	=	Fragmenta Historicorum Graecorum, hrsg. von C. Müller
Hdb.	=	Handbuch
Hrsg., hrsg.	=	Herausgeber, herausgegeben
HZ	=	Historische Zeitschrift
IG	=	Inscriptiones Graecae
JdI	=	Jahrbuch des Deutschen Archäologischen Instituts
JHS	=	Journal of Hellenic Studies
Komm.	=	Kommentar
p.	=	pagina, Seite in Textausgaben
OGIS	=	Orientis Graeci Inscriptiones Selectae, hrsg. von W. Dittenberger
Österr. Jahresh.	=	Jahreshefte des Österreichischen Archäologischen Instituts (Österreichische Jahreshefte)
RE	=	Realencyclopädie der classischen Altertumswissenschaft
REA	=	Revue des Études Anciennes
REG	=	Revue des Études Grecques
REL	=	Revue des Études Latines
Rh. Mus.	=	Rheinisches Museum für Philologie
Röm. Mitt.	=	Mitteilungen des Deutschen Archäologischen Instituts, Römische Abteilung (Römische Mitteilungen)
SB	=	Sitzungsberichte der Akademie, Phil.-hist. Klasse
Syll.[3]	=	Sylloge Inscriptionum Graecarum, hrsg. von W. Dittenberger, 3. Auflage
TAPhA	=	Transactions and Proceedings of the American Philological Association

Quellen

1. Allgemeine Darstellungen und Untersuchungen

W. v. Christ – W. Schmid – O. Stählin, Geschichte der griechischen Literatur II⁶ 2 (= Hdb. d. Altertumswiss. 7, 2, 1–2), München 1920–24

A. Fränkel, Die Quellen der Alexanderhistoriker, Breslau 1883

A. Gitti, L'unitarietà della tradizione su Alessandro Magno nella ricerca moderna, Athenaeum 34, 1956, 39 ff.

E. Schwartz, Griechische Geschichtsschreiber, Leipzig 1957

F. Susemihl, Geschichte der griechischen Literatur in der Alexandrinerzeit I–II, Leipzig 1891–92

2. Erhaltene Autoren

ARRIAN

Ausgaben:

Flavii Arriani quae exstant omnia, I Alexandri Anabasis, II Scripta minora et fragmenta, hrsg. von A. G. Roos – G. Wirth, 2. Auflage, Leipzig (Teubner) 1967, 1. Auflage hrsg. von A. G. Roos, Leipzig 1907–28

Kommentar:

Arrian's Anabasis, erklärt von K. Abicht, I–II, Leipzig 1871–75

Übersetzungen:

Arrian's von Nicomedien Werke, Taktik und Geschichte der Feldzüge Alexanders, Indische Nachrichten I–VI, übers. von Ch. H. Dörner, Stuttgart (Metzler) 1829–34

Arrian I, übers. von P. A. Brunt, London–Cambridge Mass. (Loeb) 1929, Neudruck 1976, II übers. von E. I. Robson, 1933, Neudruck 1966 (griech. Text mit engl. Übersetzung)

Arrian, Alexanders des Großen Siegeszug durch Asien, übers. von W. Capelle, Zürich (Artemis) 1950

Arrien, L'Inde, übers. von P. Chantraine, 2. Auflage, Paris (Budé) 1952 (griech. Text mit franz. Übersetzung)

The Life of Alexander the Great by Arrian, übers. v. A. de Sélincourt, London (Penguin) 1958. The Campaigns of Alexander, London (Penguin) 1971

Literatur:

A. B. Bosworth, Arrian and the Alexander Vulgate, in: Entretiens Fond. Hardt 22, Genf 1976, 1 ff.

A. B. Breebaart, Enige historiografische aspecten van Arrianus' Anabasis Alexandri, Diss. Leiden 1960

J. Meunier, Les sources de la monographie d'Arrian sur l'Inde, Mus. Belge 26, 1922, 5 ff.

Ed. Meyer, Arrians Geschichte Alexanders des Großen, Hermes 33, 1898, 648 ff.

H. Nissen, Die Abfassungszeit von Arrians Anabasis, Rhein. Mus. 43, 1888, 236 ff.

G. Schepens, Arrian's View of his Task as Alexander-Historian, Ancient Society 2, 1971, 254 ff.

P. A. Stadter, Flavius Arrianus, The New Xenophon, Greek, Roman and Byz. Stud. 8, 1967, 155 ff.

R. B. Steele, The Method of Arrian in the Anabasis, Class. Philol. 14, 1919, 147 ff.

G. Wirth, Anmerkungen zur Arrianbiographie, Historia 13, 1964, 209 ff.

CURTIUS RUFUS

Ausgaben:

Q. Curti Rufi Historiarum Alexandri Magni Macedonis libri qui supersunt, hrsg. von E. Hedicke, 2. Auflage, Leipzig (Teubner) 1908

Kommentar:

Q. Curti Rufi Historiarum Alexandri Magni Macedonis libri qui supersunt, erklärt von Th. Vogel – A. Weinhold, I–II, 3.–4. Auflage, Leipzig–Berlin 1903–06

Übersetzungen:

Des Quintus Curtius Rufus noch vorhandene acht Bücher von den Thaten Alexanders des Großen, Königs von Macedonien, übers. von A. H. Christian, 2. Auflage, Stuttgart (Metzler) 1886

Quintus Curtius I–II, übers. von J. Rolfe, London–Cambridge Mass. (Loeb) 1946, Neudruck 1971–76 (lat. Text mit engl. Übersetzung)

Q. Curtius Rufus, Geschichte Alexanders des Großen, übers. von K. Müller – H. Schönfeld, München (Heimeran) 1954 (lat. Text mit deutscher Übersetzung)

Curtius Rufus, Histoires I–II, übers. von H. Bardon, 2. Auflage, Paris (Budé) 1961 (lat. Text mit franz. Übersetzung)

Literatur:

R. Balzer, Der Einfluß Vergils auf Curtius Rufus, Diss. München 1971

S. Dosson, Étude sur Quinte-Curce, Sa vie et son œuvre, Paris 1887

H. U. Instinsky, Zur Kontroverse um die Datierung des Curtius Rufus, Hermes 90, 1962, 379 ff.

E. Klebs, Eine antike Benutzung des Curtius Rufus, Philologus 51, 1892, 151 ff.

D. Korzenjewski, Die Zeit des Q. Curtius Rufus, Diss. Frankfurt, Köln 1959

R. D. Milns, The Date of Curtius Rufus and the Historiae Alexandri, Latomus 25, 1966, 490 ff.

G. Radet, La valeur historique de Quinte-Curce, Comptes rend. Acad. Inscript. Paris 1924, 356 ff.

A. Rüegg, Beiträge zur Erforschung der Quellenverhältnisse in der Alexandergeschichte des Curtius, Basel 1906

J. Stroux, Die Zeit des Curtius Rufus, Philologus 84, 1929, 233 ff.

C. Wehrli, La place de Trogue-Pompée et de Quinte-Curce dans l'historiographie romaine, REL 39, 1961, 65 ff.

DIODOR

Ausgaben:

Diodori Bibliotheca Historica IV, hrsg. von C. Th. Fischer, 3. Auflage, Leipzig (Teubner) 1906, Neudruck Stuttgart 1964

Übersetzungen:

Diodor's von Sizilien historische Bibliothek XIII, übers. von J. F. Wurm, Stuttgart (Metzler) 1838

Diodorus of Sicily VIII, übers. von C. B. Welles, London–Cambridge Mass. (Loeb) 1963 (griech. Text mit engl. Übersetzung)

Literatur:

M. J. Fontana, Il problema delle fonti per il XVII libro di Diodoro Siculo, Kokalos 1, 1955, 155 ff.

M. J. Fontana, Sulla cronologia del XVII libro di Diodoro, Kokalos 2, 1956, 37 ff.

P. Goukowsky, Clitarque seul?, Remarques sur les sources du livre XVII de Diodore de Sicile, REA 71, 1969, 320 ff.

PLUTARCH

Ausgaben:

Plutarchi Vitae parallelae II 2, hrsg. von K. Ziegler, 2. Auflage, Leipzig (Teubner) 1968, 1. Auflage Leipzig 1935

Plutarchi Moralia II, hrsg. von W. Nachstädt, 2. Auflage, Leipzig (Teubner) 1971

Kommentar:

J. R. Hamilton, Plutarch Alexander, A Commentary, Oxford 1969

Übersetzungen:

Plutarchs vergleichende Lebensbeschreibungen IX, übers. von J. F. S. Kaltwasser – O. Güthling, Leipzig (Reclam) o. J.

Plutarch's Lives VII, übers. von B. Perrin, London–Cambridge Mass. (Loeb) 1919, Neudruck 1967 (griech. Text mit engl. Übersetzung)

Plutarch, Große Griechen und Römer V, übers. von K. Ziegler, Zürich (Artemis) 1960

Plutarch's Werke, Moralische Schriften VIII, übers. von J. Ch. F. Bähr, Stuttgart (Metzler) 1831

Plutarch's Moralia IV, übers. von F. C. Babbitt, London (Loeb) 1936, Neudruck 1962 (griech. Text mit engl. Übersetzung)

Literatur:

J. R. Hamilton, The Letters in Plutarch's Alexander, Proceed. Afric. Class. Assoc. 4, 1961, 9 ff.

W. Nachstädt, De Plutarchi declamationibus quae sunt de Alexandri fortuna, Berlin 1895

J. E. Powell, The Sources of Plutarch's Alexander, JHS 59, 1939, 229 ff.

Inge Rabe, Quellenkritische Untersuchungen zu Plutarchs Alexanderbiographie, Diss. Hamburg 1964

A. E. Wardman, Plutarch and Alexander, Class. Quart. 5, 1955, 96 ff.

K. Ziegler, Plutarchstudien XIX, Zu Alexander, Rhein. Mus. 84, 1935,
  369 ff.

IUSTIN

Ausgaben:

M. Iuniani Iustini Epitoma historiarum Philippicarum Pompei Trogi,
  hrsg. von F. Rühl, Leipzig (Teubner) 1886

Übersetzungen:

Justinus, Philippische Geschichte, übers. von Ch. Schwarz, Stuttgart
  (Metzler) 1838

Justin, Abrégé des Histoires Philippiques des Trogue Pompée I–II,
  übers. von E. Chambry, Paris 1936 (lat. Text mit franz. Übersetzung)

Pompeius Trogus, Weltgeschichte von den Anfängen bis Augustus, im
  Auszug des Justin, übers. von O. Seel, Zürich (Artemis) 1972

Literatur:

R. B. Steele, Pompeius Trogus and Iustin, AJPh 38, 1917, 19 ff.

ANDERE AUTOREN

Literatur:

L. Alfonsi, Sul passo Liviano relativo ad Alessandro Magno, Hermes 90,
  1962, 505 f.

G. Furlani, La Cronica babilonese sui Diadochi, Traduzione, Rivist.
  Filol. 10, 1932, 462 ff.

J. Mähly, Zum Gnomologium Vaticanum, Philologus 51, 1892, 547 f.

A. Miller, Die Alexandergeschichte nach Strabo, in: Festgabe Julia-
  Maximilianea, Würzburg 1892, 1 ff.

L. Pearson, Notes on Two Passages of Strabo, Class. Quart. 45 (1), 1951,
  80 ff.

S. Smith, Babylonian Historical Texts, London 1924, 124 ff.

3. Fragmente

Ausgabe:

F. Jacoby, Die Fragmente der griechischen Historiker II B (Text), II
  D (Kommentar), Berlin 1929–30

Übersetzung:

Ch. A. Robinson Jr., The History of Alexander the Great I–II
  (= Brown Univ. Studies 16.26), Providence 1953–63

Literatur:

E. Badian, The Date of Clitarchus, Proceed. Afric. Class. Assoc. 8, 1965,
  1 ff.

E. N. Borza, Cleitarchus and Diodorus' account of Alexander, Proceed.
  Afric. Class. Assoc. 11, 1968, 25 ff.

T. S. Brown, Onesicritus, A Study in Hellenistic Historiography (= Univ. of Calif. Public. in History 39), Berkeley 1949

T. S. Brown, Clitarchus, AJPh 71, 1950, 134 ff.

H. Endres, Die offiziellen Grundlagen der Alexanderüberlieferung und das Werk des Ptolemaios, Quellenkritische Studien zur Alexandergeschichte, Diss. Würzburg 1913

J. R. Hamilton, Cleitarchus and Aristobulus, Historia 10, 1961, 448 ff.

A. J. Heisserer, Alexander's Letter to the Chians, Historia 22, 1973, 191 ff.

J. Kaerst, Der Briefwechsel Alexanders des Großen, Philologus 51, 1892, 602 ff.

J. Kaerst, Ptolemaios und die Ephemeriden Alexanders d. Gr., Philologus 56, 1897, 334 ff.

J. Kaerst, Zum Briefwechsel Alexanders d. Gr., Philologus 56, 1897, 406 ff.

E. Kornemann, Die Alexandergeschichte des Königs Ptolemaios I. von Ägypten, Leipzig 1935

A. Körte, Anaximenes von Lampsakos als Alexanderhistoriker, Rhein. Mus. 61, 1906, 476 ff. = Abhandl. z. griech. Geschichte, Leiden 1956, 344 f.

L. Pearson, Aristobulus the Phocian, AJPh 73, 1952, 71 ff.

L. Pearson, The Diary and Letters of Alexander the Great, Historia 3, 1954/55, 429 ff. = Griffith, Main Problems 1 ff.

L. Pearson, The Lost Histories of Alexander the Great (= Philol. Monographs 20), New York-Oxford 1960

W. K. Prentice, Callisthenes, The Original Historian of Alexander, TAPhA 54, 1923, 74 ff.

F. Reuß, Aristobul und Kleitarch, Rhein. Mus. 57, 1902, 581 ff.

F. Reuß, Hellenistische Beiträge: Kleitarchos, Rhein. Mus. 63, 1908, 58 ff.

Ch. A. Robinson Jr., The Ephemerides of Alexander's Expedition (= Brown Univ. Stud. 1), Providence 1932

A. E. Samuel, Alexander's Royal Journals, Historia 14, 1963, 1 ff.

H. Strasburger, Ptolemaios und Alexander, Leipzig 1934

C. B. Welles, The Reliability of Ptolemy as an Historian, in: Miscellanea di studi alessandrini in memor. A. Rostagni, Turin 1963, 101 ff.

F. Wenger, Die Alexandergeschichte des Aristobul von Kassandreia, Quellenkritische Untersuchungen zur Alexandergeschichte, Diss. Würzburg 1914

4. Alexanderroman

Ausgaben:

Iuli Valeri Alexandri Polemi Res gestae Alexandri Macedonis translatae ex Aesopo Graeco, hrsg. von B. Kübler, Leipzig (Teubner) 1888

Historia Alexandri Magni (Pseudo-Callisthenes) I, Recensio vetusta, hrsg. von W. Kroll, Berlin 1926, Neudruck 1958

Der griechische Alexanderroman, Rezension β, hrsg. von L. Bergson, Stockholm 1965

Der griechische Alexanderroman, Rezension γ, I–III, hrsg. von U. Lauenstein – H. Engelmann – F. Parthe, Meisenheim 1962–69

Der Alexanderroman des Archipresbyter Leo, hrsg. von F. Pfister, Heidelberg 1913

Die Historia de preliis Alexandri Magni, Der lateinische Alexanderroman des Mittelalters, Synoptische Edition (= Beitr. z. klass. Philol. 65), hrsg. von H.–J. Bergmeister, Meisenheim 1975

Anonymi Byzantini Vita Alexandri regis Macedonum, hrsg. von J. Trumpf, Stuttgart (Teubner) 1974

Incerti auctoris Epitoma rerum gestarum Alexandri Magni cum libro de morte testamentoque Alexandri, hrsg. von P. H. Thomas, Leipzig (Teubner) 1960 (Epitome Mettensis, Metzer Epitome)

Kleine Texte zum Alexanderroman (= Sammlung vulgärlat. Texte 4), hrsg. von F. Pfister, Heidelberg 1910

Übersetzungen:

The History of Alexander the Great, übers. von Sir E. A. W. Budge, Cambridge 1889 (engl. Übersetzung der syrischen Version)

The Romance of Alexander the Great by Ps.-Callisthenes, übers. von A. M. Wolohojian, New York–London 1969 (engl. Übersetzung der armenischen Version)

Leben und Taten Alexanders von Makedonien, Der griechische Alexanderroman nach der Handschrift L (= Texte z. Forschung 13), übers. von H. van Thiel, Darmstadt 1974 (griech. Text mit deutscher Übersetzung)

Literatur:

A. Abel, Le roman d'Alexandre, Légendaire médiéval, Brüssel 1955

S. A. Ausfeld, Der griechische Alexanderroman, Leipzig 1907

B. Axelson, Zum Alexanderroman des Iulius Valerius, Lund 1936

W. Bacher, Nizami's Leben und Werke und der zweite Theil des nizamischen Alexanderbuches, Leipzig 1871

M. Brocker, Aristoteles als Alexanders Lehrer in der Legende, Diss. Bonn 1966

G. Cary, The Medieval Alexander, Cambridge 1956

J. Friedländer, Alexanders Zug nach dem Lebensquell, Arch. f. Religionswiss. 13, 1910, 161 ff.

C. E. Gleye, Zur Charakteristik des Pseudo-Kallisthenes, Philologus 56, 1897, 244

L. L. Gunderson, Early Elements in the Alexander Romance, in: Laourdas–Makaronas, Ancient Macedonia, Thessaloniki 1970, 353 ff.

A. Hübner, Alexander der Große in der deutschen Dichtung des Mittelalters, Die Antike 9, 1933, 32 ff. = Kl. Schriften z. deutschen Philologie, Berlin 1940, 187 ff.

J. Irmscher, Bemerkungen zu den Venezianer Volksbüchern, in: Probleme der neugriech. Literatur III, Berlin 1960, 144 ff.

R. Merkelbach, Die Quellen des griechischen Alexanderromans (= Zetemata 9), München[2] 1977

R. Merkelbach, Alexander im Sarapeum, Arch. f. Payrusforsch. 17, 1962, 108 f.

P. Meyer, Alexandre le Grand dans la littérature française du Moyen-Age I–II, Paris 1886

K. Mitsakis, The Tradition of the Alexander Romance in Modern Greek Literature, in: Laourdas–Makaronas, Ancient Macedonia, Thessaloniki 1970, 376 ff.

Th. Nöldeke, Beiträge zur Geschichte des Alexanderromans (= Denkschr. Akad. Wien, Phil.-hist. Kl. 38), Wien 1890

F. Pfister, Studien zum Alexanderroman, Würzb. Jahrb. f. d. Altertumswiss. 1, 1946, 29 ff. = Kl. Schriften z. Alexanderroman, Meisenheim 1976, 17 ff.

F. Pfister, Alexander der Große in den Offenbarungen der Griechen, Juden, Mohammedaner und Christen (= Deutsche Akad. d. Wiss. Berlin, Sekt. f. Altertumswiss. 3), Berlin 1956 = Kl. Schriften z. Alexanderroman, Meisenheim 1976, 301 ff.

F. Pfister, Kleine Schriften zum Alexanderroman (= Beitr. z. klass. Philologie 61), Meisenheim 1976

H. Poppen, Das Alexanderbuch Johann Hartliebs und seine Quelle, Diss. Heidelberg 1914

D. J. A. Ross, Letters of Alexander, A new partial MS of the unabbreviated Julius Valerius, Class. et Mediaev. 13, 1952, 38 ff.

D. J. A. Ross, Alexander Historiatus (= Warburg Instit. Surveys 1), London 1963

Lellia Ruggini, L'Epitoma rerum gestarum Alexandri Magni e il liber de morte testamentoque eius, Athenaeum 39, 1961, 285 ff. 43, 1965, 3 ff.

D. Simonescu, Alexandria, Bukarest 1956

J. Storost, Studien zur Alexandersage in der ältesten italienischen Literatur, Halle 1935

P. Treves, Il problema storiografico del romanzo di Alessandro, Rivist. Filol. 33, 1955, 250 ff.

O. Weinreich, Der Trug des Nektanebos, Leipzig 1911

K. Wyß, Untersuchungen zur Sprache des Alexanderromans von Pseudo-Kallisthenes, Diss. Bern 1942

J. Zacher, Pseudocallisthenes, Forschungen zur Kritik und Geschichte der ältesten Aufzeichnungen der Alexandersage, Halle 1867

Zu den nichtliterarischen Quellen vgl. oben S. 219, 19 (Inschriften), S. 209, 11 (Münzen), S. 197, 1 (Bildnisse)

1. Gesamtdarstellungen

Monographien

P. Bamm, Alexander oder die Verwandlung der Welt, Zürich 1965

P. Bamm, Alexander der Große. Ein königliches Leben, Zürich 1968

H. Baumann, Der große Alexander, München 1977

H. Berve, Das Alexanderreich auf prosopographischer Grundlage I–II, München 1926 (= Berve)

H. Berve, Alexander, Versuch einer Skizze seiner Entwicklung, in: Gestaltende Kräfte der Antike, München² 1966, 312 ff.

Th. Birt, Alexander der Große und das Weltgriechentum, Leipzig³ 1928 (= Birt)

P. Briant, Alexandre le Grand (= Que sais-je? 622), Paris 1974

A. R. Burn, Alexander the Great and the Hellenistic World, New York² 1966 (= Burn)

P. Cloché, Alexandre le Grand et les essais de fusion entre l'Occident gréco-macédonien et l'Orient, Neuchâtel 1953

P. Cloché, Alexandre le Grand (= Que sais-je? 622), Paris 1954 (= Cloché)

J. G. Droysen, Geschichte Alexanders des Großen, Berlin 1933, 2. Aufl. Geschichte des Hellenismus I 1–2: Geschichte Alexanders des Großen, Gotha 1877 (= Droysen), 3. Aufl. Gotha 1880, Neudrucke: Berlin 1917, hrsg. von A. Rosenberg. Leipzig 1942, hrsg. von H. Berve. Darmstadt und Basel 1952, hrsg. von E. Bayer

M. Druon, Alexandre le Grand ou le roman d'un dieu, Paris 1958

V. Ehrenberg, Alexander der Große, in: Ost und West, Studien zur geschichtlichen Problematik der Antike, Brünn–Prag–Leipzig–Wien 1935, 140 ff.

R. L. Fox, Alexander der Große, Düsseldorf 1974 (= Fox). Alexander the Great, London 1973

P. Green, Alexander der Große, Mensch oder Mythos?, Würzburg 1974 (= Green). Alexander the Great, London 1970

J. Gregor, Alexander der Große, Die Weltherrschaft einer Idee, München 1940

R. Grousset, Alexander oder die Wende der antiken Kultur, in: Schicksalsstunden der Geschichte, Wien 1951, 37 ff.

J. R. Hamilton, Alexander the Great, London 1973 (= Hamilton)

F. Hampl, Alexander der Große, Göttingen² 1965 (= Hampl)

G. F. Hertzberg, Die Asiatischen Feldzüge Alexanders des Großen I–II, Halle² 1875

L. Homo, Alexandre le Grand, Paris² 1951

J. Kaerst, Alexander III., der Große, von Makedonien, in: RE 1, 1894, 1412 ff.

F. Koepp, Alexander der Große (= Monographien zur Weltgeschichte 8), Bielefeld–Leipzig 1899

S. Lauffer, Alexander III. der Große, in: Die Großen der Weltgeschichte I, Zürich 1971, 662 ff.

J. P. Mahaffy, Alexander's Empire, London 1900

R. D. Milns, Alexander the Great, London 1968 (= Milns)

F. Oertel, Alexander der Große (= Kriegsvorträge d. Rhein. Friedr.-Wilh. Univ. Bonn 107), Bonn 1943

W. Otto, Alexander der Große, Ein Kriegsvortrag (= Marburger Akad. Reden 34), Marburg 1916

A. Pagliaro, Alessandro Magno, Turin 1960 (= Pagliaro)

G. Radet, Alexandre le Grand, Paris⁴ 1950 (= Radet)

Ch. A. Robinson Jr., Alexander the Great, Conqueror and Creator of a New World, New York 1963 (= Robinson)

E. I. Robson, Alexander the Great, A Biographical Study, London 1929 (= Robson)

Agnes Savill, Alexander der Große, Frankfurt–Bonn 1963. Alexander the Great and his Time, London 1955

F. Schachermeyr, Alexander der Große, Ingenium und Macht, Graz 1949

F. Schachermeyr, Alexander der Große, Das Problem seiner Persönlichkeit und seines Wirkens (= SB Wien 285), Wien 1973 (= Schachermeyr)

J. W. Snyder, Alexander the Great, New York 1966 (= Snyder)

H. E. Stier, Alexander (III.) der Große, in: Reallex. f. Antike u. Christentum I, Stuttgart 1950, 261 ff.

W. W. Tarn, Alexander der Große, Darmstadt 1968 (= Tarn). Alexander the Great I–II, Cambridge 1948, Neudruck 1950–51

G. Walter – R. Flacelière u. a., Das Genie und seine Welt, Alexander der Große, Wiesbaden o. J. (1964). Alexandre le Grand, Génies et réalités, Paris 1962

A. Weigall, Alexander der Große, Leipzig 1941 (= Weigall). Alexander the Great, New York–London 1933

B. I. Wheeler, Alexander the Great, The Merging of East and West in Universal History, New York–London 1900 (= Wheeler)

U. v. Wilamowitz-Moellendorff, Alexander der Große, in: Reden aus der Kriegszeit 5, 11, Berlin 1916, 5 ff.

U. Wilcken, Alexander der Große, Leipzig 1931 (= Wilcken). Alexander the Great, New York 1967

G. Wirth, Alexander der Große, Reinbek 1973 (= Wirth)

Darstellungen im Rahmen griechischer Geschichte

K. J. Beloch, Griechische Geschichte III² 1, Berlin–Leipzig, 599 ff. III² 2, 1923, 304 ff. IV² 1, 1925, 1 ff. IV² 2, 1927, 290 ff. (= Beloch)

H. Bengtson, Alexander und die Eroberung des Perserreiches (336–323 v. Chr.), in: Fischer Weltgeschichte V, Frankfurt 1965, 283 ff.

H. Bengtson, Griechische Geschichte von den Anfängen bis in die römische Kaiserzeit (= Hdb. d. Altertumswissensch. 3, 4), München[5] 1977, 329 ff. (= Bengtson)

H. Berve, Griechische Geschichte II[3], Freiburg 1953, 173 ff.

J. Burckhardt, Griechische Kulturgeschichte IV, Basel, Berlin, Darmstadt 1957, 395 ff. (= Burckhardt). München 1977

G. Glotz – P. Roussel – R. Cohen, Alexandre et l'hellénisation du monde antique, in: Histoire Générale, Histoire Ancienne II, Histoire Grecque IV 2, Paris[2] 1945 (= Glotz – Cohen)

J. Kaerst, Geschichte des Hellenismus I[3]–II[2], Leipzig–Berlin 1927, Neudruck Darmstadt 1975 (= Kaerst)

E. Kornemann, Weltgeschichte des Mittelmeer-Raumes von Philipp II. von Makedonien bis Muhammed I, München 1948, 62 ff.

B. G. Niebuhr, Vorträge über alte Geschichte II, Berlin 1848, 417 ff.

B. Niese, Geschichte der griechischen und makedonischen Staaten seit der Schlacht bei Chaeronea I, Gotha 1893, 1 ff. (= Niese)

L. v. Ranke, Weltgeschichte I[5], München–Leipzig 1922, 277 ff.

M. Rostovtzeff, Gesellschafts- und Wirtschaftsgeschichte der hellenistischen Welt I–III, Darmstadt und Stuttgart 1955–56, übers. von G. und E. Bayer, I 98 ff. (= Rostovtzeff)

F. Schachermeyr, Griechische Geschichte, mit besonderer Berücksichtigung der geistesgeschichtlichen und kulturmorphologischen Zusammenhänge, Stuttgart-Berlin-Köln-Mainz[2] 1969, 243 ff.

W. W. Tarn, in: The Cambridge Ancient History VI, Cambridge[3] 1964, 352 ff.

Yorck v. Wartenburg, Weltgeschichte in Umrissen, Berlin[24] 1921, 112 ff.

2. Allgemeine Untersuchungen

Sammelwerke, Verschiedene Fragen

F. Altheim, Weltgeschichte Asiens im griechischen Zeitalter I–II, Halle 1947–48

F. Altheim, Alexander und Asien, Geschichte eines geistigen Erbes, Tübingen 1953

F. Altheim – Ruth Stiehl, Geschichte Mittelasiens im Altertum, Berlin 1970

R. Andreotti, Il problema politico di Alessandro Magno, Parma 1933

E. Badian, Studies in Greek and Roman History, Oxford 1964, 179 ff. 192 ff.

A. Dascalakis, Alexander the Great and Hellenism (= Etairia Makedon. Spudon 90), Thessalonike 1966

V. Ehrenberg, Alexander and the Greeks, Oxford 1938

V. Ehrenberg, Polis und Imperium, Beiträge zur Alten Geschichte, Zürich–Stuttgart 1965, 399 ff.

V. Ehrenberg, Polypragmosyne, A Study in Greek Politics, JHS 67, 1947, 46 ff. = Polis und Imperium, Zürich–Stuttgart 1965, 466 ff.

V. Ehrenberg, Pothos, in: Alexander and the Greeks, Oxford 1938, 52 ff. = Polis und Imperium, Zürich–Stuttgart 1965, 458 ff.

G. T. Griffith (Hrsg.), Alexander the Great: The Main Problems, Cambridge–New York 1966 (= Griffith)

A. Heuß, Alexander der Große und das Problem der historischen Urteilsbildung, HZ 225, 1977, 29 ff.

A. Janke, Auf Alexanders des Großen Pfaden, Berlin 1904

J. Kaerst, Forschungen zur Geschichte Alexanders des Großen, Stuttgart 1887

J. Kaerst, Studien zur Entwickelung und theoretischen Begründung der Monarchie im Altertum (= Hist. Biblioth. 6), München-Leipzig 1898

K. Kraft, Der ›rationale‹ Alexander (= Frankfurter Althist. Studien 5), hrsg. von Helga Gesche, Kallmünz 1971 (= Kraft)

B. Laourdas – Ch. Makaronas (Hrsg.), Ancient Macedonia (= Papers First Internat. Sympos. 1968), Thessaloniki 1970

G. Méautis, Recherches sur l'époque d'Alexandre le Grand I, Le πόϑος d'Alexandre le Grand, REA 44, 1942, 300 ff.

E. Mederer, Die Alexanderlegenden bei den ältesten Alexanderhistorikern (= Würzburger Stud. z. Altertumswiss. 8), Stuttgart 1936 (= Mederer)

G. Radet, Notes critiques sur l'histoire d'Alexandre I–II, Bordeaux-Paris 1925–33

O. Reverdin (Hrsg.), Alexandre le Grand, Image et réalité (= Entretiens Fond. Hardt 22), Genf 1976

Ch. A. Robinson Jr., Alexander's Brutality, AJA 56, 1952, 169 f.

A. Schenk Graf v. Stauffenberg, Macht und Recht in der Geschichte am Beispiel Alexanders des Großen, Philos. Jahrb. d. Görres-Gesellsch. 62, 1953, 46 ff. = Macht und Geist, Vorträge und Abhandlungen zur Alten Geschichte, München 1972, 140 ff.

H. E. Stier, Welteroberung und Weltfriede im Wirken Alexanders d. Gr. (= Rhein.-Westfäl. Akad. d. Wiss., Vorträge G 187), Opladen 1973

Geographie, Weltbild

H. Berger, Geschichte der wissenschaftlichen Erdkunde der Griechen, Leipzig² 1903

H. Berve, Alexander der Große als Entdecker, in: Gestaltende Kräfte der Antike, München² 1966, 333 ff.

P. Bolchert, Aristoteles' Erdkunde von Asien und Libyen (= Quellen u. Forsch. z. alten Gesch. u. Geogr. 15), Berlin 1908

H. Bretzl, Botanische Forschungen des Alexanderzuges, Leipzig 1903 (= Bretzl)

V. Burr, Das geographische Weltbild Alexanders des Großen, Würzb. Jahrb. f. d. Altertumswiss. 2, 1947, 91 ff.

M. Cary, The Geographic Background of Greek and Roman History, Oxford 1949

M. Cary – E. H. Warmington, Die Entdeckungen der Antike, Zürich 1966 (= Cary – Warmington). The Ancient Explorers, London 1963

H. Endres, Geographischer Horizont und Politik bei Alexander d. Gr. in den Jahren 330/323, Ein Beitrag zur Würdigung Alexanders, Würzburg 1924 (= Endres)

W. Hébette, Les connaissances géographiques d'Alexandre le Grand, Löwen 1943

F. Miltner, Der Okeanos in der persischen Weltreichsidee, Saeculum 3, 1952, 522 ff.

Heerwesen, Kriegführung

Sir Frank Adcock, The Greek and Macedonian Art of War, Berkeley 1957

E. Badian, Orientals in Alexander's Army, JHS 85, 1965, 160 ff.

J. Beloch, Historische Beiträge zur Bevölkerungslehre I, Leipzig 1886, 215 ff.

K. J. Beloch, Das Heer Alexanders, in: Griechische Geschichte III² 2, Berlin–Leipzig 1923, 322 ff.

H. Bengtson, Aus der Lebensgeschichte eines griechischen Distanzläufers, Symbolae Osloenses 32, 1956, 35 ff.

P. A. Brunt, Alexander's Macedonian Cavalry, JHS 83, 1963, 27 ff.

A. R. Burn, Notes on Alexander's Campaigns, JHS 72, 1952, 81 ff.

A. R. Burn, The Generalship of Alexander, Greece and Rome 12, 1965, 140 ff.

H. Delbrück, Geschichte der Kriegskunst I³, Berlin 1920, 167 ff. (= Delbrück)

A. v. Domaszewski, Die Phalangen Alexanders und Caesars Legionen (= SB Heidelberg 1925/26, 1), Heidelberg 1926

H. Droysen, Untersuchungen über Alexander des Großen Heerwesen und Kriegführung, Freiburg 1885

H. Droysen, Heerwesen und Kriegführung der Griechen (= Hermanns Lehrbuch d. griech. Antiquit. 2, 2), Freiburg 1889, 107 ff.

J. G. Droysen, Alexanders des Großen Armee, Hermes 12, 1877, 226 ff. = Kl. Schriften z. Alten Geschichte II, Leipzig 1894, 208 ff.

J. R. Ellis, Alexander's Hypaspists again, Historia 24, 1975, 617 f.

J. F. C. Fuller, The Generalship of Alexander the Great, London 1958 (= Fuller)

G. T. Griffith, Makedonica, Notes on the Macedonians of Philip and Alexander, Proceed. Cambr. Philol. Soc. 4, 1956/57, 3 ff.

G. T. Griffith, The Mercenaries of the Hellenistic World, London 1935, Neudruck Groningen 1968

H. Hauben, The Command Structure in Alexander's Mediterranean Fleets, Ancient Society 3, 1972, 55 ff.

D. G. Hogarth, The Army of Alexander, Journ. of Philol. 17, 1888, 1 ff.

U. Kahrstedt, Das athenische Kontingent zum Alexanderzuge, Hermes 71, 1936, 120 ff.

E. Kornemann, Alexander und seine Makedonen, in: Gestalten und Reiche, Leipzig 1943, 38 ff.

A. Krause, Beiträge zur Alexander-Geschichte, Hermes 25, 1890, 62 ff.

J. Kromayer–G. Veith, Antike Schlachtfelder I–IV, Berlin 1903–31

J. Kromayer–G. Veith, Schlachten-Atlas zur antiken Kriegsgeschichte, Leipzig 1922

J. Kromayer–G. Veith, Heerwesen und Kriegführung der Griechen und Römer (= Hdb. d. Altertumwiss. 4, 3, 2), München 1928, 95 ff.

M. Launey, Recherches sur les armées hellénistiques I–II, Paris 1949–50

R. A. Lock, The Origins of the Argyraspids, Historia 26, 1977, 373 ff.

H. Lumpkin, The Weapons and Armour of the Macedonian Phalanx, Journ. of the Arms and Armour Society 8, 1975, 193 ff.

R. D. Milns, The Hypaspists of Alexander III, Some Problems, Historia 20, 1971, 186 ff.

R. D. Milns, The Army of Alexander the Great, in: Entretiens Fond. Hardt 22, Genf 1976, 87 ff.

H. W. Parke, Greek Mercenary Soldiers from the Earliest Times to the Battle of Ipsus, Oxford 1933

J. A. Rasin, Geschichte der Kriegskunst I, Berlin 1959, 206 ff.

W. Rüstow–H. Köchly, Geschichte des griechischen Kriegswesens von der ältesten Zeit bis auf Pyrrhos, Aarau 1852, 216 ff.

A. Schofmann, Armee und militärische Reformen Alexanders (russ.), Vestnik Drevn. Ist. 1972, 1, 171 ff.

G. S. Stagakis, Observations on the Ἑταῖροι of Alexander the Great, in: Laourdas-Makaronas, Ancient Macedonia, Thessaloniki 1970, 86 ff.

M. Graf Yorck v. Wartenburg, Kurze Übersicht der Feldzüge Alexanders des Großen, Berlin 1897

Politik, Verwaltung

A. Andreades, Les finances de guerre d'Alexandre le Grand, Annales d'Hist. Écon. et Sociale 1, 1929, 321 ff.

A. Andréadès, Le montant du budget d'Alexandre le Grand, Bull. Inst. Internat. de Statist. 28, 2, 1935, 320 ff.

R. Andreotti, Per una critica dell'ideologia di Alessandro Magno, Historia 5, 1956, 257 ff.

A. Aymard, L'usage du titre royal dans la Grèce classique et hellénistique, Rev. hist. de Droit 27, 1949, 579 ff.

E. Badian, Alexander the Great and the Unity of Mankind, Historia 7, 1958, 425 ff. = Griffith, Main Problems 287 ff.

E. Badian, Alexander the Great and the Loneliness of Power, in: Studies in Greek and Roman History, Oxford 1964, 192 ff.

E. Badian, The Administration of the Empire, Greece and Rome 12, 1965, 166 ff.

H. Berve, Die Verschmelzungspolitik Alexanders des Großen, Klio 31, 1938, 135 ff. = Griffith, Main Problems 103 ff.

F. Carrata Thomes, Il problema degli eteri nella monarchia di Alessandro Magno, Pubblic. Fac. Lett. Filos. Univ. Torino 7, 4, 1955

J. G. Droysen, Beiträge zu der Frage über die innere Gestaltung des Reiches Alexanders des Großen, in: Kl. Schriften II, Leipzig 1894, 232 ff.

F. Granier, Die makedonische Heeresversammlung (= Münch. Beiträge z. Papyrusforsch. u. antiken Rechtsgesch. 13), München 1931

G. T. Griffith, Alexander the Great and an Experiment in Government, Proceed. Cambr. Philol. Soc. 10, 1964, 23 ff.

F. Hampl, Der König der Makedonen, Diss. Leipzig 1934

F. Hampl, Alexander der Große und die Beurteilung geschichtlicher Persönlichkeiten in der modernen Historiographie, Nouvelle Clio 6, 1954, 91 ff.

F. Heichelheim, Strukturprobleme des Alexanderreiches und des Reiches der ersten Kalifen, Chron. d'Égypte 7, 1932, 172 ff.

F. M. Heichelheim, Wirtschaftsgeschichte des Altertums I, Leiden 1938, 420 ff. An Ancient Economic History III, Leyden 1970, 9 ff.

P. Julien, Zur Verwaltung der Satrapien unter Alexander dem Großen, Diss. Leipzig, Weida 1914

W. Jüthner, Hellenen und Barbaren (= Das Erbe d. Alten 8), Leipzig 1923

R. Knapowski, Die Finanzen Alexanders des Großen, in: Altheim-Stiehl, Geschichte Mittelasiens im Altertum, Berlin 1970, 235 ff.

A. Köhler, Reichsverwaltung und Politik Alexanders des Großen, Klio 5, 1905, 303 ff.

W. Kolbe, Die Weltreichsidee Alexanders des Großen (= Freiburger Wiss. Gesellsch. 25), Freiburg 1936

E. Kornemann, Die letzten Ziele der Politik Alexanders des Großen, Klio 16, 1920, 209 ff.

Ph. Merlan, Alexander the Great or Antiphon the Sophist?, Class. Philol. 45, 1950, 161 ff.

Ed. Meyer, Alexander der Große und die absolute Monarchie, in: Kl. Schriften I², Halle 1924, 265 ff.

F. Miltner, Die staatsrechtliche Entwicklung des Alexanderreiches, Klio 26, 1933, 39 ff.

M. Mühl, Die antike Menschheitsidee in ihrer geschichtlichen Entwicklung (= Das Erbe d. Alten 14), Leipzig 1928

M. Plezia–J. Bielawski, Lettre d'Aristote à Alexandre sur la politique envers les cités, Warschau 1970

H. W. Ritter, Diadem und Königsherrschaft, Untersuchungen zu Zeremonien und Rechtsgrundlagen des Herrschaftsantritts bei den Persern, bei Alexander dem Großen und im Hellenismus (= Vestigia 7), München 1965

Ch. A. Robinson Jr., Alexander the Great and the Oecumene, Hesperia Suppl. 8, 1949, 299 ff.

F. Schachermeyr, Alexander und die unterworfenen Nationen, in: Entretiens Fond. Hardt 22, Genf 1976, 47 ff.

W. Schmitthenner, Über eine Formveränderung der Monarchie seit Alexander d. Gr., Saeculum 19, 1968, 31 ff.

A. Schofman, Die Weltherrschaftsidee in den Eroberungsplänen Alexanders des Großen (russ.), Vestnik Drevn. Ist. 1969, 4, 96 ff.

W. W. Tarn, Alexander the Great and the Unity of Mankind, Proceed. Brit. Acad. 19, 1933, 123 ff. = Griffith, Main Problems 243 ff.

C. G. Thomas, Alexander the Great and the Unity of Mankind, Class. Journ. 63, 1968, 258 ff.

U. Wilcken, Alexander der Große und die hellenistische Wirtschaft, Schmollers Jahrb. f. Volkswirtsch. 45, 1921, 349 ff.

Religion, Vergöttlichung

K. T. M. Atkinson, Demosthenes, Alexander and asebeia, Athenaeum 51, 1973, 310 ff.

J. P. V. D. Balsdon, The ›Divinity‹ of Alexander, Historia 1, 1950, 363 ff. = Griffith, Main Problems 179 ff.

H. Berve, Die angebliche Begründung des hellenistischen Königskultes durch Alexander, Klio 20, 1926, 179 ff.

L. Edmunds, The Religiosity of Alexander, Greek, Roman and Byz. Stud. 12, 1971, 363 ff.

A. Gitti, Quando nacque in Alessandro Magno l'idea della filiazione divina, Atti Accad. Pugliese, Classe di Scienze Mor. 3/4, 1950/51, 1 ff.

Ch. Habicht, Gottmenschentum und griechische Städte, München 1956, 34 ff.

D. G. Hogarth, The Deification of Alexander the Great, Engl. Hist. Rev. 2, 1887, 317 ff.

H. U. Instinsky, Mensch und Gott in der Geschichte, in: Beiträge z. geistigen Überlieferung, Godesberg 1947, 184 ff.

E. Kornemann, Zur Geschichte der antiken Herrscherkulte, Klio 1, 1902, 51 ff.

B. Niese, Zur Würdigung Alexanders des Großen, HZ 79, 1897, 1 ff.

M. P. Nilsson, Geschichte der griechischen Religion II² (= Hdb. d. Altertumswiss. 5, 2, 2), München 1961

G. Radet, La déification d'Alexandre, Rev. Univ. du Midi 1, 1895, 129 ff.

Ch. A. Robinson Jr., The Seer Aristander, AJPh 50, 1929, 195 ff.

Ch. A. Robinson Jr., Alexander's Deification, AJPh 64, 1943, 286 ff.

P. Schnabel, Die Begründung des hellenistischen Königskultes durch Alexander, Klio 19, 1924, 113 ff.

P. Schnabel, Zur Frage der Selbstvergötterung Alexanders, Klio 20, 1926, 398 ff.

H. E. Stier, Zum Gottkönigtum Alexanders des Großen, Welt als Geschichte 4, 1939, 391 ff.

F. Taeger, Alexander der Große und die Anfänge des hellenistischen Herrscherkultes, HZ 172, 1951, 225 ff.

F. Taeger, Charisma, Studien zur Geschichte des antiken Herrscherkultes I, Stuttgart 1957, 191 ff.

F. Taeger, Alexanders Gottkönigsgedanke und die Bewußtseinslage der Griechen und Makedonen, in: Numen Suppl. 4, Leiden 1959, 394 ff.

U. v. Wilamowitz – Moellendorff, Der Glaube des Hellenen II², Darmstadt 1955, 260 ff.

U. Wilcken, Zur Entstehung des hellenistischen Königskultes, SB Berlin 1938, 298 ff.

3. Spezielle Literatur

1. Kapitel: Kindheit und Jugend 356–336

A. R. Anderson, Bucephalos and his Legend, AJPh 51, 1930, 1 ff.

E. Badian, The Death of Philip II, Phoenix 17, 1963, 244 ff.

H. Bengtson–H. H. Schmitt, Die Staatsverträge des Altertums II–III, München 1962–69

A. B. Bosworth, Aristotle and Callisthenes, Historia 19, 1970, 407 ff.

E. Braun, Eine Alexanderlegende, Österr. Jahresh. 39, 1952, 193 ff.

E. Buchner, Zwei Gutachten für die Behandlung der Barbaren durch Alexander den Großen?, Hermes 82, 1954, 378 ff.

A. Daskalakis, La jeunesse d'Alexandre et l'enseignement d'Aristote, Stud. Clasice 7, 1965, 169 ff.

G. Dobesch, Der panhellenische Gedanke im 4. Jh. und der ›Philippos‹ des Isokrates, Wien 1968

O. Feis, Die Geburt Alexanders des Großen, Die Wandlung einer Geburtsgeschichte, Arch. f. Gesch. d. Medizin u. d. Naturwiss. 11, 1919, 260 ff.

A. D. Fraser, The Breaking of Bucephalus, Class. Weekly 47, 1953/54, 22 f.

F. Geyer, Makedonien bis zur Thronbesteigung Philipps II (= HZ, Beiheft 19), München 1930

G. T. Griffith, The Macedonian Background, Greece and Rome 12, 1965, 125 ff.

B. v. Hagen, Isokrates und Alexander, Philologus 68, 1908, 113 ff.

J. R. Hamilton, Alexander's Early Life, Greece and Rome 12, 1965, 117 ff.

N. G. L. Hammond, A History of Macedonia I, Historical Geography and Prehistory, Oxford 1972

F. Hampl, Die Staatsverträge des 4. Jahrhunderts v. Christi Geb. (= Preisschrift Fürstl. Jablonow. Gesellsch. 54), Leipzig 1938

O. Hoffmann, Die Makedonen, ihre Sprache und ihr Volkstum, Göttingen 1906

W. Jaeger, Aristoteles, Grundlegung einer Geschichte seiner Entwicklung, Dublin–Zürich³ 1967

J. N. Kalléris, Les anciens Macédoniens, Étude linguistique et historique I–II 1, Athen 1954–76

U. Köhler, Aus der Finanzverwaltung Lykurgs, Hermes 5, 1871, 223 ff.

U. Köhler, Über das Verhältnis Alexanders des Großen zu seinem Vater Philipp, SB Berlin 1892, 497 ff.

E. Kornemann, Große Frauen des Altertums, Wiesbaden 1947, 77 ff.

H. Krahe, Beiträge zur Makedonenfrage, Ztschr. f. Ortsnamenforsch. 11, 1935, 78 ff.

Ph. Merlan, Isocrates, Aristotle and Alexander the Great, Historia 3, 1954/55, 60 ff.

A. Momigliano, Filippo il Macedone, Florenz 1934

A. Schaefer, Demosthenes und seine Zeit I–III, Leipzig² 1885–87, Neudruck Hildesheim 1966 (= Schaefer)

R. Schneider, Olympias, die Mutter Alexanders des Großen, Progr. Zwickau 1885

U. v. Wilamowitz-Moellendorff, Aristoteles und Athen I–II, Berlin–Dublin–Zürich² 1966

H. Willrich, Wer ließ König Philipp von Makedonien ermorden?, Hermes 34, 1899, 174 ff.

F. R. Wüst, Philipp II. von Makedonien und Griechenland in den Jahren von 346 bis 338 (= Münchener Hist. Abhandl. 1, 14), München 1938

2. Kapitel: Regierungsjahre in Makedonien 336–334

A. B. Bosworth, Aristotle and Callisthenes, Historia 19, 1970, 407 ff.

R. de Bovis, Alexandre le Grand sur le Danube, Reims 1908

Ch. M. Danov, Altthrakien, Berlin–New York 1976

G. Dobesch, Zur Philia im Korinthischen Bund, in: Beiträge zur Alten Geschichte u. deren Nachleben, Festschr. F. Altheim I, Berlin 1969, 245 ff.

J. R. Ellis, The Security of the Macedonian Throne under Philip II, in: Laourdas–Makaronas, Ancient Macedonia, Thessaloniki 1970, 68 ff.

H. U. Instinsky, Alexander, Pindar, Euripides, Historia 10, 1961, 248 ff.

W. O. Jacobs, Militärisch-philologische Untersuchungen zum Feldzug Alexanders des Großen gegen die Triballer, Diss. Münster 1920

W. Judeich, Kleinasiatische Studien, Marburg 1892

D. K. Kanatsulis, Antipatros als Feldherr und Staatsmann in der Zeit Philipps und Alexanders des Großen, Hellenica 16, 1958/59, 14 ff.

B. D. Meritt, Greek Inscriptions, Hesperia 21, 1952, 340 ff.

F. Mitchel, Athens in the Age of Alexander, Greece and Rome 12, 1965, 189 ff.

N. Neubert, Alexanders des Großen Balkanzug, Petermanns Geogr. Mitteil. 80, 1934, 281 ff.

E. Oberhummer, Alexanders des Großen Balkanzug, Petermanns Geogr. Mitteil. 81, 1935, 19

V. Parvan, La pénétration hellénique et hellénistique dans la vallée du Danube, Bull. sect. hist. de l'Acad. Rouen 10, 1923, 23 ff.

N. Vulič, Alexanders Zug gegen die Triballer, Klio 9, 1909, 490 f.

N. Vulič, Alexandre-le-Grand sur le Danube, in Ξένια, Hommage Univ. Nat. de Grèce, Athen 1912, 181 ff.

U. Wilcken, Beiträge zur Geschichte des Korinthischen Bundes, SB München 1917, Nr. 10

U. Wilcken, Alexander der Große und der Korinthische Bund, SB Berlin 1922, 97 ff.

U. Wilcken, Philipp II. und die panhellenische Idee, SB Berlin 1929, 291 ff.

3. Kapitel: Eroberung des Ostmittelmeerraums 334–331

F. M. Abel, Alexandre le Grand en Syrie et en Palestine, Rev. Biblique 43, 1934, 528 ff. 44, 1935, 48 ff.

B. Andreae, Das Alexandermosaik (= Opus nobile 14), Bremen 1959

E. Badian, Ancient Alexandria, in: Studies in Greek and Roman History, Oxford 1964, 179 ff.

E. Badian, Alexander the Great and the Greeks in Asia, in: Ancient Society and Institutions, Studies pres. to V. Ehrenberg, Oxford 1966, 37 ff.

A. Bauer, Die Schlacht bei Issos, Österr. Jahresh. 2, 1899, 105 ff.

A. Baumbach, Kleinasien unter Alexander dem Großen, Diss. Jena 1911

H. Bengtson, Die Strategie in der hellenistischen Zeit I², München 1964, 34 f.

E. Bickermann, Alexandre le Grand et les villes d'Asie, REG 47, 1934, 346 ff.

E. Breccia, Alexandrea ad Aegyptum, Bergamo 1922

E. Buschor, Maussollos und Alexander, München 1950

W. Capelle, Die Nilschwelle, Neue Jahrb. f. d. klass. Altert. 33, 1914, 317 ff.

C. J. Classen, The Libyan God Ammon in Greece before 331 B. C., Historia 8, 1959, 349 ff.

E. W. Davis, The Persian Battle Plan at the Granicus, in: Laudatores temporis acti, Studies in Memory Caldwell, Chapel Hill 1964, 34 ff.

W. Deonna, Le nœud Gordien, REG 31, 1918, 39 ff. 141 ff.

W. O. C. Dittberner, Issos, Ein Beitrag zur Geschichte Alexanders des Großen, Diss. Berlin 1908

V. Ehrenberg, Alexander und Ägypten, Beihefte z. Alten Orient 7, 1926 = Polis und Imperium, Zürich–Stuttgart 1965, 399 ff.

E. M. Forster, Alexandreia, A History and a Guide, New York 1961

P. M. Fraser, Ptolemaic Alexandria I–II, Oxford 1972

E. A. Fredricksmeyer, Alexander, Midas and the Oracle at Gordium, Class. Philol. 56, 1961, 160 ff.

H. Fuhrmann, Philoxenos von Eretria, Göttingen 1931, 101 ff.

H. Gallet de Santerre, Alexandre le Grand et Kymé d'Éolide, BCH 71/72, 1947/48, 302 ff.

A. v. Gerkan, Griechische Städteanlagen, Berlin–Leipzig 1924, 67 ff.

A. Gitti, Alessandro Magno all'oasi di Siwah, Il problema delle fonti, Bari 1951

V. v. Graeve, Der Alexandersarkophag und seine Werkstatt (= Istanbuler Forsch. 28), Berlin 1970

G. T. Griffith, The Letter of Darius at Arrian 2.14, Proceed. Cambr. Philol. Soc. 14, 1968, 33 ff.

B. A. v. Groningen, De Cleomene Naucratita, Mnemosyne 53, 1925, 101 ff.

A. Gruhn, Das Schlachtfeld von Issos, Eine Widerlegung der Ansicht Jankes, Jena 1905

H. U. Instinsky, Alexander der Große am Hellespont, Godesberg 1949

A. Janke, Die Schlacht bei Issos, Klio 10, 1910, 137 ff.

W. Judeich, Die Schlacht am Granikos, Klio 8, 1908, 372 ff.

F. Justi, Geschichte des alten Persiens (= Allgem. Geschichte in Einzeldarstell. 1, 4), Berlin 1879

W. B. Kaiser, Der Brief Alexanders des Großen nach der Schlacht bei Issos, Diss. Mainz 1956

J. Keil, Der Kampf um den Granikosübergang und das strategische Problem der Issosschlacht, Mitteil. d. Vereins Klass. Philologen in Wien 1, 1924, 13 ff.

U. Köhler, Die Eroberung Asiens durch Alexander den Großen und der Korinthische Bund, SB Berlin 1898, 120 ff.

G. Körte, Das Alexander-Mosaik aus Pompeji, Röm. Mitt. 22, 1907, 1 ff.

H. Lamer, Alexanders Zug in die Oase Siwa, Klio 24, 1931, 63 ff.

F. J. Lauth, Alexander in Aegypten, Abh. Akad. 14, München 1876, 97 ff.

K. Lehmann, Die Schlacht am Granikos, Klio 11, 1911, 230 ff.

C. F. Lehmann-Haupt, Zu Alexanders Zug in die Oase Siwa, Klio 24, 1931, 169 ff. 376 ff.

Th. Lenschau, Alexander der Große und Chios, Klio 33, 1940, 201 ff.

E. Mikrojannakis, The Diplomatic Contacts between Alexander III and Darius III, in: Laourdas–Makaronas, Ancient Macedonia, Thessaloniki 1970, 103 ff.

F. Miltner, Alexanders Strategie bei Issos, Österr. Jahresh. 28, 1933, 69 ff.

N. Th. Nikolitsis, The Battle of the Granicus (= Skrifter Svensk. Instit. Athen 4^0, 21), Stockholm 1974

F. Oertel, Zur Ammonssohnschaft Alexanders, Rhein. Mus. 89, 1940, 66 ff.

J. Partsch, Des Aristoteles Buch ›Über das Steigen des Nil‹, Eine Studie zur Geschichte der Erdkunde im Altertum, Abh. Sächs. Gesellsch. d. Wiss. 27, 1909, 553 ff.

G. Pasquali, Alessandro all'oasi di Ammone e Callistene, Rivist. Filol. 7, 1929, 513 ff.

G. Pasquali, Ancora Alessandro all' oasi di Ammone e Callistene, Rivist. Filol. 8, 1930, 342 ff.

F. Pfister, Eine jüdische Gründungsgeschichte Alexandrias, Mit einem Anhang über Alexanders Besuch in Jerusalem, SB Heidelberg 1914, Nr. 11

Ch. Picard, La lance d'Alexandre, Rev. Arch. 9, 1937, 85 f.

G. Radet, Alexandre à Troie, REA 27, 1925, 11 ff. = Notes critiques sur l'histoire d'Alexandre I, Bordeaux–Paris 1925, 1 ff.

G. Radet, Les négociations entre Darius et Alexandre après la bataille d'Issus, in: Notes critiques sur l'histoire d'Alexandre I, Bordeaux–Paris 1925, 25 ff.

G. Radet, Le pèlerinage au sanctuaire d'Ammon, REA 28, 1926, 213 ff. = Notes critiques sur l'histoire d'Alexandre I, Bordeaux–Paris 1925, 59 ff.

G. Radet, Notes sur l'histoire d'Alexandre V, Tyr, Delphes et l'Apollon de Géla, REA 28, 1926, 113 ff. = Notes critiques sur l'histoire d'Alexandre I, Bordeaux–Paris 1925, 51 ff.

G. Radet, Alexandre à Troie, Étude complémentaire, REA 35, 1933, 257 ff.

G. Radet, Alexandre en Syrie, Les offres de paix que lui fit Darius, in: Mélanges R. Dussaud I, Paris 1939, 235 ff.

A. B. Ranowitsch, Alexander der Große und die griechischen Städte in Kleinasien, in: Aufsätze zur Alten Geschichte (= Lebendiges Altertum 4), Berlin 1961, 75 ff.

A. Rumpf, Zum Alexander-Mosaik, AM 77, 1962, 229 ff.

W. Rutz, Zur Erzählungskunst des Q. Curtius Rufus, Die Belagerung von Tyrus, Hermes 93, 1965, 370 ff.

K. Schefold, Der Alexandersarkophag, Berlin 1968

T. Schier, Zur Lage des Schlachtfeldes von Issos und des Pinaros, Wiener Stud. 31, 1909, 153 ff.

L. Schmidt, Der gordische Knoten und seine Lösung, Antaios 1, 1959, 305 ff.

G. Scholz, Die militärischen und politischen Folgen der Schlacht am Granikos, Klio 15, 1917, 199 ff.

W. Schubart, Ägypten von Alexander dem Großen bis auf Mohammed, Berlin 1922, 1 ff.

Freya Stark, Alexander's Minor Campaigns in Turkey, Geograph. Journ. 122, 1956, 294 ff.

Freya Stark, Alexander's March from Miletus to Phrygia, JHS 78, 1958, 102 ff.

Freya Stark, Auf den Spuren Alexanders, Reise durch die unbekannte

Türkei, Stuttgart 1962. Alexander's Path, From Caria to Cilicia, London 1958

G. Steindorff, Durch die Libysche Wüste zur Ammonsoase, Bielefeld–Leipzig 1904

W. W. Tarn, Heracles Son of Barsine, JHS 41, 1921, 18 ff.

G. Tibiletti, Alessandro e la liberazione delle città d'Asia Minore, Athenaeum 32, 1954, 3 ff.

R. Vallois, L'oracle libyen et Alexandre, REG 44, 1931, 121 ff.

C. B. Welles, The Discovery of Sarapis and the Foundation of Alexandria, Historia 11, 1962, 271 ff.

U. Wilcken, Alexanders Zug in die Oase Siwa, SB Berlin 1928, 576 ff.

U. Wilcken, Alexanders Zug zum Ammon, Ein Epilog, SB Berlin 1930, 159 ff.

Ad. Wilhelm, Attische Urkunden I, SB Wien 1911, 6, 19 f.

F. Winter, Das Alexander-Mosaik aus Pompeji, Straßburg 1909

F. Winter, Der Alexandersarkophag aus Sidon (= Schriften d. Wiss. Gesellsch. Straßburg 15), Straßburg 1912

G. Wirth, Dareios und Alexander, Chiron 1, 1971, 133 ff.

G. Wirth, Die συντάξεις von Kleinasien 334 v. Chr., Chiron 2, 1972, 91 ff.

R. S. Young; Gordion, AJA 58, 1954, 150 f.; 59, 1955, 1 ff.; 60, 1956, 249 ff.; 61, 1957, 319 ff.; 62, 1958, 139 ff.; 64, 1960, 227 ff.

4. Kapitel: Besetzung Mesopotamiens und der Königsresidenzen 331–330

F. Altheim, Alexander und Zarathustra, Gymnasium 58, 1951, 123 ff.

E. Badian, Agis III, Hermes 95, 1967, 170 ff.

E. N. Borza, Fire from Heaven: Alexander at Persepolis, Class. Philol. 67, 1972, 233 ff.

A. M. Devine, Grand Tactics at Gaugamela, Phoenix 29, 1975, 374 ff.

W. Eilers, Die Ausgrabungen in Persepolis, Ztschr. f. Assyriol. 19, 1959, 248 ff.

G. T. Griffith, Alexander's Generalship at Gaugamela, JHS 67, 1947, 77 ff.

F. Hackmann, Die Schlacht bei Gaugamela, Diss. Halle 1902

E. Herzfeld, Pasargadae, Klio 8, 1908, 1 ff.

J. L. Huot, Persien I (= Archaeologia Mundi), München 1965

P. J. Junge, Dareios I., König der Perser, Leipzig 1944

R. Koldewey, Das wiedererstehende Babylon, Leipzig⁴ 1925

E. W. Marsden, The Campaign of Gaugamela, Liverpool 1964

L. H. Mills, Zarathustra, Philo, the Achaemenids and Israel I–II, Leipzig 1905–06

R. D. Milns, Alexander's Seventh Phalanx Battalion, Greek, Roman and Byz. Stud. 7, 1966, 159 ff.

A. T. E. Olmstead, A History of the Persian Empire, Chicago 1948

H. H. v. d. Osten, Die Welt der Perser, Stuttgart 1956

G. Radet, La prise de Persépolis, REA 29, 1927, 5 ff. = Notes critiques sur l'histoire d'Alexandre le Grand II, Paris 1927, 89 ff.

J. Rehork, Homer, Herodot und Alexander, in: Beiträge zur Alten Geschichte u. deren Nachleben, Festschr. F. Altheim I, Berlin 1969, 251 ff.

F. Sarre, Die Kunst des alten Persien, Berlin 1923

E. F. Schmidt, Persepolis I–II, Chicago 1953–57

Sir Aurel Stein, Notes on Alexander's Crossing on the Tigris and the Battle of Gaugamela, Geograph. Journ. 100, 1942, 155 ff.

F. Stolze–F. C. Andreas, Persepolis, Berlin 1882

L. Trümpelmann, Metrologische Untersuchungen am Kyrosgrab in Pasargadai, in: VIth Internat. Congr. of Iranian Art and Archaeol. Oxford 1972, Teheran 1976, 319 ff.

E. Unger, Babylon, die heilige Stadt, Berlin–Leipzig 1931

F. Wetzel – E. Schmidt – A. Mallwitz, Das Babylon der Spätzeit, Berlin 1957

Sir Mortimer Wheeler, Flammen über Persepolis, Alexander der Große und Asien, Berlin-Frankfurt 1969. Flames over Persepolis, London 1968

G. Wirth, Alexander zwischen Gaugamela und Persepolis, Historia 20, 1971, 617 ff.

5. *Kapitel: Unterwerfung Ostirans 330–327*

F. Altheim, Proskynesis, Paideia 5, 1950, 307 ff.

A. Aymard, Sur quelques vers d'Euripide qui poussèrent Alexandre au meurtre, in: Études d'histoire ancienne, Paris 1967, 51 ff.

E. Badian, The Eunuch Bagoas, A Study in Method, Class. Quart. 8, 1958, 144 ff.

E. Badian, The Death of Parmenio, TAPhA 91, 1960, 324 ff.

E. J. Bickerman, A propos d'un passage de Chares de Mytilène, Parola del Pass. 18, 1963, 241 ff.

T. S. Brown, Callisthenes and Alexander, AJPh 70, 1949, 225 ff. = Griffith, Main Problems 29 ff.

R. Byron, Persische Reise, Auf dem Wege zu alten Kulturen in Persien, Afghanistan und Turkistan, Berlin 1948. The Road to Oxiana, London 1937

F. Cauer, Philotas, Kleitos, Kallisthenes, Jahrb. f. class. Philol. Suppl. 20, 1894, 38 ff.

P. Daffina, L'immigrazione dei Saka nella Drangiana, Rom 1967

W. Geiger, Ostiranische Kultur im Altertum, Erlangen 1882

W. Geiger, Alexanders Feldzüge in Sogdiana, Progr. Neustadt a. d. H. 1884

G. Gnoli, Ricerche storiche sul Sistan antico, Rom 1967

G. T. Griffith, A Note on the Hipparchies of Alexander, JHS 83, 1963, 68 ff.

J. R. Hamilton, Alexander and the Aral, Class. Quart. 65, 1971, 106 ff.

W. Heckel, The Conspiracy against Philotas, Phoenix 31, 1977, 9ff.

J. Horst, Proskynein (= Neutestamentl. Forsch. 3, 2), Gütersloh 1932

T. B. Jones, Alexander and the Winter of 330–329 B. C., Class. Weekly 28, 1935, 124f.

S. I. Konvalev, Aleksandr i Klit, Vestnik Drevn. Ist. 20, 1949, 69ff.

Grace H. Macurdy, The Refusal of Callisthenes to Drink the Health of Alexander, JHS 50, 1930, 294ff.

J. Marquart, Untersuchungen zur Geschichte von Eran II, Alexanders Marsch von Persepolis nach Herat, Göttingen-Leipzig 1905, 19ff. = Philologus Suppl. 10, 1, 1907

G. Méautis, Recherches sur l'époque d'Alexandre, II: A propos de la ›proskynèse‹, REA 44, 1942, 304ff.

B. Meißner, Der Kuß im Alten Orient, SB Berlin 1934, 922ff.

R. D. Milns, Alexander's Pursuit of Darius through Iran, Historia 15, 1966, 256ff.

G. Radet, La dernière campagne d'Alexandre contre Darius, in: Mélanges G. Glotz II, Paris 1932, 765ff.

M. Renard – J. Servais, A propos du mariage d'Alexandre et de Roxane, L'Antiquité Class. 24, 1955, 29ff.

F. Reuß, Hellenistische Beiträge 1, Bactra und Zariaspa, Rhein. Mus. 62, 1907, 591ff.

G. C. Richards, Proskynesis, Class. Rev. 48, 1934, 168ff.

Ch. A. Robinson Jr., When Did Alexander Reach the Hindu Kush?, AJPh 51, 1930, 22ff.

Ch. A. Robinson Jr., Alexander the Great and Parmenio, AJA 49, 1945, 422ff.

Ch. A. Robinson Jr., Motivation for Alexander's Universalism, in: D. M. Robinson Studies II, St. Louis 1951, 830ff.

B. Rubin, Die Entstehung der Kataphraktenreiterei im Lichte der chorezmischen Ausgrabungen, Historia 4, 1955, 264ff.

Feodora v. Sachsen-Meiningen, Proskynesis in Iran, in: F. Altheim, Geschichte der Hunnen II, Berlin 1960, 125ff.

R. Schubert, Der Tod des Kleitos, Rhein. Mus. 53, 1898, 98ff.

F. v. Schwarz, Alexander des Großen Feldzüge in Turkestan, Stuttgart[2] 1906 (= v. Schwarz)

B. Spuler, Chwarizms (Choresmiens) Kultur, Historia 1, 1950, 601ff.

A. F. v. Stahl, Notes on the March of Alexander the Great from Ecbatana to Hyrcania, Geograph. Journ. 64, 1924, 312ff.

W. W. Tarn, The Greeks in Bactria and India, Cambridge[2] 1951, Neudruck 1966

Lily R. Taylor, The ›Proskynesis‹ and the Hellenistic Ruler Cult, JHS 47, 1927, 53ff.

S. P. Tolstow, Auf den Spuren der altchoresmischen Kultur, Berlin 1953

W. Tomaschek, Zur historischen Topographie von Persien I, SB Wien 102, 1883, 145ff.

6. Kapitel: Indischer Feldzug 327–325

A. E. Anspach, De Alexandri Magni expeditione Indica I–III (= Progr. Duisburg 1901–03), Leipzig 1901–03

E. Boehringer, Alexander der Große, in: 5000 Jahre Kunst in Pakistan, Darmstadt–Augsburg–Bonn 1962–63, 20 ff.

B. Breloer, Alexanders Kampf gegen Poros, Ein Beitrag zur indischen Geschichte (= Bonner Orientalist. Studien 3), Stuttgart 1933

B. Breloer, Alexanders Bund mit Poros, Indien von Dareios zu Sandrokottos (= Sammlung Orientalist. Arbeiten 9), Leipzig 1941

E. Cavaignac, A propos de la bataille d'Alexandre contre Porus, Journ. Asiatique 203, 1923, 332 ff.

A. Cunningham, The Ancient Geography of India including the Campaigns of Alexander, London 1871

P. H. L. Eggermont, Alexander's Campaigns in Sind and Baluchistan and the Siege of the Brahmin Town of Harmatella, Löwen 1975

V. Ehrenberg, Die Opfer Alexanders an der Indusmündung, in: Polis und Imperium, Zürich–Stuttgart 1965, 449 ff.

A. Foucher – E. Bazin-Foucher, La vieille route de l'Inde de Bactres à Taxile I–II, Paris 1942–47

J. R. Hamilton, The Cavalry Battle at the Hydaspes, JHS 76, 1956, 26 ff.

Ch. Hansen, Alexander und die Brahmanen, Klio 43/45, 1965, 351 ff.

D. Kienast, Alexander und der Ganges, Historia 14, 1965, 180 ff.

F. Lammert, Alexanders Verwundung in der Stadt der Maller und die damalige Heilkunde, Gymnasium 60, 1953, 1 ff.

S. Lévi, Notes sur l'Inde à l'époque d'Alexandre, Journ. Asiatique 15, 1890, 234 ff.

E. Mackay, Die Induskultur, Leipzig 1938

Sir John H. Marshall, Taxila I–III, Cambridge 1951

J. W. McGrindle, The Invasion of India by Alexander the Great, Westminster[2] 1896

E. Meyer, Alexander und der Ganges, Klio 21, 1927, 183 ff.

O. Murray, Herodotus and Hellenistic Culture, Class. Quart. 22, 1972, 200 ff.

A. K. Narain, Alexander and India, Greece and Rome 12, 1965, 155 ff.

C. Pearson, Alexander, Porus, and the Panjab, Indian Antiquary 34, 1905, 253 ff.

C. Pédelaborde, The Monsoon, London 1958, 133 ff.

F. Pfister, Das Nachleben der Überlieferungen von Alexander und den Brahmanen, Hermes 76, 1941, 143 ff. = Kl. Schriften zum Alexanderroman, Meisenheim 1976, 53 ff.

F. Pincott, The Route by which Alexander entered India, Journ. Royal Asiat. Soc. 1894, 67 ff.

G. Radet, Aornos, Journ. des Sav. 1929, 69 ff.

G. Radet, Sur les traces entre le Choès et l'Indus, Journ. des Sav. 1930, 207 ff.

G. Radet, Alexandre et Porus: le passage d'Hydaspes, REA 37, 1935, 349 ff.

G. Radet, Notes sur l'histoire d'Alexandre IX: Les colonies macédoniennes de l'Hydaspe Bucéphalie et Nicée, REA 43, 1941, 33 ff.

W. Reese, Die griechischen Nachrichten über Indien bis zum Feldzuge Alexanders des Großen, Leipzig 1914

Ch. A. Robinson Jr., Alexander the Great in India, Geogr. Rev. 23, 1933, 147

F. Schachermeyr, Alexander und die Ganges-Länder, in: Natalicium Carolo Jax oblatum I (= Innsbrucker Beitr. z. Kulturwiss. 3), Innsbruck 1955, 123 ff. = Forschungen und Betrachtungen zur griechischen und römischen Geschichte, Wien 1974, 279 ff. = Griffith, Main Problems 137 ff.

R. Schubert, Die Porosschlacht, Rhein. Mus. 56, 1901, 543 ff.

C. Schuffert, Alexanders des Großen indischer Feldzug, Progr. Colberg 1886

F. F. Schwarz, Candragupta – Sandrakottos, Das Altertum 18, 1972, 85 ff.

F. F. Schwarz, Neue Perspektiven in den griechisch-indischen Beziehungen, Orient Lit. Ztg. 67, 1972, 5 ff.

O. Sickenberger, Was wollte Alexander in Indien?, Geistige Arbeit 15, 1942, 1 f.

V. A. Smith, The Position of the Autonomous Tribes of the Punjab conquered by Alexander the Great, Journ. Royal Asiat. Soc. 1903, 685 ff.

V. A. Smith, The Early History of India, Oxford 1924, Neudruck 1957

Sir Aurel Stein, Alexander's Campaign on the Indian North-West Frontier, Geograph. Journ. 70, 1927, 417 ff. 515 ff.

Sir Aurel Stein, On Alexander's Track to the Indus, Personal Narrative of Explorations on the North-West Frontier of India, London 1929

Sir Aurel Stein, The Site of Alexander's Passage of the Hydaspes and the Battle with Poros, Geograph. Journ. 80, 1932, 31 ff.

W. W. Tarn, Alexander and the Ganges, JHS 43, 1923, 93 ff.

A. J. Toynbee, Between Oxus and Jumna, London 1961

E. Trinkler, Afghanistan, Petermanns Geogr. Mitteil. Erg. Heft 196, 1928, 58 ff.

G. Veith, Der Kavalleriekampf in der Schlacht am Hydaspes, Klio 8, 1908, 131 ff.

E. Vietta, Alexander scheitert an Indien, Bern 1957

U. Wilcken, Alexander der Große und die indischen Gymnosophisten, SB Berlin 1923, 150 ff.

G. Woodcock, The Greeks in India, London 1966

G. Zuntz, Zu Alexanders Gespräch mit den Gymnosophisten, Hermes 87, 1959, 436 ff.

7. Kapitel: Rückkehr und Ende 325–323

A. Aymard, Un ordre d'Alexandre, REA 39, 1937, 5 ff.

E. Badian, Harpalos, JHS 81, 1961, 16 ff. = Griffith, Main Problems 205 ff.

E. Badian, A King's Notebooks, Harvard Stud. in Class. Philol. 72, 1967, 183 ff.

A. Bernand, Alexandrie la Grande, Paris 1966, 229 ff.

E. Bickerman, La lettre d'Alexandre le Grand aux bannis grecs, REA 42, 1940 (= Mélanges G. Radet), 25 ff.

A. B. Bosworth, The Death of Alexander the Great: Rumour and Propaganda, Class. Quart. 21, 1971, 112 ff.

E. Breccia, Egitto greco e romano, Neapel² 1940, 3 ff.

H. Bulle, Der Leichenwagen Alexanders, JdI 21, 1906, 52 ff.

Ph. J. Derchain – J. Hubaux, Le Fantôme de Babylone, L'Antiquité Class. 19, 1950, 367 ff.

H. Endres, Krateros, Perdikkas und die letzten Pläne Alexanders, Rhein. Mus. 72, 1917/18, 437 ff.

W. Enßlin, Die Gewaltenteilung im Reichsregiment nach Alexanders Tod, Rhein. Mus. 74, 1925, 293 ff.

M. J. Fontana, Le lotte per la successione di Alessandro Magno dal 323 al 315, Atti della Accad. di Palermo 4, 18, 1, Palermo 1959, 103 ff.

E. M. Forster, Alexandria, New York 1961, 112 f.

P. M. Fraser, Ptolemaic Alexandria, Oxford 1972, I 15 ff. II 31 ff.

G. T. Griffith, Alexander and Antipater in 323 B. C., Afric. Class. Assoc. Proceed. 8, 1965, 12 ff.

Ch. Habicht, Literarische und epigraphische Überlieferung zur Geschichte Alexanders und seiner ersten Nachfolger, in: Akten des VI. Internat. Kongr. f. Griech. u. Latein. Epigraphik, München 1972 (= Vestigia 17), München 1973, 367 ff.

J. R. Hamilton, Alexander and his ›So-called‹ Father, Class. Quart. 3, 1953, 151 ff. = Griffith, Main Problems 235 ff.

J. R. Hamilton, Alexander among the Oreitae, Historia 21, 1972, 603 ff.

F. Hampl, Alexanders des Großen Hypomnemata und letzte Pläne, in: Studies pres. to D. M. Robinson II, Saint Louis 1953, 816 ff. = Griffith, Main Problems 308 ff.

H. Hauben, Rhodes, Alexander and the Diadochi from 333/332 to 304 B.C., Historia 26, 1977, 307 ff.

Sven Hedin, Zu Land nach Indien durch Persien, Seistan, Belutschistan II, Leipzig 1910, 200 ff.

Sir Thomas H. Holdich, Notes on Ancient and Mediaeval Makran, Geograph. Journ. 7, 1896, 388 ff.

Sir Thomas H. Holdich, The Greek Retreat from India, Journ. Soc. of Arts 49, 1901, 417 ff.

F. Jacoby, Die Beisetzungen Alexanders des Großen, Rhein. Mus. 58, 1903, 461 f.

H. Kasten, Das Amnestiegesetz der Tegeaten vom Jahre 324, Diss. Hamburg 1922

A. Körte, Der harpalische Prozeß, Neue Jahrb. f. Klass. Altert. 53, 1924, 217 ff.

K. Lehmann, Samothrake: Sixth Preliminary Report, Hesperia 22, 1953, 1 ff.

D. M. Lewis, Alexander's Death-Day, Class. Rev. 83, 1969, 272

H. Luschey, Der Löwe von Ekbatana, Archäol. Mitteil. aus Iran 1, 1968, 115 ff.

E. Mockler, On the Identification of Places on the Macran Coast, Journ. Asiat. Soc. 11, 1879, 129 ff.

K. F. Müller, Der Leichenwagen Alexanders des Großen, Leipzig 1905

G. Nenci, Realtà e leggenda dei disegni occidentali di Alessandro, in: Introduzione alle guerre persiane e altri saggi di storia antica, Pisa 1958, 213 ff.

G. Nenci, L'ambasceria romana ad Alessandro, in: Introduzione alle guerre persiane, Pisa 1958, 259 ff.

M. Neubert, Die Fahrt Nearchs nach dem konstanten Stadion, Petermanns Geogr. Mitteil. 74, 1928, 136 ff.

E. Petersen, Der Leichenwagen Alexanders des Großen, Neue Jahrb. f. Klass. Altert. 15, 1905, 698 ff.

A. Plassart, Règlement tégéate concernant le retour des bannis, BCH 38, 1914, 101 ff.

F. Reuß, Der Leichenwagen Alexanders des Großen, Rhein. Mus. 61, 1906, 408 ff.

Ch. A. Robinson Jr., Alexander's Plans, AJPh 61, 1940, 402 ff.

G. De Sanctis, Gli ultimi messaggi di Alessandro ai Greci, Rivist. Filol. 18, 1940, 1 ff.

F. Schachermeyr, Die letzten Pläne Alexanders des Großen, Österr. Jahresh. 41, 1954, 118 ff. = Forschungen und Betrachtungen zur griechischen und römischen Geschichte, Wien 1974, 292 ff. = Griffith, Main Problems 322 ff.

F. Schachermeyr, Alexander in Babylon und die Reichsordnung nach seinem Tode, SB Wien 268, 3, 1970

H. Schiwek, Der Persische Golf als Schiffahrts- und Seehandelsroute in Achämenidischer Zeit und in der Zeit Alexanders des Großen, Bonner Jahrb. 162, 1962, 43 ff.

A. S. Schofman, Die städtebauliche Tätigkeit Alexanders von Makedonien (russ.), Klio 57, 1975, 123 ff.

W. Schur, Das Alexanderreich nach Alexanders Tode, Rhein. Mus. 83, 1934, 129 ff.

W. Schwahn, Die Nachfolge Alexanders des Großen, Klio 23, 1930, 211 ff. 24, 1931, 306 ff.

J. Seibert, Nochmals zu Kleomenes von Naukratis, Chiron 2, 1972, 99 ff.

Marta Sordi, Alessandro e i Romani, I progetti occidentali di Alessandro, Rendic. Istit. Lombard. Accad. di Scienze e Lett. 99, Mailand 1965, 435 ff.

Sir Aurel Stein, On Alexander's Route into Gedrosia, Geograph. Journ. 102, 1943, 217 ff.

H. Strasburger, Alexanders Zug durch die Gedrosische Wüste, Hermes 80, 1952, 456 ff.

H. Strasburger, Zur Route Alexanders durch Gedrosien, Hermes 82, 1954, 251 ff.

W. W. Tarn, Alexander's ὑπομνήματα and the ›World-Kingdom‹, JHS 41, 1921, 1 ff.

W. W. Tarn, Alexander's Plans, JHS 59, 1939, 124 ff.

H. Thiersch, Die alexandrinische Königsnekropole, JdI 25, 1910, 55 ff.

W. Tomaschek, Topographische Erläuterungen der Küstenfahrt Nearchs vom Indus bis zum Euphrat, SB Wien 121, 8, 1890

A. Toynbee, If Alexander the Great had Lived on, in: Some Problems of Greek History, London 1969, 441 ff.

P. Treves, Notes sur la chronologie de l'affaire d'Harpale, REA 36, 1934, 513 ff.

J. Vogt, Kleomenes von Naukratis, Herr von Ägypten, Chiron 1, 1971, 153 ff.

F. J. de Waele, Het Westen in het Veroveringsplan van Alexander de Groote, Mededelingen Vlaamse Acad. van Belgie 6, 2, 1944

U. v. Wilamowitz-Moellendorff, Der Leichenwagen Alexanders des Großen, JdI 20, 1905, 103 ff.

U. Wilcken, Ὑπομνηματισμοί, Philologus 53, 1894, 80 ff.

U. Wilcken, Die letzten Pläne Alexanders des Großen, SB Berlin 1937, 192 ff.

G. Wirth, Nearchos, der Flottenchef, in: Acta Convent. XI Eirene, Prag 1968, 615 ff.

F. R. Wüst, Die Rede Alexanders des Großen in Opis, Arrian VII 9–10, Historia 2, 1953/54, 177 ff.

F. R. Wüst, Die Meuterei von Opis (Arrian VII 8, 11, 1–7), Historia 2, 1953/54, 418 ff. 3, 1954/55, 497

F. R. Wüst, Zu den Hypomnemata Alexanders des Großen, Das Grabmal des Hephaistion, Österr. Jahresh. 44, 1959, 147 ff.

8. Kapitel: Persönlichkeit und Bedeutung

G. J. D. Aalders, Germanicus und Alexander der Große, Historia 10, 1961, 382 ff.

A. Abel, La figure d'Alexandre en Iran, in: La Persia e il mondo greco-romano (= Accad. Lincei, Problemi attuali 76), Rom 1966, 119 ff.

L. Alfonsi, Sul passo Liviano relativo ad Alessandro Magno, Hermes 90, 1962, 505 f.

R. Andreotti, Die Weltmonarchie Alexanders des Großen in Überlieferung und geschichtlicher Wirklichkeit, Saeculum 8, 1957, 120 ff.

A. R. Bellinger, Essays on the Coinage of Alexander the Great, New York 1963

J. J. Bernouilli, Die erhaltenen Darstellungen Alexanders des Großen, München 1905

M. Bertolotti, La critica medica nella storia, Alessandro Magno, Turin 1933

Margarete Bieber, Alexander the Great in Greek and Roman Art, Chicago 1964

Margarete Bieber, The Portraits of Alexander, Greece and Rome 12, 1965, 183 ff.

P. A. Brunt, The Aims of Alexander, Greece and Rome 12, 1965, 205 ff.

P. Ceausescu, La double image d'Alexandre le Grand à Rome, Studii Clasice 16, 1974, 153 ff.

V. Chapot, Alexandre fondateur de villes, in: Mélanges G. Glotz I, Paris 1932, 173 ff.

A. Demandt, Politische Aspekte im Alexanderbild der Neuzeit, Archiv f. Kulturgesch. 54, 1972, 325 ff.

A. Dihle, Der Seeweg nach Indien (= Innsbrucker Beitr. z. Kulturwiss. 4), Innsbruck 1974

L. Eicke, Veterum philosophorum qualia fuerint de Alexandro Magno iudicia, Diss. Rostock 1909

R. M. Errington, Alexander in the Hellenistic World, in: Entretiens Fond. Hardt 22, Genf 1976, 137 ff.

M. H. Fisch, Alexander and the Stoics, AJPh 58, 1937, 59 ff.

Elisabeth Frenzel, Stoffe der Weltliteratur, Stuttgart⁴ 1976, 29 ff.

J. Gagé, Alexandre le Grand en Macédoine dans la Ière moitié du IIIe siècle ap. J. C., Historia 24, 1975, 1 ff.

K. Gebauer, Alexanderbildnis und Alexandertypus, AM 63/64, 1938/39, 1 ff.

H. J. Gleixner, Das Alexanderbild der Byzantiner, Diss. München 1961

H. Grimm, Die Hochzeit Alexanders und der Roxane, in: Aufsätze zur Kunst, Gütersloh 1915, 157 ff.

Madeleine Hallade – H. Hinz, Indien, Gandhara-Begegnung zwischen Orient und Okzident, München 1968

R. W. Hartle, The Image of Alexander the Great in Seventeenth Century France, in: Laourdas–Makaronas, Ancient Macedonia, Thessaloniki 1970, 387 ff.

H. Herter, Hellenismus und Hellenentum, in: Das Neue Bild der Antike I, Leipzig 1942, 334 ff.

A. Heuß, Alexander der Große und die politische Ideologie des Altertums, Antike u. Abendland 4, 1954, 65 ff. (= Heuß)

W. Hoffmann, Das literarische Porträt Alexanders des Großen (= Leipziger Hist. Abhandl. 8), Leipzig 1907

T. Hölscher, Ideal und Wirklichkeit in den Bildnissen Alexanders des Großen, Abh. Heidelberger Akad. d. Wiss., Phil.-hist. Kl. 1971, 2

E. v. Ivanka, Die aristotelische Politik und die Städtegründungen Alexanders, Budapest 1938

J. Kampers, Alexander der Große und die Idee des Weltimperiums in Prophetie und Sage, Freiburg 1901

J. Kaerst, Alexander der Große und der Hellenismus, HZ 74, 1895, 1 ff. 193 ff.

W. Kirsch, Kaiser Friedrich II. – ein neuer Alexander, Arch. f. Kulturgesch. 56, 1974, 217 ff.

G. Kleiner, Alexanders Reichsmünzen, Abh. Akad. Berlin, Phil.-hist. Kl. 1947, 5, Berlin 1949

G. Kleiner, Das Bildnis Alexanders des Großen, JdI 65/66, 1950/51, 206 ff.

K. Kraft, Der behelmte Alexander der Große, Jahrb. f. Numism. u. Geldgesch. 15, 1965, 7 ff.

J. Kromayer, Alexander der Große und die hellenistische Entwicklung in dem Jahrhundert nach seinem Tode, HZ 100, 1908, 11 ff.

R. Laqueur, Hellenismus, Akademische Rede, Gießen 1925

Maria Marinescu – Himou, La Légende d'Alexandre le Grand dans la Littérature Roumaine, in: Laourdas–Makaronas, Ancient Macedonia, Thessaloniki 1970, 407 ff.

J. Matl, Antike Gestalten in der slawischen literarischen und Volksüberlieferung, Saeculum 6, 1955, 407 ff.

E. Mensching, Peripatetiker über Alexander, Historia 12, 1963, 274 ff.

Dorothea Michel, Alexander als Vorbild für Pompeius, Caesar und Marcus Antonius (= Coll. Latomus 94), Brüssel 1967

Ch. Mücke, Vom Euphrat zum Tiber, Untersuchungen zur alten Geschichte, Leipzig 1899, 59 ff.

L. Müller, Numismatique d'Alexandre le Grand, Kopenhagen 1855, Neudruck 1961

A. K. Narain, The Indo-Greeks, Oxford 1957

J. Naue, Die Porträtdarstellungen Alexanders des Großen auf griechischen Münzen des Königs Lysimachos von Thracien, Ztschr. f. Numism. 8, 1881, 29 ff.

E. Neuffer, Das Kostüm Alexanders des Großen, Diss. Gießen 1929

E. T. Newell, Alexander Hoards I–IV, New York 1921–29

F. Pfister, Alexander der Große in der bildenden Kunst, Forsch. u. Fortschr. 35, 1961, 330 ff. 375 ff. = Kl. Schriften zum Alexanderroman, Meisenheim 1976, 165 ff.

F. Pfister, Das Alexander-Archiv und die hellenistisch-römische Wissenschaft, Historia 10, 1961, 30 ff.

F. Pfister, Antike Überlieferung und historische Kritik, in: Neue Beiträge zur Geschichte der Alten Welt I, Berlin 1964, 247 ff.

F. Pfister, Alexander der Große, Die Geschichte seines Ruhms im Lichte seiner Beinamen, Historia 13, 1964, 37 ff.

C. L. Pierce, The Unconscious Motives of Alexander the Great, Psychoanalytic Review 10, 1923, 56 ff.

Ch. A. Robinson Jr., The Extraordinary Ideas of Alexander the Great, Am. Hist. Rev. 62, 1957, 326 ff. = Griffith, Main Problems 53 ff.

Lella C. Ruggini, Sulla cristianizzazione della cultura pagana: il mito greco e latino di Alessandro dall'età antonina al Medio Evo, Athenaeum 43, 1965, 3 ff.

Th. Schreiber, Studien über das Bildnis Alexanders des Großen, Leipzig 1903

E. v. Schwarzenberg, Der lysippische Alexander, Bonner Jahrb. 167, 1967, 58 ff.

F. Spiegel, Die Alexandersage bei den Orientalen, Leipzig 1851

F. Spiegel, Eranische Alterthumskunde II, Leipzig 1873, 490 ff.

W. Stammler, Alexander, in: Reallexikon zur deutschen Kunstgeschichte I, Stuttgart 1931, 332 ff.

Sir Aurel Stein, Archaeological Reconnaissances in North-Western India and South-Eastern Iran, London 1937

J. Stroux, Die stoische Beurteilung Alexanders des Großen, Philologus 88, 1933, 222 ff.

W. W. Tarn, Alexander, Cynics and Stoics, AJPh 60, 1939, 41 ff.

H. Thiersch, Lysipp's Alexander mit der Lanze, JdI 23, 1909, 162 ff.

V. Tscherikower, Die hellenistischen Städtegründungen von Alexander dem Großen bis auf die Römerzeit, Philologus Suppl. 19, 1, 1927

G. Veloudis, Alexander der Große, ein alter Neugrieche, München 1969

J. Vogt, Orbis Romanus, in: Orbis, Ausgewählte Schriften zur Geschichte des Altertums, Freiburg 1960, 151 ff.

H. Warth, Epoche und Repräsentation, Zum Verfall mythologischer und philosophischer Erfahrungen im Oikumenismus Alexanders des Großen, Diss. München 1971

F. Weber, Alexander der Große im Urteil der Griechen und Römer bis in die konstantinische Zeit, Diss. Gießen 1909

G. Weedman, Alexander the Great, The Misunderstanding of a King, Indiana 1971

O. Weippert, Alexander-Imitatio und römische Politik in republikanischer Zeit, Diss. Würzburg, Augsburg 1972

C. B. Welles, Alexander's Historical Achievement, Greece and Rome 12, 1965, 219 ff.

U. Wilcken, Über Werden und Vergehen der Universalreiche, Bonn 1915

R. Andreotti, Il problema di Alessandro Magno nella storiografia dell' ultimo decennio, Historia 1, 1950, 583 ff.

E. Badian, Alexander the Great, 1948–67, Classical World 65, 1971, 37 ff., 77 ff.

E. Badian, Some Recent Interpretations of Alexander, in: Entretiens Fond. Hardt 22, Genf 1976, 279 ff.

H. Bengtson, Alexander und der Hellenismus, Welt als Geschichte 5, 1939, 168 ff.

N. J. Burich, Alexander the Great, A Bibliography, Kent 1970

F. Oertel, Alexander der Große in neuer Sicht, Orientalist. Lit. Zeitung 52, 1957, 101 ff.

J. Seibert, Alexander der Große (= Erträge d. Forschung 10), Darmstadt 1972 (= Seibert)

G. Walser, Zur neueren Forschung über Alexander den Großen, Schweizer Beitr. z. allgem. Geschichte 14, 1956, 156 ff. = Griffith, Main Problems 345 ff.

Nachtrag zur 3. Auflage

von Kai Brodersen (Institut für Alte Geschichte, Universität München) unter Einbezug der von Siegfried Lauffer für die 2. Auflage (1981) genannten Titel

Quellen

1. Allgemeine Darstellungen und Untersuchungen

A. Dihle, Griechische Literaturgeschichte, München [2]1991; ders., Die griechische und lateinische Literatur der Kaiserzeit, München 1989

A. Fränkel, Die Quellen der Alexanderhistoriker, Breslau 1883, Neudruck Aalen 1969

K. Meister, Die griechische Geschichtsschreibung, Stuttgart, Berlin, Köln 1990

K. Meister, Das Bild Alexanders des Großen in der Historiographie seiner Zeit, in: W. Dahlheim u. a. (Hgg.), Festschrift Robert Werner (= Xenia 22), Konstanz 1989, 63 ff.

P. Pédech, Les historiens d'Alexandre, in: Historiographia Antiqua, in hon. W. Peremans, Löwen 1977, 119 ff.

H. Verdin u. a. (Hgg.), Purposes of History: Studies in Greek Historiography from the 4th to the 2nd Centuries B. C. (= Studia Hellenistica 30) Löwen 1990

2. Erhaltene Autoren

ARRIAN

G. Anderson, Arrian's Anabasis Alexandri and Lucian's Historia, Historia 29, 1980, 119 ff.

K. Brodersen, Arrian und Appian, Klio 70, 1988, 461

A. B. Bosworth, Errors in Arrian, Class. Quart. 26, 1976, 117 ff.

A. B. Bosworth, From Arrian to Alexander, Cambridge 1988

P. Brunt, Arrian, History of Alexander and Indica (= Loeb Classical Library 236/269) Cambridge Mass. 1976–1983

N. G. L. Hammond, A Note on »Pursuit« in Arrian, Class. Quart. 28, 1978, 136 ff.

R. D. Milns, Arrian's Accuracy in Troop Details: A note, Historia 27, 1978, 374 ff.

Ph. A. Stadter, Arrian of Nicomedia, Chapel Hill 1980

G. Wirth, O. v. Hinüber, Arrian, Der Alexanderzug, Indische Geschichte, München, Zürich (Tusculum) 1985

CURTIUS RUFUS

A. M. Devine, The Parthi, The Tyranny of Tiberius, and the Date of Q. Curtius Rufus, Phoenix 33, 1979, 142 ff.

R. Egge, Primärtradition bei Q. Curtius Rufus, Die alexanderfeindliche Überlieferung, Diss. Freiburg 1978

J. M. Hamilton, The Date of Quintus Curtius Rufus, Historia 37, 1988, 445 ff.

N. Holzberg, Hellenistisches und Römisches in der Philippos-Episode bei Curtius Rufus, Würzburger Jahrbücher für die Altertumswissenschaft NF 14, 1988, 185 ff.

R. Porod, Der Literat Curtius, Graz 1987

J. Sibelis-H. Weismann-G. John (Übers.), Curtius Rufus, Alexandergeschichte, Essen und Stuttgart 1987

Ursula Vogel-Weidemann, Bemerkungen zu den Curtii Rufi der frühen Prinzipatszeit, Acta Class. 13, 1970, 79 ff.

DIODOR

Diodorus, Bibliothèque historique, livre XVII, übers. von P. Goukowsky, Paris (Budé) 1976 (griech. Text mit franz. Übersetzung)

R. Laqueur, Diodors Geschichtswerk (= Studien zur Klassischen Philologie 71), Frankfurt/Main 1992

R. Laqueur, Die Verletzung Alexanders d. Gr. in der Schlacht am Granikos. Hermes 121, 1993, 199 ff.

K. Sacks, Diodorus Siculus and the 1st Century, Princeton NJ 1990
O. Veh-G. Wirth (Übers.), Diodoros, Griechische Weltgeschichte (= Bibliothek der griech. Literatur 34 ff.), Stuttgart 1992 ff.

PLUTARCH
Plutarque, Vies IX, Alexandre-César, Paris (Budé) 1975 (griech. Text mit franz. Übersetzung)
Ph. Stadter (Hg.), Plutarch and the Historical Tradition, London-New York 1992

IUSTIN
R. H. Lytton, Justin's Account of Alexander the Great, Diss. Pennsylvania 1975

ANDERE AUTOREN
L. Bieler, Kritisch-Exegetisches zur Suasoria de Alexandro des Arellius Fuscus (Seneca Rhetor Suas. 4), Wiener Stud. 53, 1935, 84 ff.
W. W. Boer, Epistola Alexandri ad Aristotelem ad Codicum Fidem edidit et commentario critico instruxit (= Beitr. z. Klass. Philol. 50), Meisenheim 1973
E. L. Gunderson, The Letter of Alexander to Aristotle about India, Diss. Madison 1966
Ch. Stöcker, Alexander der Große bei Fulgentius und die Historia Alexandri Macedonis des Antidamas, Vigil. Christ. 33, 1979, 55 ff.

3. Fragmente

J. R. Hamilton, Cleitarchus and Diodorus 17, in: Greece and the Eastern Mediterranean in Ancient Hist. and Prehistory, Studies to F. Schachermeyr, Berlin-New York 1977, 126 ff.
R. B. Kebric, In the Shadow of Macedon: Duris of Samos (= Historia, Einzelschr. 29), Wiesbaden 1977
W. Will, Fragmente der Griechischen Historiker, Teil II: Die Historiker der Alexanderzeit (= Bibliothek der griech. Literatur), Stuttgart in Vorb.

4. Alexanderroman

Itinerarium Alexandri, hrsg. von D. Volkmann, Naumburg 1871
A. Cizek, Historical Distortions and Saga Patterns in the Pseudo-Callisthenes Romance, Hermes 106, 1978, 593 ff.
T. Hägg, Eros und Tyche, Der Roman in der antiken Welt (= Kulturgeschichte der antiken Welt 36), Mainz 1987, 156 ff.
Ch. Stoecker, Der Trug der Olympias. Ein Beitrag zur Erzählkunst antiker Novellistik, Würzb. Jahrb. f. d. Altertumswiss. 2, 1976, 85 ff.

F. Pfister, Studien zur Sagengeographie, Symbol. Osloenses 35, 1959, 5 ff.

G. Streckenbach, Zur Übersetzung der »Alexandreis« des Walter von Châtillon, Mittellatein. Jahrb. 12, 1977, 123 ff.

5. Münzen

O. Mørkholm, Early Hellenistic Coinage from the Accession of Alexander to the Peace of Apamea (336–188 B. C.), Cambridge 1991

Literatur

1. Gesamtdarstellungen

H. Bengtson, Philipp und Alexander der Große, München 1985

A. B. Bosworth, Conquest and Empire, The Reign of Alexander the Great, Cambridge 1988

P. Briant, Alexandre le Grand (= Que sais-je? 622), Paris² 1977

H.-J. Gehrke, Geschichte des Hellenismus, München 1990

P. Green, Alexander to Actium, Berkeley 1990

N. G. L. Hammond-F. W. Walbank, A History of Macedonia III: 336–167 B. C., Oxford 1988

S. Hornblower, The Greek World 479–323 B. C., London 1983

R. Lane Fox, Die Suche nach Alexander, Braunschweig 1990

M. A. Levi, Alessandro Magno, Mailand 1977

M. A. Levi, Indroduzione ad Alessandro Magno, Mailand 1977

E. G. E. Lorenz, Alexander der Große, Bildnis eines Führers und Menschen, Berlin 1935

J. Seibert, Die Eroberung des Perserreiches durch Alexander den Großen auf kartographischer Grundlage (= TAVO Beih. 8), Wiesbaden 1984

F. W. Walbank, Die hellenistische Welt (= dtv-Geschichte der Antike), München ³1989

W. Will, Alexander der Große (= Geschichte Makedoniens 2), Stuttgart 1986

2. Allgemeine Untersuchungen

Sammelwerke, Verschiedene Fragen

M. Andronikos-N. Gialouris, Μέγας ʿΑλέξανδρος, Ἱστορία καὶ θρῦλος στὴν τέχνη. Thessalonike 1980

P. B. Adamson, The Influence of Alexander the Great on the Practice of Medicine, Episteme 7, 1973, 222 ff.

T. S. Brown, Alexander and Greek Athletics, in Fact and in Fiction, in: Greece and the Eastern Mediterranean in Ancient Hist. and Prehistory, Studies to F. Schachermeyr, Berlin-New York 1977, 76 ff.

J. M. Croisille (Hg.), Alejandro Magno, modelo de los emperados romanos (= Neroniana 4 = Coll. Latomus 209), Brüssel 1990

L. Edmunds, Alexander and the Calendar, Historia 28, 1979, 112 ff.

R. Engel, Untersuchungen zum Machtaufstieg des Antigonos I. Monophthalmos, Kallmünz o. J. (1976)

J. Hofstetter, Die Griechen in Persien, Berlin 1978

P. G. Maxwell-Stuart, A Medical Recipe of Alexander the Great?, Rivist. Stud. Class. 24, 1976, 321 ff.

J. Ozols, V. Thewalt (Hg.), Aus dem Osten des Alexanderreichs, Köln 1984

H. H. Schmitt, E. Vogt (Hgg.), Kleines Wörterbuch des Hellenismus, Wiesbaden 1988, 2. Aufl. u. d. T. Kleines Lexikon des Hellenismus in Vorb.

D. I. Tsibukides u. a., Studies on Alexander the Great and the Hellenistic World in the USSR, Ancient World 13.3–4, 1986, 67 ff.

W. Will, J. Heinrichs (Hg.), Zu Alexander d. Gr., Festschrift G. Wirth, Amsterdam 1987

G. Wirth, Studien zur Alexandergeschichte, Darmstadt 1985

H. Warth, Epoche und Repräsentation, Zum Verfall mythologischer und philosophischer Erfahrungen im Oikumenismus Alexanders des Großen, Frankfurt 1974

Geographie, Weltbild

L. Bodson, Alexander the Great and the Scientific Exploration of the Oriental Part of his Empire, Ancient Society 22, 1991, 127 ff.

R. Dion, Aspects politiques de la géographie antique, Paris 1977, 175 ff.

U. Hackl, Die sogenannten Weltreichspläne Alexanders des Großen, Würzburger Jahrbücher für die Altertumswissenschaft NF 12, 1986, 105 ff.

J. S. Romm, Aristotle's Elephant and the Myth of Alexander's Scientific Patronage, American Journal of Philology 110, 1989, 566 ff.

Heerwesen, Kriegführung

A. Agostinetti Simonetti, I mercenari nell' esercito di Alessandro Magno, Centro ricerche e docum. sull' antiqu. class. 9, 1977/78, 1 ff.

T. Alfieri Tonini, La fanteria leggera nell' esercito di Alessandro Magno, Centro ricerche e docum. sull' antiqu. class. 8, 1976/77, 7 ff.

ders., L' evoluzione della poliorcetica con Alessandro Magno, Centro ricerche e docum. sull' antiqu. class. 9, 1977/78, 19 ff.

E. F. Bloedow, Alexander the Great and those Sogdianaean Horses, in: Hellenistische Studien, Gedenkschrift für H. Bengtson (= Münchener Arbeiten zur Alten Geschichte 5), München 1991, 17 ff.

A. M. Devine: The Strategies of Alexander the Great and Darius III, Ancient world 12.1–2, 1985, 25 ff.

A. M. Devine, The Macedonian Army at Gaugamela, Its Strength and the Length of its Battle-Line, ebd. 19.3–4, 1989, 77 ff.

P. Ducrey, Le traitement des prisonniers de guerre dans la Grèce antique, Paris 1968, 161 ff.

D. W. Engels, Alexander the Great and the Logistics of the Macedonian Army, Berkeley-Los Angeles-London 1978

N. G. L. Hammond, Note on Argyraspides (silver shields) and Hypaspists (shield-bearers), Class. Quart. 28, 1978, 135

W. Heckel, The Somatophylakes of Alexander the Great, Some Thoughts, Historia 27, 1978, 224 ff.

M. M. Markle, Use of the Sarissa by Philip and Alexander of Macedon, Am. Journ. Archaeol. 82, 1978, 483 ff.

H. H. Scullard, The Elephant in the Greek and Roman World, Cambridge 1974, 64 ff.

G. F. Seibt, Griechische Söldner im Achaimenidenreich (= Habelts Diss. Drucke, Alte Gesch. 11), Bonn 1977

Politik, Verwaltung

P. Briant, Antigone le Borgne, Paris 1973

A. Dreizehnter, Die Städtegründungen Alexanders, in: Dreizehnter, Die rhetorische Zahl, Quellenkritische Untersuchungen anhand der Zahlen 70 und 700 (= Zetemata 73), München 1978, 20 ff.

R. M. Errington, The Nature of the Macedonian State under the Monarchy, Chiron 8, 1978, 77 ff.

G. Gottschewski, Die Münze als politisches Werkzeug in der Hand Philipps II. und Alexanders des Großen, Minden 1975

W. E. Higgins, Aspects of Alexander's Imperial Administration: Some Modern Methods and Views Reviewed, Athenaeum 58, 1980, 129 ff.

M. A. Kondratuk, The League of Corinth and its Role in the Political History of Greece in the Thirties and Twenties of the Fourth Century B. C. (russ.), Vestn. Drev. Ist. 1977, 140, 25 ff.

R. A. Lock, The Macedonian Army Assembly in the Time of Alexander the Great, Class. Philol. 72, 1977, 91 ff.

R. Schmitt, Königtum im Alten Iran, Saeculum 28, 1977, 384 ff.

A. S. Sofman, L'activité urbanistique d'Alexandre le Grand (russ.), Klio 57, 1975, 123 ff.

A. S. Sofman, La politique orientale d'Alexandre de Macédoine, Kazan 1976

Religion, Vergöttlichung

A. B. Bosworth, Alexander and Ammon, in: Greece and the Eastern Mediterranean in Ancient Hist. and Prehistory, Studies to F. Schachermeyr, Berlin-New York 1977, 51 ff.

S. M. Burstein, Pharaoh Alexander, A Scholarly Myth, Ancient Society 22, 1991, 139 ff.

K. Rosen, Der »göttliche« Alexander, Athen und Samos, Historia 27, 1978, 20 ff.

A. S. Sofman, The Religious Policy of Alexander the Great (russ.), Vest. Drev. Ist. 1977, 140, 111 ff.

3. Spezielle Literatur

1. Kapitel: Kindheit und Jugend 356–336

M. Andronikos, The Excavation of the Great Tumulus of Vergina, Ath. Annals Archaeol. 9, 1976, 123 ff.

ders., Vergina, The Royal Graves in the Great Tumulus, Ath. Annals Archaeol. 10, 1977, 1 ff.

E. Carney, The Politics of Polygamy, Olympias, Alexander and the Murder of Philip, Historia 41, 1992, 169 ff.

A. B. Daskalakis, Ἡ Ἑλληνικὴ νεότης τοῦ Μεγάλου Ἀλεξάνδρου, Platon 11, 1959, 97 ff.

J. R. Fears, Pausanias the Assassin of Philipp II, Athenaeum 53, 1975, 111 ff.

N. G. L. Hammond, »Philip's Tomb« in Historical Context, Greek, Roman and Byz. Stud. 19, 1978, 331 ff.

W. Heckel, Kleopatra or Eurydike?, Phoenix 32, 1978, 155 ff.

R. Peyrefitte, La jeunesse d'Alexandre, Paris 1977

G. Wirth, Vermutungen zum frühen Alexander (I), Studii Uasice 18, 1979, 39 ff.

2. Kapitel: Regierungsjahre in Makedonien 336–334

A. J. Heisserer, Alexander the Great and the Greeks in the Epigraphic Evidence, Oklahoma 1980

3. Kapitel: Eroberung des Ostmittelmeerraumes 334–331

E. Badian, Alexander the Great and the Greeks of Asia, in: Ancient Society and Institutions, Studies pres. to V. Ehrenberg, Oxford 1966, 37 ff.

R. Bernhardt, Zu den Verhandlungen zwischen Dareios und Alexander nach der Schlacht bei Issos, Chiron 18, 1988, 181 ff.

M. P. Costa, Testimonianze per i cavalieri del Granico di Lisippo, Ann. Fac. Lett. e Filos. Bari 17, 1974, 115 ff.

A. M. Devine, The Location of the Battlefield of Issus, Liverpool Class. Monthly 5, 1980, 3 ff.

H. Hauben, Rhodes, Alexander and the Diadochi from 333/332 to 304 B. C., Historia 26, 1977, 307 ff.

M. Jannelli, I rapporti giuridici di Alessandro Magno con i Chii, in: Studi di storia antica a E. Manni, Rom 1976, 153 ff.

A. Momigliano, Flavius Josephus and Alexander's Visit to Jerusalem, Athenaeum 57, 1979, 442 ff.

G. Wirth, Erwägungen zur Chronologie des Jahres 333 v. Chr., Helikon 17, 1977, 23 ff.

ders., Anmerkungen zur Schlacht von Issos, in: Studia in hon. Veselini Besevliev, Sofia 1978, 435 ff.

4. Kapitel: Besetzung Mesopotamiens und der Königsresidenzen 331–330

A. M. Devine, The Battle of Gaugamela, Ancient World 13.3–4, 1986, 87 ff.

W. Heckel, Alexander at the Persian Gates, Athenaeum 58, 1980, 168 ff.

F. Krefter, Persepolis, Rekonstruktionen, Berlin 1971

E. I. McQueen, Some Notes on the Anti-Macedon Movement in the Peloponnese in 331 B. C., Historia 27, 1978, 40 ff.

K.-G. Welwei, Der Kampf um das makedonische Lager bei Gaugamela, Rhein. Mus. 122, 1979, 222 ff.

G. Wirth, Zwei Lager bei Gaugamela, Zur großen Konfrontation 331 v. Chr., Quad. Catanesi Stud. Class. e Mediev. 2, 3, 1980, 51 ff.

5. Kapitel: Unterwerfung Ostirans 330–327

F. R. Allchin-N. Hammond, The Archaeology of Afghanistan from Earliest Times to the Timured Period, London-New York-San Francisco 1978

W. Heckel, The Conspiracy against Philotas, Phoenix 31, 1977, 9 ff.

W. Heckel, Leonnatos, Polyperchon and the Introduction of Proskynesis, Am. Journ. Philol. 99, 1978, 459 ff.

V. M. Masson-V. I. Sarianidi, Central Asia, Turkmenia before the Achaemenids, London 1972

E. V. Rtveladze, The Location of the »Greek crossing« on the Oxus River (russ.), Vest. Drev. Ist. 1977, 142, 182 ff.

6. Kapitel: Indischer Feldzug 327–325

A. B. Bosworth, The Indian Satrapies under Alexander the Great, Antichthon 17, 1983, 37 ff.

P. H. L. Eggermont, Alexander's Campaign in Gandhara and Ptolemy's List of Indo-Scythian Towns, Orient. Lovan. Period. 1, 1970, 63 ff.

R. E. M. Wheeler-A. Ghosh-K. Deva, Arikamedu: an Indo-Roman Trading-station on the East Coast of India, Ancient India 1946, 2, 17 ff.

H. Wilhelmy, Das Urstromtal am Ostrand der Indusebene und das Sarasvati-Problem, Ztschr. f. Geomorphologie, Suppl. 8, 1969, 76 ff.

7. Kapitel: Rückkehr und Ende 325–323

A. B. Bosworth, Philipp III Arrhidaeus and the Chronology of the Successors, Chiron 22, 1992, 55 ff.

D. Engels, A Note on Alexander's Death, Class. Philol. 73, 1978, 224 ff.

W. Heckel, The Flight of Harpalos and Tauriskos, Class. Philol. 72, 1977, 133 ff.

W. Heckel, The Last Days and Testament of Alexander the Great (= Historia Einzelschr. 56), Stuttgart 1988

A. J. Heisserer, Alexander and the Greek Exiles, Diss. Cincinnati 1971

8. Kapitel: Persönlichkeit und Bedeutung

W. J. Aerts-J. M. M. Hermans-E. Visser (Hgg.), Alexander the Great in the Middle Ages, Ten Studies on the Last Days of Alexander in Literary and Historical Writing, Nijmegen 1978

C. Bohm, Imitatio Alexandri im Hellenismus, München 1989

B. v. Borries, Alexander, Caesar + Co., Gesch. in Wiss. u. Unterr. 30, 1979, 479 ff.

L. Braccesi, Livio e la tematica d'Alessandro in età augustea, in: Contrib. Istit. Storia antica Milano 4, 1976, 179 ff.

ders., Alessandro e i Romani, Bologna 1975

G. Cresci Marrone, Alessandro fra ideologia e propaganda in età augustea, Giorn. Ital. Filol. 30, 1978, 245 ff.

D. Gillis, Imitatio Alexandri, The License to Kill, Centro ricerche e docum. sull' antiqu. class. 9, 1977/78, 45 ff.

L. Giuliani, Alexander in Ruvo, Eretria und Sidon, Antike Kunst 20, 1977, 26 ff.

P. Goukowsky, Essai sur les origines du mythe d'Alexandre (336–270 av. J.-C.) I, Les origines politiques, Nancy 1978

P. Green, Caesar and Alexander: Aemulatio, Imitatio, Comparatio, in: ders., Classical Bearings. Interpreting Ancient History and Culture. London: 1989, 193–209.

G. Hafner, Das Siegel Alexanders des Großen, in: Festschrift f. F. Brommer, Mainz 1977, 139 ff.

A. Heuß, Alexander der Große und das Problem der historischen Urteilsbildung, HZ 225, 1977, 29 ff.

A. Jaehne, Alexander der Große, Persönlichkeit, Politik, Ökonomie, Jahrb. f. Wirtschaftsgesch. 1978, 1, 245 ff.

G. Kahlo, Seemenschen auf den Inseln, Ziva Antika 23, 1973, 302 ff.

M. Lanza, Roma e l'eredità di Alessandro, Mailand 1971

R. Merkelbach, Mythische Episoden im Alexanderroman, in: Studien z. Religion u. Kultur Kleinasiens, Festschrift f. F. K. Doerner II, Leiden 1978, 602 ff.

R. Merkelbach, Alexander und der vierleibige Löwe im Dom zu Otranto, Ztschr. f. Papyrol. u. Epigr. 38, 1980, 255 ff.

H. G. Niemeyer, Alexanderkopf in Sevilla, Arch. Anz. 1978, 106 ff.

J. M. O'Brien, Alexander the Great: The Invisible Enemy, London-New York 1992 (zu Alexanders Trunksucht)

J. Rehork, Homer, Herodot und Alexander, in: Beiträge z. Alten Geschichte u. deren Nachleben I, hrsg. von Ruth Stiehl-H. E. Stier, Berlin 1969, 251 ff.

M. Renault, The Nature of Alexander, London 1975

K. Schefold, Die Antwort der griechischen Kunst auf die Siege Alexanders des Großen, SB München 1979, 4

A. S. Sofman, L'œuvre novatrice d'Alexandre le Grand (russ.), Klio 57, 1975, 461 ff.

Register

Die Ziffern nach einem Komma verweisen auf Fußnoten der entsprechenden Seiten.

Egon Friedell: Kulturgeschichte

Ägypten und der Alte Orient – Griechenland – Neuzeit

»Ein Kompendium an Weisheit und Einsicht, an historischer Klugheit und dichterischer Inspiration, an stilistischer Bravour, fachwissenschaftlicher Genauigkeit und aller Freiheit der Phantasie.«
Saarländischer Rundfunk

Vier Bände in Kassette dtv 5966/DM **60,–**

Alle Bände auch einzeln lieferbar:

Kulturgeschichte Griechenlands
dtv 1669

Kulturgeschichte Ägyptens und des alten Orients
dtv 10013

Kulturgeschichte der Neuzeit
Band 1/dtv 1168
Band 2/dtv 1169

dtv-Atlas zur Weltgeschichte

Karten und chronologischer Abriss

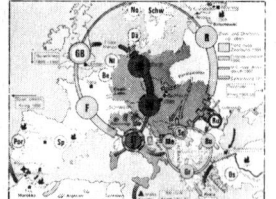

Von der Französischen Revolution bis zur Gegenwart

Band 2

Atlas zur Weltgeschichte

dtv-Atlas zur Weltgeschichte
von Hermann Kinder und
Werner Hilgemann
Karten und chronologischer
Abriß
Band 1: Von den Anfängen bis
zur Französischen Revolution
Band 2: Von der Französischen
Revolution bis zur Gegenwart
Originalausgabe
2 Bände

dtv 3001/3002

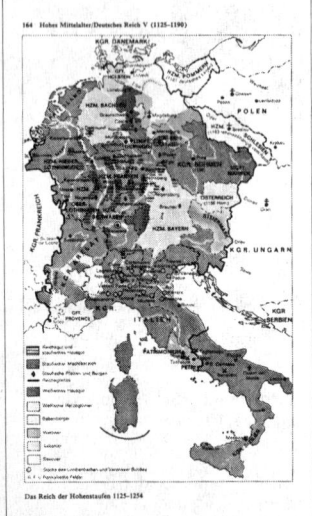

Das Reich der Hohenstaufen 1125–1254